权威·前沿·原创

皮书系列为
"十二五""十三五"国家重点图书出版规划项目

BLUE BOOK

智库成果出版与传播平台

河南民办教育蓝皮书

BLUE BOOK OF
PRIVATE EDUCATION OF HENAN

河南民办教育发展报告（2020）

ANNUAL REPORT ON PRIVATE EDUCATION OF HENAN (2020)

主　编／胡大白
副主编／杨雪梅　王建庄

社会科学文献出版社
SOCIAL SCIENCES ACADEMIC PRESS (CHINA)

图书在版编目（CIP）数据

河南民办教育发展报告.2020/胡大白主编.--北京：社会科学文献出版社，2020.10
（河南民办教育蓝皮书）
ISBN 978-7-5201-7278-3

Ⅰ.①河… Ⅱ.①胡… Ⅲ.①社会办学－研究报告－河南－2020 Ⅳ.①G522.74

中国版本图书馆CIP数据核字（2020）第174711号

河南民办教育蓝皮书
河南民办教育发展报告（2020）

主　　编／胡大白
副 主 编／杨雪梅　王建庄

出 版 人／谢寿光
组稿编辑／任文武
责任编辑／王玉霞
文稿编辑／李惠惠　李　璐

出　　版／社会科学文献出版社·城市和绿色发展分社（010）59367143
　　　　　地址：北京市北三环中路甲29号院华龙大厦　邮编：100029
　　　　　网址：www.ssap.com.cn
发　　行／市场营销中心（010）59367081　59367083
印　　装／天津千鹤文化传播有限公司
规　　格／开本：787mm×1092mm　1/16
　　　　　印张：24.75　字数：373千字
版　　次／2020年10月第1版　2020年10月第1次印刷
书　　号／ISBN 978-7-5201-7278-3
定　　价／128.00元

本书如有印装质量问题，请与读者服务中心（010-59367028）联系

▲ 版权所有 翻印必究

河南民办教育蓝皮书编委会

主　任　胡大白

副主任　任　锋　杨雪梅

编　委　(以姓氏笔画为序)

　　　　　王左生　王建庄　王新奇　甘宇祥　李光宇
　　　　　李海燕　杨　捷　高　云　秦小刚　董玉民
　　　　　喻新安　魏诗文

主要编撰者简介

胡大白 黄河科技学院创办人，教授，中国当代教育名家。第十届全国人大代表，国务院政府特殊津贴专家。中国民办教育协会监事会主席，河南省民办教育协会会长。黄河科技学院董事长，河南民办教育研究院院长。荣获第三届"中国十大女杰"、"全国三八红旗手"、"60年60人中国教育成就奖"、"中国好人"、"中国好校长"、"世界大学女校长终身荣誉奖"、"河南省劳动模范"、"河南省道德模范"、"河南省优秀共产党员"、新中国成立70周年"河南省突出贡献教育人物"等荣誉称号。

主持全国教育科学"十一五"规划课题"民办高校实施内涵式发展的战略研究"、中国高等教育学会"十一五"教育科学规划重点课题"民办本科高校培养目标定位和育人模式改革的研究与实践""当代民办高校大学章程建设研究"等哲社科研项目；出版《中国民办教育通史》《民办高校现代大学制度建设》等专著多部；发表《中国共产党的民办教育理论与实践探析》《关于民办高校董事会建设问题的思考》《民办高校法人治理结构初探》等论文50余篇。多次获得国家和河南省教学成果奖、河南省发展研究奖。

新华社、中央电视台"东方之子""半边天""对话"栏目、中央电视台英语新闻频道、中国教育电视台、《人民日报》、《光明日报》、《中国教育报》、《华盛顿邮报》等中外知名媒体都曾专题报道过她的先进办学理念和管理经验。

《河南民办教育发展报告》（2017～2019年）主编，总报告课题负责人。

杨雪梅 黄河科技学院校长，教授，博士研究生导师，国务院政府特殊津贴专家，北京大学博士后。第十二届、十三届全国人大代表。全国青联常委，中国民办教育协会副会长，河南省高校创新创业协会会长，河南省教育人才学会会长，河南省妇联执委常委，民建河南省委常委，河南省民办教育协会常务副会长，河南中华职业教育社副主任。曾荣获"全国五一劳动奖章""全国三八红旗手""中国青年五四奖章"等荣誉称号。出版专著7部，主编著作（丛书）等20余部（套），主持省级以上课题15项，发表论文40余篇，荣获国家级教学成果二等奖、河南省发展研究奖一等奖、河南省社会科学优秀成果一等奖各1项，河南省高等教育教学成果特等奖3项，河南省社会科学优秀成果二等奖3项。被评为河南省政府督学、河南省教育评估中心首批评估专家、河南省优秀专家、河南省学术技术带头人、河南省十大科技领军人物等，入选教育部首批全国万名优秀创新创业人才导师。

《河南民办教育发展报告》（2017~2019年）副主编。

王建庄 河南省民办教育协会副会长，河南民办教育研究院执行院长、首席研究员。河南省教育厅学术技术带头人，河南省优秀教师。主编《大学语文》《职业生涯规划》《现代社交礼仪》《互联网＋创新创业概论》等大学教材10部。在2008年、2009年、2012年、2016年、2017年的河南蓝皮书《河南社会形势分析与预测》分别发表关于河南省高等职业教育、义务教育和职业教育现状与发展的研究报告。主持的研究项目获河南省科技进步奖、河南省政府发展研究奖和河南省社会科学优秀成果奖。多次获得河南省教学成果奖。

《河南民办教育发展报告》（2017~2019年）副主编，总报告执笔人。

摘　要

本书由河南省民办教育协会、黄河科技学院主持编撰，对2019~2020年河南民办教育的规模现状进行了扫描、梳理和概括，分析了当前河南民办教育发展的内外部环境和主客观因素并对未来发展提出对策建议。

2019~2020学年，河南的民办教育继续保持了规模发展的势头，全省各级各类民办学校21429所，在校生709.75万人，教职工59.12万人。其中，民办幼儿园18061所，在园幼儿297.85万人；民办普通小学1894所，在校生177.89万人；民办普通初中887所，在校生98.79万人；民办普通高中336所，在校生46.42万人；民办中等职业学校157所，在校生28.80万人；民办普通高等学校39所。民办普通高等学校中，本科院校19所，高职高专20所；普通本专科在校生59.47万人，其中本科34.55万人，专科24.92万人，占全省普通本专科在校生总数的25.64%。全省民办教育在校生数占到全省各级各类教育在校生总数2677.10万人的26.51%。占比超过了1/4。同时，河南民办教育在内涵建设和人才培养质量提升方面取得了显著成就。在转型发展的关键时期，新冠肺炎疫情突如其来，河南民办教育受到一定的影响。

河南民办教育在有困惑和不确定环境的条件下，整体规模继续实现扩张，显示了河南民办教育强劲的发展后劲。河南民办教育的内生动力促使自身不断改革，选择最佳的生存发展方式。在规模扩张的同时，河南民办教育不断加强对质量的追求，民办教育的河南现象已经引起了广泛关注。在一个经济不太发达的内陆人口大省，河南民办教育取得的成就不仅引起了全国同行的关注，也得到了教育行政部门和权威评价机构的肯定。2020年上半年，河南民办教育在疫情防控期及时采取措施，在实现停课不停学的过程中进行教育发展的改革。已经形成的完整的教育体系和类别，正在全面铺开的党建工作，积累起来的教育教学经验和学科建设、课程建设、专业建设的经验，已经初具特色的师资队伍和思想政治工作队伍，已经初步建立的现代大学制度和初步形成的内部管理特色，在全国具有较大影响的精彩纷呈的特色教育，经过滚动发展积累的雄厚的教育资源和已经初步建立的社会信任体系，使得河南民办教育具备了一定的抵御风险的能力。在新时代的背景下，河南民办教育面临的主要机遇是稳定规模，沉下心来涵养自身素质，不断提高人才培养质量。

本书对今后一个时期河南民办教育发展环境和发展走向的基本判断是国家对民办教育的政策将以"规范管理"为主基调，民办教育将进入以提升人才培养质量为中心的内涵建设时期。当代中国的民办教育，在完成第一阶段"公办教育的必要补充"和第二阶段"教育事业的重要组成部分"的使命之后，正在进入发展的第三个阶段：成为"中国教育改革和发展的重要力量"。

关键词： 河南　民办教育　人才培养　特色教育

目 录

Ⅰ 总报告

B.1 从规模效益到比较优势
——2019～2020学年河南民办教育现状与发展趋势
　　　　　　　　　　　　　　河南省民办教育协会课题组 / 001
　　一　2019～2020学年河南民办教育基本情况 …………… / 002
　　二　2020年河南民办教育面临的机遇、困难和应对策略 …… / 016
　　三　2020～2021学年河南民办教育发展趋势 …………… / 025

Ⅱ 学段教育篇

B.2 2019～2020学年河南民办高等教育现状与预测 ………… 阮彩灵 / 027
B.3 2019～2020学年河南民办职业教育发展报告 …………… 王公博 / 050
B.4 2019～2020学年河南民办初中教育现状与发展对策 …… 职鹏瑞 / 064
B.5 2019～2020学年河南民办学前教育发展的拐点 ………… 王艳丽 / 074

Ⅲ 专题报告

B.6 分类管理改革中民办高校非营利性选择影响因素分析 …… 王新奇 / 085

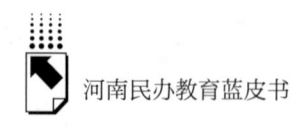

B.7 高等职业教育扩招再观察
　　——以法治为视角 ………………………………… 岳　明 / 098
B.8 河南民办学校师资队伍建设的进展与成效 ………… 王新庄 / 107
B.9 民办学校教师离职与回流现象研究 ………… 阮家港　陈　静 / 116
B.10 民办高校智库建设与地方经济协同发展研究 ……… 侯亚茹 / 128
B.11 民办高等教育发展的公共财政扶持政策研究 ……… 宋　杰 / 135
B.12 基于大学评价的河南民办高校在全国的地位和作用研究
 ………………………………………………… 樊继轩　付　饶 / 146

Ⅳ 特别关注

B.13 河南民办教育规模增长报告 ………………………… 张　琳 / 195
B.14 河南培训教育行业发展报告 ………………… 朱玉峰　郑学春 / 209
B.15 2019年民办教育政策综述及教育资本市场观察
 ………………………………………………… 王道勋　何　旷 / 217

Ⅴ 高等教育改革篇

B.16 数字化转型背景下的黄河科技学院大学英语教学改革
 ……………… 黄河科技学院外国语学院数字化转型课题组 / 238
B.17 黄河交通学院转型发展报告 …… 河南民办教育研究院课题组 / 255
B.18 民办高校内部管理体制改革的实践与思考 ………… 沈定军 / 272
B.19 深层次的内生动力
　　——2019年河南民办高校改革进程 ………………… 李储学 / 285
B.20 新文科建设背景下民办高校外语教学改革模式创新与
　　应用研究 ……………………………………………… 韩彩虹 / 312

Ⅵ 市县篇

B.21 焦作市民办教育发展报告 …………………… 平　奇　段海山 / 335

Ⅶ 附　录

B.22 2019～2020年河南民办教育大事记 ………………………… / 346

Abstract ……………………………………………………………… / 357
Contents ……………………………………………………………… / 360

总 报 告
General Report

B.1
从规模效益到比较优势

——2019~2020学年河南民办教育现状与发展趋势

河南省民办教育协会课题组[*]

摘　要： 2019年河南民办教育继续保持了规模发展的势头。本报告以探究河南民办教育年度发展特点、分析成因和预测发展为目的，通过数据和考察调查材料对全省民办教育的发展进行实证研究，认为2019~2020学年河南民办教育不仅持续实现了规模扩张，在内涵建设和人才培养质量提升方面也取得了显著成就。河南民办教育在应对新冠肺炎疫情的同时进行战略布局，以大数据、人工智能等重新定义"教育"，拓展民办教育的发展空间，集中精力解决经费保障不足、教师队伍结

---

[*] 课题组负责人：胡大白。主持人：王建庄。课题组成员：汤保梅、寿先华、王道勋、贾全明、樊继轩、阮彩灵。执笔人：王建庄。

构不合理和缺乏稳定性等制约民办教育学校发展的主要问题。未来一个时期，在规范发展的大背景下，质量提升仍是河南民办教育的重要课题。

关键词： 民办教育　高等教育　职业教育　民办学校　河南

2019年，河南民办教育学校在校生规模达到709.75万人，实现了有完整统计数据以来的连续16年扩张，占全国民办教育学校在校生总规模的12.64%。在规模扩张的同时，河南民办教育进一步加强内涵建设，不断提升人才培养质量，社会认可度显著提高。2020年上半年，新冠肺炎疫情影响了全球经济和社会发展进程，河南民办教育虽然遭受了一定程度的损失，但总体上还是交出了合格的应对答卷。

一　2019~2020学年河南民办教育基本情况

（一）规模

2019年，全省各级各类民办教育学校达到21429所，比上年增加890所。占全国民办教育学校总数的11.17%，占全省学校总数的40.07%；在校生达到709.75万人，比上年增加34.85万人，占当年全国民办教育学校在校生总数的12.64%，占全省在校生总数的26.51%。2019年，河南民办教育整体规模继续实现扩张，显示了强劲的发展后劲（见表1）。

1. 民办幼儿园

2019年，全省民办幼儿园达到18061所，占全国民办幼儿园总数的10.45%，占全省幼儿园总数的78.02%。在园幼儿为297.85万人，占全国民办幼儿园在园幼儿总数的11.24%，占全省幼儿园在园幼儿总数的69.13%。河南民办幼儿园在园幼儿规模由2010年的101.90万人持续扩张

表1 2019年河南民办教育学校和在校生数量

项目 层次	学校 合计（所）	占全省同类学校比重(%)	比上年增加（所）	同比增长（%）	在校生 合计（万人）	占全省同类学校比重(%)	比上年增加（万人）	同比增长（%）
幼儿园	18061	78.02	768	4.44	297.85	69.13	-2.61	-0.86
普通小学	1894	10.45	29	1.55	177.89	17.57	15.54	9.57
普通初中	887	19.27	68	22.74	98.79	21.09	8.06	8.88
中职学校	157	23.47	-13	-7.65	28.80	20.89	2.26	8.52
普通高中	336	37.80	37	12.37	46.42	21.50	4.58	10.95
普通高校	39	27.66	0	0	59.47	25.64	8.42	16.49
其他高教机构	50	—	—	—	0.50	—	—	—
特殊教育	5				0.03			
合计	21429	40.07	890	4.33	709.75	26.51	34.85	5.16

资料来源：根据《河南省教育统计提要》整理。

到2018年的300.46万人，年均增长14.47%。值得注意的现象是，2019年全省民办幼儿园在园幼儿规模首次出现了回落，由2018年的300.46万人减少到297.85万人，减少了2.61万人。

2. 民办普通小学

2019年，全省民办普通小学有1894所，占全国民办普通小学总数的30.41%，占全省普通小学总数的10.45%。民办普通小学在校生达到177.89万人，占全国民办普通小学在校生总数的18.83%，占全省普通小学在校生总数的17.57%。2010~2019年，全省民办普通小学在校生规模实现持续增长，2019年比上年增加了15.54万人。

3. 民办普通初中

2019年，全省民办普通初中达到887所，比上年增加68所，占全国民办普通初中总数的15.31%，占全省普通初中总数的19.27%。民办普通初中在校生达到98.79万人，比上年增加8.06万人，占全国民办普通初中在校生总数的14.31%，占全省普通初中在校生总数的21.09%。全省民办普通初中在校生规模在2013~2014年出现短暂小幅回落之后迅速上扬，继续

快速增长。

4. 民办中等职业学校

2019年,全省民办中等职业学校有157所,比上年减少13所,这是自2011年首次出现下降后的连续第9年持续减少。河南民办中等职业学校占全国民办中等职业学校总数的7.91%,占全省中等职业学校总数的23.47%。民办中等职业学校在校生达到28.80万人,比上年增加2.26万人,占全国民办中等职业学校在校生总数的12.84%,占全省中等职业学校在校生总数的20.89%。

5. 民办普通高中

2019年,全省民办普通高中达到336所,比上年增加37所,占全国民办普通高中总数的9.80%,占全省普通高中总数的37.80%。民办普通高中在校生达到46.42万人,比上年增加4.58万人,占全国民办普通高中在校生总数的12.91%,占全省普通高中在校生总数的21.50%。

6. 民办普通高校

2019年,全省民办普通高校达39所,与上年持平,占全国民办普通高校总数的5.16%,占全省普通高校总数的27.66%。民办普通高校在校生达到59.47万人,比上年增加8.42万人,占全国民办普通高校在校生总数的8.39%,占全省普通高校在校生总数的25.64%。2010~2019年,河南民办普通高校在校生数实现了持续稳定增长。

(二)质量提升

民办教育的内生动力,促使自己不断改革,选择最佳的生存发展方式。在规模扩张的同时,河南民办教育不断加强对质量的追求。

1. 观念导引转型

党建工作是保证民办教育方向的重要工作。河南民办教育始终坚持社会主义办学方向,把党和国家的教育方针落实到教育教学工作之中。黄河科技学院根据发展需要,及时调整党的基层组织设置,成立了7个分党委,完成9个二级党组织、43个基层党支部的换届选举。规范开展"三会一课"等组织生活，积极开展党建示范创建和质量创优工作，纳米功能材料研究所党支部入选教育部"全国党建工作样板支部"。郑州科技学院实践中心党支部自成立以来，在全校率先建成了"党员活动室""党课网络教室"；编印内部刊物《实践教学动态》，及时发布、反映实践中心党支部的学习与工作动态；建立"实践中心党员与对口院系联系工作制度"，主动联系对口院系，调研走访，更好地为学校实践教学服务，2019年获批"全国党建工作样板支部"培育创建单位。郑州澍青医专作为第二批开展主题教育单位，按照河南省委和省委高校工委、省教育厅关于"不忘初心、牢记使命"主题教育的安排部署，聚焦主题、紧扣主线、认真部署、创新举措、加强督导，学校党委、10个党总支、40个党支部及全校500余名党员参加了主题教育，以上率下、上下联动、扎实推进，取得了较好的成效。

随着教育的不断发展，民办教育需要不断开拓发展空间。生源的减少和公办教育资源的增加给民办教育带来了压力。河南民办教育认识到，单纯的以规模扩张的方式实现发展是不可持续的。2013年，教育部启动"应用科技大学改革战略研究试点"工作时，黄河科技学院就主动出击，成为全国首批试点单位，并将深化创新创业教育作为建设高水平应用技术大学的突破口，推进转型。2020年初，学校将该年确定为"黄河科技学院人才培养质量提升年"，以不断强化质量为抓手，促进学校高质量发展。面对新冠肺炎疫情，黄河科技学院从2020年2月7日到3月14日连续召开五次电话会议，学习讨论、安排部署推进学校数字化转型工作，参加会议的中层以上干部达到200多人次。在此基础上，2020年3月19日，黄河科技学院发出了申报数字化转型改革项目立项的通知，3月26日对申报的15个项目进行了答辩并通过立项。疫情缓解后，学校又多次召开会议，学习《可操作的转型》案例，结合学校实际制定数字化转型方案。通过将传统的教育教学、学生管理、招生就业各环节与云计算、互联网、大数据相结合，促进学校研发设计、课程教学、教育管理、招生就业等业务数字化转型。未来一个时期，大数据是教育发展的"新能源"，以海量数据为基础，实现智能管理，将成为学校生存和发展的关键。数字化转型不仅是一场技术革命，更是一项组织革命，学校的组织结构、管理方式、企业文化以及领导力都需要调适，才有可能实现数字化转型。黄河科技学院已经意识到，数字化不是仅装一套IT系统，而是一场战略层面的变革。组织结构要更扁平化，权力分配要更分权化，管理方式要更人性化，学校文化要更透明化，才能适配数字化转型。未来大数据、人工智能等将重新定义工作和生活，也必将重新定义"教育"。

2. 质量是永恒的主题

河南民办教育正一步步做大，但是要真正做强，说到底还是要落实到人才培养质量上。围绕质量提升，河南各个民办教育学校采取了一系列行之有效的措施。黄河科技学院制定了《一流本科专业建设规划（2019～2021年）》，组织实施一流本科课程建设规划，推动优秀教师领衔打造线上"金课"，建成五门省级精品在线开放课程。在2019级本专科学生中全面实施线上与线下、课内与课外、教学和辅导相结合的大学英语混合式教学改革，吸引全国80余所高校教师参与。深化评价改革，制定黄河科技学院课程质量评价标准，建立课程质量等级评价体系，对1113门课程进行了评价。在此基础上，完成黄河科技学院第一份《课程教学质量报告》。获批"工商管理"等6个省级一流本科专业建设点；获批"体育教育"等3个省级民办教育品牌专业；"电子信息工程教研室"等2个教研室获批省级优秀基层教学组织。14个本科专业参加河南省第三批本科专业评估，10个专业排名进入全省前五位。黄河交通学院围绕"建设特色鲜明的应用型本科高校"的发展定位，坚持以人为本，将人才培养质量提升作为学校工作的主线。郑州升达经贸管理学院深入开展了分别以"内涵发展"和"特色发展"为主题的教育思想大讨论。通过建立专题网站，召开座谈会、研讨会、专家报告会，出版优秀论文集，国内外学习考察等形式，进一步更新教育教学观念，明确了"内涵发展"和"特色发展"的概念以及实现路径，牢固确立了培养高素质应用型人才和服务地方经济社会发展的办学定位。不断深化教育教学综合改革，实施内涵建设，扎实推进"教学质量提升工程"等五大工程建设，应用型人才培养质量不断提升。新冠肺炎疫情中，信阳学院开展了网上教学督导工作，校领导及校院两级督导专家采取随机抽查听课的方式，对各教学单位开设的网络课程进行巡查听课，共进行网上教学督导听课567次。同时，为更好地了解网络教学运行情况，不断改进网络教学方式方法，提升网络教学质量，教务处围绕网络教学满意度、网络授课方式偏好、教师网络教学情况等维度依托问卷星平台开展网上问卷调查，共收集学生有效问卷5468份。学校第一周所上课程（实习实训课、实践实验课除外）实现按时网络教学的比例为97.87%，学生到课率在90%以上的课堂达88.47%，几乎所有的课程都保质保量地进行了网络授课。郑州科技学院于2017年4月启动了"新工科"建设，围绕大数据、云计算、物联网应用、人工智能、虚拟现实等新技术，以及智能制造、集成电路、新能源汽车、新材料等新产业建设相关的新兴工科专业和特色专业集群，调整专业设置，使专业结构满足产业发展需求。学校及时更新教学内容，由注重知识传授转变为更加注重技术应用，使传统的以课堂讲解为主转变为以工程实践为主，打造了开放融合、系统全面的工程教育新生态。郑州工商学院坚持以立德树人为根本，以提升学生素质为目标，以实现内涵式发展为主线，实施"四个育人"工程，即文化育人、教学育人、管理育人、制度育人，狠抓教学质量，努力培养"站起来能讲、坐下来能写、走出去能干"的"三能"人才。郑州工业应用技术学院遵循应用型人才培养规律，着力推进教学改革，依据地方产业发展需要，构建了先进制造、现代服务、康复养老、城乡建设等四个专业集群；依托企业集团办学优势，搭建了学研产一体化发展平台；强化了基础技能训练、专业综合实训、企业实战训练三层对接的实践教学体系，开展了应用型人才培养的系列改革，取得了明显成效。民权九九高级中学打破单纯追求升学率的模式，制定"文化大纲"，坚持以"文化纲领"为行动指引，以"德行之美"塑造健全人格，以"文化之美"熏陶华彩气韵，以"艺术之美"彰显生命活力，使学生得到全面发展。郑州扶轮外国语学校在课程架构上下功夫，将目光转向生命认知、公益之心、家国情怀等方面的培育上。新乡市红旗区新城幼儿园以音乐教育为特色，培养幼儿的艺术品质和做人基础。郑州市二七区跨世纪幼儿园坚持每周推出3~4节有关家庭亲子教育的内容，

每周推出 2 节家庭感统训练活动的内容。丰富多彩的家庭亲子教育大讲堂，得到家长的广泛好评和赞誉，收到了良好的效果。

在人才培养质量提升的过程中，黄河科技学院电子信息工程教研室、毛泽东思想和中国特色社会主义理论体系概论教研室，郑州科技学院物流管理教研室、英语教研室，郑州工业应用技术学院旅游管理教研室、机械工程教研室，商丘工学院土木工程教研室，商丘学院计算机科学与技术专业教学团队，郑州商学院思想政治理论课教学团队，郑州升达经贸管理学院国际贸易教研室、体育舞蹈教研室，郑州财经学院财务管理教研室，黄河交通学院物流管理教研室，信阳学院中国古代文学教研室，安阳学院环境设计教研室，郑州工商学院土木教研室，郑州西亚斯学院国际经济与贸易教研室，河南大学民生学院视觉传达设计教研室，河南师范大学新联学院英语语言学与文学教研室，新乡医学院三全学院遗传学教学组，中原工学院信息商务学院财务管理专业教研室等 21 个民办高校基层教学单位被批准为 2019 年度河南省高等学校优秀基层教学组织立项建设单位。

河南民办教育对科研工作的重视程度越来越高。2019 年河南省民办教育协会和黄河科技学院研创的河南民办教育蓝皮书系列出版第三本《河南民办教育发展报告（2019）》；黄河科技学院历时五年研创的教育史巨著《中国民办教育通史》出版，引起国际国内教育界的广泛关注；河南省民办教育协会发布的民办教育研究项目经专家评审，共结项 820 项，获奖 397 项，其中一等奖 86 项，二等奖 128 项，三等奖 183 项。

全省民办学校将教育教学研究作为重要工作来抓，特别是民办高校。黄河科技学院制定科研奖励措施推动科研工作。全年学校共获批科研立项 382 项，其中国家自然科学基金项目 1 项，教育部社科项目 2 项。出版著作 98 部，获得各类成果奖励 111 项。获评"中国新建（应用型）本科高校科研综合竞争指数最高的民办本科高校"和"河南省教育厅哲学社会科学繁荣计划先进单位"。信阳学院面向全国组织了 2019 年民办高等教育研究课题申报和评审工作。经个人申报、专家评审、项目公示，共确立民办高等教育研究课题 22 项，其中重大招标课题 5 项，重点课题 4 项，一般课题13项。郑州升达经贸管理学院21项课题获批2020年度河南省教育厅人文社会科学研究一般项目立项。郑州科技学院2018年完成、发表、获奖的科研成果共计1205项，立项课题250项。科研成果包括：教师教材、著作53部，论文381篇，结项课题213项，省级登记成果19项，获奖成果（作品）152项，专利92项，软件著作权236项；学生论文6篇，结项课题50项，专利3项。立项课题包括：教师立项课题213项，学生立项课题37项。郑州工业应用技术学院成功举办首届科技竞赛月活动，共举办各类比赛35场，收集比赛作品518件，参与学生达1914人，评出一等奖32人，二等奖73人，三等奖108人。郑州财经学院和郑州市委宣传部、郑州市社科联联合举办郑州市2019年度社科学术年会，围绕郑州"打造对外开放高地""制造业高质量发展""新型城镇化建设""黄河流域生态保护与治理""中原优秀文化传承弘扬""不忘初心、牢记使命主题教育""城乡一体化发展""深入贯彻十九届四中全会精神"等主题，在郑州财经学院举办8场专题研讨会和5场专题报告会，通过丰富的活动，搭建科研交流平台，凝聚社科工作者的智慧和力量，形成系列学术成果，为郑州建设国家中心城市提供智力支持。

2019年自然（Nature）网站发布了评价高水平科研成果的自然指数（Nature Index），对2018年4月至2019年3月全球大学和研究机构化学学科进行了排名。黄河科技学院在中国大学和研究机构化学学科500强中总排名第271名，内地（大陆）高校排名第239名，在全国普通民办本科高校中位列第一。

3. 师资队伍建设

长期以来，教师队伍的结构不合理和缺乏稳定性是制约民办学校发展的主要问题。因为公办学校教师编制、待遇、职称评聘等方面的不同，导致民办学校在师资队伍建设方面困难重重。在相当一段时间内，民办学校的教师在年龄结构、学历结构、职称结构方面没有形成科学合理的比例，特别是年龄结构。民办学校开办之初，教师一般由应届大学毕业生和从公办学校退休的教师组成，在年龄结构上形成两头大、中间小的"哑铃"形状态，缺少年富力强的中年骨干教师。有远见的办学人始终把师资队伍建设作为学校的重要工作。黄河科技学院、郑州科技学院、郑州工业应用技术学院、郑州升达经贸管理学院等民办高校经过长期不懈的努力，已经基本形成以青年教师为基础，以中年教师为骨干，以富有经验的老教师为引领的"金字塔"形的师资队伍，并且致力于建设以中年骨干教师为主体，以青年教师和老教师为补充的"纺锤"形师资队伍。

在师资队伍建设方面，河南民办学校采取了一系列行之有效的措施。按照培养与引进相结合、优化师资结构、适度超前发展等思路，从汽车交通专业和河南地方经济发展对高素质人才的需求出发，黄河交通学院制定了《"十三五"师资队伍建设规划》，明确了"十三五"期间师资队伍建设的总量目标、双师素质目标、职称结构目标、学历结构目标、人才梯队建设目标和建设措施，并将规划目标分解到学校年度工作计划之中，确保师资建设规划有序推进、落到实处。制定了《青年教师培养工程实施办法》《青年教师导师制实施办法》，实施青年教师为期两年的培训制和导师制，并形成了一套较为科学的培训体系。通过集中培训与跟踪指导相结合、理论学习与实践锻炼相结合等方式，对教师加强系统培养，着力在"培、练、研、赛"四个方面下功夫，培养教师教学组织、教学评价、教学研究、教学创新的能力。郑州升达经贸管理学院高度重视师资队伍建设，实施"教师素质提升工程"，引、培并重，优化教师队伍结构，重视专业带头人、双师型教师和青年教师的培养，加强校本培训，以"一德三能"（师德、教学能力、实践能力、科研能力）为目标，培养"四有"教师，打造高素质教师队伍。学校教师数量基本满足教学要求，师资结构趋于合理，"专家引领、骨干支撑、双师结构"的师资特点初步显现。木子联大外国语小学注重教师的学历提升，2019~2020学年现有教师中，拥有硕士及以上学历的占5%，拥有本科学历的占95%；学校重视优化生师比，生师比为5∶1。中国K-12民办学校的生师比集中在5∶1~6∶1，平均生师比为5.9∶1。而2018年国内K-12阶段的非民办学校，平均生师比达15.6∶1，约为民办学校的2.6倍。民办学校生师比较低，表明每个学生获得的关注和教育资源相对充足。木子联大外国语小学教师资源充足，有能力普遍采用小班化教学。小班化教学的本质是个性化教育，其教学组织方式、教学内容、教学模式、教学方法、教学评价均围绕学生个体发展而开展，能够真正实现因材施教。

4. 拓展发展空间

河南民办教育的创办者，主要是有教育情怀的教育家、企业家。办学的主要经费来源是学费收入，所以加大招生力度，实现规模扩张是民办学校发展的内在动力之一。在政府的支持下，河南民间兴办教育的积极性持续高涨，社会对民办教育的认识也逐渐趋于公允，这些条件促进了当代河南民办教育规模30多年的持续规模扩张。这种扩张会在一定程度上扩大生师比，降低生均教育资源占有率，直接或间接影响人才培养质量。随着国家对民办教育规范力度的加大、公办教育投入的增加和生源的总体下降，民办教育规模的增长势头将放缓，实现规模稳定。不少民办学校调整发展思路，采取积极措施提升学校发展质量，拓展发展空间。

黄河科技学院在2016年制定"十三五"规划时提出：到2020年，圆满完成河南省首批示范性应用技术类型本科高校的建设任务，完善创新创业教育体系，初步将学校建成深化高等教育综合改革的试验区，应用技术大学的示范区，高水平技术技能型人才培养的重要基地，区域先进技术创新、转移和服务的基地，产教融合、校企合作的重要平台，成为学科专业优势突出、育人模式先进、办学特色鲜明、综合实力较强的河南省第一方阵高校。对于2020年的工作，黄河科技学院在强调做好教育教学工作的基础上，创造性地提出了积极探索产教融合长效运行机制、不断增强科技创新成果转化能力、努力创建国家级大学科技园、加快拓展社会服务范围等工作思路和要求，使学校的发展空间进一步得到拓展。黄河交通学院先后成立了焦作市挂车车架轻量化设计工程研究中心、焦作市汽车空调新冷媒技术工程研究中心、焦作市桥梁无损检测工程技术研究中心、焦作市数控铣床设备工程技术研究中心、焦作市基坑支护与灾害防治工程技术研究中心、焦作市物料传输设备关键件制造工艺与装备工程技术研究中心、焦作市面向现代物流服务的RFID工程技术研究中心、河南省智能制造技术与装备工程技术研究中心等

8个研究机构,牵头成立焦作职业教育集团、汽车行业协会,并与河南理工大学、北京理工大学出版社、河南省交通科技研究院等科研院校建立了战略合作关系,开展了多种形式的产学研合作。与中国汽车工程研究院股份有限公司签订协议,共同建设国家智能清洁能源汽车质量监督检验中心,填补了河南省内无国家级一类汽车检测机构的空白,建成后可提高河南乃至华中地区汽车研发能力,拉动区域内高端制造业发展和汽车产业升级。

5. 服务国家建设,服务地方经济和社会发展

服务地方经济和社会发展,是民办学校特别是民办高校重要的社会职能之一。在这个过程中,民办学校的服务不仅使社会认识到了民办教育的存在价值,也使民办教育进一步认识到了社会的需求所在,从而及时调整发展思路。郑州财经学院一直把"坚持开门办学、主动贴近市场、深化校企合作、推动高水平就业"作为办学特色之一。学校专门成立校企合作办公室,先后与郑州市物流口岸局、华为、格力电器等多家企业签订了校企合作协议,构建互惠互利合作机制。加快校企合作,协同育人步伐,促进教育链、人才链与产业链、创新链的有机衔接,大力培养区域经济建设紧缺的高素质创新人才和应用型人才,探索"政、院、校、企"人才培养模式。为鼓励大学生踊跃报名应征入伍,向部队输送更多优秀人才,河南民办高校在认真落实国家和省制定出台的各项激励政策的基础上,结合本校实际采取了一系列有力措施。河南科技职业大学、河南科技学院新科学院、黄河护理职业学院、洛阳科技职业学院等高校对于应征入伍大学生授予"优秀大学生"荣誉、在服役期间荣立三等功以上的退役复学大学生授予"卓越毕业生"荣誉;对于退役复学大学生,学校在评优评先、入党、就业等方面予以优先推荐,申请困难补助时,同等条件下学校优先给予支持;在奖学金评定方面,只要符合学校相关评审条件,优先获得相应等级的奖学金;在申请创新创业项目入驻学校创新创业孵化基地时,同等条件下优先考虑支持等。采取多种措施,将优秀学生推荐到部队,加强国防建设。

6. 凝聚特色

在与公办教育的共同发展中,民办教育在资金、师资和社会认可度等方

面都处于弱势。在这种条件下要实现快速发展，凝聚特色是必选课题。只有特色鲜明的民办学校，才有可持续发展的生命力。河南民办教育在发展中形成了以黄河科技学院、郑州科技学院等教育家办学为代表的，发展质量领跑全国的创新发展特色；以郑州工业应用技术学院、郑州电力职业学院等为代表的探索现代大学制度、教育家管理学校的制度特色；以郑州商学院等为代表的向省外、国外扩张的集团化办学特色；以郑州澍青医学高等专科学校、郑州黄河护理职业学院等为代表的医学教育特色；以郑州升达经贸管理学院、郑州工商学院等为代表的拥有台湾地区教育资源特色；以郑州西亚斯学院为代表的中外合作教育特色；以黄河科技学院附属中学、郑州一八国际学校、民权九九高中、郑西一中等为代表的优质基础教育特色；以建业教育集团、河南一森教育咨询有限公司等为代表的集团办学特色；以汝州西雅图幼儿园、金水区金城幼儿园等为代表的红色教育、特色教育的学前教育特色；以河南少年先锋学校、中牟外国语学校小学部等为代表的小学教育特色，使河南民办教育不仅在全省有了广阔的发展空间，也在全国逐步走进发展前列。

（三）影响力

民办教育的河南现象已经引起了广泛的关注。在一个经济不太发达的内陆人口大省，河南民办教育取得的成就不仅引起了全国同行的关注，也得到了教育行政部门和权威评价机构的肯定，并且在河南省委、省政府的支持下，在省教育厅的正确领导下，民办教育在实现快速发展的同时，也逐步获得了社会的肯定。

1. 社会认可度不断提升

考生的选择在一定层面上反映了社会对民办学校的态度。比较2015～2019年河南民办学校的招生情况，能够从一个侧面看出社会对民办教育的信任程度。五年来，全省民办学校招生规模占全省学校招生规模的比重都超过了25%，2015年是27.61%，2016年这个比例有所减少，为25.77%，2017年上升为26.73%，2018年达到27.29%，2019年达到27.79%。2016

年以来，河南民办教育招生数在全省学校的招生数中连续四年持续增长，反映了考生和家长对民办教育的信任（见表2）。在河南这个正统观念深厚的社会氛围里，原来被认为"不正统"的民办教育能一步步获得社会的认可，殊为不易。这也从一个方面反映出河南民办教育坚守社会主义办学方向、积极担当社会责任的努力得到了承认。

表2 2015～2019年河南民办教育招生规模变化

单位：人

年份	2015	2016	2017	2018	2019
全省	7032948	6666141	6818546	6941311	6906515
民办学校	1941952	1718086	1822430	1894127	1919492

资料来源：根据《河南省教育统计提要》整理。

2."领跑"的努力与回报

黄河科技学院是中国当代民办教育的领跑者，各项工作持续走在全国前列。2019年，学校以创建一流应用技术大学为目标，加快推进管理体制创新，继续深化教育教学改革，实现了发展的新突破。学校入选教育部"互联网+中国制造2025"产教融合促进计划建设院校，获评"全国创业孵化示范基地"，这是河南省高校创业孵化基地和郑州市所有孵化载体中第一个获得人社部认定的国家级创业孵化示范基地。获得"全国教育系统先进集体""河南省民族团级模范集体""河南省高校基层党组织建设先进单位"等荣誉称号，在武书连2019年中国民办大学综合实力排行榜上再次位居第一，并且连续三年问鼎"广州日报应用大学排行榜——民办院校Top100"。

2019年9月2日，河南省教育厅对新中国成立70周年"河南省突出贡献教育人物"宣传推介活动评选结果进行公示。黄河科技学院董事长胡大白、郑州西亚斯学院理事长陈肖纯荣获新中国成立70周年"河南省突出贡献教育人物"。郑州升达经贸管理学院创始人王广亚获得新中国成立70周年"河南省突出贡献教育人物"特别奖。

经过全省广大民办教育工作者的共同努力，河南民办教育得到较快发展，为增加教育投入、扩大教育规模，满足人民群众多样化教育需求等做出了积极贡献。2020年2月18日，郑州市管城回族区贝斯特外语小学、郑州实验外国语中学、开封市新区金苹果幼儿园、兰考县兴兰中学、汝州外国语学校、开封市立洋外国语学校、黄河科技学院、郑州升达经贸管理学院、郑州商学院、郑州财经学院、信阳学院、中原工学院信息商务学院、新乡医学院三全学院、郑州澍青医学高等专科学校、漯河食品职业学院等70所优秀民办学校受到河南省教育厅表彰。

2020年5月27日，新乡医学院三全学院的医学分子生物学课程被河南省教育厅认定为省级线上一流本科课程。黄河科技学院的工程热力学、生理学、理财规划，郑州科技学院的配送中心运营管理、装饰画，郑州工业应用技术学院的土木工程测量，郑州升达经贸管理学院的大学英语、现代汉语，商丘工学院的电子技术基础，商丘学院的电视节目策划，黄河交通学院的汽车市场营销，郑州财经学院的期货投资，郑州工商学院的统计学，信阳学院的中国古代文学，安阳学院的普通话口语，郑州西亚斯学院的包装设计，河南大学民生学院的播音主持语音与发声（理论），河南师范大学新联学院的语言学导论，河南科技学院新科学院的植物学，中原工学院信息商务学院的摄影技术与艺术，河南科技职业大学的系统解剖学等21门课程被河南省教育厅认定为省级线下一流本科课程。黄河科技学院的创业基础，郑州科技学院的材料成型工艺基础、程序设计基础，郑州工业应用技术学院的结构力学、药用植物学，郑州升达经贸管理学院的管理学，郑州商学院的专业技术写作、ERP沙盘模拟实验，信阳学院的普通化学，郑州西亚斯学院的综合英语、微观经济学、数字电子技术，河南师范大学新联学院的中国语言文化十六讲，新乡医学院三全学院的组织学与胚胎学，中原工学院信息商务学院的英语阅读三、市场调查与分析等16门课程被认定为省级线上线下混合式一流本科课程。郑州商学院的思想政治课实践教学、信阳学院的普通地质及工程地质野外教学、郑州西亚斯学院的广告创意、河南师范大学新联学院的就业指导等4门课程被认定为省级社会实践一流本科课程。

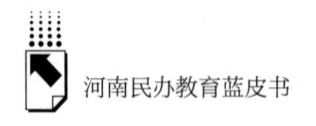

二 2020年河南民办教育面临的机遇、困难和应对策略

2019年，河南民办教育在规模扩张和质量提升等方面都实现了较大的进步。2018年12月29日，新修正的《民办教育促进法》开始实施，由于新的实施条例尚未公布，一些具体政策还有不确定性，少数民办教育从业者和研究者处于观望状态。但是多数民办学校的掌舵人和决策层在坚守社会主义办学方向的前提下，已经有了相对明确的发展思路而且已经付诸行动。2020年上半年，新冠肺炎疫情导致河南民办教育遭受一定损失，但是河南民办教育在经历了重大突发公共事件后及时采取措施，实现了"停课不停学"。

（一）疫情期间应对措施

疫情使河南省各级各类学校受到严重影响。其中民办学校的损失更严重。遭受损失最大的是民办幼儿园，2019年，河南民办幼儿园在园幼儿达到2978511人，占全省幼儿园在园幼儿总数的69.13%。这些民办学前教育机构在无法开学的情况下不能收取保教费，但是还要支付房租、教职工工资等费用，生存发展遇到严峻挑战。其他民办学校也在应对疫情过程中克服重重困难，在疫情的大考中交出了合格答卷。

1. 教学工作有序推进

疫情期间，河南民办学校全面停课，师生员工不能正常到学校工作和学习。结合河南省疫情防控的实际，2月1日，省教育厅新型冠状病毒感染的肺炎疫情防控工作领导小组制定印发了《关于做好新型冠状病毒感染的肺炎疫情防控期间网上教学工作的指导意见》，推动有效实现各级各类教育"延迟开学不停教、不停学"。

做到统一部署、分类推进网上教学工作。省教育厅负责网上教学活动的统筹协调、技术指导和跟踪问效。各市、县（区、市）教育行政部门负责所属学校网上教学活动的统筹安排和具体指导。各高等院校、中等职业学校在上级教育行政部门和主管部门的指导下，充分利用现有国家、省级和学校在线课程平台、其他在线教育平台和教学资源，负责本校网上教学活动的组织实施。

各民办学校积极行动。黄河科技学院第一时间成立了学校网络教学工作领导小组，制定发布了《黄河科技学院2020年教学工作实施方案》《关于确保网上教学质量的通知》等，保证网上教学顺利开展且同质等效。教务科研处联合"翻转校园"技术人员开展了在线开课系列指导、培训工作，帮助一线教师和二级学部（院）教学管理人员在最短的时间内克服在线教学经验不足的困难，实现从线下到线上教学模式的转变。建立了由教务科研处、技术保障人员、学部（院）教学管理人员组成的"黄科院网上教学情况反馈平台"，教务沟通群全天候在线为教师教学准备、教学组织、课堂互动行为等答疑解惑，解决有关问题。全校线上开课第一个月，开出1328门课程，占本学期课程总数的79%；参与在线学习的学生33931人，占99.36%。截至2020年3月22日，共开设11374个课堂，参与线上学习1026736人次；参与网上教学的主讲教师1048人，累计39026课时，教师发起课堂测试14138次。郑州升达经贸管理学院自2月24日开始线上教学，700多位教师在经过近3周的教学准备后，通过优慕课教学平台、超星泛雅平台、智慧树、中国大学MOOC、雨课堂、钉钉、QQ、微信等开展线上教学，所有非毕业班（共387个班级）19890名学生全部参加了网上学习。学校制定了详细的网络授课预案，通过切换网络授课平台、增加服务器容量、优化网络出入口等方式方法，确保了网络授课的正常进行。各院部灵活采用"慕课+录播""直播+研讨""线上自主+多形式互动""团队建设+分班辅导""自主练习+慕课辅助""线下自学+集中补课"等方式开展网络教学，构建了多元、人本、高效的网络云课堂。郑州工商学院2月17日线上教学正式开课，除实验、实训等课程暂不具备在线教学条件外，共开展419门在线教学课程，开设包括公修课、专业课、通识课等在内的各类课程共计1228门次。两周内开课累计27658学时，线上学习学生累计949396人次。

郑州科技学院充分利用线上平台,把疫情防控中的鲜活素材作为生动教材,深耕课程思政责任田,积极回应青年学生的关切点,让"云端"思政课真正入脑入心,积极化"疫情危机"为思想教育契机,为青年学生注射了一剂强有力的"精神疫苗"。郑州工业应用技术学院网上开课第一天,404位授课教师开展线上授课314门1632学时,听课学生31248人次。郑州财经学院建设了85个在线教学课程交流群,要求师生100%入群入班,组织教师系统学习在线教学操作流程和经验交流,统一了"学习通平台授课交流管理+其他在线课程资源参考+文字交流为主"在线教学模式。同时,要求教师执行教学"五带"备课要求,加强在线授课准备,全体同头课集体备课、资源共享,并加强沟通问题、分享经验等在线教研活动。该校现代物流与管理学院在线教学在充分准备中有序开展,教学管理在指导中加强督导,任课教师在授课中补充方法。第一周全院共开设了33门在线教学专业课程,非毕业班1398名学生、34个教学班级参与在线学习,学生参与度达到99.78%。信阳学院先后4次召开教学工作会议,组织在线教学研讨交流,通报在线教学督导情况;编发在线教学督导简报2期,撰写在线教学质量周报7期、月报3期;及时发掘在线教学中涌现的优秀教师和优秀案例,编撰《信阳学院疫情防控期间在线教学风采录》,树立先进典型,展示在线教学成效和风采。通过多渠道反馈在线教学情况,持续加大改进力度。教学运行平稳有序,教学管理组织到位,任课教师尽职尽责,授课方式灵活多样,学生学习满意度不断提升,在线教学效果良好,保证了学生"停课不停学",基本达到了"线上线下同质等效"要求。截至4月17日,郑州商学院共开设在线课程593门(1991门次),参与授课学习学生累计136487人次,主讲教师559人。自开展线上教学以来,该校教师在线授课人数呈稳定上升的趋势,仅超星学习通网络在线授课人数为498~562人,平均每天528名教师在线。河南科技职业大学2月13日开始网上教学,涉及的所有课程都通过网络等线上多种教学形式开展,所有教师和学生均参与,课程的完成度都能达到预期的效果。商丘工学院本着"让数据多跑路,让师生少跑路,让疫情零传播"的目标,利用"智慧学工",积极采取多种措施加强学风建设，切实服务教学工作。通过网上打卡签到、课堂提问、课后及时反馈的方式，对课堂出勤情况和课堂效果做到有效跟踪。郑州黄河护理职业学院制定《新型冠状病毒肺炎疫情防控期间网上教学工作方案》和《2019～2020学年第二学期延期开学期间教学工作实施办法》，加大对教师线上教学、学生网上学习的管理和监督力度，引导师生正确认识，理性、科学防控疫情，维护学校、社会稳定大局，确保实现"教师不停教、学生不停学、质量不降低"的教学工作要求，最大限度减少推迟开学带来的影响，确保教学任务如期完成。学院各专业开设的60门课程全部进行线上教学。学院分5期对175名教师进行线上教学技能培训，各系部建立了包括系部主任、教学秘书、教研室主任、任课教师、辅导员等组成的在线教学工作保障团队，认真落实网络教学安排，对网络教学期间学生的学习状况进行跟踪检查落实，及时了解、发现和解决师生在教学和学习中的问题，全院学生到课率达99.9%。洛阳科技职业学院制定《疫情防控期间教学工作实施方案》和《线上教学工作安排》，全校36个专业416个班级全部开课，课程门数总量达373门，在线教师480人，两个月内在线学习学生达19269人次，教师出勤率达100%，学生出勤率达到96%。

2020年4月上旬，河南省民办教育协会、河南民办教育研究院对河南省民办高校进行了应对疫情问卷调查，发出问卷26份，收回有效问卷21份，参与问卷调查的高校占全省办学时间在2年以上民办高校总数的53.85%。网上教学开通率为100%的占52.38%；开通率为95%～99%的占38.10%；开通率为91%～94%和76%～90%的各占4.76%。网课学生出勤率为100%的占28.57%；95%～99%的占47.62%；91%～94%的23.81%。网课教师到课率为100%的占71.43%；95%～99%的占19.05%；91%～94%和76%～90%的各占4.76%。

2. 全面推进数字化转型

在现代教育技术不断进步的大背景下，各个学校虽然在先前都有过网络教学的尝试，但真正实现全体学生的网上授课、全体教师的网上教学还是首次。疫情没有给河南民办教育更多的时间和精力去准备，河南民办教育人主动迎难而上、背水一战。各个民办学校结合实际加强硬件软件建设，想方设法保证"停课不停学"，民办学校的教师也克服重重困难，保障网课的教学质量。

为了不影响学校的整体发展战略，黄河科技学院在疫情中全面推进数字化转型工作，并结合实际启动了学校"十四五"规划的编制工作。为了弘扬学校文化，凝聚师生员工的合力，到2020年5月8日，中牟外国语学校小学部已在网上开辟32期《榜样引领》，每期展示30个学生的风采，累计已经展示960人；开辟《家校共育》共8期，每期展示20组学生和家长，累计展示160个学生家庭，有效加强了学校和学生、学生家庭的交流。助力学生成长。郑州市金水区中方园双语学校开辟《众志成城抗疫情，方园人在行动》专栏，截至5月11日已经刊出70期，及时通报学校防疫抗疫的动态和上级的安排部署，稳定了师生的情绪。郑州市二七区跨世纪幼儿园开展网络家庭亲子教育大课堂，截至2020年6月13日已经进行到119期，每期分上午篇和下午篇，累计网络分享亲子教育课程238篇。网络课堂内容丰富多彩，有居家防疫知识、家庭训练游戏、古诗词、绘本阅读等内容结合幼儿的心理和生理特点，深受幼儿和家长喜爱。

3. 勇于担当，服务社会

社会服务是学校的重要社会职能。疫情期间，全省民办学校主动作为，在国家需要的时候不退缩、不回避，展示了河南民办教育人的责任担当。郑州财经学院现代教育学院党总支深入贯彻学习近平总书记关于统筹推进疫情防控和经济社会发展工作部署会议精神，坚持以党建带团建，通过形式多样的党日活动和主题团日活动，带动广大青年学生通过各种方式积极投身抗"疫"，用实际行动诠释了青春的意义和价值，展现了当代大学生的担当与使命。2月1日，黄河科技学院附属医院向全院职工传达郑州市卫健委紧急通知，从全市二级以上医院选调医疗救治人员驰援郑州市第一人民医院传染病医院（河南版"小汤山"医院）。附属医院各科室医务人员特别是共产党员踊跃报名，多名医护人员连夜向所在党支部递交入党申请书，纷纷表示"有征必上"。

（二）机遇、困难和问题

河南民办教育最大的底气和财富是改革开放40多年来自身在发展中形成的规模、积累的成功经验和出现失误的教训。已经形成的完整的教育体系和类别，正在全面铺开的党建工作，积累起来的教育教学经验和学科建设、课程建设、专业建设的经验，已经初具特色的师资队伍和思想政治工作队伍，已经初步建立的现代大学制度和初步形成的内部管理特色，在全国具有较大影响的精彩纷呈的特色教育，经过滚动发展积累的雄厚的教育资源和已经初步建立的社会信任体系，使河南的民办教育具备了抵御一定风险的能力。

1. 机遇

在新时代的背景下，河南民办教育面临的主要机遇是稳定规模，沉下心来涵养自身素质，不断提高人才培养质量。如果当代河南民办教育近40年来发展的主色调是规模扩张的话，那么接下来的这个时期就必须加大内涵建设的力度。巩固成果，稳住阵脚，为新一轮发展蓄积力量，要注意抓住以下机遇。

（1）《民办教育促进法》修正实施

新修正的《民办教育促进法》2018年12月29日实施后，新的实施条例迟迟未能公布。新修正的《民办教育促进法》最鲜明的指向是实现分类管理，存量民办学校还有一定的选择时间。新修正的《民办教育促进法》落地推进会带来新的变化，各民办学校要结合自身实际，审时度势，抢抓机遇，实现发展。

（2）大数据、人工智能的应用

科学技术的迅猛发展使得教育的形式和内容都会发生变化。在前几年的尝试中，不少民办学校已经利用先进的科学技术推动了学校的发展。本次疫情中多数学校实现了网上教学，积累了一定的经验。非常时期的非常教育，在一定程度上推动了教育新形态的产生和发展，多方参与、多种形式的在线教育，成为新的教育支柱。从2016年起，黄河科技学院就以建设创新型大学为契机，开始着力推进现代信息技术与教育教学深度融合，依托"翻转校园"数字化平台，持续助推课程变革、教学改革和学校治理模式创新。学校各类课程在"翻转校园"平台已经建设了丰富的在线教学资源，大部分教师和学生已经充分掌握了依托平台开展在线互动和在线学习的能力。疫情防控前的2019~2020学年第一学期，全校共有9284门次课程在"翻转校园"课程平台建设课程资源，包括教学大纲、教案、教学PPT、音视频资料等。75%的课程实现在线学习、在线测试、课堂讨论等在线交互。未来5G技术将使信息和数据迅速流通，大数据与人工智能将使在线教育服务更智能、更精准、更有效率，这些变革都会加速学校教育与社会教育相互融合的教育服务业态的形成。这是显而易见的发展方向。有远见的教育家在这一轮发展中调整思路、整合资源、实现突破。

（3）河南发展对人才的需求

河南要在中部地区崛起中奋勇争先，谱写新时代中原更加出彩的绚丽篇章。河南省政府提出要把创新作为最强发展动能，要把创新作为提升区域竞争力的关键，要把营造创新氛围作为最重要的发展环境；要在培育壮大新兴产业做强做优主导产业、改造提升传统产业、加快生产性服务业发展和提升科技支撑能力上下功夫；向纵深推进改革开放，更高水平扩大对外开放；加快中原城市群建设和提高城镇化质量的步伐；扎实实施乡村振兴战略；加快推进生态文明建设。实现这样的发展，必须重视人才的培养，必须坚持教育优先发展的原则，激发教育活力，培养更多适应河南经济和社会发展需要的人才。民办教育在这个过程中有自己独特的优势。

2. 面临的困难

民办教育发展面临的困难主要来自外部，集中在与公办教育差别化的政策、办学经费的来源和师资队伍的建设等方面。

（1）教师队伍不稳定

民办学校的教师在政治待遇、编制身份和职称评聘等方面与公办学校教师相比有一定的差异。在社会保障缴纳、领取方面执行的是企业标准，与公办学校教师存在一定差异。公办、民办教师在退休后的待遇差距较大，使得民办教育教师队伍出现不稳定状态。

（2）政策不明晰

目前政府对非营利民办学校的政策不明确，导致非营利民办学校发展目标不够明确、方向不够清晰，制约了这部分学校的科学健康发展。

（3）认识问题

少数部门对民办教育的看法还相对比较僵化，认为民办教育不能和公办教育享受同等的待遇，导致了对民办学校及其教师、学生区别对待，甚至有歧视性政策。

（4）党建工作尚未实现全覆盖

一些中小学、学前教育以及培训机构的党建活动稍显薄弱，党员基数少，活动开展不起来。党组织的引领、监督、支持作用没有得到应有的发挥。

（5）经费短缺

民办学校的办学经费来源主要是学费收入，少有政府拨款。对于非营利性民办学校，除了学校基础建设、教学生活设备投入、职工工资、各项运营费用外，还要预留一定的发展基金，大量办学支出费用导致经费不足，制约了这些学校更高层次的发展。

（6）改革未获得有力支持

很多民办学校为了创新发展，探索新路，启动了学校的改革项目。但目前民办教育的改革还多局限在学校自身，权威部门的支持和指导较少，政府设置的民办教育的改革和创新项目还较少。这在一定程度上制约了民办教育改革创新的积极性。

3. 存在的问题

（1）战略发展的远见不够

少数民办学校将目光局限在扩大规模上，仅考虑眼前的利益，没有将自己置身于国家和民族发展的大背景下，缺乏战略思考和远见，导致发展后劲不足，人才培养的质量不高。

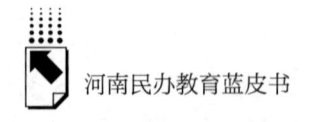

(2) 核心竞争力培育乏力

河南当代民办教育已经走过了近40年的历程，长期的规模扩张虽然壮大了实力，但是在内涵建设方面还需及时补上短板。新时代对民办教育的要求将在发展质量上体现。这样的发展已经不是先前的模式，民办教育必须从自身做起，凝聚核心竞争力。少数民办学校还停留在粗放的管理和教学上，势必影响自身的进一步发展。

(3) 体制机制的优势失去活力

与公办教育相比，民办教育有独特的体制机制优势。河南许多民办学校将这个优势充分利用，创造了民办教育发展的辉煌。随着规模的扩大和机构的增加，一些学校引进了公办学校的管理模式。在引进的过程中，不少民办学校结合自身实际进行了优化，少数学校只是机械照搬。照搬的结果是既失去了自己的特色，又没有搬来公办学校的优势。

（三）对策建议

1. 争取政府的政策支持

要结合河南经济社会发展的实际需要和省委、省政府的部署，及时调整人才培养方案，在中部地区崛起的大文章中寻找自己的定位，从而获得政府的政策支持。河南是一个经济不发达的内陆人口大省，希望政府对民办教育给予极大的经济和物质支持是不现实的，但是政府可以给予政策支持，为民办教育营造良好的发展环境。近40年河南民办教育发展的成就证明，只要有政府的政策支持，民办教育就能做出非凡的贡献，实现大的发展。

2. 争取政府的经费支持

虽然政府不能像支持公办教育发展那样将民办教育的经费"承包"下来，但是财政给予民办教育一定的支持还是可能的。河南省政府和各地市政府设立的民办教育发展基金在先前河南民办教育的发展中发挥了极其重要的作用。可以通过政府购买服务等形式，落实民办教育的生均经费、"合理分担"民办学校教师社会保障经费政策，对于非营利性的民办学校采取差别化的扶持政策,给予专项资金经费的支持等。

3. 苦练内功,凝聚核心竞争力

民办学校要在克服先天不足因素的基础上,最大限度地避免"后天失调"。各民办学校要在总结"十三五"发展成就和制定"十四五"规划时,科学评估自身现状,合理预估自身发展潜力,为未来五年的发展描绘切实可行的蓝图。要从保持体制机制活力开始,不断改革内部管理体制,不断优化人才培养方案,加大内涵发展力度,实现人才培养质量的持续提升。

三 2020~2021学年河南民办教育发展趋势

国家对民办教育的政策将以"规范管理"为主基调,民办教育将进入以提升人才培养质量为中心的内涵建设时期。当代中国的民办教育,在完成第一阶段"公办教育的必要补充"和第二阶段"教育事业的重要组成部分"的使命之后,正在进入发展的第三个阶段:成为"中国教育改革和发展的重要力量"。2020~2021学年及以后一段时间,河南的民办教育将呈现以下发展走向。

(一)质量意识持续增强

没有质量的教育必然是不成功的教育。河南当代的民办教育在经历了近40年的快速发展后,实现了规模的扩张,今后一个时期必须下大功夫提升办学质量。这也是广大民办教育人的共识。

(二)数字化转型逐步铺开

科学技术发展带来的变化是不以人的意志为转移的。充分利用新技术推动学校发展,是有远见的河南民办教育人明智的选择。大数据、人工智能在教育上的应用,不仅可以实现管理和教育教学工作的现代化,还可以有效转变人的观念,降低投入成本,实现又好又快发展。

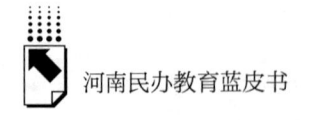

（三）规模渐趋稳定

2019年河南民办学校在校生规模达到709.75万人。民办学校教职工数达到59.12万人。长时间的规模扩张并不完全是好现象，跨越式的发展需要一定的缓冲来解决发展带来的问题，补齐发展短板。随着公办教育投入力度的加大和全省生源数量的稳定甚至减少，河南民办教育的规模会逐步稳定下来。

学段教育篇

Segment Education

B.2
2019~2020学年河南民办高等教育现状与预测

阮彩灵*

摘　要： 本报告以2012~2019年的统计资料为依据，采用定性分析与定量分析相结合、规范分析与实证分析相结合的方法展开研究。河南民办高校数量整体上在增长，办学硬件资源有了很大改善；师资力量明显加强。当前，河南民办高等教育面临新时代提出的要求、公办高校迅速发展带来的压力、高等教育普及化提出的新要求和人工智能的挑战。就河南民办高等教育发展的内部环境以及民办高校自身优势和劣势而言，预测河南民办高等教育办学空间将更加广阔，办学内涵将日渐丰富，办学形式将更加多元，办学

---

* 阮彩灵，黄河科学学院助理研究员，河南民办教育研究院研究员，主要研究方向为高等教育、民办教育。

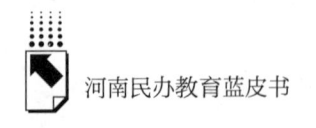

将更具自主权，监管机制将更加健全。

关键词： 民办教育　高等教育　河南

习近平总书记在党的十九大报告中明确提出了"优先发展教育事业。建设教育强国是中华民族伟大复兴的基础工程，必须把教育事业放在优先位置，深化教育改革，加快教育现代化，办好人民满意的教育"，"支持和规范社会力量兴办教育"。河南民办高校从无到有，经过30多年的发展，数量不断增长，办学规模也日益扩大。河南民办高校已经成为河南高等教育的重要组成部分，它与公办高校一起不断推动河南经济的发展，为"中原出彩"做出重要的贡献。在教育不断改革和深化的今天，在对河南民办高等教育现状进行分析的基础上，分析河南民办高等教育发展的内外部环境，并对河南民办高等教育未来发展进行预测，对推动河南民办高等教育特色发展、建设河南高等教育强省有很强的指导作用。

一　河南民办高等教育的现状

（一）民办高校数量整体上在增长

随着国家对民办高等教育的重视，河南民办高等院校数量整体上在增长。如表1和图1所示：2019年，河南共有141所普通高校，其中民办高校有39所（本科19所、专科20所），民办高校数量占全省普通高校数量的27.66%。2019年，普通高校在校生有231.97万人，其中民办高校在校生达59.47万人，民办高校在校生人数占全省普通高校在校生人数的25.64%。如表1所示，2012年河南普通高校有120所，在校生人数是155.90万人，其中民办高校有34所，在校生人数是28.96万人，2019年民办高校比2012年增加了5所，在校生人数增加了30.51万人，增长率达105.35%。

表1 河南民办高校及普通高校数和学生人数统计

年份	民办高校 学校数(所)	民办高校 学生人数(万人)	普通高校 学校数(所)	普通高校 学生人数(万人)	民办高校数占全省比例(%)	民办高校学生人数占全省比例(%)
2012	34	28.96	120	155.90	28.33	18.58
2013	35	33.04	127	161.83	27.56	20.42
2015	37	38.65	129	176.69	28.68	21.87
2016	37	41.72	129	187.47	28.68	22.25
2017	37	45.66	134	200.47	27.61	22.78
2018	39	51.05	140	214.08	27.86	23.85
2019	39	59.47	141	231.97	27.66	25.64

注：本表未纳入2014年数据。

资料来源：根据2012~2019年《河南省教育事业发展统计公报》整理。

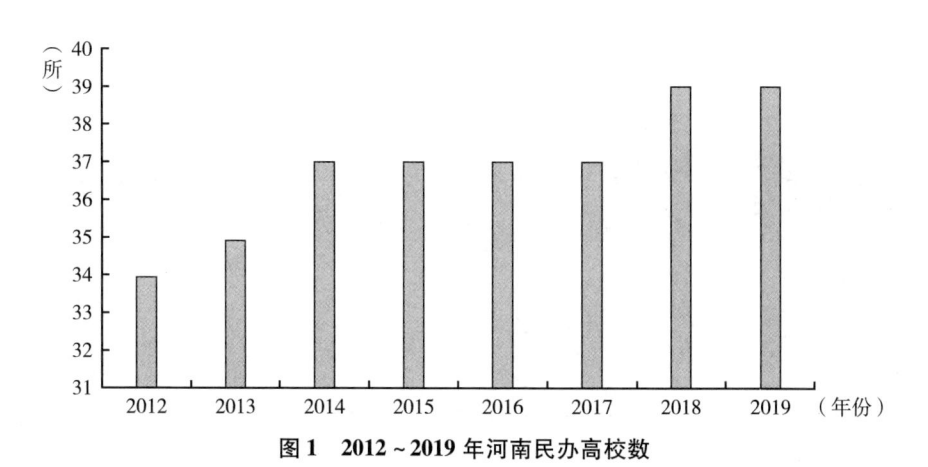

图1 2012~2019年河南民办高校数

资料来源：根据2012~2019年《河南省教育事业发展统计公报》整理。

（二）办学硬件资源有了很大改善

近年来，河南各个民办高校对办学的硬件资源和物质指标非常重视，并且加大资金投入力度。2016~2019年，河南民办高校在产权占地面积、产权藏书量、产权教学仪器价值、产权建筑面积等方面均有了较大提高（见表2）。

表2 2016~2019年河南民办高校办学条件对比

学校	2016年 产权占地面积（亩）	产权藏书量（万册）	产权教学仪器价值（万元）	产权建筑面积（平方米）	2017年 产权占地面积（亩）	产权藏书量（万册）	产权教学仪器价值（万元）	产权建筑面积（平方米）
黄河科技学院	2314.20	239.90	25592.54	833728.00	2314.20	256.61	26765.97	862452.00
郑州科技学院	859.98	170.57	12036.12	539205.00	859.98	192.82	14211.98	562705.00
郑州工业应用技术学院	1979.13	209.00	13853.20	642025.58	1979.13	209.00	12565.35	642025.58
郑州财经学院	711.70	95.84	8348.82	319905.76	1211.20	130.03	8931.78	334078.56
黄河交通学院	1172.20	87.25	11026.04	302131.74	1172.20	93.11	11471.32	302131.74
商丘工学院	1150.05	111.64	7146.00	322120.94	1150.05	116.02	7866.00	342222.09
河南大学民生学院	1208.58	190.06	8085.59	380242.00	1264.42	195.08	8105.69	380242.00
河南师范大学新联学院	961.77	204.19	10971.90	266192.00	961.77	217.10	11100.95	266192.00
信阳学院	0.00	149.16	10367.97	0.00	355.93	166.58	11019.88	0.00
安阳学院	0.00	164.39	9082.50	7020.90	0.00	164.25	9008.11	7020.90
新乡医学院三全学院	1799.43	143.01	10478.84	632486.46	1799.43	151.58	11281.04	632486.46
河南科技学院新科学院	0.00	116.78	4272.28	0.00	0.00	120.34	4683.86	0.00
郑州工商学院	0.00	217.52	11171.17	0.00	0.00	229.46	12204.09	0.00
中原工学院信息商务学院	766.24	184.00	6490.45	241693.00	766.24	195.30	8234.34	280785.74
商丘学院	1899.26	220.76	11337.10	523860.00	1899.26	219.93	10266.98	523860.00
郑州商学院	1387.51	187.81	6908.40	306885.37	1387.51	199.57	8577.96	306885.37
郑州升达经贸管理学院	979.68	228.89	7856.70	466771.24	979.68	229.73	9144.88	466771.24
郑州澍青医学高等专科学校	585.00	87.20	7133.70	0.00	950.70	89.28	7847.74	0.00
郑州电子信息职业技术学院	516.40	55.55	5483.46	174240.30	516.40	57.88	6033.47	174240.30

续表

学校	2016年 产权占地面积(亩)	产权藏书量(万册)	产权教学仪器价值(万元)	产权建筑面积(平方米)	2017年 产权占地面积(亩)	产权藏书量(万册)	产权教学仪器价值(万元)	产权建筑面积(平方米)
嵩山少林武术职业学院	1687.60	47.79	3350.04	178639.45	1687.60	49.29	3685.04	178639.45
郑州电力职业技术学院	527.21	46.40	4239.44	167166.65	527.21	54.20	4782.24	167166.65
河南科技职业大学	956.43	56.99	10397.30	66060.59	956.43	56.99	10423.58	293200.45
漯河食品职业学院	913.95	46.12	3293.47	125565.83	913.95	64.02	10331.94	190939.55
郑州城市职业学院	371.98	35.40	2200.00	130639.82	371.98	39.04	2343.43	130639.82
焦作工贸职业学院	338.72	15.60	1560.04	63652.34	338.72	20.76	3809.95	63652.36
许昌陶瓷职业学院	440.32	8.00	413.27	97428.60	440.32	8.00	459.50	97428.60
郑州理工职业学院	170.34	51.97	3774.32	140054.90	170.34	57.81	4374.43	140054.90
郑州信息工程职业学院	203.16	24.05	1580.09	39642.80	203.16	31.85	2101.82	39642.80
长垣烹饪职业技术学院	518.56	26.00	2461.70	107170.00	518.56	31.30	2866.27	107170.00
信阳涉外职业技术学院	448.52	23.88	2679.18	32583.93	448.52	23.88	3179.18	32583.93
鹤壁汽车工程职业学院	319.45	18.84	3179.82	57034.11	319.45	19.66	3193.24	57034.11
南阳职业学院	0.00	18.85	1242.36	4133.10	0.00	19.64	1374.72	4133.10
郑州商贸旅游职业学院	150.31	18.07	930.70	64214.00	150.31	26.06	1026.38	73589.00
郑州黄河护理职业学院	413.08	31.86	2125.60	121355.81	413.08	37.84	2521.26	121355.81
洛阳科技职业学院	1209.60	60.51	6102.38	236426.48	1209.60	65.01	6326.42	236426.48
鹤壁能源化工职业学院	362.21	18.36	2120.00	91072.36	362.21	18.36	2120.00	91072.36
平顶山文化艺术职业学院	306.96	18.43	1003.85	94747.00	306.96	18.43	1003.85	94747.00
郑州西亚斯学院	—	—	—	—	—	—	—	—
信阳航空职业学院	—	—	—	—	—	—	—	—
合计	27629.53	3630.64	240296.34	7776096.06	28906.50	3875.81	265244.64	8203575.35

续表

学校	2018 年 产权占地面积（亩）	2018 年 产权藏书量（万册）	2018 年 产权教学仪器价值（万元）	2018 年 产权建筑面积（平方米）	2019 年 产权占地面积（亩）	2019 年 产权藏书量（万册）	2019 年 产权教学仪器价值（万元）	2019 年 产权建筑面积（平方米）
黄河科技学院	2801.00	353.17	38500.00	1030020.00	2801.00	355.60	38500.00	1100020.13
郑州科技学院	1500.00	201.10	20001.00	602060.36	1500.00	212.10	20001.00	602060.36
郑州工业应用技术学院	1979.13	209.00	14121.24	6986013.19	2090.00	223.20	18565.35	6986013.19
郑州财经学院	1211.20	190.03	8931.78	334078.56	1211.20	200.00	8931.78	334078.56
黄河交通学院	1812.10	115.40	11001.10	400112.12	1812.10	118.40	11021.10	400112.12
商丘工学院	1579.79	134.76	8200.07	505013.11	1579.79	135.78	8509.78	505043.19
河南大学民生学院	1264.42	198.23	8105.69	380242.00	1264.42	208.17	8105.69	380242.00
河南师范大学新联学院	961.77	227.10	12100.95	266192.00	961.77	231.30	13120.95	266192.00
信阳学院	2300.00	183.51	12039.18	891872.00	2300.00	193.58	12039.18	891872.00
安阳学院	0.00	174.25	12008.81	7020.90	0.00	184.25	13208.11	7020.90
新乡医学院三全学院	1799.43	162.54	12279.04	632486.46	1799.43	189.78	13211.13	632486.46
河南科技学院新科学院	0.00	125.72	4683.86	0.00	0.00	129.61	4683.86	0.00
郑州工商学院	0.00	241.23	13214.20	0.00	0.00	249.32	14204.18	0.00
中原工学院信息商务学院	766.24	205.06	8852.15	280785.74	766.24	235.87	9294.98	280785.74
商丘学院	2829.27	231.02	11316.57	623860.12	2829.27	241.35	12366.41	623860.12
郑州商学院	2301.01	218.67	5670.88	336012.32	2301.01	225.91	6470.10	336012.32
郑州升达经贸管理学院	2203.00	232.00	105010.03	494612.38	2203.00	235.00	115011.16	544712.35
郑州师青医学高等专科学校	1021.21	92.00	100686.93	360102.31	1021.21	94.00	110921.02	360102.31
郑州电子信息职业技术学院	516.40	89.96	6033.47	174240.30	516.40	110.67	6033.47	174240.30
嵩山少林武术职业学院	1687.60	58.69	3986.21	178639.45	1687.60	72.08	4279.93	178639.45
郑州电力职业技术学院	527.21	59.86	6512.42	167166.65	527.21	65.86	6512.42	167166.65

续表

学校	2018年 产权占地面积（亩）	2018年 产权藏书量（万册）	2018年 产权教学仪器价值（万元）	2018年 产权建筑面积（平方米）	2019年 产权占地面积（亩）	2019年 产权藏书量（万册）	2019年 产权教学仪器价值（万元）	2019年 产权建筑面积（平方米）
河南科技职业大学	1243.97	141.42	109358.87	306021.98	1243.97	150.02	146358.21	306021.98
漯河食品职业学院	913.95	66.09	12351.42	190939.55	913.95	69.89	19331.86	190939.55
郑州城市职业学院	453.50	41.08	3187.42	140121.26	453.50	48.17	3296.36	140121.26
焦作工贸职业学院	338.72	31.85	3923.74	63652.36	338.72	42.87	4121.63	63652.36
许昌陶瓷职业学院	440.32	9.12	558.70	97428.60	440.32	15.00	689.98	97428.60
郑州理工职业学院	170.34	60.74	5389.21	140054.90	170.34	64.89	6793.81	140054.90
郑州信息工程职业学院	203.16	34.68	2803.75	39642.80	203.16	39.43	3101.43	39642.80
长垣烹饪职业技术学院	518.56	33.46	2966.28	107170.00	518.56	39.79	3083.41	107170.00
信阳涉外职业技术学院	448.52	26.74	3529.18	32583.93	448.52	34.82	3986.26	32583.93
鹤壁汽车工程职业学院	319.45	20.43	3343.24	57034.11	319.45	25.38	3997.21	57034.11
南阳职业学院	890.31	21.86	1692.89	8133.10	890.31	29.98	3742.84	8133.10
郑州商贸旅游职业学院	150.31	27.43	1326.32	73589.00	150.31	29.88	1997.63	73589.00
郑州黄河护理职业学院	413.08	38.91	2821.87	121355.81	413.08	42.73	2978.93	121355.81
洛阳科技职业学院	1209.60	69.42	6962.31	236426.48	1209.60	70.83	7631.53	236426.48
鹤壁能源化工职业学院	362.21	19.54	2320.41	91072.36	362.21	19.87	2593.83	91072.36
平顶山文化艺术职业学院	306.96	19.76	1031.92	94747.00	306.96	20.54	1163.85	94747.00
郑州西亚斯学院	2401.01	103.13	11295.43	81000.43	2401.01	104.87	12295.43	81000.43
信阳航空职业学院	1500.00	80.74	9131.92	25000.21	1500.00	98.58	9131.92	25000.21
合计	41344.75	4549.70	607250.46	16556503.85	41455.62	4859.37	691287.72	16676634.03

资料来源：《河南省教育统计提要》。

在产权占地面积方面，全省民办高校产权占地面积增长非常迅速，如图2所示。2016年全省民办高校产权占地面积是27629.53亩，2017年是28906.50亩，比2016年增加了1276.97亩，增长率达4.62%；2018年是41344.75亩，比2017年增加了12438.25亩，增长率达43.03%；2019年是41455.62亩，比2018年增加了110.87亩，增长率达0.27%；2019年比2016年增加了13826.09亩，增长率达50.04%。

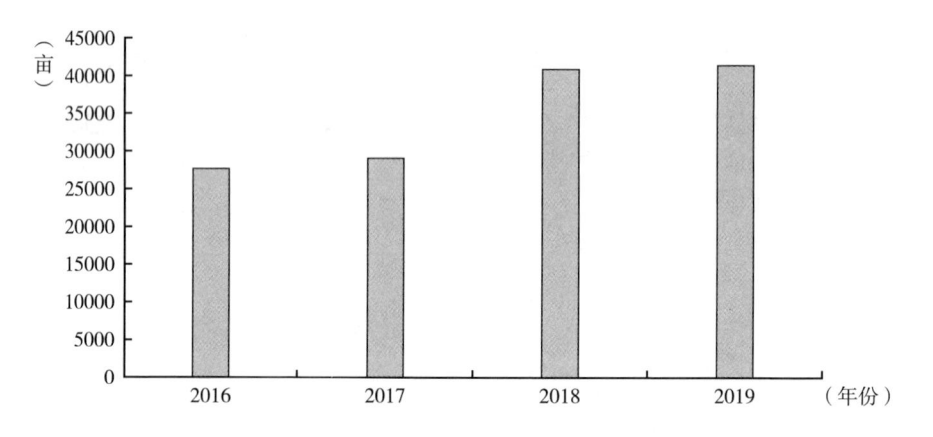

图2　2016～2019年河南民办高校产权占地面积

资料来源：根据2016～2019年《河南省教育事业发展统计公报》整理。

在产权藏书量方面，全省民办高校产权藏书量也在逐年递增，如图3所示。2016年全省民办高校产权藏书量是3630.64万册，2017年是3875.81万册，比2016年增加了245.17万册，增长率为6.75%；2018年是4549.70万册，比2017年增加了673.89万册，增长率达17.39%；2019年是4859.37万册，比2018年增加了309.67万册，增长率达6.81%；2019年比2016年增加了1228.73万册，增长率达33.84%。

在产权教学仪器价值方面，全省民办高校产权教学仪器价值也越来越高（见图4），2016年全省民办高校产权教学仪器价值达240296.34万元，2017年是265244.64万元，比2016年增加了24948.30万元，增长率为10.38%；2018年是607250.46万元，比2017年增加了342005.82万元，增长率达128.94%；2019年是691287.72万元，比2018年增加了84037.26万元，增

图3 2016~2019年河南民办高校产权藏书量

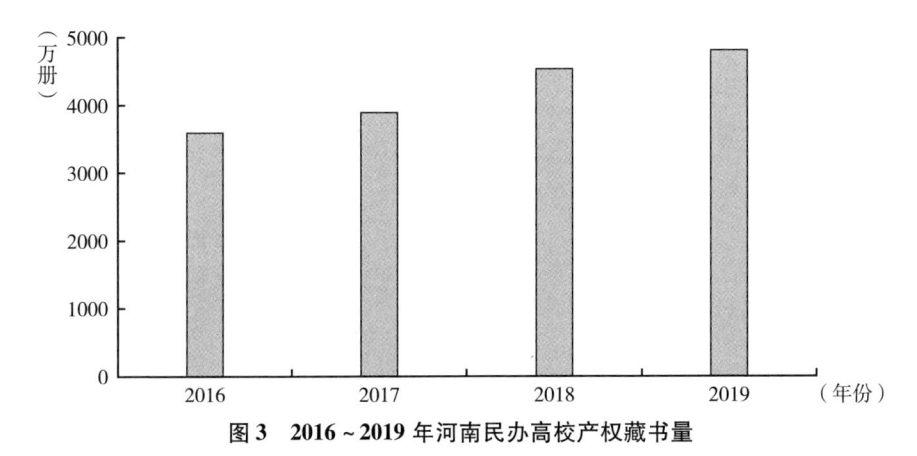

资料来源：根据2016~2019年《河南省教育事业发展统计公报》整理。

长率达13.84%；2019年比2016年增加了450991.38万元，增长率达187.68%。

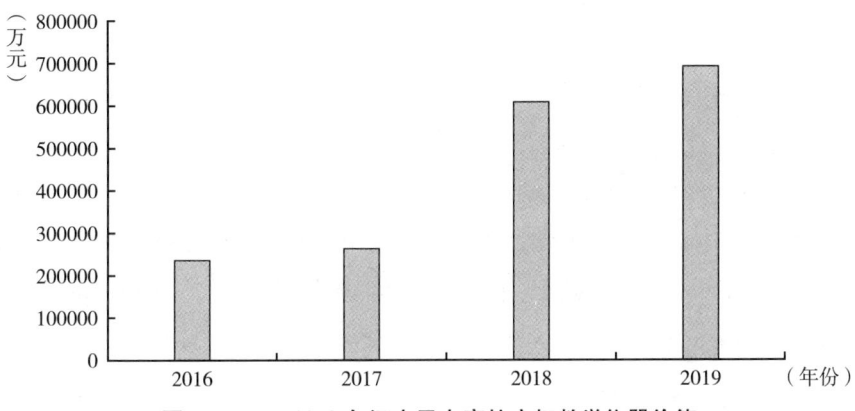

图4 2016~2019年河南民办高校产权教学仪器价值

资料来源：根据2016~2019年《河南省教育事业发展统计公报》整理。

在产权建筑面积方面，全省民办高校产权建筑面积越来越大（见图5）。2016年全省民办高校学校产权建筑面积是7776096.06平方米，2017年是8203575.35平方米，比2016年增长了427479.29平方米，增长率为5.50%；2018年是16556503.85平方米，比2017年增加了8352928.50平方米，增长率达101.82%；2019年是16676634.03平方米，比2018年增长了120130.18平方米，增长率达 0.73%；2019 年比 2016 年增加了 8900537.97 平方米，增长率达 114.46%。

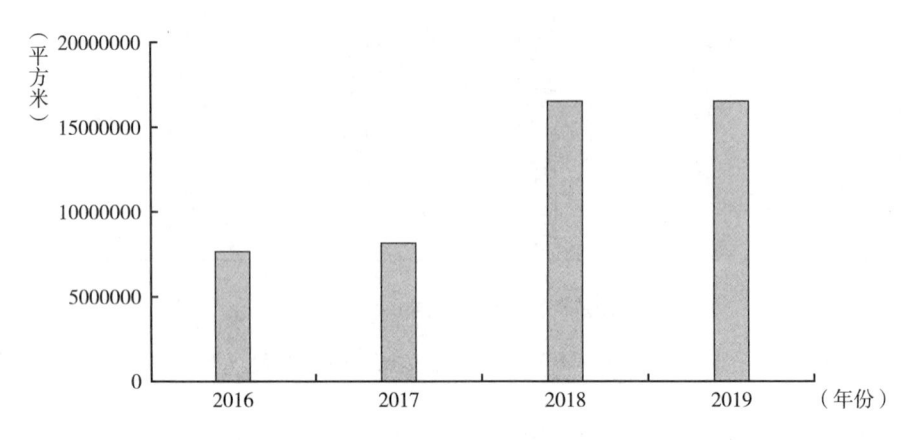

图 5　2016～2019 年河南民办高校产权建筑面积

资料来源：根据 2016～2019 年《河南省教育事业发展统计公报》整理。

因为政府政策等原因，河南几个民办高校的产权占地面积或产权建筑面积是零，这些学校不是没有土地、没有房产，而是产权问题导致其产权不在学校名下。另外，2018 年新增了两所民办高校，致使其四项指标均高于 2016 年和 2017 年。这两所高校，一所是郑州西亚斯学院，学校始建于 1998 年，其前身郑州大学西亚斯国际学院由美国西亚斯集团投资，是其与郑州大学、美国堪萨斯州富特海斯州立大学（Fort Hays State University，FHSU）合作兴办的机构。2018 年，经教育部批准，其转为独立设置的民办普通本科高校，更名为郑州西亚斯学院。另一所是信阳航空职业学院，该校成立于 2019 年 4 月 23 日，校区位于信阳市平桥区震雷山风景区，法人代表为刘品生。

（三）师资力量有了明显改善

随着经济的发展，河南民办高等教育越来越重视人力资本在教育中的重要作用，随着办学规模的扩大，河南民办高校教职工和专任教师人数逐年上涨（见表3）。

2019～2020学年河南民办高等教育现状与预测

表3 2016～2019年河南民办高校师资力量统计

单位：人，%

学校	2016年 教职工人数	2016年 专任教师人数	2016年 具有研究生学历教师占专任教师的比例	2016年 具有高级职务专任教师占专任教师的比例	2017年 教职工人数	2017年 专任教师人数	2017年 具有研究生学历教师占专任教师的比例	2017年 具有高级职务专任教师占专任教师的比例	2018年 教职工人数	2018年 专任教师人数	2018年 具有研究生学历教师占专任教师的比例	2018年 具有高级职务专任教师占专任教师的比例	2019年 教职工人数	2019年 专任教师人数	2019年 具有研究生学历教师占专任教师的比例	2019年 具有高级职务专任教师占专任教师的比例
黄河科技学院	1854	1345	67.97	30.36	1867	1356	73.82	38.42	1805	1377	79.67	46.48	1805	1377	79.67	46.48
郑州科技学院	1398	1075	69.75	32.37	1477	1115	71.84	33.63	1520	1145	73.93	34.89	1541	1172	75.86	39.75
郑州工业应用技术学院	1495	986	54.38	28.19	1483	975	59.59	31.28	1901	1393	64.8	34.37	1925	1359	70.00	37.45
郑州财经学院	576	471	69.91	17.78	861	746	71.36	24.30	985	870	72.81	30.82	985	870	72.81	30.82
黄河交通学院	633	456	40.04	33.45	734	571	41.51	33.80	743	580	42.98	34.15	752	612	44.23	35.76
商丘工学院	867	662	65.13	33.10	914	652	67.02	33.28	931	669	68.91	33.46	948	713	69.77	33.92
河南大学民生学院	962	783	80.52	38.27	962	783	77.78	39.85	973	791	75.04	41.43	981	797	72.30	43.00
河南师范大学新联学院	1120	922	86.94	30.49	1230	1033	85.96	32.33	1340	1144	84.98	34.17	1450	1248	84.00	36.00
信阳学院	1074	826	61.79	29.77	1220	927	65.26	29.99	1366	1028	68.73	30.21	1512	1126	70.21	30.92
安阳学院	1176	873	72.86	31.41	1153	827	73.16	31.92	1130	781	73.46	32.43	1107	735	73.89	32.99
新乡医学院三全学院	1394	1032	75.52	17.47	1449	1074	76.35	25.98	1504	1116	77.18	34.49	1559	1173	78.00	43.00
河南科技学院新科学院	606	512	76.98	37.00	628	496	77.22	37.30	650	480	77.46	37.60	672	699	77.49	38.35
郑州工商学院	1983	1653	37.83	36.07	1945	1613	38.31	36.52	1907	1573	38.79	36.97	1869	1533	40.67	37.35
中原工学院信息商务学院	963	778	76.80	31.06	1260	1019	76.84	31.11	1557	1260	76.88	31.16	1854	1501	76.91	33.57
商丘学院	1558	1166	73.27	27.07	1707	1181	73.75	29.89	1856	1196	74.23	32.71	2005	1534	74.71	35.53

037

续表

学校	2016年 教职工人数	2016年 专任教师人数	2016年 具有研究生学历教师占专任教师的比例	2016年 具有高级职务专任教师占专任教师的比例	2017年 教职工人数	2017年 专任教师人数	2017年 具有研究生学历教师占专任教师的比例	2017年 具有高级职务专任教师占专任教师的比例	2018年 教职工人数	2018年 专任教师人数	2018年 具有研究生学历教师占专任教师的比例	2018年 具有高级职务专任教师占专任教师的比例	2019年 教职工人数	2019年 专任教师人数	2019年 具有研究生学历教师占专任教师的比例	2019年 具有高级职务专任教师占专任教师的比例
郑州商学院	1316	881	74.55	41.64	1351	904	74.67	41.81	1386	927	74.79	41.98	1205	950	75.86	43.62
郑州升达经贸管理学院	1740	1103	63.74	54.93	1846	1176	67.01	49.91	1952	1249	70.28	44.89	1930	1245	73.54	39.87
郑州澍青医学高等专科学校	736	493	33.14	27.16	809	590	35.59	30.51	882	687	38.04	33.86	955	610	40.49	37.21
郑州电子信息职业技术学院	465	350	44.30	19.43	562	407	50.37	19.90	659	464	56.44	20.37	756	608	62.50	22.62
嵩山少林武术职业学院	676	573	62.52	20.28	670	539	54.55	20.22	664	505	46.58	20.16	567	474	38.60	20.10
郑州电力职业技术学院	462	344	9.94	17.20	505	372	19.89	21.24	548	400	29.84	25.28	558	428	39.79	29.32
河南科技职业大学	528	417	60.40	41.15	509	375	40.27	41.60	490	333	20.14	42.05	598	482	38.81	44.50
漯河食品职业学院	505	409	49.25	29.01	551	445	44.49	30.11	597	481	39.73	31.21	643	451	34.96	32.30
郑州城市职业学院	409	283	40.40	19.57	461	326	42.33	20.25	513	369	44.26	20.93	565	389	46.26	24.98
焦作工贸职业学院	222	162	13.07	14.72	337	262	16.41	16.79	452	362	19.75	18.86	567	462	26.58	24.68
许昌陶瓷职业学院	72	29	66.45	12.10	93	45	66.67	13.33	114	61	66.89	14.56	135	77	68.72	16.43
郑州理工职业学院	517	417	14.84	10.22	617	487	21.56	16.84	717	557	28.28	23.46	817	627	35.00	28.94
郑州信息工程职业学院	221	161	36.58	19.82	287	220	38.18	21.82	353	279	39.78	23.82	419	338	47.62	28.71
长垣烹饪职业技术学院	248	187	20.47	21.90	317	245	24.08	22.45	386	303	27.69	23.00	455	361	32.53	26.00
信阳涉外职业技术学院	158	101	66.68	13.68	211	152	67.01	13.82	264	203	67.34	13.96	317	254	69.24	16.72

续表

学校	2016年 教职工人数	2016年 专任教师人数	2016年 具有研究生学历教师占专任教师的比例	2016年 具有高级职务专任教师占专任教师的比例	2017年 教职工人数	2017年 专任教师人数	2017年 具有研究生学历教师占专任教师的比例	2017年 具有高级职务专任教师占专任教师的比例	2018年 教职工人数	2018年 专任教师人数	2018年 具有研究生学历教师占专任教师的比例	2018年 具有高级职务专任教师占专任教师的比例	2019年 教职工人数	2019年 专任教师人数	2019年 具有研究生学历教师占专任教师的比例	2019年 具有高级职务专任教师占专任教师的比例
鹤壁汽车工程职业学院	213	150	25.94	17.88	284	220	27.63	20.00	355	290	29.32	22.12	426	234	33.00	23.58
南阳职业学院	181	156	33.67	6.01	208	174	30.45	10.34	235	192	27.23	14.67	421	280	24.00	19.00
郑州商贸旅游职业学院	148	103	20.45	21.27	241	173	23.56	22.54	334	243	26.67	23.81	427	210	34.52	27.00
郑州黄河护理职业学院	340	266	16.86	22.02	407	331	25.43	25.68	474	396	34.00	29.34	541	428	36.52	33.00
洛阳科技职业学院	575	501	15.28	23.12	724	579	21.45	25.73	873	657	27.62	28.34	1022	735	34.28	37.82
鹤壁能源化工职业学院	204	182	16.65	42.74	203	196	25.39	37.76	236	197	34.13	32.78	248	198	42.86	27.80
平顶山文化艺术职业学院	212	183	28.28	34.32	212	183	28.57	34.97	212	183	28.86	35.62	212	183	28.86	35.62
郑州西亚斯学院	—	—	—	—	—	—	—	—	1750	1512	73.13	43.26	1750	1512	73.13	43.26
信阳航空职业学院	—	—	—	—	—	—	—	—	258	176	18.65	23.48	315	232	23.3	32.96
合计数	27807	20991	—	—	30295	22769	—	—	34872	26429	—	—	36814	28217	—	—
平均值	—	—	49.27	26.60	—	—	50.68	28.30	—	—	51.78	30.18	—	—	54.40	32.59

资料来源：《河南省教育统计提要》。

在教职工人数方面，全省民办高校教职工人数逐年增加（见图6）。2016年全省民办高校教职工人数是27807人，2017年是30295人，比2016年增加了2488人，增长率为8.95%；2018年是34872人，比2017年增加了4577人，增长率达15.11%；2019年是36814人，比2018年增加了1942人，增长率达5.57%；2019年比2016年增加了9007人，增长率达32.39%。

在专任教师人数方面，全省民办高校专任教师人数也在逐年增加（见图6）。2016年全省民办高校专任教师人数是20991人，2017年是22769人，比2016年增加了1778人，增长率是8.47%；2018年是26429人，比2017年增加了3660人，增长率达16.07%；2019年是28217人，比2018年增加了1788人，增长率达6.77%；2019年比2016年增加了7226人，增长率达34.42%。

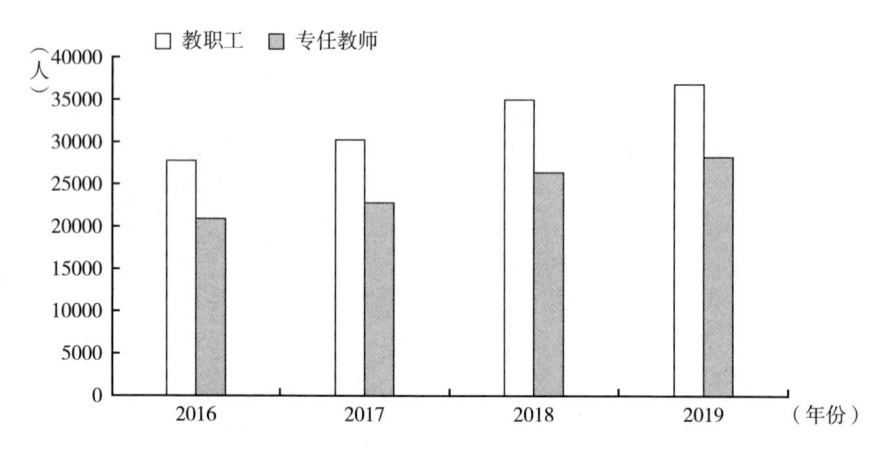

图6　2016～2019年河南民办高校教职工人数和专任教师人数

资料来源：根据2016～2019年《河南省教育事业发展统计公报》整理。

在专任教师学历方面，具有研究生学历教师占专任教师的比例也逐年增加（见图7）。2016年具有研究生学历教师占专任教师的比例是49.27%，2017年是50.68%，比2016年增长1.41个百分点，增长率是2.86%；2018年是51.78%，比2017年增长了1.10个百分点，增长率是2.17%；2019年是54.40%，比2018年增长了2.62个百分点，增长率是5.06%；2019年比2016年增长了5.13个百分点，增长率达到10.41%。

在专任教师职称方面，具有高级职务专任教师占专任教师的比例也逐年增加（见图7）。2016年具有高级职务专任教师占专任教师的比例是26.60%，2017年是28.30%，比2016年增长1.70个百分点，增长率是6.39%；2018年是30.18%，比2017年增长了1.88个百分点，增长率是6.64%；2019年是32.59%，比2018年增长了2.41个百分点，增长率是7.99%；2019年比2016年增长了5.99个百分点，增长率达到22.52%。

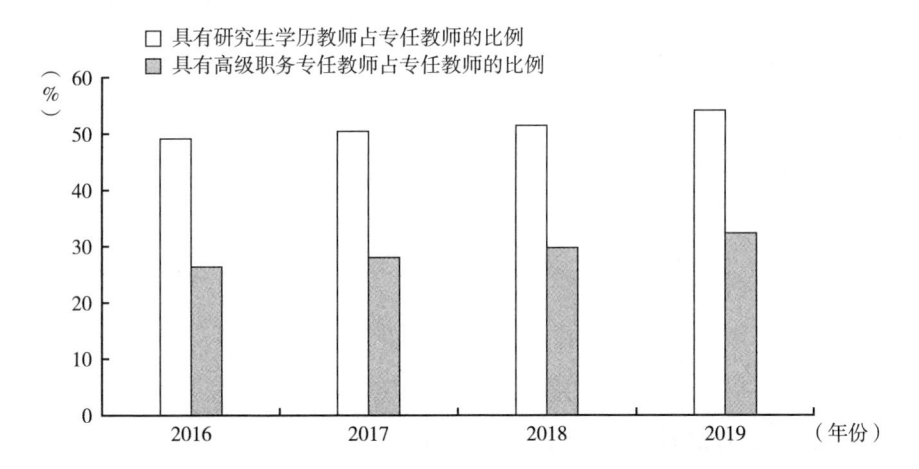

图7 2016～2019年河南民办高校具有研究生学历教师和具有高级职务专任教师分别占专任教师的比例

资料来源：根据2016～2019年《河南省教育事业发展统计公报》整理。

二 河南民办高等教育发展的外部环境分析

近些年来，河南民办高等教育取得了显著的进步，民办高校数量逐年增加，办学硬件资源越来越丰富，师资力量也得到明显提升。但是，任何事物都在不断变化，河南民办高校在发展的同时，应不断考虑其所在的外部环境，正如伯顿·克拉克所言，当前国际高等教育的突出问题就是环境剧变与高校缺乏必要的应变能力。河南民办高校发展面临的主要外部力量有以下四个方面。

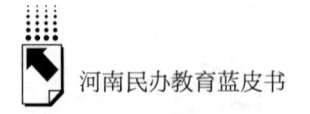

（一）新时代的要求

党的十九大报告明确提出，中国特色社会主义进入了新时代。这个新时代是承前启后、继往开来、在新的历史条件下继续夺取中国特色社会主义伟大胜利的时代。党的十九大报告也明确提出了"优先发展教育事业。建设教育强国是中华民族伟大复兴的基础工程，必须把教育事业放在优先位置，深化教育改革，加快教育现代化，办好人民满意的教育"，"支持和规范社会力量兴办教育"。对高等教育来说，其目标任务就是把我国建成高等教育强国。目前，在河南高等教育中，民办高等教育所占的比重越来越大，高校数量和在校大学生人数均占有一定的比例。大力发展和不断做强做大河南民办高等教育，大力发展民办高校，不仅仅是高等教育发展的需要，还是高等教育强国建设的要求，更是新时代的要求。因此，河南民办高校的发展要考虑新时代的要求，只有顺势而为，才能有所作为。

（二）公办高校迅速发展带来的压力

与民办高校由个人或者社会力量投资、发展历史不长相比，公办高校由政府进行投资、发展历史比较长，占据着主要的优质的高等教育资源。近年来，在促进"双一流"建设和教育强国建设的过程中，河南省政府对公办高校的投入力度越来越大。据悉，为了支持河南公办高校的发展，2019年河南在上海证券交易所成功发行公办高校专项债券10亿元，债券资金主要用于支持河南大学、河南农业大学、河南师范大学、郑州航空工业管理学院、郑州轻工业大学、华北水利水电大学、中原工学院、河南水利与环境职业学院、许昌学院、河南信息与统计职业学院等10所高校的大型基础设施建设。2020年在债务额度有限的情况下，河南省财政厅将继续坚持专项债券向高校倾斜，发行公办高校专项债券10亿元，将在合法合规拓展高校融资渠道、支持高校改善办学条件方面发挥积极作用。伴随河南公办高校的加速发展，河南民办高校面临的压力将越来越大。

（三）高等教育普及化提出的新要求

2019年2月26日，教育部举行2019年第四场新春新闻发布会，向社会发布2018年教育事业发展的有关情况。教育部高等教育司副司长范海林指出：总体而言，我们已经建成了世界上规模最大的高等教育体系，本科院校已经达到了1245所，普通本专科在校生达到2831万人，高等教育毛入学率达到了48.10%，我国即将由高等教育大众化阶段迈入普及化阶段。高等教育从精英化到大众化，再到普及化阶段，即我国的高等教育发展到了一个全新的阶段。这就意味着，民办高校要重新进行功能定位。在高等教育大众化开始时，为了适应教育部大学生扩招的要求，民办高等教育的主要功能就是对教育资源进行"拾遗补阙"。在高等教育从大众化迈向普及化阶段，民办高等教育的功能应该随着环境的变化逐渐转化为不断增加教育的多样性和丰富性，进而满足社会公众对高等教育选择的需求。

（四）人工智能的挑战

人工智能的出现改变了人们生活的很多方面，给人们带来了机遇的同时，也给人类带来了根本性的巨大挑战。据统计，教育是受人工智能影响第二大的行业。对高等教育院校来说，人工智能带来的这种挑战主要集中在两方面。一方面，智能机器人可以代替人类做很多事情，社会上有些职业可以由人工智能来替代，同时还会产生许多新型职业和新型行业。所以，民办高校需要重新修改培养方案，认真思考专业建设和课程建设问题，以适应人工智能时代对人才培养的需求。另一方面，智能机器人在许多方面开始逐步超越人类，人类因此要去不断地探索智能机器人欠缺的特质，比如增强创新型思维和批判性思维、培养精神、丰富情感、提升道德水平等。所以，民办院校在教学过程中要探索教学内容的变革和教学方法的变革，不能完全用原来的教学模式进行教学。

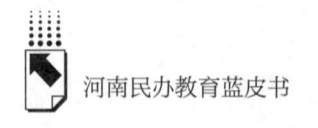

三 河南民办高等教育发展的内部环境分析

河南民办高等教育发展不仅受外部环境的影响,还受内部环境的影响。

(一)河南民办高校自身发展优势

河南民办高校应社会市场环境而生,有如下优势。

面向市场办学,采用以市场需求为导向的人才培养模式。民办高校可以利用自主办学、独立经营的有利条件,根据市场发展的动态情况,大力大胆进行教育教学方面的改革,不断调整人才培养计划,积极调整人才培养模式,从而使得所培养的毕业生能够适应市场发展的需要。

具有灵活的运行管理机制。民办高校由于资金的自筹性,办学机制相对来说比较灵活,普遍实行市场化的管理方式和运作模式,可以快速反映市场变化,并能够随着市场的变化,快速进行改革和变革。因此,民办高校的办学效益一般比公办院校高,发展也更快。

可以保障教育质量。相比公办院校有政府资金支持等后盾,民办高校完全靠生源来发展,因此民办高校必须依靠教学质量来站稳脚跟。所以,教学质量是民办高校顺利发展的一个重要保证。

民办高校可以有效地对多种教育资源进行融合。民办高校可以融合"通识教育"与"专才教育"。公办本科教育通常注重学生的"通识教育",提高了学生的社交和表达能力,锻炼了学生的思维能力,但是培养出来的学生大部分缺少职业能力素养。高等职业教育院校采用"专才教育"的培养理念,只重视培养学生的职业技能,看重学生的"职业化",忽略了"通识性"。民办高校在教学课程设置方面对"通识教育"和"专才教育"进行了有效融合,也就是建立起了以"通识教育"为主、以实践职业教学为辅的创新型教学模式。培养出来的毕业生不仅是具有人文素养、身心协调发展的合格人才,还是具有想象力和创新能力、具备一定职业能力的应用型创新人才,这既满足了人们对教育的需求,也有利于社会的发展。

（二）河南民办高校发展存在的不足

河南民办高校在发展过程中除了有一定的优势外，还存在一些不足。

民办高校办学经费不足。目前社会对高等教育的需求日益多样化，为了不断满足人民对高等教育多样化的需求，河南民办高校只能不断地投入大量资金，所投资金主要来源于学生的学费或从银行贷款，河南许多民办高校既没有得到国家财政支持，也没有得到政府的资助，走的是非常艰难而又曲折的"以学养学"的路子。在社会和政府要求民办高校提供更好办学条件和更高办学质量的情况下，由于办学成本在增加，而学费多年不变或者微调，一批民办高校经费不足问题日益突出。

民办高校办学地位比较低。虽然，国家和河南省政府出台过一些支持民办教育发展的法律法规和政策，但是没有出台与民办高等教育相关的具体实施政策和条文。尽管教育部在教育相关政策中明确表示，民办学校与公办学校享有同等的待遇，但是民办高校又被排除在行政范畴之外。在制定高等教育相关政策的时候，也会单独用"民办"二字区别标注。在政策支持和财政资金支持方面，河南民办高校没有得到与公办院校同等的待遇。所以，社会对民办高校的认可度不高，有些人甚至带着偏见看待民办高校。

师资力量薄弱，教师队伍不稳定现象依然存在。虽然近些年来，河南民办高校师资力量有了明显增强，但是与公办院校相比，还是比较薄弱。在社保上，民办高校教师不能与公办高校教师享有同等地位，有些部门以企业的身份对待民办高校，教师也是依照企业人员参保，这是河南部分民办高校的教师流动性比较大的主要原因。另外，近些年来，河南民办高校只是解决了所开课程有人上课的问题，一些课堂教学质量问题没有得到很好解决，缺乏精品课、金课、优质课。

少部分民办高校办学目标不明确。办学目标是一个民办高校前进和发展的灯塔，为学校的发展指明了方向，也为民办高校制定战略奠定了基础，办学目标明确有助于民办高校形成自己的办学特色。但是，河南少部分民办高校在办学过程中没有明确的目标，也没有形成自己的办学特色，

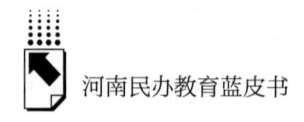

过度重视招生，一味地扩大招生规模，忽视对教学过程的管理和对教学质量的提高，在招生时也存在夸大其词等现象，对学生的管理松散，影响了民办高校在社会中的声誉。

四 对河南民办高等教育发展的预测

在分析了河南民办高等教育现状的基础上，本报告对河南民办高校外部环境和内部环境进行了分析，从而对河南民办高等教育的发展做出以下预测。

（一）办学空间更为广阔

党的十九大会议精神表明国家非常重视教育，要优先发展教育事业，建设教育强国，将教育事业放在优先位置，从而办好人民满意的教育。河南是人口大省，每年参加高考的人数都在全国排名靠前。河南的高考报名人数，2017年是86.58万人，2018年是98.38万人，2019年为108.30万，2019年比2018年增加了9.92万人，增长率是10.08%，报考人数几乎连年居全国首位，但是实际上能够被录取入学的只占78.57%，现有资源不能满足所有学子接受高等教育的需求，这将为民办高校的发展提供广阔的生源市场。此外，河南在加快高等教育大众化进程中将不断出台一些有利于民办高校发展的政策和法规，如2018年2月2日，河南省人民政府出台了《河南省人民政府关于鼓励社会力量兴办教育进一步促进民办教育健康发展的实施意见》（豫政〔2018〕6号），虽然该意见没有具体的实施措施，但是具体措施将来必然会落地，这都是民办高校发展的机遇，也为民办高校的发展提供了广阔的空间。

（二）办学内涵日渐丰富

习近平总书记在党的十九大报告中明确指出，加快一流大学和一流学科建设，实现高等教育内涵式发展。2018年教育部部长陈宝生要求从坚持和推进回归常识、回归本分、回归初心、回归梦想"四个回归"出发，谋划和推动本科教育振兴。同时指出高校应抓好专业内涵建设,建设"金课"、淘汰"水课",抓好教材编写和使用,抓好教师教书育人,抓好学生刻苦学习。黄河科技学院董事长胡大白在《改革开放以来河南民办教育发展及趋势研究》中也指出,新时代民办高校要在发展中不断提高办学水平,提升育人质量。由此,坚持走内涵式发展之路就成了学校健康发展的必然选择。

河南省教育厅党组书记、厅长郑邦山在2019年全省教育工作会议中明确指出:要深化高等教育内涵式发展,提高优质教学资源建设能力,启动实施一流本科建设"双千计划",建设一批省级一流专业点和线上线下精品课程,深化教育教学改革研究与实践。国家政策和省政府决策推动了河南民办高校的发展,河南民办高校将来应不断科学规划发展道路,在提高办学质量上下功夫,强化办学特色,走内涵式发展道路,最终实现河南民办高等教育健康可持续发展。

(三)办学形式更加多元

目前河南民办高校的办学模式有民有民办、民办公助、公有民营及校企合作等,随着国家政策的引导和社会力量的介入,河南民办高等教育的办学形式还会更加多元化,一些新型的办学形式将会出现。

首先,民办高等教育办学多元化有利于满足社会对高等教育不断增长的需求。随着社会的发展,人们对教育越来越重视,大多数家庭都希望自己的子女能够接受高等教育,但是现有的公办和民办高等教育远不能满足人们的需求。加大力度发展高等教育已经成为刻不容缓的事情。实行民办高等教育多元化办学,能够吸引社会上更多的力量来参与办学,能够充分调动社会力量参与办学的积极性,逐渐形成以政府为主体,社会各界力量共同参与办学的新局面。

其次,《中共中央、国务院关于深化教育改革,全面推进素质教育的决定》提出,进一步解放思想、转变观念,积极鼓励和支持社会力量以多种形式办学,满足人民群众日益增长的教育需求,形成以政府办学为主体、公办学校和民办学校共同发展的格局。凡符合国家有关法律法规的办学形式,均可大胆试验。在发展民办教育方面迈出更大的步伐。鼓励社会力量以各种方式发展高中阶段和高等职业教育。经国家教育行政主管部门批准,可以举办民办普通高校。要因地制宜地制定优惠政策(如土地优惠使用、免征配套费等),支持社会力量办学。

各级人民政府要加强对民办教育的管理、引导和监督,国家要加快民办教育的立法,促进民办教育的健康发展。各级各类民办学校都要依法办学,不断提高办学水平。

最后,混合所有制可能成为河南民办高校发展的新思路。党的第十八届三中全会研究了全面深化改革的若干重大问题,通过了《中共中央关于全面深化改革若干重大问题的决定》。该文件指出,国有资本、集体资本和非公有资本等参股的混合所有制经济是我国基本经济制度的重要实现形式。发展混合所有制经济,首先有利于国有资本放大功能,保值增值,提高竞争力。与此同时,发展混合所有制经济,也有利于各种所有制资本取长补短、相互促进、共同发展。河南积极发展混合所有制经济,对社会力量兴办河南民办高等教育具有一定的借鉴意义。

(四)办学更具有自主权

现在国家对民办高校的管理,依然套用计划经济时代的思维。例如,在招生计划、录取分数、招生区域和录取批次等方面,民办高校没有自主性,完全听从教育行政部门的规划。随着社会的发展,公办高校和民办高校在使命、规模和经费方面的差别越来越小。因此,授予民办高校相对充分的办学自主权,是发展民办高等教育的本质要求。2017年河南出台了《关于深化高等教育领域简政放权放管结合优化服务改革实施意见的通知》,该文件指出,为了深化高等教育综合改革,落实和扩大高校办学自主权,深入实施人才优先发展战略,全面提升高等教育服务河南经济社会发展能力,深化高等教育领域简政放权,放管结合优化服务改革,应从学科专业、岗位管理、用人环境、职称评审、薪酬分配、经费使用等方面落实和扩大河南高校的办学自主权,激发高校的办学活力。所以,随着河南市场经济体制的不断完善和政治体制改革的逐步推进，河南民办高校在课程、管理、专业和教学方面将拥有更大发言权，办学道路也将越来越独立自主。

（五）监管机制将更加健全

自20世纪90年代以来，河南民办高校的出现缓解了高等教育供小于求的情况，河南省政府对民办高校的发展是非常支持的。随后，河南民办高校数量迅速增长，办学规模也快速扩大。少数高校存在内部管理混乱、办学质量较差、违规违法招生等不良现象，这严重损害了学生和家长的利益，也损害了民办高校的社会声誉。之所以会出现这些现象，除了部分办学者缺乏依法办学的思想意识、急功近利等原因外，还与政府的"重事前审批、轻事后管理"的管理制度有一定关系。现在除了教育行政部门每年开展的高校年检工作之外，几乎没有其他比较有效的监管监督机制，特别是对民办高校资金、风险及债务方面缺少一定的监督。对于当前河南民办高校"门槛高、监管空、退出难"的情况，河南应借鉴发达国家私立高等教育发展经验，尽快建立和健全民办高等教育的监管机制，从法律上监管民办高校的办学过程和教学质量，建立民办高校风险防范和预警机制，进一步完善师生权益保障制度，建立健全学校办学信息透明公开制度，逐步扩大社会参与管理与监督的范围。

参考文献

胡大白：《改革开放以来河南民办教育发展及趋势研究》，吉林文史出版社，2009。

李文章：《我国民办高等教育的现状、问题与趋势——广东为例》，《浙江树人大学学报》2019年第6期。

黄磊：《改革开放40年河南省民办高等教育发展的历程、成就与展望》，《河南教育》1992年第11期。

B.3 2019~2020学年河南民办职业教育发展报告

王公博*

摘　要： 经过近40年的发展，河南民办高等职业教育在校生人数基本占据了全省高职高专教育在校生人数的1/3，民办中等职业教育在校生人数占了1/4的份额，民办职业教育已经成为河南职业教育的重要组成部分。经济社会的发展对应用型人才的需求越来越大，对职业教育人才培养的适配要求也越来越高。这样的需求和要求直接指向职业教育规模和质量的提高。但是由于社会对民办职业教育有一些不全面的看法，其自身也存在基础薄弱、思路陈旧和同质化的弊端，民办职业教育发展后劲不足。学校应凝聚内生动力，政府则要加大扶持力度。

关键词： 民办教育　职业教育　河南

中国和发达国家的主要差距之一是技术发展水平，新时代经济和社会发展需要大批既懂技术，又能操作，还懂得创新的中初级技术人才。职业教育的社会价值和生命力就在这里。新中国成立以来，职业教育发展走过了一条坚韧且艰辛的道路，其重要性毋庸置疑，但是在操作中，职业教育往往被视

---

* 王公博，郑州机电工程学校高级讲师，主要研究方向为职业教育、民办教育。

为"二流教育"而被边缘化。改革开放后，国家大力发展职业教育。1996年9月1日起施行的《中华人民共和国职业教育法》，在推动我国职业教育快速发展的过程中发挥了不可替代的作用。2019年，全国中等职业教育在校生达1557.80万人，比上年增加2.54万人，增长0.16%；高职高专在校生达1280.71万人，比上年增加147.01万人，增长12.97%。进入新时代，中国经济社会发生了巨大变化，面对新的形势和任务，原有的《中华人民共和国职业教育法》已经不能完全适应。2019年12月5日，教育部发布《中华人民共和国职业教育法修订草案（征求意见稿）》。国家对职业教育的未来发展已经有了基本思路。

一 河南民办职业教育现状

2019年，河南民办高职高专在校生达到24.92万人，占全省高职高专在校生总数的28.17%。全省民办中等职业教育在校生达28.80万人，占全省中等职业学校在校生总数的20.89%。整体来看，民办高职高专在校生人数基本占据了全省高职高专教育在校生人数的1/3，民办中等职业教育在校生人数占全省中等职业教育在校生人数的份额超过了1/4。

1. 民办高等职业教育情况

河南民办高等职业教育，发端于20世纪90年代中叶。1994年2月5日，国家教委同意黄河科技学院实施专科学历教育，明确该校是独立设置的全日制高等学校，属于专科层次，学历教育发展规模为1000人。这是新中国成立后国家批准的第一所具有大学专科学历教育资格的民办高等学校，是当代河南民办教育发展史上的第一个重大突破，是中国当代民办教育发展过程中的一个实质性跨越。2004年，全省民办高职高专院校达到8所，在校生人数达到2.61万人。2019年，全省民办高职高专院校学校数达到20所，占全省高职高专院校总数的23.81%；在校生达到24.92万人，占全省高职高专院校在校生总数的28.17%（见表1）。

表1 河南民办高职高专院校发展情况

年份	2004	2010	2012	2013	2014	2015	2016	2017	2018	2019
学校数(所)	8	15	19	20	20	20	20	20	20	20
学校数占全省高职高专院校数比重(%)	14.81	24.19	26.03	25.97	25.97	25.97	27.03	25.32	24.10	23.81
在校生数(万人)	2.61	11.18	10.04	10.31	12.11	13.83	15.22	17.74	19.93	24.92
在校生数占全省高职高专院校数比重(%)	11.78	21.07	18.75	20.61	23.85	18.21	26.06	26.54	26.24	28.17

资料来源：根据历年《河南省教育事业发展统计公报》整理。

可以看出，在河南高职高专教育的大盘子中，民办高等职业教育的规模16年来实现了较大增长，在校生占比由2004年的11.78%，增长到2019年的28.17%，增加了16.39个百分点。

全省高等职业教育整体规模呈增长趋势。2004年，全省高职高专学校共54所，占全省普通高等学校总数的65.83%；2019年，全省高职高专学校数达到84所，占全省普通高等学校总数的59.57%。学校数占比下降了6.26个百分点。2004年全省高职高专学校在校生共221540人，占全省普通高等学校在校生总数的32.84%；2019年，全省高职高专学校在校生达到881420人，占全省普通高等学校在校生总数的38.00%，增长了5.16个百分点。在校生人数的增长体现出实际规模的增长。民办高等职业教育在全省普通高等教育中的占比实现了大幅度的增长，2004年在校生数仅占3.87%，到2019年占10.70%。

2. 民办中等职业教育情况

1998~2011年，河南中等职业教育经历了过山车一样的发展历程：学校数由1998年的1108所发展到2009年的1180所，又回落到2011年的961所；在校生数由1998年的102.70万人增加到2010年的189.31万人，2011年回落到184.72万人。虽然在校生规模整体呈扩大趋势，但是同期普通高中在校生规模也在增加，而且在一个时期，普通高中在校生规模的扩张速度大大超过了中等职业学校。高中阶段职业学校在校生数占高中阶段在校生数的比重在2004年、2005年连续跌破40%。2004年的这个比例，比1998年减少了27.16个百分点。中等职业教育在校生规模实际上出现了大面积滑坡。

全省中等职业学校数，由2012年的920所，减少到2016年的800所，减少了120所。在校生数由2012年的173.87万人减少到2016年的128.25万人，减少了45.62万人，整体上呈规模缩小的趋势（见表2）。在这种情况下，2016年国务院《政府工作报告》提出：加快健全现代职业教育体系，分类推进中等职业教育免除学杂费；采取有力措施，促进中等职业教育发展。从2017年起，河南中等职业教育的在校生规模又实现了逐年增加。

表2　2012~2019年河南中等职业教育基本指标变化情况

单位：所，万人

年份	2012	2013	2014	2015	2016	2017	2018	2019
学校数	920	899	885	875	800	789	755	669
在校生数	173.87	147.19	137.58	131.48	128.25	133.23	136.63	137.83

资料来源：根据历年《河南省教育事业发展统计公报》整理。

民办中等职业教育在这个过程中必然受到影响。2004年，河南民办中等职业学校共41所，在校生共5.94万人。2019年，全省民办中等职业学校达到157所，在校生数达到28.80万人。学校数增加了116所，在校生数增加了22.86万人（见表3）。

表3　河南民办中等职业教育发展情况

年份	2004	2010	2012	2013	2014	2015	2016	2017	2018	2019
学校数（所）	41	305	234	218	215	205	190	186	170	157
学校数占全省比重（%）	4.32	26.99	25.43	24.25	24.29	23.43	23.75	23.57	22.52	23.47
在校生数（万人）	5.94	35.30	24.48	18.61	16.72	16.89	19.62	23.30	26.54	28.80
在校生数占全省比重（%）	5.40	18.65	14.08	12.64	12.15	12.85	15.30	17.49	19.42	20.90

资料来源：根据历年《河南省教育事业发展统计公报》整理。

河南民办中等职业学校数在2010年突破300所以后持续减少,到2019年减少到157所。学校数在全省中等职业学校总数中的占比由26.99%减少到23.47%。在校生数方面,到2019年,全省民办中等职业学校的在校生数在全省中等职业学校在校生总数中的占比终于突破了1/5,达到20.89%。虽然2019年全省民办中等职业学校的在校生数没有达到最高年份2010年的水平,但是在2015年扭转了持续下滑的趋势,实现了以后5年的连续增长。从学校规模来看,最鼎盛的是2010年,全省民办中等职业学校的校均规模为1157人;2019年的校均规模达到1834人,比2010年增加了677人。这样的数据反映了存量民办中等职业学校的发展实力和发展后劲。

全省高中教育阶段普通高中与中等职业学校的在校生比例也有变化。2004年全省高中教育阶段在校生总规模为2787014人,其中中等职业学校在校生为1099518人,占高中教育阶段在校生总规模的39.45%;2019年,全省高中教育阶段在校生总规模达到3537477人,其中中等职业学校在校生共137.83万人,仅占总规模的38.96%,比2004年的占比有所下降,中等职业学校在校生规模与普通高中在校生规模差距较大。这种状况是近20年来高校扩招,普通高中扩大招生规模造成的。

与全国民办中等职业教育的发展状况相比,河南在落后的情况下急起直追,一步步走在了全国前列(见表4)。

表4 2004～2019年河南民办中等职业教育发展情况与全国民办中等职业教育发展情况的比较

年份	学校数			在校学生数		
	全国(所)	河南(所)	占比(%)	全国(万人)	河南(万人)	占比(%)
2004	1633	41	2.51	109.94	5.94	5.40
2005	2017	69	3.42	154.14	9.88	6.41
2006	2559	133	5.20	202.63	14.53	7.17
2007	2958	216	7.30	257.54	20.32	7.89
2008	3234	272	8.41	291.81	27.94	9.57
2009	3198	299	9.35	318.10	35.21	11.07
2010	3123	305	9.77	306.99	35.30	11.50

续表

年份	学校数			在校学生数		
	全国(所)	河南(所)	占比(%)	全国(万人)	河南(万人)	占比(%)
2011	2856	254	8.89	269.25	28.59	10.62
2012	2649	234	8.83	240.88	24.48	10.16
2013	2482	218	8.78	207.94	18.61	8.95
2014	2343	215	9.18	189.57	16.72	8.82
2015	2225	205	9.21	183.37	16.89	9.21
2016	2115	190	8.98	184.14	19.62	10.65
2017	2069	186	8.99	197.33	23.30	11.81
2018	1993	170	8.53	209.70	26.54	12.66
2019	1985	157	7.91	224.37	28.80	12.84

资料来源：根据历年《国民经济和社会发展统计公报》《全国教育事业发展统计公报》《河南省教育事业发展统计公报》整理。

2004年，河南民办中等职业学校在校生人数仅占全国总数的5.40%，2019年，这个比例达到了12.84%，反映了河南民办中等职业教育实实在在的发展成就。

3.民办高等职业学校教师队伍情况

2004年，全省民办高职高专院校共有教职工2155人，其中专任教师共1332人。2004年全省民办高职高专在校生共2.61万人，生师比为19.59∶1。2010年全省民办高职高专院校教职工共5622人，其中专任教师共3833人，当年全省民办高职高专在校生共11.18万人，生师比为29.17∶1，与2004年相比变化不大。2019年，全省民办高职高专院校教职工人数达到10412人，其中专任教师共8293人，全省民办高职高专在校生共24.92万人，生师比为30.05∶1。从数据上看，这样的生师比远远超过了国家规定的18∶1的合格比例，但实际情况没有那么严重，因为民办高职高专在校生有相当一部分在民办本科高校，不能把这一部分数据有效地分离出来。单从民办高职高专院校本身看，生师比的比例基本上还在合理的区间。如郑州澍青医学高等专科学校2019年在校生共11687人，专任教师共675人，生师比为17.31∶1；又如郑州电力职业技术学院2019年在校生共9676人，专

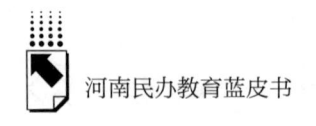

任教师共596人，生师比为16.23∶1。

4. 民办中等职业学校教师队伍情况

2004年，全省民办中等职业学校共有教职工3226人，其中专任教师2107人，全省中等职业学校在校生共5.94万人，生师比为28.19∶1。2010年全省民办中等职业学校教职工共16854人，其中专任教师共11624人，全省民办中等职业学校在校生共35.30万人，生师比为30.37∶1，远远超出了合理区间。2019年，全省民办中等职业学校教职工达到10861人，其中专任教师共7741人，全省民办中等职业学校在校生共28.80万人，生师比为37.20∶1。整体上比值在加大，需要引起注意。

5. 民办高职高专院校资源情况

2010年，全省民办高职高专院校占地面积达5051865平方米；馆藏图书达554.99万册；学校产权教学、科研仪器设备值达37348.84万元。2019年，全省民办高职高专院校占地面积达6949426.67平方米；馆藏图书达990.82万册；学校产权教学、科研仪器设备值达到92026.83万元。各类教育资源都实现了大幅度增长。就具体学校情况来看，生均资源也有所增加。如郑州电力职业技术学院2010年生均占地面积为30.70平方米，2019年达36.32平方米；2010年生均图书达61.12册，2019年达62.16册；2010年生均教学、科研仪器设备值达4095.20元，2019年达6233.12元。其他学校生均资源也都有不同程度的增加。在学生规模不断扩大的情况下，持续实现生均教育资源的增长，实在不易。

二 河南民办职业教育面临的发展机遇和困难

河南职业教育的现状是：政府重视，发展急需，但是传统的"正统教育"意识根深蒂固，民众普遍认为只有接受"正规"教育才是"正途"。在教育系统内部，也存在重普通教育、轻职业教育的认识。所以职业教育发展困难。

（一）发展机遇

1. 国家设计

2019年12月5日，教育部发布的《中华人民共和国职业教育法修订草案（征求意见稿）》在第一章第七条明确指出：国家鼓励发展多层次、多类型的职业教育，推进多元办学，发挥企业重要办学主体作用，支持社会各种主体广泛参与职业教育。第六章第四十八条指出：各级人民政府应当建立与职业教育办学规模、培养成本和办学质量相适应的财政投入制度，提高资金使用效益；省、自治区、直辖市人民政府应当制定本地区职业学校生均经费标准或者公用经费标准。

国家对职业教育发展的态度十分鲜明，即鼓励、支持、加大财政投入。这样的规定没有排除民办职业教育。

2019年国务院《政府工作报告》提出高职扩招100万人。2020年《政府工作报告》加大力度，提出"今明两年职业技能培训3500万人次以上，高职院校扩招200万人"的具体目标。全国高职院校继续扩招对河南高职院校来说是规模进一步扩大的机会。2019年，全国高职高专院校共招生4836146人，河南高职高专院校共招生364152人，占全国总数的7.53%。按照这个比例，按2020年全国高职高专院校扩招100万人计算，河南高职高专院校应该扩招7.53万人。2019年河南民办高职高专院校招生110270人，占河南全省高职高专院校招生总数的30.28%，按照这个比例，2020年河南民办高职高专院校理论上应该扩招2.28万人。2019年全省民办高职高专院校共20所，加上2020年新设的4所，全省共24所民办高职高专院校，平均每校理论上应该扩招950人。

2. 河南经济社会发展的需要

河南省人民政府于2019年11月27日发布了《河南省职业教育改革实施方案》。2019年12月17日，全省职业教育工作会议在郑州召开，会议对职业教育未来的发展做了战略安排。一是真正构建现代职业教育体系。中国特色现代职业教育体系的核心是八个字——纵向贯通、横向融通。二是真正建立良性互动办学机制。产教融合、校企合作是职业教育的精髓和改革的发展方向，要充分发挥企业重要办学主体作用，让企业在专业设置、课程教材、培养方式、岗位资格认定等方面有更大的话语权。三是全面提升职业教育办学质量。要固根本、强基础、补短板、强弱项。四是深入开展办学体制机制改革。改革管理体制、改革办学机制、改革人才培养模式。

面对中等职业教育规模连年下滑的局面，2015年河南省《政府工作报告》明确提出：面向市场需求，突出特色培育，深入实施职教攻坚二期工程，推动100所职教品牌示范院校建设，落实普惠性中等职业教育政策，从秋季起对全日制中职在校生全免学费；推进普通本科高校转型发展，重点建设10所示范性应用技术类本科院校。这些措施扭转了职业教育规模下滑的势头，推动了中等职业教育和高等职业教育共同发展。

职教攻坚二期工程实施以来，河南省一般公共预算职业教育投入由2014年的100.6亿元增加到2018年的173.9亿元，高于同期教育支出增幅6.2个百分点。中等职业学校生均拨款水平由不足6000元增长到9300元，高职院校生均拨款水平由不足6000元增长到1.2万元。

为了进一步建立职业教育体系和推动其快速发展，2020年，河南省《政府工作报告》提出"加强高水平职业学校和专业建设，推进职业教育产教融合、校企合作"的工作目标。

为了实现政府的工作目标，各级政府采取有力措施，制定优惠政策，推动职业教育健康发展。

2018年，郑州市首次发布《急需紧缺人才需求指导目录（试行）》，近6000家单位累计提供就业岗位11万个。全市新增高技能人才3.2万人，吸引21万名青年到郑州创新创业。2019年10月26日，郑州市举办第二届人才项目及成果发布会，125家企业提供了人才需求信息。

2018年，河南全省提供就业岗位113.11万个。与制造业相关的机械类人才缺口最大，接近3万人，缺口比例达29.70%。小微企业、高新技术企业更需要优秀的懂技术、懂管理的年轻员工。河南经济社会的快速发展对中初级技术人才的巨大需求，给职业教育创造了广阔的发展空间。

（二）困难和问题

1. 发展环境尚需优化

河南有着深厚的文明积淀，这种积淀在彰显灿烂的中原文化、推动河南经济社会发展的同时，也在一定程度上助长了"正统"观念。初中、高中的考生在选报学校时，首先选择公办"名校"，其次选择"重点学校"，然后选择公办职业学校，最后才选民办职业学校。这是较为普遍的社会现象。

2. 发展基础相对薄弱

河南民办职业学校，不管是高职还是中职，与同层次的公办学校相比，教育资源相对薄弱，办学历史和经验积淀也没有同层次公办学校长久和厚重。公办学校主要依靠政府投入，教育经费相对有保障。而民办职业学校主要依靠学费收入实现滚动发展，在资源投入上须精打细算。这使得民办职业学校在师资队伍建设、专业建设、课程开发、实验实习基地建设等方面受到制约，影响教育教学质量的快速提升。

3. 发展思路需要更新

民办职业学校的创办人和管理者大都有教育报国、奉献社会的情怀，在办学的过程中历尽艰辛。由于政策的不均衡和公共教育经费投入的不一致，民办职业学校的发展步履维艰，少数民办学校的管理者就将主要精力放在了办学经费筹措上，在一定程度上忽略了对战略发展的谋划。

4. 特色建设不鲜明

河南的民办职业教育中，虽然有郑州澍青医学高等专科学校以健康服务为方向，依靠临床医学、中医学、护理、药学等传统专业与公办院校错位发展；郑州黄河护理职业学院重点发展现代化医护教育；郑州电力职业学院秉持"厚德精技、工学交替、理实一体、教学做合一"的理念；洛阳科技职业学院为培养具有"工匠精神"的高素质技术技能型人才，积极构建产教融合、校企合作、工学一体的现代职业教育体系。但是整体上看河南民办职业学校特色建设还不鲜明，在专业设置、内部结构、育人模式等方面还有照搬公办学校的迹象。

5. 扩招之后招生工作将会更加困难

2019年国家强力推动高职院校扩招100万人；2020年国家再次强力推动高职院校扩招200万人。这样的推动源于国民经济和社会发展的需要，不会成为惯例。扩招后学校需要加强投入，加大管理力度。一旦招生数量回归，将面临扩招后带来的遗留问题。与公办学校相比，河南民办职业学校的招生工作困难更大，成本更高。2004年，全省民办高职高专院校招生总数占全省高职高专院校招生总数的14.98%；2019年，这个比例达到30.29%，比例增加了15.31个百分点（见表5）。这是由于政府对民办学校招生计划的倾斜，也得益于民办高职高专院校付出的辛勤劳动。

表5 河南高职高专院校招生情况

年份	2004	2010	2012	2013	2014	2015	2016	2017	2018	2019
全省（万人）	10.35	19.42	18.20	17.69	18.05	28.70	23.06	25.30	29.89	36.42
校均（人）	1917	3132	2493	2298	2344	3727	3117	3202	3601	4335
民办（万人）	1.55	3.64	3.35	4.21	4.95	5.23	5.74	6.54	7.85	11.03
校均（人）	1939	2426	1761	2104	2474	2614	2871	3268	3924	5514

资料来源：根据历年《河南省教育事业发展统计公报》整理。

2020年3月13日，河南省政府批准设立河南女子职业学院、林州建筑职业技术学院、南阳科技职业学院、河南对外经济贸易职业学院、濮阳石油化工职业技术学院、郑州电子商务职业学院、郑州轨道工程职业学院、郑州体育职业学院、兰考三农职业学院和汝州职业技术学院等10所高职院校。按照2019年全省高职高专院校校均招生4335人计算，2020年全省要增加43350个高职高专招生名额才能达到2019年的招生标准。如果招生名额没有增加，2020年全省将由94所高职高专院校来分享前一年面向84所院校的生源，平均招生规模将降至3874人，其中首先受到冲击的将是民办高职高专院校。

表6 河南中等职业教育院校招生情况

年份	2004	2010	2012	2013	2014	2015	2016	2017	2018	2019
全省(万人)	43.96	72.47	63.31	53.06	49.39	47.89	47.79	53.87	50.05	52.94
校均(人)	464	641	688	590	558	547	597	683	662	791
民办(万人)	2.76	12.37	9.32	7.13	6.66	6.84	8.54	10.45	10.62	12.19
校均(人)	674	405	398	327	310	333	449	562	624	776

资料来源：根据历年《河南省教育事业发展统计公报》整理。

由表6可以看出，全省中等职业教育招生数量从2010年开始下降，一直到2016年降至谷底，6年间减少了24.68万人。为扭转这个局面，推动职业教育发展，实现高中阶段职普教育在校生规模"大体相当"，省委、省人大、省政府、省政协共同发力，采取有效措施打响职业教育攻坚战。2014年5月29日，省政协主席叶冬松主持召开河南省政协职业教育月协商座谈会，专题协商全省职业教育工作。2014年6月16日，河南省人民政府发布《关于实施职业教育攻坚二期工程的意见》；2014年7月29日，河南省十二届人大常务委员会第九次会议举行职业教育专题询问会；2014年9月24日，河南省人民政府颁布《关于加快发展现代职业教育的意见》；2014年，省委全面深化改革领导小组把职业教育工作列入年度重点任务。2015年4月12日至15日，中共中央政治局常委、全国人大常委会委员长张德江带领全国人大常委会执法检查组，在河南开展《中华人民共和国职业教育法》执法检查。河南省政府决定从2015年秋季学期起，对各类中等职业学校全日制正式学籍在校学生全部免除学费。逐步建立职业院校助学金覆盖面和补助标准动态调整机制，加大对农林水地矿油核等专业学生的助学力度。2016年河南省《政府工作报告》指出：推进品牌示范和特色职业院校及公共实训基地建设，调整中职学校布局，省属高职高专生均拨款标准再提高800元。就是在这样的背景下，从2017年起，全省中等职业学校的招生规模实现了止跌回升。出现了跌宕起伏，总体增长的趋势。但远远没有达到2010年的规模。

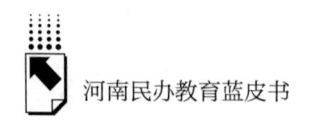

三 应对思考

民办职业教育面临着发展机遇和困难，抓住机遇、克服困难、实现又好又快发展，需要政府、学校和社会共同努力。

（一）凝聚内生动力，实现科学发展

2000年3月21日，教育部印发《关于在民办黄河科技学院基础上建立黄河科技学院的通知》，批准建立黄河科技学院，实施本科学历教育。此后20年来，河南又有18所民办高职院校升格为本科层次的民办本科普通高等学校。这些学校都是在发展中不断提升核心竞争力，把握时机实现层次提升的。实现本科教育为学校的发展拓宽了不小的空间。现有的民办高职院校多数都具备了发展的实力，有些学校如郑州澍青医学高等专科学校，办学时间长，办学实力强，也早已具备了升本的条件，因为国家对卫生类民办普通本科高校的严格控制而未能升本，但其实力已经满足了长期发展的条件。不少学校如郑州电力职业学院、郑州黄河护理职业学院等不忙于扩大规模，而是在规模稳步发展的同时注重办学质量，从而积蓄了持续发展的后劲。也有个别学校在办学方向和办学思路上不够明确，办学质量受到影响。面对新的发展环境，民办职业学校应当进一步确立以提升人才培养质量为中心的理念，扎扎实实练好"内功"，提升学校发展的活力。

（二）政府加大扶持力度，助力民办职业教育发展

各级政府要按照省委、省政府的要求，将职业教育的发展提升到战略高度来认识，在政策、资金、师资队伍建设等方面给予民办职业教育以扶持和支持，帮助具有良好的育人导向、专注的办学精神、优秀的育人成果的民办职业学校克服困难、实现发展。

（三）营造宽松社会环境，促进民办职业教育发展

民办职业学校实际承担的是社会责任。2019年河南民办高职高专院校

在校生为24.92万人，按照生均12000元计算，等于为国家承担了299040万元的经费。2019年民办中等职业学校在校生为28.80万人，按照生均拨款9300元计算，等于为国家承担了267840万元的经费。两项合计，共计566880万元。不仅如此，还为53.72万名初中后、高中后的学子提供了进一步深造的机会，实现了教育的社会功能。

职业教育在"正统"的意识里是"二流教育"；民办教育也为一些"正统"意识所不屑。民办职业教育承担着重要的社会使命，所以不应该承受正统观念的双重轻视。社会要给民办职业教育以正确的认识，还民办职业教育以应有的社会地位。以科学发展的态度和公正公允之心来认识、评判、支持民办职业教育。

B.4
2019～2020学年河南民办初中教育现状与发展对策

职鹏瑞[*]

摘　要： 民办教育发展至今取得的显著成就，得益于国家相关政策的实施和地方各级政府的支持。义务教育背景下的民办初中，从无到有，从少到多，逐渐成为我国教育事业的重要组成部分。2019年，河南民办初中学校数量占河南初中学校总数的19.27%，学校数量和在校生人数逐年增加，教育责任更显重要。但是，社会大众对民办学校不够了解，缺乏认同感；教育行政部门对民办学校不够重视；部分民办学校内部管理机制不健全，教育质量不高，在师资队伍、教育理念、经费等方面也存在不同程度的问题。优化内外部环境，完善政策支持，加强师资队伍建设，方可促进民办教育健康、可持续发展，从而为我国教育事业做出更大贡献。

关键词： 民办教育　初中教育　河南

2004年至今，全国民办教育无论在学校数量还是在学校规模上，总体均呈增长趋势。随着我国综合国力的不断增长，人们生活水平逐渐提升，对教育的关注度也比之前更高，随之而来的是家长对高品质教育的追求，之前

---

[*] 职鹏瑞，黄河科技学院附属中学团委书记，河南民办教育研究院研究员，主要研究方向为管理心理学。

的教育形态已经不能满足社会对教育的多样化需求,这对民办教育提出了更高的要求和挑战。

一 现状

(一)数量与规模

2017~2019年,河南民办初中学校的数量和在校生人数呈上升趋势。2019年河南民办初中学校共887所,比2018年的819所增加了68所,而2018年民办初中学校的数量仅比2017年增加了18所,2019年民办初中学校数量占河南初中学校总数的19.27%。2019年河南民办初中学校在校生数量为98.79万人,比2018年的90.73万人增加了8.06万人,而2018年民办初中在校生人数比2017年增加了9.81万人,2019年河南民办初中在校生人数占河南初中在校生人数的21.09%(见表1)。民办初中学校数和在校生人数的增加说明民办教育越来越受到社会和家长的重视。

表1 2017~2019年河南基础教育(初中)发展概况

年份	全省初中学校数量(所)	民办初中学校数量(所)	占比(%)	全省初中在校人数(万人)	民办初中在校人数(万人)	占比(%)
2017	4515	801	17.74	429.16	80.92	18.86
2018	4519	819	18.12	451.88	90.73	20.06
2019	4603	887	19.27	468.48	98.79	21.09

资料来源:《2019年河南省教育事业发展统计公报》。

(二)办学模式

1. 企业联合办学

部分学校由房地产或者较大的企业办学,也有的与公办学校联合办学,一般这类学校的校舍是新建的,学校硬件设施配备齐全,整体条件较

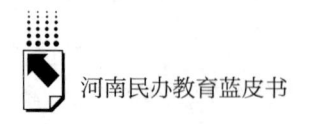

好。由于资金实力雄厚，在教师待遇等方面存在较多优势，也容易和其他学校形成强有力的竞争。

2. 纵向式发展办学

这类学校初期只有一个阶段的教育，由于办学效果较好，形成了纵向的办学集团，如原来只有小学，后来办了幼儿园和初中，也有一类学校原来只有大学，随后又办了附属中学等。一般情况下此类学校有稳定的教育团队，举办者对民办教育比较了解，明白社会对教育的多元化需求。

3. 公办学校的分校

这类学校挂靠某一老牌公办学校，利用老牌公办学校的口碑和社会认可度招揽生源，既有老牌公办学校提供师资和办学指导，又有既定的社会认可度和声誉，这类学校对别的民办初中学校有较强的竞争力。

（三）经费来源与办学条件

在义务教育的背景下，民办初中学校的经费主要来自举办者的投入、学生缴纳的学费、银行贷款、社会捐助、教育行政部门的补助。

全省民办初中学校的办学条件差别较大。省会郑州经济发展相对领先，教育模式和理念比较前卫，教育系统相对完备，加之人口众多、需求量大，民办学校的条件也相对较好，主要体现在校舍是新建的，学校硬件设施完善，整体的教育教学质量较高。省内一般地区，民办学校的整体办学条件比之前几年有很大提升，但相对郑州略低。农村及偏远地区，一些民办学校在办学初期由于资金短缺等各种原因，校舍简陋，硬件设施不完备，占地面积有限，教师的薪资待遇不高。办学条件和教学质量与所在地域的经济发展程度有较强的关联。

（四）师资现状

从表1中的数据可以看出，河南民办初中学校的数量逐年增加，可见，民办初中在河南基础教育中有不可替代的作用。2019年民办初中在校生达98.79万人，这也需要更多的教育岗位，在一定程度上缓解了就业难题，推动了河南经济的发展，同时对教育的发展注入了多元化的理念。民办初中教师主要包括公办学校离职教师、退休教师、刚毕业的大学生。

二　面临的主要问题

（一）外部环境

社会大众对民办学校还不够了解，对其存在偏见，有的误以为民办学校是以营利为目的，学校管理及教学质量和公办学校无法相比，有的家长在咨询学校的时候甚至会问民办学校毕业后有没有毕业证。有些人会觉得民办学校是为了利益在和公办学校抢生源，违背教育的本质规律。很多家长是在没有办法的情况下才选择了民办学校。可见部分群众对民办学校还存在质疑、陈旧的态度，社会对民办学校缺乏一定的认同感。这些认识严重阻碍了民办教育的健康发展，使民办教育积极发展的氛围难以形成。

个别单位对民办学校也存在不认可、不够重视等情况，导致民办学校在业务办理、了解政策方面存在阻力。有些地方在民办学校的生源上予以限制，导致民办学校生源质量难以与公立学校相比，影响了民办学校的良性发展。《中华人民共和国民办教育促进法》明确规定："民办学校的教师、受教育者和公办学校一样具有同等的法律地位。"实际上，民办学校教师和公办学校教师不仅在薪资待遇上差距比较大，在评优评先、职称评审等方面也不能享受和公办学校教师同等的对待。这种重公办轻民办的行为，严重违反了教育公平原则。

（二）内部管理

民办学校在管理和师资引入等方面有自主权，但部分学校存在内部管理不完善、不严谨的情况。有些学校财务收入和支出不明晰，存在财务混乱或分配不合理的情况。部分缺乏起步资金的学校为了迅速汇拢资金，在办学上忽视教育规律，不重视办学条件、教师待遇，导致教育质量下降，教师待遇

降低，甚至是学校破产。有些民办学校高层管理团队任用亲戚，实行家族管理模式，导致校长不能有效施行管理权力。

关于教育质量问题，一些学校自身缺乏有效发展机制，师资梯队、德育工作、后勤保障等体系不完善，学校难以维持正常运行，更谈不上良性地可持续发展。另外，当地教育部门不能很好地对民办学校进行有效监管和引导，对一些刚起步的民办学校放任发展，这也为民办学校的发展埋下了隐患。

（三）师资问题

教师是人类灵魂的工程师。基础教育是教育的基础组成部分，基础教育工作者的专业素养、人格魅力、素质内涵、育人方法直接影响了学生"三观"的形成，同时，基础教育阶段学生知识的习得在整个人生架构中起基础性作用，这就对基础教育工作者提出了更高的要求，然而，民办学校的教师在诸多方面都存在不够理想的情况，教师的整体素养、学历、专业知识等与公办学校教师有明显差距。民办学校工资待遇较低，职业压力大，社会认可度低，本职工作多，自我提升机会少，以上情况造成民办学校师资队伍流动性较大，直接影响教学效果和教学计划的实施，也不利于学校教师队伍凝聚力和向心力的形成。民办学校没有形成良性的教师培养梯队，教师结构参差不齐，年龄结构不合理，而家长选择民办学校有很大的原因是学校的名师效应，对发展情况相对一般的民办学校而言，名师培养之路还比较长，任务比较艰巨。这都限制了民办学校的持续发展。

（四）教育理念

一所学校要想长足、健康、可持续地发展，教育理念非常重要，它是学校发展的灵魂和航标。目前，一些民办学校倡导以某一特色为主导，引导学生全面发展，对初中生来说，目前的任务仍然是考一所理想的高中，这类学校在教育过程中过分注重对学生专业能力的培养，忽视了文化课的均衡发展，给学生进入优质高中深造增加了风险。还有些学校过分注重学生成绩，而忽视现代社会对人才多样化的需求以及个人的成长需要。学校的教育理念综合了学校特色、培养目标和办学宗旨，绝不是一句苍白的口号，要适应现代社会的需求也要满足学生个人的成长规律。基础教育是人生全部教育的基础，需要有正确的引导和知识的传授，为师者的意义不仅仅在教书，还在育人，所以好的教育理念是全校师生为之奋斗的终极目标。

（五）经费问题

目前，民办学校的经费主要靠自筹，在经费的使用上会存在一定的短缺。一些民办学校把经费主要用在校舍建设、硬件设施的配备上，创造了优良的校园环境，在日常教学支出、教师的薪资待遇上投资较少，这就使学校出现了不稳定的因素。还有一些学校的经费大部分用在了租赁校舍上，一些学校的校舍甚至是陈旧、破败的厂房，学校环境差，这样的环境使教学不稳定的同时也给相关部门的监管带来困难。

民办学校没有像公办学校那样获得政府的财政支持，在学校经费上存在一定的问题，加上一些使用不合理、支出不清晰等情况，使得经费问题成为一个突出问题。

（六）积淀不深

民办教育是社会主义教育的一部分，帮助公办教育补齐短板，是公办教育的补充，给家长提供了多样化的选择。由于民办学校发展快、规模大，在逐渐扩大的过程中问题也不断呈现。义务教育阶段的民办教育主要存在提升质量、强化管理、打造品牌、树口碑等方面问题，而这些问题对于发展中的学校来说可能是第一次面对，是机遇也是挑战。作为新生事物，加上自身发展的特点，民办学校没有公办学校那样厚的文化积淀，没有形成固定的文化氛围。虽然学校有较多的公办学校离职教师，但大多年龄较大，教育方法陈旧，工作中缺乏活力，很难与学生形成有效、和谐、现代化的沟通。虽然近年来一些民办学校热度很高，但是整体看来河南民办初中学校差异较大。

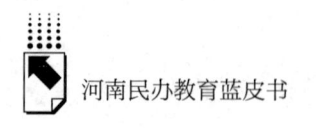

三 对策建议

（一）优化师德师风环境

习近平在北京师范大学同师生代表座谈时指出："合格的老师首先应该是道德上的合格者，好老师首先应该是以德施教、以德立身的楷模。"新时代的教师应该遵循教育发展规律，强化理论武装，用敏锐、清醒的头脑将理论转化为教育实践，使其外化为教师的道德行为，成为新时代的优秀教育人。

（二）品牌建设促发展

品牌是一个学校的办学标志，作为民办初中学校，要想在公办学校均衡发展的情况下求得生存与发展，首先必须对自己有清晰的定位，满足社会需求，补公办之所缺，提供个性化、多元化的教育需求。

办学自主权是指根据民办学校的教学任务和自身特点，其拥有自主决策权，在遵循教育规律的基础上可以充分发挥自身功能。民办初中学校要想在公办初中学校已发展成熟且免费的情况实现高效、可持续发展，必须有自己的办学定位及办学特色。为什么家长不去选择免费的、就近的学校，而选择较远的、收费的学校？我国处在一个结构调整和社会变革的历史时期，人民群众对优质教育的需求日渐强烈，而优质资源严重短缺。随着人民生活水平的逐渐提升，人民大众对教育越来越重视，对子女的期望越来越高，对优质教育的需求应运而生。

河南实行初中教育就近入学，这样的模式很难满足所有家长的需求，有特长的学生想选择有自己擅长专业的学校，有些家长想选择寄宿制学校，有些家长更注重学生综合素养的提升，有些家长更看重学校的升学率等。优质教育与特殊教育需求的满足让家长愿意缴纳学费，放弃免费的、就近的学校。家庭条件比较好的家长，对特色教育的需求量更大，而部分公办学校不能满足其要求。可靠的办学质量和鲜明的教学特色，将成为民办学校发展的不竭动力。

（三）加强教师队伍建设

教师不仅要教书，还要育人，这点无论对公办学校还是民办学校来说都是相同的。民办学校在校生逐年增多，教师的教育责任越来越大，而基础教育阶段是学生认知形成的基础时期，对学生人生观、价值观、世界观的形成起到了不可忽略的作用，因此，基础教育阶段的教师承担了更重的教书和育人任务，而一支思想素质过硬、业务水平精湛、年龄结构合理的教师队伍是一所学校得以长足发展的保障。

1. 严把教师入口关

民办学校在招聘教师的时候有一定的自主权，招聘过程中不仅要看教师的学历、资历，更要看综合素养。

2. 合理配置师资力量

教师招得来，如何留得住要看学校如何管理、如何合理配置。人各有所长，有些教师适合科研，有些教师适合教学，有些适合管理。对教师进行合理配置，是提升教学和管理水平的重要途径。

3. 教育能力提升与教师成长

在教育教学的过程中，教师发展的长效机制有待健全。教师只有不断地提升能力与学习，才能满足社会对教育的需求，才能掌握最新的教育教学方法，才能为社会提供更优质的服务。同时，教育观念与方法的更新制约着教育行为，影响着教育的全过程。注重教师培训与专业提升，给教师成长提供有利的空间，帮助其在教与学的过程中实现自身价值。随着师资力量的不断壮大，学校的品牌影响力将越来越强，在校生的数量和质量也将跟着提升。

4. 保障物质与精神需求

民办学校教师压力大，本职工作多，社会认可度不高，流动性大，学校应该考虑学校实际与教师需求，保障教师权益，提高教师的薪资待遇，合理

布置工作量，降低工作强度，提升教师的职业幸福感，增加教师的归属感。教师的压力来自家庭、教学任务、管理难度等各个方面，学校除了满足其物质需求外，也要考虑教师的心理需求，实施人性化管理，关心教师的身体及心理健康，提升教师队伍的凝聚力和向心力。

（四）向公办学校学习

公办学校有一定的文化积淀，无论是在教师队伍建设还是在学科建设上都已经形成了一套自己的体系。尤其是民办学校的教师，应向公办学校有经验的教师学习教育方法，进而形成自己的教学模式。很多民办初中是和公办初中联合办校的。郑州市初中归区管理，一个区内公办学校较多，以区为单位的活动往往是学习交流的好机会。应对区里的学校实行教研统一、考试统一、评价统一、教师招聘统一等措施，这样的模式也有利于各个学校取长补短、扩大自己的影响力。

（五）注重家校联合

选择民办学校尤其是民办初中的家长，一般对孩子的教育比较重视，家庭条件比较好，因此，选择民办学校的家长更愿意也有能力参与学校的管理。民办学校本身服务意识较强，办学有一定的灵活性，通过加强与家长的沟通与合作，可以让家长了解民办学校教师面临的困难，更清楚民办学校的优势，家长的满意度和认可度对一个学校的可持续发展至关重要。

（六）相关部门加强支持与监管

民办学校在发展过程中存在的师资、管理、质量等问题，影响了民办学校的进一步发展，因此需要相关行政部门将支持民办教育的相关政策落地，对其提供相应的支持，既要合理管制，又要适度放手。引导社会大众正确认识民办教育，消除对民办教育片面的、错误的认识，了解民办教育的优势。同时，应对民办学校加强监管力度，将对民办学校的检查纳入管理范围，使民办学校的发展法制化、规范化、合理化，更好地满足学生和家长的择校需求，缓解公办学校的教育压力。同时，打铁还需自身硬，民办学校应努力规范和加强学校内部管理，只有这样才能保证民办教育健康、可持续发展。

参考文献

胡大白主编《河南民办教育发展报告（2018）》，社会科学文献出版社，2018。

B.5
2019~2020学年河南民办学前教育发展的拐点

王艳丽[*]

摘 要： 2018年河南民办学前教育在园幼儿规模占全省民办学校在校生规模的40%以上。2019年河南民办学前教育在园幼儿规模首次出现回落。通过对部分民办幼儿园进行走访调查并对全省民办学前教育数据进行分析，面对政府增加对公办幼儿园的投入、出生婴儿减少带来的生源问题和新冠肺炎疫情对民办幼儿园造成的重创，本报告就民办学前教育如何适应新的环境，实现又好又快发展等民办学前教育创办者、参与者、研究者普遍关心的问题进行实证研究。河南民办学前教育由规模增长转向内涵发展的拐点已经到来，政府应加大对民办幼儿园的扶持力度，民办幼儿园应在培养方案制定、园所管理、家长服务、保教质量提高、师资队伍建设等方面练好"内功"。

关键词： 民办幼儿园 学前教育 内生动力 河南

2019年，河南学前教育毛入园率达到89.50%，比2018年增加了1.37个百分点；全国学前教育毛入园率为83.40%，河南高出全国6.10个百分

---

[*] 王艳丽，河南一森教育咨询有限公司董事长，河南民办教育研究院研究员，主要研究方向为学前教育、幼儿园运营管理。

点。河南学前教育在园幼儿人数为430.87万人，其中幼儿园在园幼儿（不含附设幼儿班幼儿）（下同）共380.46万人。民办幼儿园在园幼儿共297.85万人，占河南幼儿园在园幼儿总人数的78.29%。

一 发展现状

1. 规模持续扩大

1996年，河南民办幼儿园只有1529所，占全省幼儿园总数的49.02%；2019年，民办幼儿园达到18061所，占全省幼儿园总数的78.02%。民办幼儿园在园幼儿1996年时仅有8.92万人，仅占当年全省幼儿园在园幼儿总数的3.80%；2019年，民办幼儿园在园幼儿达到297.85万人，占全省幼儿园在园幼儿总数的78.29%（见表1）。

表1 河南民办幼儿园与全省规模比较

单位：所，万人

年份	园所数 全省	园所数 民办	招生数 全省	招生数 民办	在园幼儿数 全省	在园幼儿数 民办	专任教师数 全省	专任教师数 民办
1996	3119	1529	193.19	6.69	234.57	8.92	1.89	0.40
2004	3467	2142	116.26	16.80	149.02	26.71	3.09	1.23
2007	4859	3392	120.47	29.38	159.34	48.90	4.50	2.50
2010	7698	6208	111.96	43.57	196.67	101.90	7.20	5.08
2011	10304	8222	103.79	79.51	199.85	151.42	9.36	6.91
2012	12912	10326	122.29	91.05	233.47	174.04	11.26	8.40
2013	14485	11686	137.81	109.22	266.72	209.42	12.94	9.86
2014	15821	12585	145.82	115.01	290.35	228.25	14.28	10.91
2015	17481	13824	153.96	122.61	320.04	253.13	16.53	12.83
2016	18695	14743	118.63	91.68	340.54	268.75	17.82	13.95
2017	20613	16183	118.29	92.46	361.24	287.24	19.78	15.59
2018	22128	17293	112.69	87.53	378.22	300.46	21.45	16.99
2019	23181	18061	104.89	79.60	380.46	297.85	22.62	17.81

资料来源：根据历年《河南省教育事业发展统计公报》整理。

2004年，河南民办幼儿园在园幼儿共26.71万人，仅占全国民办幼儿园在园幼儿总数的4.57%；2019年，河南民办幼儿园在园幼儿总数达到297.85万人，占全国民办幼儿园在园幼儿总数的11.21%。[①]

河南当代民办幼儿教育的规模实现了大跨度增长，在河南学前教育总规模（含附设幼儿班人数）中所占比重超过了68%；在河南幼儿园在园幼儿总规模中（不含附设幼儿班人数）占比超过了78%。

园所数方面，从1996年到2019年，由1529所增加到18061所。

招生数从1996年的6.69万人增长到2015年的122.61万人，之后除2017年外持续下降，实际上河南民办幼儿园规模扩张转向内涵式发展始于2016年，之所以拐点为2019年，是因为学前教育涵盖了三年。

在园幼儿数从1996年的8.92万人，增长到2018年的300.46万人，2019年出现下降。

2.分布渐趋合理

全省民办幼儿园数量的分布在2004年呈现为乡村＞城市＞镇区的格局；2019年，这个格局变化为乡村＞镇区＞城市（见表2）。

在园幼儿数2004年呈现为乡村＞城市＞镇区，2019年，镇区的民办幼儿园在园幼儿数走在了前面，呈现为镇区＞乡村＞城市的格局。这一方面反映了镇区幼儿园毛入园率的大幅度提高，另一方面也反映了河南城镇化建设带来的变化。

表2 河南民办幼儿园数及入园、在园幼儿数分布情况

单位：所，万人

年份		2004	2010	2011	2014	2015	2016	2017	2018	2019
幼儿园数	合计	2142	6208	8222	12585	13824	14743	16183	17293	18061
	城市	614	1305	2192	3080	3128	3228	3558	3838	4073
	镇区	576	1381	2582	4080	4855	5315	5791	6211	6668
	乡村	932	3622	3448	5425	5841	6200	6834	7244	7320

① 根据历年《国民经济和社会发展统计公报》《全国教育事业发展统计公报》《河南省教育事业发展统计公报》整理。

续表

年份		2004	2010	2011	2014	2015	2016	2017	2018	2019
入园幼儿数	合计	16.80	43.57	79.51	115.01	122.61	91.68	92.46	87.53	79.60
	城市	4.40	9.39	19.39	24.51	24.28	18.81	21.23	20.79	21.76
	镇区	5.45	11.83	28.65	43.18	49.63	37.75	37.01	35.68	32.54
	乡村	6.94	22.35	31.47	47.32	48.70	35.12	34.22	31.06	25.30
在园幼儿数	合计	26.71	101.90	151.42	228.25	253.13	268.75	287.24	300.46	297.85
	城市	8.28	24.46	44.07	60.10	60.24	62.07	66.67	70.45	74.15
	镇区	7.88	26.86	52.04	80.86	95.98	103.51	111.24	119.23	121.81
	乡村	10.55	50.58	55.31	87.30	96.91	103.17	109.33	110.77	101.89

资料来源：根据历年《河南省教育事业发展统计公报》整理。

幼儿园数由2004年的2142所增长到2019年的18061所，增加了15919所，平均每年增加1061所。

2004～2019年城市幼儿园总数增加了3459所，平均每年增加231所；镇区园所数增加了6092所，平均每年增加406所；乡村园所增加了6388所，平均每年增加426所。

入园幼儿数增加了62.80万人，平均每年增加4.19万人，实际上入园幼儿数在2015年达到峰值，为122.61万人，比2004年增加105.81万人，除以11，平均每年增加9.62万人。2016年后，入园幼儿数呈现下降趋势，2019年入园幼儿数为79.60万人，比2015年减少43.01万人，平均每年减少10.75万人。

2013年全省民办幼儿园入园幼儿数突破100万人，达到109.22万人，其中城市为22.91万人，镇区为40.51万人，农村为45.80万人，增幅最大的是农村民办幼儿园，比上年的39.70万人增加了6.10万人。2014年乡村民办幼儿园入园幼儿数仍然领先，到2015年开始少于镇区民办幼儿园。2015年招生数增长幅度最大的是镇区民办幼儿园，由2014年的43.18万人增长到2015年的49.63万人，增加了6.45万人，当年全省民办幼儿园入园幼儿数的增加主要来自镇区民办幼儿园的贡献。

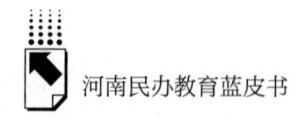

河南民办幼儿园在园幼儿数于2018年达到峰值，为300.46万人。从2004年的26.71万人到2018年的300.46万人，增加了273.75万人，平均每年增加19.55万人。

城市园由2004年的8.28万人增加到2018年的70.45万人，增加了62.17万人，平均每年增加4.44万人；镇区园由2004年的7.88万人到2018年的119.23万人，增加了111.35万人，平均每年增加7.95万人；乡村园由2004年的10.55万人到2018年的110.77万人，增加了100.22万人，平均每年增加7.71万人。

总体看来，2004~2018年，全省镇区民办幼儿园规模增速最快。

2015年镇区民办幼儿园入园幼儿数超过乡村园，此后一直领先。2019年，镇区民办幼儿园入园幼儿数超过乡村民办园7.24万人，超过城市民办园10.78万人。

2016年镇区民办幼儿园在园幼儿规模超过乡村民办幼儿园，此后一直保持领先势头。2019年镇区民办幼儿园在园幼儿规模达到121.81万人，比乡村民办幼儿园多出19.92万人，比城市民办幼儿园多出47.66万人。

二 有特色的教育

民办幼儿园的发展受资金、环境、教师队伍等因素的制约，与公办幼儿园相比有许多不利因素。河南民办幼儿园能在诸多困难中迅速发展起来，除了政府的支持和社会逐渐认同外，主要因素在于民办学前教育人的努力。其中最重要的是办有特色的幼儿教育。

郑州市二七区跨世纪幼儿园秉承中西合璧、兼容并蓄的原则，在世界范围内进行考察，引进了以蒙特梭利教育法为代表的一系列国际先进幼教方法，并与中国传统教育精华进行结合，集中众多优势资源，倾力打造具有中国特色的国际化幼儿教育模式。该幼儿园实施亲子、感统、瑞吉欧、DOK五项统合全能性教育，按照蒙氏五大领域开展教学活动，充分体现实物化、操作化、情景化、游戏化、形象化、主题化、体验化的教学特点，使孩子在自由、轻松、快乐的环境中学习、成长，德智体全面发展，从而学会生活、学会学习、学会工作、学会创造、学会社交。

郑州市二七区贝林斯敦幼儿园源自河南一森教育集团，以前瞻性的教育理念融合中西方教育之精髓，结合本土教育研究落地园本课程。该园以高瞻课程为特色，开展基于游戏的、创造性的、开放性的"主动学习"课程。学校的高品质来自高素质的专业教师、创新的课程、家长的倾情参与以及与多元社区的融合。

该幼儿园最核心的教育理念是培养孩子主动学习。为了满足幼儿的游戏需求，该幼儿园设置了神秘的"贝林小镇"。小镇拥有美式乡村风情的装修风格、曲折环绕的走廊以及种类丰富的体验设施。贝林小镇共设有十几个不同类型的体验馆，每个体验馆代表一种职业，馆内设有相应的设备、服装、道具，并且在贝林小镇流通的是其独创的货币——贝林币，幼儿通过模拟和体验成人的职业和角色，来了解和接触真实的世界，寻找其中的乐趣。贝林小镇优雅的环境、真实的体验给予幼儿自由的游戏空间和自主的游戏氛围，是幼儿自我学习、自我发现、自我完善的理想基地。这种体验活动对幼儿语言、社会交往、动手操作等各方面能力的发展起到了至关重要的作用，让孩子的童年更加丰富多彩。主动参与式学习源于这样的支持性环境。在这个环境中，他们可以自由地研究材料，与人进行交流，自发地思考，发挥想象，做到"眼到、手到、心到"。这种活动让区角游戏真正成为孩子的生活，让孩子在自由宽松的环境中得到全面发展。

建业小哈佛双语幼儿园是河南民办幼儿园中最早进入省级示范园行列的具有示范性、现代性、人文性的与国际接轨的幼儿园。该园面向全省承担教育0~6岁婴幼儿全面发展的重任。建业小哈佛双语幼儿园致力于探索适合时代与社会发展需求的现代婴幼儿教育思路，朝着"研究型、国际化、个性发展"的办园方向；以培养儿童健全个性、保证身心健康为前提；以基于自然法则、顺乎儿童天性为原则，以萌发儿童积极情感、启迪聪慧心灵为途径，以尊重儿童个体差异促进全面发展为目标，推出托幼一体化的现代教育服务。建业小哈佛双语幼儿园根据幼儿发展需要，把优秀的西方文化精髓融入本土

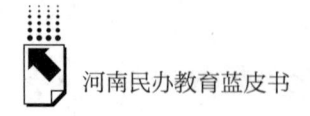

文化中，形成独特的人文教育与双语教学风格。该幼儿园注重塑造以人为本、以身立教、爱岗敬业、博学爱生的师德风范，营造平等、尊重、愉悦、有序、富有文化内涵的人文环境。同时注重开展益智益心、才能展示、体验成功、家园同乐的各类活动，让孩子拥有一个没有压力、真正快乐的童年。

建业小哈佛双语幼儿园从1996年开办至今，已获得了近200项各类奖项。建业小哈佛双语幼儿园的孩子们多次参加了中央电视台《大风车》栏目。

汝州市香榭世家幼儿园结合社会生活实际和幼儿身心发展情况，运用幼儿喜闻乐见和能够理解的方式激发孩子爱党、爱国的情感，利用电视节目或适当活动，向幼儿介绍党史、国旗、国歌以及观看和参加升旗、奏唱国歌的礼仪，介绍中国共产党人为人民谋利益、前赴后继、砥砺前行的精神，介绍反映中国人聪明才智的发明创造，介绍中国人民勤劳、朴素、爱国、爱家、尊老爱幼的优良传统，潜移默化地培养幼儿的民族自豪感和为社会服务的品质初芽。

郑州市二七区伟才幼儿园坚持以"尊重幼儿、尊重规律、爱无止境、润物无声"为办园理念，不断完善办园条件，深化教学改革，优化师资队伍，优化管理质量，办园水平得到显著提高，并得到了家长和社会的广泛认可。

安阳红黄蓝亲子园共设置面向6个年龄段的母婴瑜伽、亲子课程、思维课程、音乐花园课程、音乐综合课程、感统训练课程、语言课程、Playway英语课程、艺术探索课程等。主要是根据幼儿敏感期发育的需要全方位帮助父母激发孩子的潜能。另外园所周末的时候会定期举行专家讲座、亲子游戏、Story Time、多彩生日会等系列活动。

新乡市红旗区新城幼儿园以音乐教育为切入点，从语言、科学、健康、艺术、社会等五个领域培养幼儿的素质及全面发展。将艺术经验用于生活，引导孩子到生活中去发现美、创造美，运用兴趣启发法、游戏法、直观演示等多种方法引导幼儿树立自信，用自己的眼睛去看世界，用自己的心去感受世界，培养孩子的创造力和想象力。

郑州市二七区蓓蕾幼儿园注重感统训练、学能训练、注意力训练、多动症矫正、学前教育等。以"让儿童健康快乐成长，让家长满意放心"为宗旨，树立"知识与能力并重"的教育理念，创造出了独特的感统学习能力提升训练系统、注意力训练系统、创意思维训练系统等。

许昌市东城区新太阳幼儿园以促进幼儿多元智能发展、培养具有完整人格的幼儿为目标,遵循幼儿的天性和灵性,运用使幼儿触觉、听觉、视觉等感官互动起来的教学方法,采用国内最先进的环保、科学的教玩具,全面开启幼儿语言、社会、科学、艺术、健康、生活等领域的教育。在幼儿一日生活中渗入"双语教学"和"艺术教育"情景,在吸纳蒙台梭利和华德福幼儿教育理念的基础上,融合自身对幼儿教育的理解,在与国际幼儿教育接轨的同时,保持对民族文化个性的尊重。

郑州市金水区小海燕儿童教育中心秉承美国教育专家霍华德·加德纳的"多元智能"理论、美国南加州心理学家爱尔丝博士的感觉统合理论、日本七田真教授的右脑开发理论、国学经典诵读先进教育理念,旨在培养和提高儿童的综合能力素质。该教育中心把先进的教育理念与科学丰富的教育经验结合起来,结合儿童身心发展特点,形成了一套更完整、更科学的儿童教育体系——小海燕潜能教育方案。

洛宁县马店镇第一实验幼儿园积极践行陈鹤琴先生的"大自然是活教育"的教育理念和瑞吉欧的教育理念,本着"以人为本、立足本土、全面和谐、优质高效"的办学理念,在"立足自然资源、挖掘教育素材、提升办园内涵"的办园思路的引导下,形成了良好的园风、教风和学风,致力于把幼儿培养成开朗、独立、自信、喜欢探究、勇于创新、善于合作的现代儿童,造就适应中华民族未来发展的优秀人才。

南阳伟才国际幼儿园以园本生态课程、多元化的幼儿创意课程、浸入式纯美语教学为主体,把音乐、舞蹈、美工、戏剧、表演等艺术内容贯穿于活动之中,给孩子以精神的滋养和艺术的熏陶;开展丰富多彩的"社会大课堂"特色活动,带孩子走进社会、走进大自然,最终使幼儿"会生活、会学习、会交往、会做人"。

洛阳市涧西区贝贝卓越城幼儿园以培养具有国际视野的中国人为教育目标,采用教学区教学的形式,根据孩子兴趣延伸主题。开设篮球、轮滑、创意美术、电子积木、陶艺、iPad乐队等独立兴趣课程,扩宽孩子的爱好和视野。

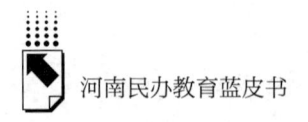

荥阳智灵童幼儿园借鉴"全能全脑教育"模式，采用小班化班级设置，配备国际化课程，注重全人教育观的熏陶教育，重视全套体能、智能、技能培训等。该幼儿园充分汲取当代教育精髓，以前瞻型教育模式和国际领先的教育理念和方法，打造精品化、国际化、高品质的幼儿教育。

河南三臣教育咨询有限公司致力于成为中国最具影响力的学前教育机构。本着爱、认真、专注、合作、开拓、绽放的教育初心，从教培机构、幼儿园到小学，从艺术培训中心到音乐研发中心、环球音乐班、环球大师班，从郑州市十佳幼儿园到河南省双师实践基地、职业教育骨干教师培训基地、民办园长培训基地、河南省骨干教师培训基地等，形成了其独有的"一元点亮多元"的教育优势和品牌特色。河南三臣教育咨询有限公司致力于用爱和音乐创造幼儿快乐精彩的童年，链接全球顶级音乐资源、关注学前音乐启蒙教育，将国际音乐文化带进校园，帮助师生提升对音乐作品的鉴赏能力，学习国际先进的音乐知识技巧，提高幼儿演奏技能，吸取不同文化的优势经验，为教师音乐艺术素养的提高创建国际化成长平台。该公司努力打造以幼儿为本、自然成长的童趣乐园，秉承沉浸式教育、在百项体验中成长的教育理念，将音乐、礼仪、舞蹈、语言和体育等领域紧密结合起来，幼儿在聆听、欣赏、参与、演绎中感受快乐，体验成功。

三 新冠肺炎疫情对民办幼儿园的冲击

2020年的新冠肺炎疫情对河南18061所民办幼儿园造成了不同程度的影响，其中大多数损失严重。在与疫情的博弈中，民办幼儿园与公办幼儿园相比具有明显的劣势。疫情期间幼儿园不能如期开课，但是还要支出园所的房租和教职工工资，而公办幼儿园有政府财政支持，所受影响不大，民办幼儿园必须独立承担。幼儿不能入园，幼儿园又不能开展网上教学无法收取保教费，民办幼儿园的支撑力越来越薄弱。据河南省民办教育协会针对疫情期间的问卷调查结果，全省民办幼儿园没有得到房租减免的达84.67%，预收全部保教费的仅占7.02%，有57.79%的民办幼儿园已经到了无法维持的地步。

即使在这样的环境下，河南民办幼儿园依然坚守阵地，践行为社会服务的初衷。巩义市明德幼儿园、金水区金城幼儿园、新乡县古固寨镇第一幼儿园等民办园或组织教师每天参加业务知识学习；或进行线上班级群活动互动；或通过微信了解孩子在家成长情况；或成立平行班学习群，通过绘本故事、诗歌、律动、洗手七步曲、手工制作、体操、科学小实验、音乐游戏等扩展幼儿技能；或进行互联健康教育，统计师生健康数据；或进行开学前的预案制度演练；或者积极开展线上家访活动，为开学提升教育质量做准备。

疫情之初，郑州市二七区跨世纪幼儿园就在跨世纪教育公众平台上开设了"家庭教育亲子大讲堂"，从2月2日起以"千园联动共抗疫情"为宣传口号，号召大家团结一致、共同努力打赢这场疫情防控阻击战，每周推出3至4节有关家庭亲子教育的课程，每周推出2节家庭感统训练活动课程。丰富多彩的家庭教育亲子大讲堂得到了家长们的广泛好评和赞誉，很多家长在朋友圈转发家庭教育亲子大讲堂的内容。6月13日，郑州市二七区跨世纪幼儿园充分利用互联网平台，以家庭教育为重点免费推出119个主题238节课，不仅保证了家庭教育内容的丰富多彩，也加深了家庭的亲子感情，更重要的是让家长有机会深入学习和掌握教育孩子的科学方法。

四 拐点已经来到

实际上，河南民办幼儿园由规模扩张到内涵建设的拐点早在2016年就已经出现。全省民办幼儿园从1996年以来持续20年的增长势头出现回落，当年入园幼儿数为91.68万人，比上年减少30.93万人。到2019年，更是减少到了79.60万人，比2015年减少了43.01万人。由于学前教育是三年的周期，所以入园幼儿数的减少在当年没有影响在园幼儿数的增加，但是三年后，2019年全省民办幼儿园的入园幼儿数不仅呈现了下降趋势，在园幼儿数也出现了下滑。

这样的趋势还会继续。随着政府加大对学前教育的投入，民办幼儿园增加，新生婴儿减少带来了学前教育生源的减少，民办园的入园幼儿数将出现下降，带来在园幼儿数的减少。2020年上半年的新冠肺炎疫情将加剧这个进程。

五　应对策略

（一）政府对民办园给予扶持

河南的民办幼儿园虽然在2019年规模有所缩减，但在园幼儿数达到297.85万人的规模，还是在全省幼儿园在园幼儿总数中占到了78.29%的高比例，这说明民办幼儿园仍是保障学前教育的重要力量。在长期的发展过程中，民办幼儿园为河南学前教育毛入园率的提高做出了实实在在的贡献。李克强总理在第十三届全国人民代表大会第三次会议上所作的《政府工作报告》中明确指出，要"支持和规范民办教育，帮助民办幼儿园纾困"。教育部办公厅在2020年4月16日就各地做好疫情防控期间民办幼儿园扶持工作发出通知，要求各地要把为民办幼儿园纾困解难作为当前一项紧迫任务，聚焦民办幼儿园在疫情防控期间面临的突出问题，区别不同类型民办幼儿园，采取有效措施支持民办幼儿园化解面临的实际困难。政府可以考虑在一定范围内给民办幼儿园以扶持。截至2020年5月20日，已有北京、上海、浙江、厦门、陕西、山东等省市出台了对民办幼儿园的扶持政策，具体措施包括补助补贴、减免房租、延期纳税等。其中最有效的措施，当是给民办幼儿园拨付生均拨款补助，但对象基本都限定为民办普惠幼儿园。

（二）民办幼儿园自身要练好"内功"

面对已经到来的转型，许多民办幼儿园已经先期在特色建设、质量提升方面做了有益的尝试，现在需要进一步认识民办幼儿园面临的形势，结合自身实际采取有效措施实现幼儿教育育人质量的提升。要在培养方案、园所管理、家长服务、保教质量、师资队伍建设等方面结合自身的实际完善提高，实现又好又快发展。

专题报告

Special Reports

B.6
分类管理改革中民办高校非营利性选择影响因素分析[*]

王新奇[**]

摘　要： 民办高等教育在我国高等教育事业中的地位日益凸显，但与此同时，民办高等教育的发展也面临很多问题，比如产权归属问题、发展资金短缺、人才资源不足等问题，这些问题已经严重阻碍了民办高等教育发展。实行民办教育分类管理，在一定程度上破解了民办高等教育发展的诸多瓶颈。本报告采用定性与定量相结合的研究方法，探究分类管理改革中民办高校非营利性选择影响因素，提出引导民办高校非营利性选择政策构建的着力点，助力民办高校分类管理稳妥推进。

---

[*] 基金来源：2020年河南省教育综合改革重点项目"应用型普通民办高校二级学院'放管服'改革"。
[**] 王新奇，郑州升达经贸管理学院执行董事，讲师，主要研究方向为高等教育管理。

民办高校分类管理拓展了民办高校的发展空间，但民办高校举办者目前还处于非营利性、营利性选择的过渡期，情感和利益因素是影响民办高校举办者非营利性选择的主要因素。政策在推动民办高校发展中起着关键性作用，举办者既是"道德人"，也是"经济人"，为引导民办高校非营利性选择，地方政策构建应体现政策的包容性和人性化。

关键词： 民办高校　民办教育　高等教育

一　核心概念界定

（一）民办高校

清朝末期的民办教育呈现出了现代民办教育的特征，民国时期我国民办教育迎来了兴盛期。新中国成立后，社会主义改造的完成使发展已经举步维艰的民办教育失去了原有的社会基础，教育事业统一由政府兴办，民办教育和公办教育进行了合并。20世纪80年代，我国实行改革开放，伴随经济体制改革、市场经济的发展，民办教育得以再次兴起，这个时期我国民办教育发展速度很快。不同的历史发展时期对民办教育的称谓和定义也不相同。清朝末期至社会主义改造完成，一般称民办教育为"私立学校"。1997年颁布的《社会力量办学条例》规定："企业事业组织、社会团体及其他社会组织和公民个人利用非国家财政性教育经费，面向社会举办学校及其他教育机构（以下称教育机构）的活动，适用本条例。"[①] 明确了社会力量办学的主体，并将公民个人包括在内。2002年《中华人民共和国民办教育促进法》进一

---

① 《社会力量办学条例》，人民网，http://www.people.com.cn/zgrdxw/faguiku/jy/F44-1010.html。

步对民办教育的办学主体进行了规范，指出民办教育的办学主体是社会组织或者个人，对民办教育的经费来源问题也进行了说明：民办教育的经费来源于非国家财政性经费。这些规定指明了民办教育的办学主体以及学校的经费来源，这些问题同样是界定民办高校需要解决和面对的核心问题。民办高校，是国家机构以外的社会组织或者个人自己注入资金，为不特定人群提供接受教育和获取学历资格的机会而举办的高校，这类资金属于民间资本。其办学层次可以分为本科和专科，属于高层次的人才培养机构，处于人才培养的顶端。因此，民办高校举办者需要投入大量的资金、人力和物力，才能确保学校的正常运行。

（二）"营利性"与"非营利性"

"营利性"与"非营利性"是两个相对概念。准确理解"营利"的内涵，需要对"营利"、"盈利"和"赢利"进行区分。"赢利"指获得利润，而"盈利"指经营有盈余。两者强调经营之后的结果或事实，"营利"则是指经营活动过程对获得经济利益的追求，经营活动具有获取利益的目的性，至于经营的结果是盈利还是亏损则是不一定的。可见，"营利"与"盈利"和"赢利"是不同范畴的概念。相对的，"非营利"则指经营活动不以获得经济利益为追求。我国的教育法律法规对不以营利为目的办学做了明确的规定。

《中华人民共和国教育法》中关于非营利性办学目的的规定，说明了社会组织或者个人创办的学校或者教育机构的非营利性性质。《中华人民共和国高等教育法》也对不得以营利为目的办学做出了明确说明。从这些法律的规定中，可以看出我国对民办高校的办学定位是非营利性的，社会组织和个人举办高校是不能以营利为目的的。2002年的《中华人民共和国民办教育促进法》规定，在民办教育不以营利为目的办学的前提下，给予民办教育创办者一定的回报。在这种情况下，部分民办教育举办者的办学目的是获取"回报"，这与民办教育非营利性的办学性质背道而驰。办学校就是为了获取物质利益，这在一定程度上将降低学生培养的质量，也不利于学校的可持续发展。

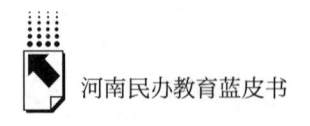

(三)分类管理

民办学校的分类管理是将民办学校分为营利和非营利两种类型,对其进行有差别的管理,这里的差别主要表现在有差别的扶持政策。对民办学校实行分类管理意味着改变了以往国家对民办学校分散的、不全面的管理现状,有利于民办学校向着更加规范有序的方向发展。分类管理对民办高校而言更是意义重大,分类管理利于民办高校的健康发展,也利于进一步拓展民办高校的发展空间,实施民办学校分类管理有一定的现实背景。

改革开放以来,国家出台了一系列法律法规,鼓励社会力量办学。为了提高社会力量办学的积极性,更大程度上激活民办教育市场,在2002年的《中华人民共和国民办教育促进法》中设计了"合理回报"的内容,目的在于作为一种鼓励措施,增加民办学校的数量,为受教育者提供更多的教育机会和平台。但在实际的运行中,引起了部分民办教育举办者打着非营利性办学口号行营利之实,通过办学来获取利益。2004年的《中华人民共和国民办教育促进法实施条例》中有关"合理回报"的细化,进一步增强了举办者创办民办学校的积极性,大量寻利性资本流入教育领域。2002年之后,我国民办高校的数量快速增长,从2002年的173所,增长到2009年的336所,7年时间增加了163所,平均每年增加23所,民办高校经过了一个快速发展期。民办高校数量的增多,增加了受教育者接受教育的机会,也为国家培养了一大批优秀的专业人才。但"合理回报"的存在,在一定程度上也造成不以营利为目的的办学定位与民办学校以非营利性民办学校之名行营利之实的矛盾。有些民办学校以非营利性办学为名以获取相应的教育政策支持和扶持资金,"搭便车"的投机行为由于得不到很好的监管而存在和发展着。这影响了教育事业的公益性,也导致社会民众对民办学校不够信任,在心理上更相信民办教育都是以获取物质利益为办学目的的。这样的观念在一定程度上造成法律法规中关于民办高校的政策支持和财政扶持未能真正兑现,真正非营利性民办学校无法享受本该享有的扶持政策,影响了民办高等教育的健康发展。2010年国家提出要积极探索对民办高校进行分类管理，2016年《中华人民共和国民办教育促进法》规定了民办学校创办者要根据经营目的自主进行选择并登记，对民办高校的分类管理有了基本的法律依据。

二 民办高校分类管理的现实意义

（一）加快我国高等教育良性竞争局面形成

民办高等教育在过去几十年的发展中，为提供教育供给、培育人才做出了突出的贡献，勇挑培养人才的重任。然而民办高校的发展面临着诸多瓶颈。民办高校的生源和发展资金同公办高校相比，不仅不具有竞争优势，还一直是其长远发展的瓶颈。民办高校的资金来源于学生缴纳的学费、住宿费等，以此维持学校的运行和发展，这种发展途径使民办高校发展面临两难的困境。一方面民办高校需要收取比公办高校高的学费来保证学校的运转，另一方面过高的学费影响了招生的数量。所以在高等教育领域，民办高校一直处于被动的局面，对公办高校而言，民办高校是没有竞争优势的，事实上已经形成了民办比公办"矮一头"的现状。不仅如此，国家统计局年度人口统计数据显示，我国的生源数量整体上呈现减少的趋势，生源市场出现萎缩，这对依靠扩大招生来获得发展的民办高校而言更是雪上加霜（见图1）。

图1表明我国普通高中毕业生数从2013年到2017年一直呈现减少趋势，2018年普通高中毕业生人数虽有所增加，但远未达到2016年水平。面对此种形势，民办高校以学养学的发展模式难以为继。实行民办高校分类管理，使得非营利性民办高校获得了合法的法律地位，民办高等教育的管理更加规范有序，有利于推动国家扶持政策的真正落实，民办高校相关者的利益得以保障，尤其是教师和学生获得了同公办院校师生一样的法律地位和权益保障，在一定程度上可以缓解民办高校的招生困境。同时，民办高校分类管理为民办高校和公办院校公平竞争创造了条件。民办高校可以把更多的精力投入人才质量的提升，不断提高民办高校的竞争力，改变以往的民办高校和

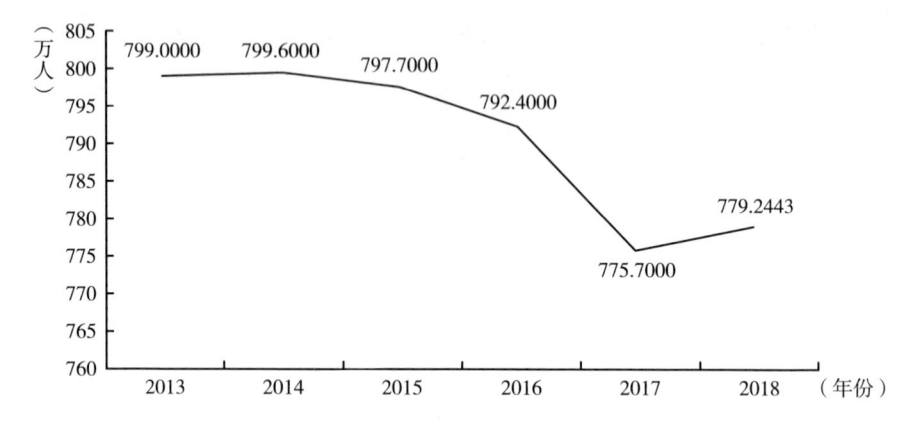

图 1 2013～2018 年全国普通高中毕业生数

资料来源：根据历年《中国教育年鉴》整理。

公办高校力量悬殊的局面，使民办高校可以在更加公平的环境条件下和公办高校进行竞争，这种局面的形成将推动民办高校的高水平发展，助力高水平人才的培养。

（二）推进民办高校内涵式发展进程

内涵式发展聚焦人才培养质量而不是只关注学生数量，注重高校的办学品质和办学潜力。民办高校如何实现内涵式发展，从注重学生数量转向提升办学质量、提升人才培养层次，是一个新的现实课题。当前我国民办高校的办学层次主要有本科教育和专科教育，2019 年 6 月 15 日，全国高等学校总计 2956 所，当中民办高校共 756 所。在民办高校中，民办本科院校 434 所，民办专科院校 322 所，民办本科院校占比要高于专科院校（见图 2）。

在民办本科教育中，进行研究生学历层次培养的民办高校还很少。其中一个重要原因就是，民办高校高层次人才的短缺和教育科研能力还存在明显不足。《中华人民共和国民办教育促进法》的相关规定在一定程度上破解了这些困境，从根本上承认了民办学校实行分类管理的合法性。对登记为非营利性的民办高校也做出了扶持和奖励规定，主要通过补贴、奖励、激励以及税收优惠政策三种形式进行扶持。《中华人民共和国民办教育促进法》还对

民办专科占比
42.6%

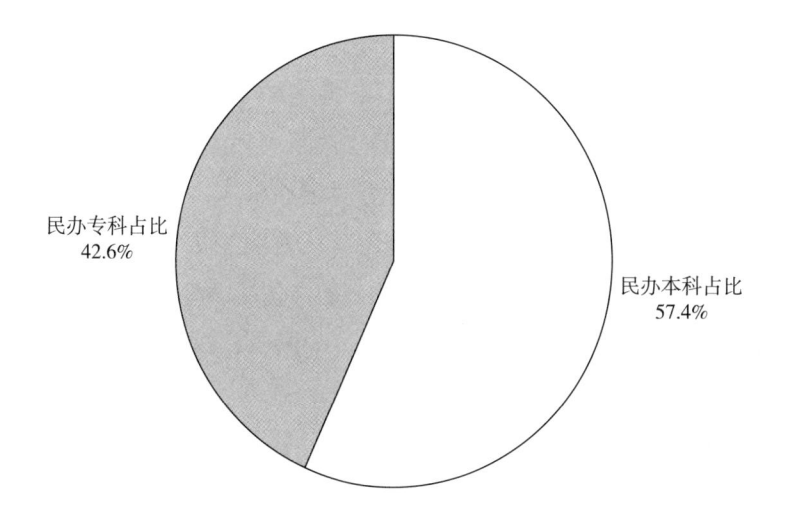

民办本科占比
57.4%

图 2　2019 年全国民办本科、民办专科院校占比

资料来源：《2019 年全国教育事业发展统计公报》。

教育者的合法权益做出了明确规定，民办高校教师在业务培训、表彰奖励等方面获得与公办高校教师同等的社会地位。教师的理论水平和教学能力是高校提升办学质量的关键因素，抓住这一关键因素、聚焦教师人才队伍的构建和规格提升，对学校的长远发展来说至关重要。而要实现这一目标，加大教师的学习和培训力度是必不可少的。分类管理一方面加大了政府对学校的扶持力度，另一方面通过厘清民办高校的法人属性、财产归属等问题，使民办高校的地位合法化，有利于推动政府扶持的真正落实，有利于缓解民办高校办学资金和人才短缺的困境。

三　分类管理改革中民办高校非营利性选择影响因素探析

2016 年《中华人民共和国民办教育促进法》鼓励捐赠办学，并对选择非营利性办学的民办高校提供多方面政策支持和财政扶持，为的是树立一种导向，助推民办高校坚持非营利性办学。分类管理关系民办高等教育的长远发展和办学质量的提升。目前民办高校还处于营利性、非营利性选择的过渡期，为推进民办高校做出非营利性选择，使《中华人民共和国民办教育促进法》真正得以贯彻落实，探究分类管理改革中民办高校非营利性选择影响因素十分必要。非营利性选择最终由举办者做出，从个体的视角探究非营利性选择的主要影响因素，就无法避免要分析关于人性的"经济人"和"道德人"假设。"经济人"假设认为，人的一切活动是为了获取经济利益。而"道德人"假设主张人在追求经济利益的同时，也会关心他人的命运，这是存在于人的天赋中的一种本性，这种本性视别人的幸福为自己的快乐，这种本性也被视为是一种道德。学界关于"经济人"的假设一直存有争议，更认同"经济人"和"道德人"具有内在统一性。我国有5000多年的文明史，形成了独具特色的传统文化，其中儒家文化的影响更为深远，儒家文化主张道和义，这也成为中华民族的文化基因之一。

举办者同样是"经济人"和"道德人"的统一。非营利性选择意味着举办者既得利益的重新调整，举办者最终选择非营利性，应该是道德和利益的双重诉求都能得以满足。而情感是道德的一部分，所以情感因素和利益因素是影响举办者非营利性选择的两个主要因素。

（一）情感因素

对一些民办教育的举办者而言，这里的情感因素主要体现在两个方面：爱国情感和爱校情感。一方面，对一些举办者而言，创办学校是出于对教育事业的热爱和自身的家国情怀，办教育不以营利为目的。郑州升达经贸管理学院于1993年由王广亚先生创办，王广亚先生一直坚持"取之于学生，用之于社会"的办学理念，热心教育事业，不求回报。创办28年来，学院一直坚持创办人王广亚先生的非营利性办学理念，致力于学校教育教学改革，关心学生成长，关注教师发展。兴办教育事业源于爱国初心。另一方面，在办学过程中，举办者除了投入大量的人力、物力、财力之外，也经历了各种艰辛和苦难，其间更是投入了大量的情感。这里的情感主要指举办者和高校的依存感、关联感。部分民办高校的举办者，致力于学校的长远发展，从办学理念到学校管理、教育教学的方方面面，都体现出了对学校未来有更好发展的殷切期盼。所以对举办者而言，最终是否选择非营利性办学，情感诉求能否得到满足是一个重要的影响因素。

（二）利益因素

阎凤桥指出："在长期历史演变中形成了一系列的制度约束，它们会发挥长期和深远的作用，这种作用往往超出人们的感官认知范围。在一定的社会制度下，虽然一些活动及其人为规则在变化，但是这种变化很难完全脱离其过去走过的历史轨迹。"① 可以看出，制度的影响很大并且持久。2002年的《中华人民共和国民办教育促进法》中"合理回报"的内容设计，准许投资者获取一定的物质利益作为投资者办学的补偿，这一政策使高等教育领域被注入了大量民间资本，助推民办高等教育事业发展。

2003~2009年《全国教育事业发展统计公报》数据显示，从2003年至2009年，民办高校数量增长比较快，是我国民办高校发展的一个上升期。2009年之后，我国民办高校在经过繁盛时期之后，呈现出整体发展相对"疲软"的状态。从2015年至2019年，民办高校的数量波动不大。政策在推动我国民办高校发展中发挥着关键的作用。"合理回报"造成了寻利性资本进入高等教育领域，但也因此造成部分举办者以非营利为名谋取私利，使民办高等教育出现了"鱼目混珠"的局面。也正因为如此，国家对民办高校的管理也呈现规定过"硬"，落实过"软"的局面，民办高校陷入发展的瓶颈期。

2016年修正后的《中华人民共和国民办教育促进法》规定："非营利性民办学校的举办者不得取得办学收益，学校的办学结余全部用于办学。"这意味着选择登记为非营利性民办高校的举办者是捐资办学，不再享有"合理回报"。将民办高校进行非营利性和营利性分类管理，破解了民办

---

① 阎凤桥：《〈民办教育促进法〉修改过程中的合法性问题探讨》，《复旦教育论坛》2017年第5期。

高校法人属性问题和产权归属问题，使民办高校向着规范化的方向发展。然而现有存量的民办高校如果选择非营利性办学，其将成为产权所有人，再加上法人属性的非营利性，决定了民办高校在终止办学时，举办者不再能进行利益分配，办学结余只能用于偿还债务和其他非营利性办学。举办者的既得利益面临重新调整，在此种情况下，举办者的权益具体如何得以保障是一个不可回避的问题，所以利益因素也是影响举办者非营利性选择的关键因素。

四 分类管理中引导民办高校做出非营利性选择政策构建的着力点

（一）地方落实分类管理的政策设计应体现人性化的理念

人性化是一种理念，它应用于不同的场景之中。政策的人性化指政策在满足对象功能诉求的同时，也应满足对象的心理诉求。地方在设计具体的分类管理政策时，尤其是对非营利性民办高校权益保障制度、内部治理体制的政策设计应体现人性化的设计理念。应考虑到举办者对学校的情感投入，在一定程度上彰显满足情感诉求的分类管理政策价值倾向和政策设计理念。规范举办者和学校利益关系的同时，协调好举办者和学校的依存、关联关系，实现举办者和学校之间有一定的依存度，在一定程度上满足举办者的情感诉求。依存关系的存在需要举办者参与学校的治理，只有这样，举办者和学校之间才会具有黏合性。《中华人民共和国民办教育促进法》规定，民办高校的创办者根据一定的权限，按照一定的流程可以参与学校的办学和管理。这一规定明确了民办高校举办者参与学校治理的合法性，但是民办高校的内部治理结构关系民办高校的发展方向和办学思路，所以在实现举办者参与学校治理的同时，也应处理好学校决策机构、管理机构和监督机构的协作关系，规范相关人员的职权和决策过程，在不影响教育公益性的同时，实现举办者参与学校的治理。

（二）推进举办者和利益相关者合法权益政策落实

国家积极引导民办高校非营利性办学，应处理好举办者和利益相关者的权益保障问题，这是引导民办高校非营利性选择的重中之重。对举办者而言，不管是从情感因素出发，还是从利益因素出发，最终如果选择登记为非营利性民办高校，那就意味着个人部分利益的牺牲，选择兴办教育公益事业意味着希望学校有更好的发展。教师和学生是教学活动的主体，在分类管理中，两者的合法权益能否得到落实也是关键。比如教师的社会保障权益、培训权益等，都是教师较为关注的问题。还有就是学生的权益，对学生而言，比较集中的问题主要体现在民办学校的奖学金制度和助学贷款上。就奖学金而言，民办高校的奖学金低于公办院校的奖学金，因为民办高校以自付的方式发给学生奖学金，这会给民办高校带来资金压力。很多学生也因为民办高校的学费相对公办院校的高，而奖助学金又低于公办院校，面临经济上的贫困。这些都是在分类管理中需要加以关注和给予解决的问题。国家完成了制度的顶层设计，地方能够出台具体的实施细则对其加以落实，成为举办者和利益相关者合法权益得到最终实现的关键，也是举办者最终是否选择非营利性办学的关键。

在某研究机构的一项调查中，调查者根据调查结果总结出了民办高校举办者最关心的问题聚集于财产权益问题和办学治理权问题（见表1）。

表1　民办高校举办者最为关注的五个问题

调查问卷中举办者最为关注的五个问题	举办人的财产和办学治理权如何保障？
	办学前期及现在的负债如何偿还？
	前期投入如何补偿？
	剥离学费收入后的学校其他经营税收是否和公办一样？
	在租赁土地上建设的房产或已经购买的土地房产如何补偿？

资料来源：张铁明：《抉择——民办教育分类管理新起点新挑战》，广东人民出版社，2017，第243页。

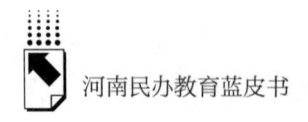

表1表明举办者的财产权益和办学治理权是举办者权益最直接的体现。在2016年修正后的《中华人民共和国民办教育促进法》实施之前，并没有相关法律文件明确规定民办高校的产权归属问题，民办高校对举办者而言可以是自有产权。但是新法新政明确规定举办者不能享有民办高校的财产所有权。考虑到现有存量民办高校举办者前期投入了资金，《全国人民代表大会常务委员会关于修改〈中华人民共和国民办教育促进法〉的决定》规定：选择登记为非营利性民办学校的，财产清偿后有剩余的，根据创办者分类管理前的投入情况、已经取得的回报情况以及办学效益等情况，给予出资者相应的补偿或者奖励。但是国家宏观政策并没有明确说明如何补偿和奖励，也未规定补偿奖励多少。特别是依据办学收益情况进行补偿或者奖励时，如何科学衡量评价办学收益，如何将定性问题进行定量分析，是一个需要关注和解决的问题。地方政府在出台具体实施细则时，应将"补偿或者奖励"的方式和度作为政策构建的着力点，"补偿或者奖励"方式是否科学合理，度的设计是否合理，都关系政策引导作用的实现。"补偿或者奖励"如果过多则影响教育的公益性，如果过低，则举办者的损失过大，也会影响举办者进行非营利性选择。

教师和学生作为利益相关者，他们的合法权益需要得到保障。选择了非营利性办学，就是做到了教育的完全公益性，从理论角度来看，民办高校教师和学生应该享受和公办高校师生同等的法律地位和相同的财政扶持、政策支持。尤其是教师的社会保障、福利待遇和学习培训机会，学生的奖学金以及助学贷款等，是他们核心的权益，这些权益的实现有助于提高利益相关者的积极性。

五 结语

对民办高校进行营利性与非营利性的分类管理，有利于形成民办高等教育事业良好竞争局面，有利于高质量人才的培养，将为我国民办高等教育事业实现国际化发展提供强劲动力。源于教育事业的公益性性质，国家的法律政策释放出了引导民办高校进行非营利性选择的信号，国家也出台了相关的法规和政策，但是这些都是宏观层面的顶层设计，地方政府出台具体政策仍享有很大的发挥空间。全面分析民办高校非营利性选择的影响因素，有利于更好地指导地方政策的制定和确定具体落实的技术手段，助力民办高校分类管理的稳妥推进和最终实现。

B.7
高等职业教育扩招再观察*
——以法治为视角

岳 明**

摘　要： 2019年3月5日，李克强总理在《政府工作报告》中提出，2019年高职院校扩招100万人。从党的十一届三中全会至今，我国的高等职业教育法治建设可以分为政策支持、立法保障、全面依法治教三个阶段，逐步形成我国高等职业教育发展的法律体系。采用历史研究和走访调研的方法，从法治的视角审视和研究职业教育扩招。在全面依法治国、全面依法治教的要求下，高等职业教育还存在配套政策不完善、法律实施不充分、办学主体法治思维和依法办学的能力未普遍形成等问题。应加强立法，形成与全面依法治教相适应的法律政策体系，提升办学主体的法治思维和依法办学能力，形成与依法办学相适应的学校管理体系，注重依法办学的宣传，形成依法办学的浓厚氛围等，加强高等职业教育全面依法治教建设，从而为高等职业教育质量型扩招提供坚强法治保障。

关键词： 高等职业教育　扩招　依法治教

---

* 河南省社科联调研课题"产教融合背景下政产学研用协同创新研究"（项目编号：SKL-2020-1713）。
** 岳明，河南法制报社法律服务部主任，河南民办教育研究院研究员，硕士，主要研究方向为教育法律法规、职业教育、人力资源管理法律法规。

一 高等职业教育法治建设历程和扩招的法治背景

党的十一届三中全会是我国教育事业的新起点，职业教育也经历了一个持续改革完善的过程。40多年来，职业教育的发展取得了令人瞩目的成绩，成为我国教育事业中的重要组成部分，是推进我国教育体系改革发展的重要力量。在此过程中，国家通过制定一系列政策和法律法规促进高等职业教育发展，逐步建立了促进高等职业教育发展的政策法规体系。

（一）政策支持促发展

1985年，改革开放以来召开的第一次全国教育工作会议使我国的职业教育站在了一个新的起点上。在这次会议上，出台了《中共中央关于教育体制改革的决定》，建立了职业教育体系。出台该决定对于职业教育发展具有很大的推动作用，其提出的指导思想、原则及一系列具体要求，对职业教育优化结构、提升质量起到了很大的推动作用。

1990年之后，我国的高等职业教育处于稳步发展的阶段，该时期制定的《中国教育改革和发展纲要》对职业教育的重要地位进行了清晰明确的界定和定位，该决定对于调动全社会各方面的力量，形成全面协调、统筹推进的局面，以及发展职业教育起到很大的促进作用。1999年，国家将高等专科学校、职业大学和成人高校三种类型的学校统一改制，其方向就是将其转型发展为高等职业院校，同时期，职业教育在重点中等专科学校开始兴办。职业教育的发展呈现多渠道、全方位的发展态势，对短时间内壮大其发展体量，起到了非常大的推动作用，在短期内迅速扩大了发展规模。

进入21世纪以来，高质量发展成为我国高等职业教育发展的方向。在此期间，国家出台了很多政策文件。教育部发布《高等职业教育创新发展行动计划（2015—2018年）》，提出了高等职业教育发展的时代主题——创新，增强高等职业教育的实力，把专业人才的培养质量提上去。至今，我国教育事业改革发展的行动指南还是《国家中长期教育改革和发展规划纲要

（2010—2020年）》，该纲要提出的主要内容包括职业教育的改革办法和发展重点领域等。纲要还特别规定，把职业教育纳入经济社会发展的全局中去谋划，并将其作为重要组成部分。对于职业教育的专业设置，要立足社会经济发展的实际，与社会、经济的现状相一致，要把中等职业教育和高等职业教育的发展统筹起来；政府要列出具体预算，财力的投入力度要加大，建立完善的投入机制；建立完善的教师培训机制，重视教师待遇，将其摆在突出位置；把基础教育、职业教育和成人教育三者统一起来，做到协调一致、结构合理、资源配置优化，努力追求教育公平。

新时代，职业教育进入到高质量发展的新阶段，迎来了重要的战略机遇期。《国家职业教育改革实施方案》的出台，"1+X"（学历证书+若干职业技能等级证书）制度试点的全面铺开，产教融合、校企合作的持续深入等原动力正推动职业教育办学方式向类型教育迈进。职业教育负有重要的时代使命，在教育改革创新和经济社会发展中的位置更加重要。

（二）立法保障提质量

我国职业教育发展史上重要的里程碑事件，当属1996年颁布的《中华人民共和国职业教育法》（以下简称《职业教育法》），这是我国高等职业教育开启了法治化发展征程的标志。颁布《职业教育法》是符合我国当时国情的务实之举，极大地鼓励和动员了更多的社会力量兴办职业教育，明确指出行业组织、企业、事业单位和其他组织有实施职业教育的法律义务，职业教育的发展获得了来自各方力量的支持，对于提高我国劳动力队伍的整体素质意义重大，汇聚社会资源，积极带动政府和行业组织等社会各界力量，为发展高等职业教育注入新力量，形成发展职业教育的良好社会氛围。

现行《职业教育法》已经不能适应高等职业教育改革发展的新形势、新任务、新要求，迫切需要予以修订，为高等职业教育改革发展提供法治保障。教育部于2019年12月5日向社会发布了《中华人民共和国职业教育法修订草案（征求意见稿）》（以下简称《征求意见稿》）。《征求意见稿》贯彻落实党中央关于教育改革的指示精神，围绕职业教育是类型教育的定位，统筹设计制度体系；紧紧围绕职业教育领域热点问题，增强制度可操作性；围绕职业教育改革发展实践经验，将实践经验转化为法律规定，在原法基础上，共修订调整41条，新增15条。

（三）全面依法治教的新时代

党的十八届四中全会是新中国成立以来党第一次专门召开的研究法治工作的会议。党的十九大报告中，把"坚持全面依法治国"明确作为十四条新时代坚持和发展中国特色社会主义的基本方略之一。全面依法治国在教育领域的体现就是全面依法治教，这也标志着我国教育领域法治化建设迈入新时代，更加重视法治对教育高质量发展的保障作用。高等职业教育领域法律体系日益完善，在全面依法治国和全面依法治教的指引下，法治也必将为其高质量发展提供坚强有力的保障，更好地保驾护航。

二 高等职业教育扩招面临的法治挑战

高等职业教育的法治建设促使高等职业教育在国家经济社会发展中的服务水平显著提高、社会认可度逐渐提升、发展结构得到优化，人才培养质量与社会需求越来越匹配，高等职业教育体系化建设越来越完善。但是，在全面依法治国的今天，高等职业教育的发展还存在一些薄弱环节，与全面依法治教的要求还存在一定的距离，尤其是在高等职业教育扩招的背景下要更加正视这些问题。

（一）法律政策体系不够完善

第一，作为高等职业教育体系重要组成部分的民办高等职业教育制度不够健全，现行的民办教育法律法规及规章制度对民办高等职业学校的发展起到了一定的规范调整作用，但针对性不强。第二，民办高等职业学校的办学经费组成很单一。尽管民办高等职业学校理论上有多元的经费来源，但渠道不畅通，融资成本大，收入来源集中在学生学费。在所有办学经费中高职学校学费占比高达70%，由此可见，其他的经费来源是非常少的，这也是制约民办高等职业学校发展的重要因素之一。学费占比过多会带来一定的负面效应，比如会使民办高等职业学校的公益性属性打折扣，降低学校的办学质量。第三，民办高等职业学校的教育教学质量需要提升，有的学校重经济效益，轻视文化建设，重视规模扩张，忽视内涵建设，重社会科学，轻自然科学等等，以上现象的存在，主要就是想压缩和节约办学成本。在扩招的情况下，这些问题会显得更加突出，从某种意义上来讲，这些也是法律政策不完善造成的，需要增加制度性的规定，增强学校建设的合规性。

（二）法律政策未得到全面实施，办学主体法治意识有待提升

高等职业院校重权利轻义务的思维体现的比较明显，更多地关注政策给学校带来的好处，但却忽略了其应履行的义务，这是缺乏法治意识的体现，一个理性的现代社会主体应当把权利和义务统一起来。目前，高等职业学校的治理仍缺乏独立性，作为一个法人主体，其独立运营、独立担责未得到充分体现，高等职业院校把发展依赖于国家的政策和支持，就会缺乏发展的内生动力和发展后劲，要着眼于自身内涵的提升和建设，把内涵建设放在更加重要的位置，注重自身对学校发展的创新和探索，从而使得学校的发展更加适应社会和市场的需要。另外，政府和学校对政策法规实际实施情况反馈不及时，发现问题滞后，导致政策法规实施的成效不明显，有效性亟待提高。如何解决这些问题？要通过改革创新来加强高等职业学校的法治建设。高等职业教育在我国教育事业中的地位还需要进一步提升，真正在实际办学过程中实现其应用，政府要加大对职业教育的财力投入。职业教育政策的有效性有待加强，主要是对行业及企业没有吸引力，难以实施落地。因此，我们发现行业和企业参与办学的积极性比较差，社会各界对高等职业教育重要性的认识不足，职业院校还没有建立起教师队伍的培训体系。高等职业教育扩招对办学主体提出了更高的要求，也带来了更多的挑战，其中，各方能够适应全面依法治教的要求是尤为重要的一点。

三 强化法治对高等职业教育质量型扩招的保障作用

我国高等职业教育的政策法律经历了一个逐步完善的发展过程，为我国高等职业教育的发展提供了坚强的制度保障。笔者通过梳理分析这些政策法规，总结过去取得的成绩，正视存在的问题，在新时代背景下，从全面依法治教的视角观察高等职业教育扩招中强化法治的保障作用，尝试提出意见建议，期待有助于促进高等职业教育事业的发展，有助于不断完善高等职业教育法律体系，有助于培养满足社会发展需要的合格劳动者。

（一）加强立法，完善我国高等职业教育法律体系

1. 强化立法的科学性、可操作性

高等职业教育法律体系的完善应体现法律的可操作性，而不是仅仅在政策层面和法律条文表述上进行鼓励和倡导。如以法律文件的形式明确企业或行业在校企合作中的地位、责任、权利和义务。多年来，校企合作被各界认为是推动职业教育发展的有效路径，但校企合作中学校和企业应当做什么、如何做等问题没有得到解决，可采用制定专门法规或规范性文件的形式建立校企合作的长效机制。优化校企合作法律体系，利用完善的规章制度，规范校企合作行为，为有关项目提供法律支持，促进高等职业教育开放办学；另外，在扩招的情况下，政府要做好保驾护航，对于新的规定和制度的建设，要更加强调政府的示范作用，引导鼓励校企合作，尤其是要鼓励实力雄厚的国企和高等院校进行合作，发挥出国企自身的突出优势，以及院校学生在后备人才及创新力方面的优势，实现优势互补，做到教学和实务、教学过程和生产过程等方面的有效衔接和相互促进。力求实现在法治思维的指导下，建立起规范的运营机制，为高等职业学校办学提供具体指引。

2. 注重完善配套政策

高等职业学校与社会方方面面都有关联，法律体系建设需要重视发挥各方的协同作用。对此，就是要重视发挥规范性文件即政策的补充作用。

政策与法律规范相比稳定性较差，但是我们仍然不能忽视它的作用。从我国国情的特殊性出发，我国各区域发展水平参差不齐，情况各不相同，有的地区并不具有立法条件。在这种情况下，便只能使用规范性文件来鼓励、倡导、规范高等职业教育自主办学、专业建设、校企合作等机制的完善。扩招当前，高等职业教育要在建立职业教育法规体系上投入更多，特别是对校企合作等重点发展的新兴项目。完备的法律体系是维护学校发展利益的根本举措，为学生成才提供制度支撑，为职业教育良性发展提供最坚实的法治保障。

（二）强化用法，提高我国高等职业教育依法治理水平

1. 用法治方式推动高等职业学校完善内部管理

要保障高等职业学校在扩招情况下高质量发展，必须依靠法治方式从内部制度建设做起。一是建立内部管理制度。比如建立现代学校制度，健全完善学校章程，建立董事会或理事会的组织构架等。二是建立与现代劳动法体系的精神相吻合的教师发展和福利保障制度。注重发挥工会的作用，召开教职工代表大会，把工会作为决定重大事项的必经组织，建立薪酬福利待遇与社会发展同步提升的机制。为教师做好长期的职业规划，打通教师晋升及职称评定的通道，做到民办与公办教师同等待遇。三是按照国务院出台的有关规范性文件的要求，完善产学结合培养模式，提升站位，把产教融合和校企合作部门作为重要的职能部门，发挥其职能作用，动员行业协会、大型企业建立协同培养人才、共同使用人才、多方共赢的格局。当下，对于民办高等职业学校而言，尤其要贯彻落实新《中华人民共和国民办教育促进法》（以下简称《民办教育促进法》）的有关规定，把准学校定位，注重内涵建设，促进学校高质量发展。

2. 树立法律责任意识，防范高等职业学校法律风险

高等职业学校作为独立的法人，要对自身的办学行为承担责任，因此办学主体或学校的管理层要增强法律意识和责任意识，避免因不规范运行造成的法律后果。对于民办高等职业学校，要按照区别对待、分类管理的要求，

科学、理性、依法地选择学校类别，与此同时，还要加强监督管理工作，防止出现审批过后就放手不管的行为。一是建立定期检查工作机制。根据新《民办教育促进法》《公司法》等相关法律法规，对民办高等职业院校进行日常经营检查，并做到检查行为的公开，促进依法管理、规范办学。二是狠抓教育质量提升。将民办高等职业院校的办学质量纳入教育评估范围，为了保证评估工作的公正，采用独立的第三方评估机构来开展办学条件评估、教学评估，并将评估结果作为提升质量的重要基础和依据。三是加大对营利性行为的监管力度。营利性学校和非营利性学校要坚持分类管理、区别对待，对于营利性学校的管理要加大力度，各地区别对待，要有适合自身特点的投资办学合法收益标准，对以教育名义非法获利的行为严肃追责。

（三）注重普法，形成我国高等职业教育全面依法治教的浓厚氛围

当下，职业教育的战略地位更加凸显，关于促进职业教育发展的政策措施都应当得到切实的执行。全面依法治教是全面依法治国的有机组成部分。依法治教是一个国家对教育实施较为成熟管理的标志。这一点应当大力宣传，形成全社会的共识。

首先，要大力宣传我国已经形成的职业教育法律体系。在我国，有关职业教育的法律体系以《职业教育法》为基本法，同时包括涵盖职业教育发展各个环节的相关配套法律规定，构建了符合职业教育办学规律的有机统一体系。我国的职业教育法律体系就是包含法律、行政法规和地方性法规、部委规章和地方规章的和谐统一的体系。

其次，强调对新法的宣传。一是对新《民办教育促进法》的宣传。在新《民办教育促进法》背景下，对于民办高等职业教育，要加大政策宣传的力度。要发挥法治固根本、稳预期、利长远的功能，使得职业院校有更加稳定的发展预期，让其独立自主地选择办学类型，提倡捐资办学。二是高度关注宣传《职业教育法》的修订。此次修订有很多大的突破，必将进一步促进我国职业教育的发展，因此要通过各种形式的宣传和培训吃透新法的立法精神，从而更好地指导职业教育的高质量发展。

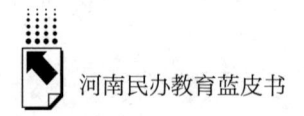

总之，确保高等职业教育质量型扩招的关键在于高等职业学校的全面依法治教，要通过常态化普法，形成我国高等职业教育全面依法治教的浓厚氛围。

参考文献

胡大白：《民办高校法人治理结构初探》，《黄河科技大学学报》2015年第4期。

岳明：《推进新时代民办教育依法办学构建依法治教共同体》，《河南法制报》2018年9月3日，第3版。

尹淑杰、乔聪：《民办高校"双师型"教师胜任力模型构建》，《农村经济与科技》2018年第22期。

陶丽：《职业院校"双师型"教师胜任力模型的构建及应用情况研究》，《教育教学论坛》2017年第15期。

杜丽君、占飞：《民办高校师生法律关系特征及性质探讨》，《法制与社会》2015年第8期。

B.8 河南民办学校师资队伍建设的进展与成效

王新庄*

摘 要: 百年大计,教育为本;教育大计,教师为本。河南作为人口大省,同时也是教育大省,在教育大省向教育强省转变的进程中,民办教育作为国家教育的重要组成部分,是教育发展的主要增长点和促进教育改革的中坚力量,而在河南民办教育事业发展中,师资队伍建设的成败是决定民办学校兴衰成败的关键点,师资队伍建设是民办学校一切发展的基石。

关键词: 师资队伍 民办学校 河南

优秀的师资队伍是兴教之本、立教之源。民办教育作为国家教育的重要组成部分,其师资队伍建设的进展与成效也是民办学校发展的核心点。

一 师资队伍建设现状

随着政府和社会的大力投入和支持,民办教育在河南省取得了长足的进步和发展,成为教育事业的重要组成部分。到2019年末,河南省民办学校

---

* 王新庄,黄河科技学院讲师,河南民办教育研究院研究员,主要研究方向为高等教育、民办教育。

共计21374所，比上年增加889所；在校生总数达709.22万人，比上年增加36.25万人；教职工总数达59.12万人，比上年增加4.7万人（见表1）。其中，民办幼儿园有18061所，在园幼儿297.85万人；民办小学有1894所，在校生177.89万人；民办普通初中有887所，在校生98.79万人；民办普通高中有336所，在校生46.42万人；民办中等职业学校有157所，在校生28.80万人；民办普通高校有39所，在校生有59.47万人，其中，专科有20所，在校生有24.92万人，本科有19所，在校生有34.55万人。民办高校在校生占河南省普通本专科在校生总数的25.64%。对比2018年河南民办教育各级各类学校基本情况，数据有明显增长。

表1 2018、2019年河南民办教育基本情况及对照

单位：所，万人

	2018	2019	同比变化
学校数	20485	21374	+889
在校生数	672.97	709.22	+36.25
教职工数	54.42	59.12	+4.7

资料来源：《河南省教育事业发展统计公报》。

从这些数据可以看出民办教育为河南省教育事业发展所作出的贡献。《国家中长期教育改革和发展规划纲要（2010—2020年）》要由中共中央、国务院颁发，明确了民办教育事业发展的战略地位。2016年12月28日国务院第159次常务会议审议通过的《国家教育事业发展第十三个五年规划》，将民办教育的持续健康发展以制度的形式确立了下来。10月18日，习近平同志在十九大报告中提出：优先发展教育事业，支持和规范社会力量兴办教育。中央和政府的这些纲领性文件和精神都充分表明了民办教育发展的重要性，河南省民办教育面临重要的发展机遇期，在深化改革开放的浪潮中，教育也同样步入改革的新阶段，对民办教育来说是机遇更是挑战。一是制约民办教育发展亟待解决的现实问题尚未妥善解决；二是发展民办教育的职责尚未完全落实；三是学生来源有了结构性变化，发展面临新的挑战；四

是法律法规的相关规定尚未及时出台，民办教育的法律条例和相关规定的具体化和程序化滞后。

分析河南省民办教育发展，从内部因素来看，高素质师资队伍建设滞后已严重制约民办学校内涵式、高水平、可持续健康发展。高素质人才队伍，是任何事业发展的关键因素和主要力量。民办学校要面临众多必须解决的问题，如建设、资金、生源等等，所以处于转型发展关键期的民办教育，当务之急就是要加速建设高素质的师资队伍。

二 师资队伍建设存在的问题

（一）人才流失

民办学校师资队伍建设一直是一个不易解决的问题，计划经济时代对大学毕业生实行"统包统分"的机制，导致多数人把教师行业当作"铁饭碗"，都是去公办的学校。随着经济和社会的发展对人才的需要，民办学校对教师的需求也在逐年提高，而投入不能满足教师发展的需求，限制了师资团队的建设。另外在民办学校会有很多老师以学校为跳板，在获得学校职称以后纷纷跳槽，或者在学校改革的变局中，选择离开。比如黄河交通学院（原郑州交通学院）在从郑州搬到焦作武陟的过程中，大约有一半的中青年教师离开了该校而去往其他去处，导致民办学校发展后劲跟不上，削弱了专业学科的竞争力和学校的影响力。

（二）发展不平衡

公办学校的发展有政府财政支持，同时其亦可以从很多企业单位和个人慈善捐助中获得充足的经费支持，但是民办学校建校办学经费的主要来源却是学费。众所周知，民办学校与公办学校存在诸多显而易见的不同点，而其中最为主要的应该就是创办主体的不同。受教育产业化等各方面的影响，作为民办学校，一方面要面对市场生存竞争存在的诸多考验，另一方面还要兼顾兴办教育所具有的公益性。与公立学校相比，民办学校在资金、建校办学资源、管理层的相应政策等方面，对教师发展所能够提供的相关资源，也就大大打了折扣。公办学校和民办学校教育体系上存在差异，在此基础上出现了青年教师的待遇得不到公平的解决等问题，久而久之，公办学校与民办学校间不平衡的发展成为民办学校中青年教师专业成长受到挫折的重要原因。

（三）权利和地位难以落实

按相关规定，无论是公办学校，还是民办学校，教师在法律方面所享有的地位和权利应当是平等的，在实际生活中却难以得到落实。在这样的情况下，教师队伍就会出现不稳定的特点。具体表现在评定职称、业务培训及相关福利等方面，民办学校和公办学校会存在差距，这种差距会导致教师队伍的不稳定。甚至会有个别的民办学校没有正确的用人观念，存在雇佣观念，采用的是家族式的管理方式，对教师缺乏相应的人文关怀，对教师诸多方面也不够重视，特别是对教师缺乏政治关怀，不重视提升其业务能力，教师容易滋生"临时观念"，继而发展成"跳槽思想"，这样的观念和思想便会导致教师的无序流动。

职称评审权下放至高校对民办高校教师发展也有影响。《河南省人力资源和社会保障厅　河南省教育厅关于下放职称评审权限推进高校全面开展自主评审有关问题的通知》的印发，对高校职称评审的权限进行全面下放，高校需要依照相关的政策要求，考虑学校的真实情况，自己制定评价标准、自主组织评审、自主发文办证、自主考核聘任，让用人单位在人才评价和人才使用方面可以更好地发挥作用。政府部门在其中发挥的作用也发生了改变，评审的整个过程都是由学校自己来操办的，任职文件及资格证书也不再由政府颁发，政府的相关权限变为了事中监督和事后备案管理。这项改革使民办学校的教师通常在达到评定条件时即可取得职称，而公办学校由于教师基数大，名额有限，反而高级职称更难评定，所以导致了民办学校职称的认可度下降。

（四）年龄结构不合理

民办学校的师资队伍两极化现象明显突出，结构和搭配都很不合理。退休返聘的优秀老教师很多，刚刚毕业从大学校门走出的年轻教师总是络绎不绝，但是其中黏附力强、经验丰富的中坚力量、专业带头人却寥寥无几，更不用说拥有高级职称、高学历的教师了。青年教师和退休老教师居多，这种"哑铃式"年龄结构，在民办学校的发展中，让教师之间很难进行思想交流和学术交流，尽管有"传帮带"的理论，但年龄距离太大，沟通起来比较困难，阻碍了新老交替，导致了人员断层的局面。虽然青年教师的教学与科研热情高，但教学与科研能力还需要提高。

三 进展与成效

河南省非常重视发展民办教育，认真贯彻落实《中华人民共和国民办教育促进法》及《中华人民共和国民办教育促进法实施条例》，为促进教师队伍的发展和建设，先后出台了《中共河南省委河南省人民政府关于全面深化新时代教师队伍建设改革的实施意见》《河南省人民政府关于加快推进民办教育发展的意见》等规范和文件，把教师配备、师资队伍建设作为学校审批、管理和检查的重要内容，同时，一批"国字号"和"省字号"的教师培养计划的实施也大力推进了民办学校的师资建设，从而为河南省民办教育可持续发展奠定了基础。大部分民办学校都非常重视教师的招聘和选拔工作，通过国家、省、市政府以及学校的共同努力，河南省的民办学校师资队伍的建设取得了突破性的进展，成效显著。

（一）"国培计划（2019）"助推师资建设

本项目由教育部、财政部提供专项经费，严格按照《财政部 教育部关于印发〈中小学幼儿园教师国家级培训计划专项资金管理办法〉的通知》

（财科教〔2016〕29号）和《河南省财政厅 河南省教育厅关于印发〈河南省省级教师队伍建设专项资金管理办法〉的通知》（豫财教〔2017〕13号）精神，根据项目工作实际要求、经费标准和有关财务规定使用培养经费，将培训方案研制、培训需求调研、培养评估和跟踪指导按流程实施，提供经费保障。"国培计划（2019）"的实施，以专门的制度规范，专项的资金经费，给河南省近60万名民办学校教职工提供了保障，推动了民办学校师资建设进程和发展。

（二）河南省2018和2019年"省培计划"实施

根据《河南省教育厅 河南省财政厅关于遴选2018年"省培计划"项目承担单位的通告》（教师〔2018〕299号）和《河南省教育厅 河南省财政厅关于遴选2019年"省培计划"项目承担单位的通告》（教师〔2019〕229号）的要求，经省财政厅同意后，从2018年7月开始已经连续两年组织实施了"省培计划"培训项目，本项目培训由省教育厅、财政厅提供专项经费，组建高水平培训专家团队，省域外专家原则上不少于1/4。创新培训形式，对培训内容进行丰富和完善。健全管理服务体系，切实保障参训学员的食宿安排符合要求，不得安排与培训无关的参观考察活动。配备必要的学习和生活设施，为参训学员提供良好的学习、生活条件，特别要确保参训学员的人身安全、饮食安全和环境安全。从全面深化新时代教师队伍建设改革的战略高度，持续完善基础教育教师梯队攀升体系和教师发展体系，为促进河南省教育事业改革创新发展提供强有力的智力支持和人才保障。另外，为进一步提升河南省中小学（幼儿园）教师信息技术应用能力和水平，省教育厅结合河南省实际，特制定《河南省中小学教师信息技术应用能力提升工程2.0实施方案》，促进教师专业成长，民办学校教师队伍亦受益并得到发展。

（三）培养机制构建有成效

民办学校通过加大对中青年教师的培养力度，构建良性发展的培养机制。以黄河科技学院为例，根据学校事业发展规划及人才培养和学科专业发展需要，制定并落实《师资队伍建设与发展规划（2016—2020年）》，坚持培养和引进并重，建立起了一支满足教学需求的教师队伍——专任教师1377人，外聘教师531人。专任教师中，具有高级职称的教师有640人，占46.48%。具有硕士及以上学位的教师有1097人，占79.67%，其中具有博士学位的教师有152人，占11.04%。专任教师中45岁及以下的中青年教师有1123人，占81.55%（见表2）。专职实验人员有26人，其中有高级职称的有4人，占15.38%，硕士及以上学位的有4人，占15.38%。

表2 黄河科技学院专任教师职称、学位、年龄结构统计

专任教师数（1377名）	职称			学位			年龄		
	正高	副高	中级	博士	硕士	学士及以下	35岁及以下	36~45岁	46岁及以上
人数（人）	114	526	682	152	945	280	607	516	254
比例（%）	8.28	38.20	53.52	11.04	68.63	20.33	44.08	37.47	18.45

资料来源：黄河科技学院官网。

黄河科技学院采取引进和培养并举的措施，确立了以人才队伍建设为抓手，以平台搭建为支撑，以体制机制创新为突破口，"人才队伍建设、科学研究、平台搭建、高层次人才引进和培养、国际合作交流"协同发展机制。教师数量稳步增长，教师队伍质量逐步提升，整体发展态势良好。具有高级职称的教师的比例不断提升，青年教师数量不断增加，"双师双能型"教师数量不断增加，高学历教师比例不断提高。重视做好师资队伍建设规划，以"扶持、挖潜、引进、借力"为原则，以优化队伍结构为目标，以全面提高队伍素质为中心，打造优秀的师资队伍、思政队伍和管理队伍，努力形成人才聚集效应，建设人才高地，推动学校跨越式发展。对"十三五"期间师资队伍建设工作作出战略性和全局性部署。总体目标是：争取到2020年，全校专任教师总数达到1600人，有高级职称的教师不少于720人。专任教

师中，具有研究生学历的教师不少于1200人，其中博士不少于200人，"双师双能型"教师占比稳步增长。支持教师外出培训，学校制定《教职工进修培训管理暂行办法》，每年有计划地开展教师培养培训，鼓励教师在职攻读学位，选拔中青年教师中的佼佼者到美国印第安纳大学、香港中文大学、天津大学、上海外国语大学、华南理工大学、汕头大学等国内外知名院校进行研修访学。博士教师数量逐年增加，教育教学能力和科研水平明显提升。近三年，教师参与各种培训2000余人次。鼓励教师挂职锻炼，学校出台《关于专业教师到企业挂职锻炼的暂行管理规定》，鼓励专业教师到企业进行3~6个月的挂职锻炼，熟悉先进的生产工艺与流程，把学到的新知识和新技能及时运用到教学实践中，促进教学理念和专业技能的提高。比如信息工程学院分别与中国电信河南分公司、洛阳惠普公司、汉威电子科技等知名企业进行项目开发合作，陆续派出45名青年教师进行挂职锻炼。学校从2018年10月份开始，执行新的工资标准，教师平均月工资上调40%，在安家费、科研资助、配偶安置、住房、改善工作条件等方面也实施更加优惠的政策，这些机制的建立，稳定了学校的师资队伍，师资建设呈现良好发展态势。

河南省民办学校为了发展，同样各尽所能，依靠和尊重教师，建立激励机制，促进青年教师的成长发展，河南省民办学校教师培养机制已基本构建。

（四）取得的成绩

教师是教育最重要、最关键、最基础的力量，优先发展教育的核心是建设好教师队伍。从近五年的数据可以看出，河南省民办学校师资队伍建设取得了显著的成绩，有了巨大的发展，全省各级各类民办学校教职工总数，2015年为39.98万人，2016年为43.35万人，2017年为48.41万人，2018年为54.42万人，2019年为59.12万人（见图1）。河南民办学校教职工队伍以平均每年4.8万人的速度阶梯式递增，教师队伍建设迎来了河南省历史上较好的发展时期，取得了显著的成效。

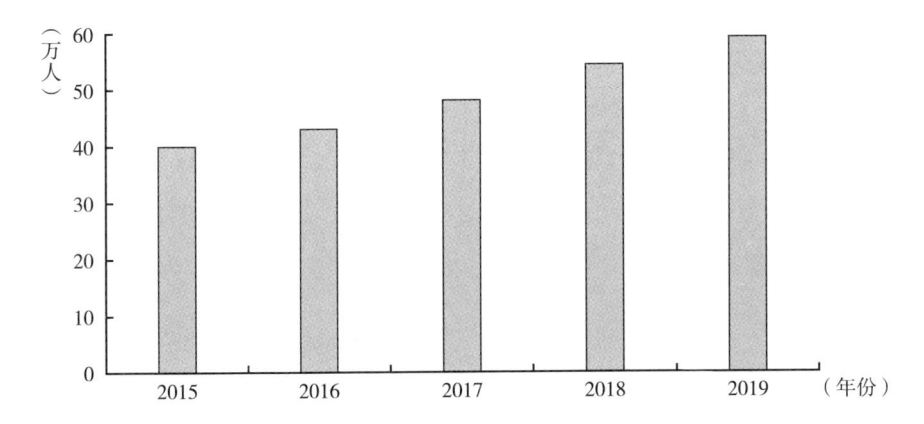

图1 2015~2019年河南省民办学校教职工总数

资料来源：历年《河南省教育事业发展统计公报》。

参考文献

《习近平在北京大学师生座谈会上的讲话》，人民网，2018年5月3日，http://cpc.people.com.cn/n1/2018/0503/c64094-29961631.html。

唐立波：《民办高校青年教师培养机制的构建》，《高教探索》2015年第3期。

《河南省教育厅关于印发2019年河南省教育事业发展统计公报的通知》，河南省教育厅网站，2020年4月13日，http://www.haedu.gov.cn/2020/04/13/1586742080235.html。

《河南省教育厅关于印发〈2018年河南省教育事业发展统计公报〉的通知》，河南省教育厅网站，2019年4月15日，http://www.haedu.gov.cn/2019/04/15/1555295281651.html?tdsourcetag=s_pcqq_aiomsg。

《2017年河南省教育事业发展统计公报》，河南省教育厅网站，2018年4月2日，http://www.haedu.gov.cn/2018/04/02/1523265555694.html。

B.9
民办学校教师离职与回流现象研究*

阮家港 陈 静**

摘 要： 以民办学校离职教师为研究对象，在查阅相关研究文献资料的基础上制定调研问卷，同时结合SPSS20软件对河南省民办学校教师的离职原因进行信度、效度和描述性统计分析，得出导致民办学校教师离职的重要影响因素：社会对民办学校教师有一定的偏见，民办学校的薪酬待遇有一定的不公平现象，民办学校教师缺乏安全感等。在对其离职影响因素进行分析后提出降低民办学校教师离职率的优化建议：纠正社会偏见，重视民办学校师资队伍建设，提升教师工作满意度。

关键词： 民办学校 教学质量 教师离职 回流

在我国教育快速发展的今天，民办教育发挥的作用越来越明显。当然，伴随着民办学校数量和规模的不断壮大，政府给予民办学校的支持力度也不断增强，相继出台了《中华人民共和国民办教育促进法》《中华人民共和国民办教育促进法实施条例》《国务院关于鼓励社会力量兴办教育促进民办教育健康发展的若干意见》等多项民办教育行业政策，政府相关政策的出台

---

* 河南省教育厅人文社会科学研究一般项目"河南民办高校内涵式发展研究"（项目编号：2021-ZDJH-202）。
** 阮家港，副教授，商丘学院管理学院党总支书记、院长，主要研究方向为复杂系统评价；陈静，商丘学院副教授，主要研究方向为民办教育。

为民办学校的发展指明了方向，同时也为民办学校的发展和管理提供了良好的发展环境。其中，《民办教育促进法》明确提出：民办学校的教师与公办学校的教师具有同等的法律地位。但是，由于受到各种主客观因素的影响，发展不平衡已经成为民办学校面临的重要问题。当前，多数民办学校在发展过程中遇到的最大问题是师资队伍不稳定，导致教师离职和回流现象严重。究其原因，发现与公办学校相比，民办学校教师在薪酬待遇、科研奖励、职业发展规划、学历提升等方面都存在较大的差距。因此，如何做好民办学校教师的"选、用、育、留"，保持教师队伍的稳定性，已成为当前民办学校迫切需要关注和解决的重要问题。

一 民办学校教师离职与回流问题的现状分析

对于多数民办学校而言，教师离职与回流问题严重影响了民办学校师资结构的合理性，已经成为制约其可持续发展的重要因素。通过问卷调研、网络调研和电话调研等方式对从民办学校离职的教师进行调研分析，发现教师离职去向大致可以分为两种情况：一种情况是离开原来工作的学校到另一所学校去工作，且多数离职教师是回流去公办学校工作，只有极少数教师会再次回流到民办学校工作；另一种情况是离开原来工作的学校，选择去企事业单位上班，前者属于择校倾向，后者属于择业倾向。从职称学历看，高职称、高学历的中年教师和入职时间不长的青年教师离职率较高。但不论从哪种情况分析，根据教师离职去向、职称结构、年龄结构等方面可以看出，民办学校教师离职的原因绝大多数是福利待遇问题引发的教师安全感的缺失和科研、进修平台受限引起的"本领恐慌"，且教师离职之后选择的大多是稳定性系数较高的工作单位。根据对部分民办学校师资情况进行实地的考察和调研，发现民办学校教师离职的时间基本是在每个学期的期末，即在寒、暑假开学之际，这会给学校的教学工作带来一定的影响，有些民办学校教师的年离职率甚至高达10%以上，民办学校成了为公办学校培养师资的"培训班"，教学管理的费用也随之增加。因此，对于民办学校而言，教师的离职

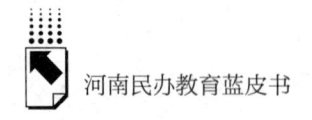

和回流问题不仅仅影响到师资队伍的稳定性、教育教学质量，而且会影响到学校的健康、可持续发展。

二 民办学校教师离职和回流现象频发的原因分析

（一）社会层面

鉴于我国教育的公办化程度比较高，公办学校在教育教学中的地位根深蒂固，使得多数人对民办学校的认识存在一定的偏见和误解，对民办学校教师的认识也存在偏见，认为民办学校的教师学历较低，工作能力不够强，个人能力达不到公办学校的要求，才会选择去民办学校任教。对于民办学校中比较优秀的骨干教师，多数人也会认为这是教师的"迂回策略"，只是把在民办学校任教当作未来去实力更强的公办学校就职的跳板，一旦机会成熟，就会选择离职，出现民办学校教师回流去公办学校的现象。民办学校中一些在校的学生也是带着偏见来认识教师，甚至存在不尊重教师的现象，学生认为民办学校的教师要无条件满足学生的要求，否则教师们就会面临被解聘的风险。

（二）学校层面

1. 薪酬待遇存在不公平现象

首先，多数民办学校教师是非事业编制人员，相较于公办学校的教师而言，到手工资差别不是太明显，但其在养老保险、医疗保险、住房公积金等方面都存在偏低现象，甚至民办学校教师还要时刻承受失业的风险。受我国传统思想的影响，多数人在择业时会选择公办单位，他们认为公办单位在工作稳定性、工作强度、管理弹性等方面都具有先天的优势。其次，由于民办学校师资结构的特殊性，使得新入职教师和离退休教师占比较大，处于中间部分的中年骨干教师占比较小，但民办学校的中年骨干教师却承担较多的教学工作和事务性工作，出现民办学校教师薪资分配不公平现象。再次，民办学校教师的工作量相对较大，分配在科研、外出培训学习方面的时间较少，教师的科研和综合能力提升相对较慢，职称评定在一定程度上会受到影响，薪酬待遇也会受到影响。

2. 学校对教师职业发展规划和可持续发展的重视程度不高

多数民办学校建校时间不长，自己培养的高职称教师较少，加上工作经验、工作阅历、个人能力提升等方面的原因，使得在学校工作10余年的中年骨干教师多数担任的教学、管理和事务性工作太多，个人能力提升相对较慢，无暇顾及个人的职业发展规划。对于民办学校而言，教龄能够在10年以上的专职教师数量并不多，这些骨干教师多数都在承担教学管理的工作，甚至有些骨干教师已经成为学院的中层领导，但是离职的教师中这些人却占有不小的比例，留住这部分教师，对民办学校可持续发展而言有非常重要的意义。同时，相比于公办学校，民办学校教师的培训尤其是专业培训相对较少，专业教师的知识尤其是学科发展前沿知识掌握相对匮乏，理论知识的掌握也缺乏一定的深度，不利于教师自身教学能力的提升和未来职业发展的合理规划。

3. 学校对教师的管理缺乏弹性

多数民办学校对教师的管理过于严格，制定的规章制度也是惩罚较多，奖励较少，使得教师的工作受外界干涉较多。部分民办学校对教师实行坐班制或打卡制，这在一定程度上使得教师产生抵触情绪。众所周知，教学工作不同于企业的流水线工作，教学工作的主观因素较多，很难客观公平地对教师的工作尤其是教学工作进行量化考核，教师的工作更多的是与教师的职业道德密切相关，绝大多数情况下是靠教师自身的自觉性和职业素养来进行约束的，因此，对知识型教师的管理还是要有一定的弹性，不能实行"一刀切"模式，否则会使优秀教师的工作积极性严重受挫，对教师的去留问题产生"逆向选择"影响。

（三）教师自身层面

首先，部分民办学校每年给教师制定的教学工作量较大，为了完成学校规定的工作量，专业教师承担的课程课头较多，工作强度较大，使得教师的工作压力较大。其次，只有极少数民办学校解决教师的编制问题，多数民办学校教师是非编制人员，其养老、医疗等方面都不能与公办教师相比，这使得民办学校教师缺乏安全感。尤其是对于35岁以上的中青年骨干教师来说，随着年龄的增长和家庭负担的加重，其危机感更加强烈，伴随着危机感的增强，其离职和回流公办学校的意愿也更强烈。再次，民办学校自身的特点，其对于学生的管理比较人性化，对教师的管理反而更加严格，使得教师的工作成就感不强，甚至缺少一定的职业归属感。最后，部分民办学校自己评定的高职称教师离职率比较高，究其原因是长期在民办学校工作的高职称教师由于其职称的提升，择业的范围也就更加广泛，再加上公办学校在招聘高层次人才时对年龄的要求放宽，使得部分民办学校高职称教师在评定职称之后选择二次就业，且大多数民办教师会选择回流到公办学校工作。

三 民办学校教师离职和回流的实证分析

（一）民办学校教师离职基本情况分析

由于调研对象是民办学校的离职教师，考虑到调研难度较大，故本次调研对象选择的是河南省民办学校教师的离职情况。结合河南省民办学校建校时间、师资力量、办学实力、学校所在地等影响因素，有选择性地选取了10所民办学校102名离职的教师在线填写问卷，实际回收有效问卷92份，有效问卷的回收率是90.2%。从问卷调查对象的具体情况来看，民办学校教师女性占比较高；职称、学历结构比例不够合理，高职称、高学历占比较少；教龄在5年及以下的教师占比较高（见表1）。这与教育行业的特点以及民办学校建校历史有一定的关系。但值得分析的是教龄在11~20年的离职教师占比和副教授职称占比均达到10%之多，这对民办教育管理者和科研工作者来说，是迫切需要关注和研究的问题，这对于民办学校师资队伍的稳定以及教育质量的提升都是非常重要的影响因素。对于民办学校而言，离职的副教授绝大多数都是学校用了 10 年，甚至更长时间培养出来的优秀教师，且大多数是学校的教学骨干或教学管理人员，是民办学校可持续发展的重要资源。

表1 调查对象基本情况统计

单位：人，%

变量		频数	百分比
性别	男	30	32.61
	女	62	67.39
年龄	30 岁及以下	51	55.43
	31~40 岁	35	38.04
	41 岁及以上	6	6.52
婚姻	未婚	58	63.04
	已婚	34	36.96
受教育程度	本科	20	21.74
	研究生	60	65.22
	博士及以上	12	13.04
职称	助教	44	47.83
	讲师	34	36.96
	副教授	12	13.04
	教授	2	2.17
教龄	5 年及以下	48	52.17
	6~10 年	32	34.78
	11~15 年	10	10.87
	16 年及以上	2	2.17
月收入	5000 元及以下	41	44.57
	5001~8000 元	35	38.04
	8001~11000 元	14	15.22
	11001 元及以上	2	2.17

（二）民办学校教师离职的原因分析

根据民办学校自身的发展特点，参考民办学校的高层、中层及基层教学管理者，相关民办教育发展研究专家以及相关民办学校离职的教师等多方面的意见，结合相关学者关于民办学校教师离职问题的研究成果，制定了相关调查问卷，问卷的制定主要围绕社会因素、学校因素及影响教师发展的心理因素三个方面（见表2）共制定了20个问题进行调研分析。

表2 民办学校教师离职的原因分析统计

社会因素	社会提供的就业机会
	国家的经济发展状况
	社会的认可度
学校因素	教师的福利待遇情况
	学校管理的民主化程度
	教师的工作内容
	教师的工作强度
	教师未来的晋升机会
影响教师发展的心理因素	工作满意度
	组织承诺
	个人发展规划与期望

为了确保调查问卷的合理性以及所选择的评价指标体系的科学合理性，分别对表中的社会因素、学校因素、影响教师发展的心理因素三个维度进行信度检验，其Cronbach's α系数分别为0.960、0.932、0.882，信度系数均在0.8以上。对整个评价指标体系的所有指标进行内部一致性分析，得出总的Cronbach's α系数为0.966，说明所选择的民办学校教师离职的指标体系具有较好的信度。采用内容效度对评价指标进行效度检验，内容效度评定通常采用专家经验判断法。通过邀请相关专家对所选取的衡量内容效度的评价指标进行评价，得出内容效度为0.8，说明所选择的民办学校教师离职的指标体系具有较好的效度。通过对指标的信度和效度结果进行分析，说明所选取的评价指标体系具有科学合理性。

（三）民办学校教师离职原因的描述性统计分析

民办学校教师离职原因的描述性统计分析结果如表3所示。从表3的统计结果可以看出，导致民办学校教师离职的最重要影响因素是福利待遇

(1.75)、社会认可度（1.76）、教学管理的民主化（1.92），所得分值较低，且标准差较小，说明这三个影响因素是普遍性的问题，是值得民办学校关注和解决的问题。同时，值得关注的是同事关系（3.68）、晋升机会（3.41）、校园环境（2.92）这三个影响因素的分值较高，且标准差较低，说明民办学校教师之间相处还是比较融洽的，同事之间的关系比较友好；同时，民办学校教师对晋升机会、校园环境这两个方面也是比较满意的。从均值较高的三个影响因素和均值较低的三个影响因素来看，结合马斯洛的需求层次理论以及赫兹伯格的双因素理论，建议民办学校在解决教师工资待遇的同时，还应为教师搭建良好的个人发展平台。

表3 描述性统计结果分析

	均值	标准差
再次择业的难度	1.92	0.842
学校所在城市	2.89	0.818
所在地的教育资源	2.89	0.818
所在地的经济发展情况	2.89	0.818
社会认可度	1.76	0.618
福利待遇	1.75	0.622
教学管理的民主化	1.92	0.519
教师工作内容	2.05	0.717
教师工作强度	2.01	0.687
学历提升	2.07	0.643
教师工作压力	1.95	0.790
教学能力提升	2.24	0.429
晋升机会	3.41	0.495
工作满意度	2.24	0.429
科研平台	2.28	0.453
进修、培训平台	2.33	0.471
同事关系	3.68	0.490
工作成就感	2.24	0.429
校园环境	2.92	0.683
后勤服务	2.70	0.508

四 降低民办学校教师离职率，稳定师资队伍的优化建议

（一）纠正社会偏见，提升民办学校教师的社会地位

政府可以通过媒体、社会舆论、互联网等途径加大对民办学校的正面宣传力度，通过对综合实力较强的民办学校及其优秀教师、优秀毕业生进行典型事例宣传，提升民办学校的社会美誉度，进而提升民办学校教师的社会地位，增强人们对民办学校教师的社会认可度。政府在科学研究、师资队伍培训、评优评先等方面加大对民办学校教师的倾斜力度，提升教师的社会认可度。同时，政府也可以在质量工程建设、学科专业建设、实验室建设、校企合作等方面对民办学校给予一定的资金支持，改善民办学校的办学条件，为民办学校教师提升综合能力搭建合理的平台。对于在教育教学、科学研究、服务社会等方面有突出贡献的民办学校或优秀教师给予一定的物质和精神奖励，甚至可以通过提高部分特别优秀的民办学校教师的薪酬待遇的方式对其进行激励，尽可能让其享受和公办学校教师同等的待遇，为民办学校教师提供美好的发展愿景。

（二）重视民办学校师资队伍建设，关心其生存和发展问题

民办高校师资队伍建设作为学校可持续发展的根基，其专职教师规模、结构、水平等瓶颈问题已引起了民办高校办学者的高度重视。首先，要全面落实和解决民办学校教师薪酬待遇问题，真正解决他们的后顾之忧。政府对民办学校的分类管理，虽然为部分民办学校教师解决了编制问题，但其比例还是比较低，在条件成熟的情况下，政府可以适当进行一定的干预和指导，提高其所占比例。民办学校要尽可能增加养老、医疗、公积金等缴纳比例，把工龄较长的优秀教师与学院的长远发展结合起来，形成学校与教师之间的利益共同体，消除不稳定因素，建全民办

学校教师的安全保障体系。其次,加大民办学校教师的培训力度,为教师的职业生涯发展规划创造良好的条件。民办学校由于受资金投入的影响,对教师的培训远远不能与公办学校相比,政府可以从制度方面对民办学校进行一定的约束,为教师的培训工作提供制度保障。学校也可以为教师的继续深造提供资金和政策支持,对于提升学历的教师给予一定的政策倾斜,为民办学校教师的回流问题提供切实可行的保障措施。再次,明确教师的工作职责,适当减轻民办学校教师的工作压力。民办学校教师的课时任务较重,事务性工作较多,重教学、轻科研的现象比较严重,这在一定程度上不利于专业教师的科学发展。学校教师的工作职责是教书育人,但要想成为一名优秀的教师不仅仅要教书育人,还要提升自身的科研能力。教学和科研之间相辅相成的关系要求一名优秀的教师不仅要有较高的教学水平,还要有较强的科研能力,多数教师的科研材料、科研思想和科研灵感都是从教学中获取的。因此,民办学校要适当减轻教师烦琐的事务性工作,从科研方面为教师们提供科学合理的激励措施,激发教师的科研潜力,提升教师的科研能力,进而也为教师在职称评定、成长成才等方面提供较好的平台。

(三)教师要正确认识自身的工作性质,努力提升工作满意度

民办学校的教师要正确认识自身的工作性质,正确对待自己的教书育人事业。教育事业是利国利民的光荣事业,尽管民办学校还存在诸多不尽如人意的地方,但民办学校在我国教育教学中发挥不可替代的作用,民办学校的创办人也为我国教育事业贡献了自己的力量。那么,民办学校的教师也要正确树立自己的价值取向,以高度的责任感和奉献精神为教育教学事业的发展贡献自己的力量。政府为师范类院校学生提供了大量的政策和资金支持,为了回馈社会和政府,民办学校的教师也要尽可能升华自身的为师境界,自觉提高自身的归属感,提升工作满意度。当然,民办学校的教师也要树立自信心,努力提升自身的教学和科研能力,尽可能缩短与公办学校教师之间的差距,充分利用寒、暑假休息时间认

真做好自己的教学和科研工作，争做我国教育教学事业的优秀人才。教师工作的满意程度，不仅取决于政府、学校和社会公众的认可度和政策支持，还取决于自身的努力程度，取决于为社会培养的高水平、高能力的人才数量。

五　结论

民办学校教师的离职和回流现象已经凸显出来，对民办学校的教学管理工作提出了更高的要求，当然也是民办学校刻不容缓要解决的问题。随着国家教育教学的改革和发展，民办学校面临良好的发展机遇，同时，也面临巨大的挑战。众所周知，民办学校生存的根本是教育教学质量，而教育教学质量提升的根本则是教师的教学水平和教学能力，因此，民办学校要想在教育教学改革的浪潮中保持良好的竞争优势，就必须要解决好教师的稳定性问题。与公办学校相比，民办学校在管理制度、资金使用、职称评审、人员晋升等方面有其一定的独特优势。因此，民办学校的教学管理人员要多走进一线教师的工作和生活，了解一线教师的需求，关心教师的生存和发展问题，采取有针对性地措施尽可能留住优秀的人才；注重以人为本的管理方式，对知识型员工进行管理，给予教师充分的自由，保障教师的基本权利；在教师职业生涯发展规划方面，为教师树立美好的发展愿景，制定合理的奖励制度，在教师的科研、教学、学历提升等方面提供应有的帮助；在校园文化建设上注重培养教师对学校的忠诚度，增强教师的归属感和职业成就感。

参考文献

郭全根：《高校中青年教师离职倾向影响因素实证分析》，载《第四届中国智能计算大会论文集》，Global-Link Publisher，2010。

张文彤、董伟：《SPSS 统计分析高级教程》，高等教育出版社，2013。

徐雄伟、张国平：《民办高校教师从教激励机制的效应模型研究》，《教师教育研究》2017 年第 2 期。

夏海燕：《民办高校辅导员离职频发现象的深度剖析与对策建构》，《当代教育科学》2013 年第 19 期。

B.10 民办高校智库建设与地方经济协同发展研究

侯亚茹*

摘　要： 民办高校智库建设与地方经济协同发展，有助于完善地方经济决策咨询服务体制。研究民办高校智库建设与地方经济协同发展问题，能够很好地推动地方经济管理机制与管理手段的现代化发展，这也是新阶段国内民办高校智库建设的目标与动力。通过查阅文献，搜集相关资料，并以河南省民办高校为研究个案，借助访谈法进行调查，发现现阶段国内民办高校智库建设与地方经济协同发展过程中存在诸多问题与难点，最后从基于"思想市场"，建构科学的智库与经济协同机制，基于"革新驱力"，变更智库服务地方经济体制，基于"实践决策"，确保智库对接服务地方经济发展需要，基于"技能宗旨"，引进科学型智库研究人员四个方面出发，提出了民办高校智库建设与地方经济协同发展的策略。

关键词： 民办学校　智库建设　地方经济

2015年1月，中共中央办公厅、国务院办公厅印发了《关于加强中国特色新型智库建设的意见》，将智库建设上升为国家软实力的重要构成元

---

* 侯亚茹，郑州升达经贸管理学院专职教师，主要研究方向为高等教育、品牌管理。

素，进而将智库建设问题提升至国家战略高度。同年11月，河南省委、省政府随之出台《关于加强中原智库建设的实施意见》，确定了关于中原智库建设的明确要求，自此河南省智库建设迎来迅猛发展的新时期。随着经济的加速发展，各个地方之间核心竞争力不再是传统的"硬实力"，而是逐步转为以"理念、文化、思维"为导向的"软实力"，这种"软实力"逐步发展为各个省市之间相互角逐的热点议题。而高校智库建设是能够彰显地方经济发展理念，拉动地方文化建设，提升地方思想意识的动力源，是地方经济快速发展的具体依据，同时也是地方经济发展"软实力"的核心因子。利用高校智库的决策咨询功用，为地方经济发展提供更强有力的决策支撑，进而加快地方经济的现代化发展进程。

民办高校智库建设与地方经济协同发展具有一定的理论意义和实践指导价值。怎样将民办高校智库建设的自身优势与地方经济发展的特性结合起来，进而推动地方经济发展，是当前国内民办高校智库建设首要解决的问题。本文以河南省民办高校为分析对象，探寻新时期民办高校智库建设与地方经济协同发展的具体路径，以期拓展河南省民办高校智库建设的广度及深度，并促使民办高校智库建设能够更好地为地方经济发展提供特色化、内涵化的决策支持。

一 民办高校智库建设与地方经济协同发展的困境

本文以河南省民办高校为例，分析其智库建设与地方经济协同发展过程中的存在的问题。

（一）智库与经济协同发展，"思想市场"空缺

在地方经济提供决策支持的市场中，民办高校智库所提供的支撑集中于"学术理论知识、政策思维"，还有一些属于批判性质。而企业、社会大众以及媒体经济等均是民办高校智库提供决策的市场中的需求者。但是当下国内民办高校中还没有统一智库决策服务的"思想市场"，地方经济发展与民

办高校之间的衔接性不高。此外还有一些民办高校对企业的实际需要不了解，而企业也很少引用民办高校相应的理论研究成果，进而出现学校供给与社会需求脱节的情况。此外，民办高校智库中相应的研究成果仅限于理论层面，缺少实践检验，难以应对当下经济发展过程中出现的问题，进而就更谈不上为地方经济发展提供高水准决策服务。

（二）智库服务地方经济体制不健全，开放度不够

当下，国内民办高校智库建设还处在不断探索阶段，智库的内部组织管理体制还比较落后。一方面，民办高校科研处与智库建设部门是一体化发展的，换句话来讲二者就是对一个部门两种不同的称谓，欠缺专业性的专职研究人员，现有的研究人员来自学校各个院部，分散度较高；另一方面，一些民办高校智库隶属于院校的二级学院，仅仅是学院的附属机构，而且在人员管理、资源分配上与学院的实质关系不强，其主要的目是为院部教职员工搭建一个横向课题研究的平台；再者，一些民办高校智库直属于学校的学术组织，主要的管理机制为副校长主管下的主任负责制，此外还配备有专门的研究人员。现有的管理机制属于集权化管理，这在一定程度上制约民办高校智库的建设进程。民办高校智库的顺利建设既需要借助强有力的领导支持，也需要来自社会各界的建议与呼声。

（三）智库服务地方经济的资金缺乏，资助模式单一

现今，智库建设是民办高校内部的核心构成要素，其主要的运营资金是学校自主分拨的，而外部支持的资金寥寥无几，再加上高校闲散、稳定、舒适的学术研究氛围，使得民办高校智库建设长期依赖高校。虽说社会上有政策咨询的需要，但因为民办高校智库研究成果较少、实践性不强，故而很难被企业所应用。民办高校建构智库的核心在于为地方经济发展出谋划策，进而换来资金方面的多渠道支持，但实际上民办高校智库建设资助资金渠道单一，科研经费极为匮乏。除此之外，虽说企

业各个部门设有相应的智库机构，但其主要作用是为本部门提供政策方面的解读服务，且其理论研究的资助资金源于本部门，这就使得智库建设的资助模式单一，反射出当下的企业决策模式依旧印有计划经济的烙印，故而需要推出一种市场竞争导向型的民办高校智库决策资金支持体制。

（四）智库服务地方经济评价标准落后，评估系统过于传统

从目前民办高校智库服务地方经济评价标准角度上看，其具有以下几点特征：首先，较之于实践指导，理论研究的关注度较高；较之于横向化课题项目，纵向化课题项目的关注度较高；较之于服务质量，研究成果数量的关注度较高。此外，在教师职称评定、科研奖励以及职位晋升等诸多方面，一些民办高校欠缺一定的实践与战略研究成果的概念界定，忽视实践指导及战略研究上的社会贡献效用。换句话来讲，当下一些民办高校依旧将纵向化课题项目、学术论文、专著等诸多传统学术研究成果作为院校评估考核的主要标准。此类过于单一化的考核标准在一定程度上会淡化学校智库研究者以解决社会实践问题为导向的研究意愿。在当下的评估体系中，民办高校智库只是其中的一个附属部门，假如现有的评估标准依旧沿用传统条件下的评估指标，那么就会使得后期的研究脱离为地方经济发展服务的宗旨，这就会与民办高校智库建设的核心目标相悖。现阶段，民办高校智库建设，需要凝结众多高校的多学科研究力量，从地方经济实际问题出发展开研究，为地方经济发展提供必要的服务，也会为企业作出合理的决策提供实践指导。评估系统过于传统将会限制民办高校智库研究者的研究积极性，同时也会阻碍现有智库的知识创新和长久发展。

二 民办高校智库建设与地方经济协同发展的策略

本文以河南省民办高校为例，分析其智库建设与地方经济协同发展过程中存在的问题。

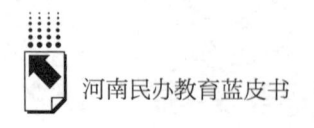

（一）基于"思想市场"，建构科学的智库与经济协同机制

基于"思想市场"，建构科学的智库与经济协同机制，需要社会为民办高校营造一个高质量的、健康发展的、公平化的智库建设环境。同时，民办高校要想为地方经济的发展提供科学的政策咨询指导，就需要建构科学的民办高校智库。而科学的民办高校智库建设，在进行政策性服务研究的过程中需要一个相对公平的竞争环境，这个环境中要涵盖地方经济、民办高校智库建设以及相应的智库用户等诸多利益连接体。在这种利益连接体之间，囊括各类利益追求者彼此之间存在的良性化互通关系。在此类利益相关者群体之间，民办高校智库建设的核心研究属于"供给者"，但是地方经济是研究成果的"消费者"。民办高校智库要想推出科学的指导服务，就需要"消费者"提出更高的需求，这就顺应了自然规律。地方经济发展对于民办高校智库的实践指导要求越来越高，就会提高民办高校智库的研究效率，进而推动智库服务地方经济的战略决策更具合理化和科学性。

（二）基于"革新驱力"，变更智库服务地方经济体制

要想更好地保证地方民办高校智库能够独立地服务地方经济发展，需要基于"革新驱力"，变更智库服务地方经济体制，而不是简单地把智库作为民办高校的挂靠部门或者依附于高校的组织机构，此外需要合理的界定民办高校智库的内涵，将其看作是直属高校、具有独立性的组织部门，且在组织上还不能受制于各院系的行政工作。在学校的智库组织架构中，最高层一般是理事会或者董事会，接着是校长、副校长，下面便是多元化课题研究部门，从整体上来讲，民办高校智库是由这些层次共同组成的。具体来讲，中心主任负责课题研究的主要管理工作，除此之外，民办高校智库智囊团还须从商界、学术界大量引进专业精英人才，这些精英需要具备一定的专业实践能力、人际交往能力以及雄厚的经济实力，能够为民办高校智库建设提供一定的经济支持和学术研究规划等。

（三）基于"实践决策"，确保智库对接地方经济发展需要

科学的建构民办高校智库，是智库对接服务地方经济发展的具体保证，同时也是彰显民办高校服务地方经济发展的核心所在。民办高校智库需要以服务地方经济发展决策为主导，准确对接社会经济发展的决策需要，将民办高校智库与服务地方经济有效对接。此外，还需要考虑到地方市场经济发展态势，合理研究智库服务地方经济发展决策。但是，民办高校智库不等于社会经济发展需要的智库，其不必像社会中的企业智库那样进行相应的战术分析，这也彰显不了民办高校智库研究的核心要点。民办高校智库服务地方经济发展的优势具体表现为：民办高校智库能够将不同的学术研究人士聚集在一起，能够分析当前地方经济发展所面临的困境，提出相应的理论指导思想，找出一些重大问题的解决方案，同时为在社会经济发展过程中所面临的困境提出具体的指导策略，进而从战略角度去提出地方经济发展需要的决策。当下，民办高校智库建设与地方经济发展之间没有搭建出一条高层次的沟通桥梁，民办高校智库建设要想研究出顺应地方社会经济发展的研究成果，就需要洞悉地方经济发展过程中存在的问题。因此，民办高校智库需要基于"实践决策"，确保智库对接地方经济发展需要。

（四）基于"技能宗旨"，引进科学型智库研究人员

民办高校智库要想更好地服务地方经济发展，就需要基于"技能宗旨"，引进科学型智库研究人员，而经济发展战略与发展政策研究成果需要大量的人才支持，尤其是需要引进科学型智库研究人员。民办高校智库要想引进科学型智库研究人员，就需要从人才选聘机制入手进行革新。民办高校智库研究者不仅需要借助民办高校自身的科研人员，此外还需要引进社会企业选出的优秀研究人才。将人才引入民办高校智库之后，就需要给这些研究人员提供一个持续成长的研究环境，此外还需要让他们定期参与一些学术性研讨会以及国际交流会，不断提升民办高校智库人员的决策研究水平。与此同时，还需要为智库研究者们提供日常化服务，为其腾出更多的科研时间，

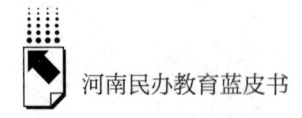

将更多的精力和时间投入到相应的研究中去。另外，民办高校智库建设还需要学习一些先进高校的智库建设经验，找出其服务地方经济发展的研究主旨，同时还需要将一些国际型研究者引入民办高校智库，作为服务地方经济发展的后备军。

参考文献

陈银忠、邓小虎：《提升重庆高校智库服务"一带一路"倡议能力的路径探究》，《兰州教育学院学报》2018年第10期。

卜雪梅：《区域协同创新视域下地方高校智库建设路径研究》，《中国管理信息化》2018年第20期。

周辉：《地方高校如何提升服务区域发展能力》，《中国高校科技》2018年第8期。

高传华：《智库创新：民办高校的突破口》，《开放导报》2016年第4期。

阎涛：《探索地方性民办本科高校智库培育建设之路》，《陕西教育（高教）》2018年第2期。

B.11 民办高等教育发展的公共财政扶持政策研究

宋 杰[*]

摘 要： 民办高等教育发展事关我国高等教育发展全局，但办学经费不足始终是阻碍民办高等教育发展的重要因素之一。根据教育公平理论及教育成本分担理论，民办高等教育理应得到公共财政的扶持。当前民办高等教育公共财政扶持政策的碎片化、空泛化，财政投入的间断化、精致化，是造成民办高校办学经费困难的主要因素。民办高等教育公共财政扶持政策建设，只有实现系统化、规范化，财政投入只有固定投入频次、投入金额或比例，不断提高资助额度，才能促进民办高等教育驶入内涵式发展的健康道路。

关键词： 民办高校 高等教育 公共财政 财政扶持

一 引言

在国家政策大力支持的良好环境下，我国民办高等教育得到了快速发展。截至2019年底，全国民办普通高校已达757所[①]，占全国普通高校总数

---

[*] 宋杰，副教授，郑州科技学院财经学院，主要研究方向为教育经济与管理。
① 《2019年全国教育事业发展统计公报》，教育部网站，2020年5月20日，http://www.moe.gov.cn/jyb_sjzl/sjzl_fztjgb/202005/t20200520_456751.html。

的28.16%；民办普通高校在校生数量已经达到708.83万人，占普通本专科全部在校生的23.38%。从新中国第一所民办普通高校——黄河科技学院成立至2020年的26年里，无论是从学校数量还是在校生数量上来看，民办高校均保持了高于公办高校的发展速度，在短期内这种趋势还将持续下去，为高等教育大众化及经济社会发展作出积极贡献。

教育成本分担理论认为，高等教育成本应该由政府、社会组织、受教育者个人共同承担。[①] 高等教育的准公共产品属性，决定了政府理应成为高等教育成本分担的绝对主体。各国政府分担高等教育成本，往往都是以公共教育财政投入的形式体现。我国《民办教育促进法》明确规定：民办教育是社会主义教育事业的组成部分；国家对民办教育实行积极鼓励、大力支持、正确引导、依法管理的方针；各级人民政府应当将民办教育事业纳入国民经济和社会发展规划。不仅明确了民办教育的定位及政府职责，也使得人们更进一步认识到，依靠民办教育来提供更多的教育服务，拉动更多的教育总经费成为现实需要，[②] 但这并不意味着政府可以忽略民办教育成本的分担。无论是基于《民办教育促进法》，还是基于教育成本分担及教育公平理论，对民办高等教育进行公共财政投入支持，都应该是政府的职责之一。

办学经费不足始终是阻碍民办高等教育发展的重要因素之一。对民办高等教育进行公共财政投入，不仅可以缓解民办高校办学资金不足的压力，同时也是调动举办者办学积极性，促进教育实现公平的方法和手段。政策规定的导向是工作开展的基础，科学系统的政策是工作得以落实的保障。民办高等教育公共财政扶持政策现状如何，今后应采取哪些具体改进措施才能更好地促进民办高等教育的发展，自然也就应该是我们所必须探讨的问题。

---

① D. B. Johnston, "The Economics and Politics of Cost Sharing in Higher Education: Comparative Perspective," *Economics of Education Review* 23（2004）：404.
② 王江璐、刘鑫桥：《民办教育的经费拉动效应研究——兼谈对完善省级统筹机制的启示》，《教育学术月刊》2018年第10期。

二 民办高等教育公共财政扶持政策现状

办学经费是民办高等教育发展的基本物质保障,其来源主要包括办学者的投入、学杂费收入、社会捐赠、办学过程中的创收、政府财政投入等。国外多数私立高等学校都会得到政府的财政经费支持,[1]且积累了许多成功经验。虽然我国民办高等教育也得到了公共财政的支持,但财政扶持的配套政策及其具体执行并不够理想。

(一)民办高等教育公共财政扶持政策建设现状

1.政策体系碎片化

民办高等教育公共财政扶持政策,应该由国家层面的宏观指导政策和地方政府层面的具体实施办法组成。经梳理,我国已经初步建立起了由《民办教育促进法》《民办教育促进法实施条例》《企业所得税法》《国务院关于鼓励社会力量兴办教育促进民办教育健康发展的若干意见》《财政部、税务总局关于非营利组织免税资格认定管理有关问题的通知》《财政部 税务总局对非营利民办学校免税的规定》《国务院办公厅关于进一步调整优化结构提高教育经费使用效益的意见》《国务院办公厅关于政府向社会力量购买服务的指导意见》《国家中长期教育改革和发展规划纲要(2010—2020年)》《独立学院设置与管理办法》等组成的国家层面的民办高等教育公共财政扶持政策体系。各地方政府也分别建立起了《河南省民办教育发展专项资金使用管理暂行办法》《北京市人民政府关于鼓励社会力量兴办教育促进民办教育健康发展的实施意见》《上海市教育委员会关于实施民办高校"强师工程"教师培训项目的通知》等民办高等教育发展公共财政配套扶持政策。

---

[1] 付强、王玲:《中国民办高等教育经费政策40年:历程、反思与走向》,《济南大学学报》(社会科学版)2019年第1期。

从民办高等教育公共财政扶持政策的发文数量与涉及的领域来看，国家层面的政策已经基本实现了全覆盖，地方层面的具体配套执行政策还有待于进一步完善。但同时也不难看出，国家层面的民办高等教育公共财政扶持政策制度只是有了数量上的保证，各法律、条例、规定之间基本处于各自为政的状态，相互之间没有很好地进行衔接、协同，条块间的界限清晰可见，政策间还没有形成较好的补充。例如，民办高校的办学许可证中登记的单位性质为民办非企业，而民办高校教师的养老保险却始终按企业工人对待。国家相关具体规定中类同现象严重，政策规定不够系统、不成体系；地方政府配套措施更显得支离破碎，既不完备也不具体，缺乏可操作性，妨碍了民办高等教育公共财政扶持政策的真正落实。这与新中国民办高等教育恢复时间短有关，但也从侧面反映出了对民办教育的财政投入研究不够和重视不足的问题。民办高等教育公共财政扶持政策体系需进一步整合优化、补充完善，才能更好地发挥支持民办高等教育发展的作用。

2. 政策取向规范化

无论是国家层面，还是各地方政府的具体执行层面，规范管理是目前各级民办高等教育公共财政扶持政策价值取向最明显的特征。基本上所有的相关规定中，财政投入的具体途径、方式方法、金额或比例等只是寥寥几句，并且多数情况下都是非常宏观的原则，但对财政投入的管理规定，无不占用大量篇幅，且可谓面面俱到。政策制定的出发点十分明确，从一开始就要实现对民办高等教育的规范化管理，特别是涉及办学经费等经济问题，决不允许"跑、冒、滴、漏"现象的存在。单从这一角度和意义上来讲，各级政府对于民办高等教育公共财政扶持政策确实给予了高度重视。

民办高等教育公共财政扶持政策不但对财政投入资金的管理作出了明确规定，《民办教育促进法实施条例》等一部分政策规定中还对非财政投入的学杂费收取、社会捐赠财物接收、举办者投入、办学收入与结存等的支配作出了明确规定，以防止出现乱收费、贪污腐败、侵害公私财产、滋生歪风邪气等不良现象。特别是民办学校实行分类登记管理以来，对教育经费来源及支出的管理规定更加细致。足见政府在对民办高等教育的管理中，把财务问题放在了尤为突出的位置来对待。

规范的公共政策扶持政策取向，为民办高等教育的发展奠定了良好的政策基础，营造了良好的办学生态氛围，也保证了在近年来的办学过程中，没有出现民办高等教育与公共财政扶持政策规定相违背的现象。真正实现了民办高等教育公共财政扶持政策制定的初衷，也彰显了民办高校良好的自律形象。

3. 政策执行空泛化

在现有的民办高等教育发展公共财政扶持政策中，除《企业所得税法》中明确规定企业年度利润总额12%以内的公益性捐赠，可以在当年税前扣除，超过部分的公益性捐赠可以在以后的三个年度内税前扣除外,[1] 在其他大量的法律、条例、规定等政策中，均没有明确的数字形式规定出现。且企业所得税法中的规定包括了全部公益性捐赠，而绝非单单教育捐赠。虽然是宏观层面的规定，但也不失过于笼统，只是泛泛而言，没有生均标准、校均标准或次数及金额标准等硬性规定。特别是多种政策中均出现了"可以设立某某资金"用于资助民办教育的发展及奖励等规定，"可以"二字就引申出了如果地方政府设立某某专项资金，允许从公共财政中支出，但不设置某某专项资金也不违反政策规定，不对民办高等教育的发展进行财政扶持也不存在违规问题。

因民办高等教育发展公共财政扶持政策中缺乏具体的量化规定，只是定性的描述，所以在具体公共财政扶持政策的执行过程中，给主管部门留下了较大的自由操作空间。也就会导致地方政府在民办高等教育的发展过程中，可以提供公共财政支持，也可以不提供支持。民办高等教育的公共财政扶持政策的执行，主动权完全掌握在地方政府主管部门手中，无形中增加了政策执行的随意性。主管领导重视，经济条件允许，就会对民办高等教育择优象征性地开展资助或奖励；主管领导不重视，或者经济条件不允许，就可以忽

---

[1] 国家税务总局：《企业所得税法》，http://www.chinatax.gov.cn/chinatax/n810346/n810825/c101434/c28479830/content.html。

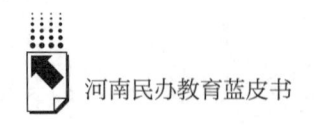

略民办高等教育的财政支持工作。概括为一句话，因民办高等教育公共财政扶持政策规定过于笼统，导致公共财政扶持民办高等教育发展工作始终流于形式，实践中很难得到实质性的实施，这也是笔者在日常工作中的真实感受。

（二）民办高等教育公共财政投入现状

1. 投入频次间断化

由于民办高等教育公共财政扶持政策规定松散性和弹性的存在，使得大部分地区的民办高等教育公共财政支持工作始终处于断断续续的状态之中。虽然多数地区都是按年进行象征性的资助，但也不能保证每年都进行。公共财政支持民办高等教育发展还没有真正实现制度化，财政投入的频次不规律，时间间隔不规则。致使民办高校不能及时将公共财政资助纳入办学经费的来源预算，且也基本不抱太大的希望，导致了公共财政支持民办高等教育发展的激励作用不能充分发挥。

2. 投入金额精致化

公共财政扶持民办高校的资助资金，可以用"少得可怜"来形容。绝大部分地区的资助工作，都是以代培代训教师、实验室建设补助、重点专业建设奖励、骨干教师培养补助等方式进行。教师培训是按专业择优进行的，也并非所有专业更非所有的老师都有机会参加培训。实验室建设补助、重点专业建设奖励、骨干教师培训补助等，都是有选择性地择优开展，无论是资金的支持额度，还是支持项目的比例都非常有限。目前公共财政支持民办高等教育发展的投入资金，与对公办高校的财政拨款相比，简直是不可相提并论，金额普遍较低。

同时，公共财政支持民办高校发展不具有普遍性，除税收和土地优惠政策外，并不是所有的民办高校都能真正得到资助。现行的资助政策往往不是雪中送炭，而是锦上添花。因大部分公共财政扶持资金都是以奖励的方式进行发放，所以最后受益的民办高校，基本上始终都是各地办得比较好的那几所，对于多数民办高校而言，财政奖励只能是可望而不可即的事情。而多数发展比较缓慢或建立时间较短的民办高校，比发展较快、成立较早的学校，更需要得到公共财政的支持。这也使得民办高等教育发展内部差距逐渐被拉大。虽然我们不主张完全平均主义，但在没有明确的优先扶持发展对象的前提下，没有做到"雨露均沾"本身就加剧了教育的不公平。

三 完善民办高等教育发展公共财政扶持政策建议

民办高等教育在发展过程中，减轻了教育财政负担，促进了教育公平，为经济发展提供了有力的人才支撑，[①] 对社会的作用逐渐显现。但我们也不能忽视，我国的民办高等教育规模还有待于进一步扩大，质量也有待于进一步提升。无论是规模扩张还是质量提升，都离不开办学经费这个坚强后盾的支持。教育成本分担理论让我们清楚地认识到，民办高等教育发展，不但理所当然应该得到公共财政资金的支持，且现行扶持政策体系也需进行优化完善。

（一）民办高等教育发展公共财政扶持政策改进建议

1. 政策建设体系化

首先，要以《民办教育促进法》为统领，完善民办高等教育发展公共财政扶持政策体系。民办高校在发展过程中，将会直接与教育、财政、税务、土地、城建等诸多政府职能部门打交道，且经常会或多或少地产生税费问题。根据民办教育公益性属性，[②] 民办高校应享受相关的税费优惠政策，这均需要具体体现在相应的政策规定之中。《民办教育促进法》是指导民办高等教育发展的重要纲领性政策，政府相关各职能部门应在其统一规定下，就职权范围内的相关规定进行修改、补充与完善，形成《民办教育促进法》完整的配套政策实施措施。尤其是地方教育与财政主管部门，要把具体的公

[①] 杨刚要：《民办教育对河南省社会经济发展的贡献研究》，《当代经济》2017年第25期。
[②] 《民办教育促进法》，教育部网站，2018年5月8日，http://www.moe.gov.cn/s78/A02/zfs__left/s5911/moe_619/201805/t20180508_335337.html。

共财政扶持政策具体化、量化，而不能只是宏观的粗略定性表述。各相关部门要实现从顶层设计到具体实践执行层，纵向一体逐渐细化，使民办高等教育公共财政扶持政策建设，不断走向规范化、系统化。

其次，政府各相关部门政策制度应有效衔接。民办高等教育发展涉及经济社会的方方面面，政府各职能部门工作之间经常存在交叉。为防止公共财政支持民办高等教育政策之间不协同，政策制定时就应加强沟通与交流，防止政策出台后因相互矛盾、口径不一致等而给执行带来麻烦。政府各职能部门支持民办高等教育公共财政政策横向衔接要保持顺畅自然，确保政策全覆盖。

再次，要确保实施工作具体化。通过民办高等教育公共财政扶持政策系统化建设，实现实施工作具体化。改变现行政策从上至下宏观到底的情形，应逐级细化，保证在最后执行层面具有可操作性。没有切实可行的具体落实制度，政策的制定和执行将始终原地踏步，不但对民办高等教育发展不会有太大的促进作用，还将落得个劳民伤财的下场，渐渐消磨民办高等教育举办者的办学积极性。

2. 政策取向统筹化

加强对包括公共财政投入在内的民办高等教育办学经费的管理没有错，但扶持民办高等教育发展的重点不仅仅是加强管理，还要有足够的教育财政资金投入。公共财政对民办高等教育的支持，也不能只是更多地体现在税费的减免和优惠上，逐渐加大资金的直接投入也是非常必要的，而且这是大部分国家对私立教育的一致态度。

民办高等教育是构成我国高等教育的重要组成部分，虽然规模扩张较快，但内涵建设提升还有待进一步加强，内涵提升已经成为我国民办高等教育发展的瓶颈。充足的资金是大学走向高水平乃至一流水平的基本条件，而我国民办高校的资金危机使得创建高水平乃至一流大学任重而道远。[1] 受办

---

[1] 陈武元：《中国民办高校如何走出办学水平不高的困境——经费来源结构的视角》，《教育研究》2011年第7期。

学经费所限，先进实验室很难建起；受薪酬福利待遇低等影响，高水平的教学科研队伍也很难组建；受前面二者的共同影响，高质量的毕业生数量自然也不多。

办学经费短缺是民办教育发展过程中不可逾越的障碍。公共财政扶持民办高等教育发展政策，只有加大民办高校的教育财政投入，统筹投入力度及范围，才能使民办高等教育尽快实现发展的跃升。这也是对就读于民办高校的学生采取的弥补措施，他们因承担了过高教育成本而受到教育不公的待遇。由单纯地注重办学经费管理，向办学经费的投入与管理并重转变，是公共财政扶持民办高等教育发展的必然选择。

公共财政对民办高等教育的支持，既可以是税收的优惠减免，也可以是资金的直接拨付，还可以是国有资产的投入。支持对象既可以是民办高校，也可以是民办高校的师生，或民办高校的合作单位。资助方式既可以是直接的教育财政拨款，也可以是奖励基金的发放。既可以是财政资金的直接投入，也可以是引导爱心企业和人士的公益捐赠。公共财政对民办高等教育的扶持，既要体现鼓励先进导向，也要考虑统筹协调发展。

3. 政策执行规范化

民办高等教育公共财政扶持政策本来资助力度就十分有限，加之得不到规范执行，更成为影响民办高校发展的重要因素之一。民办高等教育公共财政扶持政策的制定，要尽量压缩执行环节的自由度，增加刚性要求规定，减少执行弹性。要避免因制度执行标准选择性大，而进一步降低原本就较低的公共财政支持力度，就要使政策有可操作性。保证出台的民办高等教育公共财政扶持政策能得到实实在在的执行。

政府各相关职能部门，要熟练掌握民办高等教育公共财政扶持政策，提高主动服务意识，切实将国家的扶持政策落到实处。改变以往工作人员对政策不熟悉而使民办高校错失支持机会，或是将民办高校置于政策信息的提供者、支持政策证据的提供者等位置的情况。避免对国家扶持政策的执行躲躲闪闪，消除能少一次是一次、能少一分是一分的心态。

（二）民办高等教育公共财政投入建议

1. 投入频次固定化

民办高等教育公共财政投入频次固定化，不但有利于政府职能部门相关工作按计划推进，也有利于民办高校发展的通盘安排。既不会打乱政府职能部门的工作计划，也不会使民办高校因财政投入不能及时到位而措手不及。尤其是对民办高等学校而言，更有利于年度及长远教育经费的投放，从而促进其健康稳定发展。

财政投入固定频次的设定，对政府相关职能部门工作也是一个有力的约束，会督促其很好地履行公共财政支持民办高等教育发展的职责，一改以往国家扶持民办高等教育发展政策经常落空的不良局面。扭转政府职能部门对民办高等教育重视不足、庸政怠政的态度，提升政府形象。提振民办高等教育举办者办学发展信心，为民办高等教育发展注入新的活力。

2. 投入金额具体化

公共财政支持民办高等教育发展相关政策中，要有具体的金额数量或量化比例标准。无论是政府职能部门，还是民办高校，对某项具体的公共财政支持资金数量都应清晰明了，使政府职能部门和民办高等学校在财政支出和费用支配上都做到心中有定数。这既是对政府教育财政支出工作的监督，也是对民办高校教学经费支配的监管依据。公开透明的民办高等教育公共财政扶持政策，对于政府、民办高校及社会公众都是必要的。

明确的民办高等教育公共财政相关扶持金额，有利于政府职能部门财政预算的编制与执行，以保证国家对民办高等教育发展公共财政扶持政策的落实；也有利于民办高等学校合理使用教学费用，促进其加速实现内涵建设发展。无论是专项资助，还是日常支持；无论是对民办高校的资助，对民办高校教师的资助，还是对民办高校学生的资助，公共财政扶持民办高等教育政策都应该有明确的标准。结束以往民办高校在各种猜测中企盼微不足道的财政资金拨款，一次次无奈地调整办学资金筹措渠道的局面。

民办高等教育的公共财政投入，还远不止只需要固定投入金额或投入比例那么简单，与现在相比大幅度提高投入金额才是硬道理。参照公办高校的做法，按学生数量向民办高校拨款，或者普遍推行教育券，是解决民办高等教育发展经费不足，及实现教育公平的最好方法之一。

四 结束语

民办高等教育已经成为我国高等教育事业的重要组成部分，近年来始终保持快于公办高校的发展速度，为经济社会的发展作出了应有贡献。但我们也不能忽视，无论是规模扩张还是内涵发展建设，办学经费不足是当前民办高等教育发展的瓶颈，尤其是内涵发展需要建立在更加丰实的办学经费的基础之上。以往单纯地依靠举办者的投入、收取学杂费、零星的社会捐赠、偶尔的财政支持，已经不足以满足支撑民办高等教育内涵式发展的需要。

无论是从教育成本分担理论、教育公平理论来说，还是从发达国家对私立高校扶持的经验来看，政府都应该以公共财政的形式对民办高等教育发展给予支持。虽然我国在形势上已经开展了扶持工作，但力度还远远不够。主要原因是民办高等教育公共财政扶持政策还不够系统，资助工作重管理而轻投入，且随意性较大，资助金额少且不连续，资助缺乏广泛性。教育经费不足成为民办高等教育发展的一大障碍，在一定程度上反映了政府的重视程度有待提高。

以多种形式加大对民办高等教育的扶持力度，民办高等教育发展的公共财政扶持政策，只有实现系统化、规范化，提高可操作性，支持的频次固定化、支持的金额或比例确定化，才更有利于民办高等教育驶入内涵式健康发展的快车道。

B.12 基于大学评价的河南民办高校在全国的地位和作用研究[*]

樊继轩 付饶[**]

摘 要： 大学排名活动的实质是大学评价。通过分析河南民办高校在国内各省区市的办学规模和位次，河南民办高校在本省高等教育领域的办学概况，国内各类大学排名、大学评价体系对民办高校的排行，论证分析了河南民办高校在全国的地位与综合实力，为各类民办高校的战略发展和各级政府引导民办高等教育健康发展提供决策参考依据。综合五类大学评价体系中的河南省民办高校排名，黄河科技学院在省内有四项排名第一，在国内有两项排名第一，折射出黄河科技学院稳居国内民办高校前列的综合实力；新乡医学院三全学院在省内独立学院中有四项排名第一，作为一所非"211"大学的地方高校的独立学院，其在国内独立学院中的综合实力已崭露头角。运用加权平均法计算，河南民办高校在办学数量和办学规模上稳居全国前列，河南民办高校在国内民办高校中综合实力排名处于上中游水平。

关键词： 大学评价 河南 民办高校 综合实力

---

[*] 信阳学院民办高等教育研究重大招标课题"河南省民办高校内涵式发展研究"（项目编号：2019MYZD01）；河南省教育科学"十三五"规划一般课题"后疫情时代河南民办高校内涵式发展研究"（项目编号：2020YB0320）。

[**] 樊继轩，黄河科技学院民办教育研究院研究员，教授，主要研究方向为高等教育、民办教育史；付饶，河南工业大学经济贸易学院在读硕士，主要研究方向为农业经济管理、民办高等教育。

基于大学评价的河南民办高校在全国的地位和作用研究

改革开放四十多年来，民办教育事业的兴起，给河南教育体制注入了新的活力。尤其是新的《民办教育促进法》颁布以后，各级政府对民办教育的发展出台了一系列规范的措施。《河南省人民政府关于鼓励社会力量兴办教育进一步促进民办教育健康发展的实施意见》的颁布，为河南民办高等教育的健康发展带来了新的发展机遇。2019年，全省民办高等教育系统以习近平新时代中国特色社会主义思想为指导，深入贯彻党的十九大和十九届二中、三中、四中全会精神，全面落实省委、省政府决策部署和全省教育大会精神，加快推进教育现代化，办好人民满意的民办高等教育，为中原更加出彩、决胜全面建成小康社会贡献了教育力量。

截至2019年8月31日，河南民办普通高等学校有39所，其中，本科有19所，专科有20所；普通本专科在校生达59.47万人（其中，本科在校生34.55万人），占全省普通本专科在校生总数的25.64%。[①] 占全国民办普通高校在校生总数的8.39%。本文梳理了国内有关民办高校的相关资料及各类排行榜，通过对国内各类大学排名、大学评价体系对民办高校的排行的研究，论证分析河南民办高校在全国的地位和综合实力，为河南民办高校和各级政府引导民办高等教育健康发展提供决策依据。[②]

一 河南民办高校在国内区域的办学规模和位次分析

1993年8月17日，中华人民共和国教育委员会颁发了《民办高等学校设置暂行规定》，由此拉开了以自学考试为主的各类民办学校和高等教育助学机构向普通民办高校转型的序幕。从严格的定义上讲，凡没有取得普通高等学历教育资格的民办学校都属于民办高等教育助学机构。1994年2月5日，国家教委发布了教计字〔1994〕48号文件《关于同意建立民办黄河科

[①] 河南省教育厅：《2019年河南省教育事业发展统计公报》，2020年4月13日，http://www.haedu.gov.cn/2020/04/13/1586742080235.html。
[②] 本报告所引用的排行榜源自不同机构，故存在统计数据、排名顺序不一致等情况，特此说明，此后不赘。

技学院的通知》，这是改革开放后我国诞生的第一所具有普通高等教育学历资格的民办高等学校。同年，国家教委又相续批准了民办浙江树人学院、民办上海杉达学院、民办四川天一学院的成立。从此，民办高校风起云涌、迅速发展，成为中国高等教育事业一道靓丽的风景线。

（一）河南民办本科高校在国内各省区市的办学规模分析

从宏观意义上讲，中国的民办本科院校主要分为三类，即民办普通本科院校（含由独立学院转设的民办本科院校）、独立学院和民办本科层次职业教育试点院校。根据有关资料统计，2020年全国民办高校共有773所，民办本科院校共433所，其中尚未转设仍属于民办本科序列的独立学院共246所，民办普通本科院校167所（含已经由独立学院转设为民办本科的75所民办本科院校），另有近年来新增或转设的20所民办本科层次职业教育试点院校。通过对各省区市各类民办本科院校的数量进行统计得出表1。

表1 2020年全国各省区市民办本科院校分类统计

单位：所

省区市	独立学院数量	民办普通本科院校数量	民办本科职业院校数量	省区市合计
北京	5	1	0	6
天津	10	1	0	11
河北	16	8	0	24
山西	8	2	1	11
内蒙古	1	1	0	2
辽宁	10	13	1	24
吉林	5	7	0	12
黑龙江	1	11	0	12
上海	2	5	1	8
江苏	24	4	0	28
浙江	19	5	1	25
安徽	7	8	0	15
福建	5	8	1	14
江西	13	6	2	21

续表

省区市	独立学院数量	民办普通本科院校数量	民办本科职业院校数量	省区市合计
山 东	10	13	3	26
河 南	5	13	1	19
湖 北	16	16	0	32
湖 南	15	5	0	20
广 东	16	7	2	25
广 西	8	4	1	13
海 南	0	2	1	3
重 庆	6	2	1	9
四 川	8	9	1	18
贵 州	8	1	0	9
云 南	7	2	0	9
西 藏	0	0	0	0
陕 西	10	11	2	23
甘 肃	5	0	0	5
青 海	1	0	0	1
宁 夏	2	2	0	4
新 疆	3	0	1	4
合 计	246	167	20	433

资料来源：《2020年433所中国民办本科院校完整名单》，职教数字局（职教导航）网站，2020年6月4日，https://www.shuziju.com/9548.html。

表1不仅统计了各省区市民办高校的数量，还统计了各省区市独立学院的数量。独立学院是"高等教育大众化背景下产生的一种办学模式"，从它们诞生起，就注定是一种过渡形式，是途径而非目标。早在2008年，教育部就出台文件，引导独立学院转设，截至2020年，共转设了75所本科院校，其中公办本科院校有4所，民办本科院校有71所。但到目前为止，还有246所独立学院没有完成转设。[①]

在独立学院转设方面，由表1看出，与江苏、广东、四川相比，河南在

---

① 《2020年433所中国民办本科院校完整名单》，职教数字局（职教导航）网站，2020年6月4日，https://www.shuziju.com/9548.html。

独立学院的转设方面行动较快。河南原有独立学院10所，中外合作办学的独立学院2所，到2020年已转设7所，分别是河南理工大学万方科技学院、河南农业大学华豫学院、安阳师范学院人文管理学院、信阳师范学院华锐学院、郑州大学升达经贸管理学院、河南财经政法大学成功学院、郑州大学西亚斯学院。到目前为止，河南尚有5所独立学院没有转设。

（二）河南民办专科高校在国内各省区市的办学规模分析

2020年全国民办专科院校共有340所，与2019年相比，新设立民办大专院校22所，撤销1所，有1所民办大专同层次更名，2所民办变公办，1所公办变民办。因此，2020年相比于2019年民办大专院校共增加了20所（含3所中外合作办学大专）（见表2）。[1]

由表2看出，民办大专院校数量最多的省份是四川，即使不算2020年新增的4所，仍然高居第一。这反映出四川作为西部第一大省的经济和人口总量优势。位居第二的是经济第一大省广东和中原大省河南，不过广东2020年没有新增，而河南新增了4所，新增数量与四川并列第一。[2]

表2 2020年全国各省区市民办专科院校分类统计

单位：所

省区市	数量	2020年新设数量	备注
北京	9		
天津	1		
河北	13	1	
山西	4		
内蒙古	8		
辽宁	9		

---

[1] 《2020年最新最全的民办大专职业院校完整名单》，职教网，2020年5月31日，http://www.zhijiaow.com/t/1/Wap/NewsView1.aspx?id=24083。
[2] 《2020年最新最全的民办大专职业院校完整名单》，职教网，2020年5月31日，http://www.zhijiaow.com/t/1/Wap/NewsView1.aspx?id=24083。

续表

省区市	数量	2020年新设数量	备注
吉　林	8	2	
黑龙江	6		
上　海	11		
江　苏	21		中外合作办学专科1所
浙　江	9	1	
安　徽	16	1	
福　建	21		中外合作办学专科1所
江　西	12	1	2020年转制1所
山　东	16	2	
河　南	25	4	中外合作办学专科1所
湖　北	10		
湖　南	10		
广　东	25		
广　西	13	1	
海　南	6		
重　庆	20	3	
四　川	33	4	
贵　州	7	1	
云　南	12		
西　藏	0		
陕　西	9	1	
甘　肃	2		
青　海	0		
宁　夏	0		
新　疆	4		
合计	340	22	

资料来源：《2020年最新最全的民办大专职业院校完整名单》，2020年5月31日，职教网，http：//www.zhijiaow.com/t/1/Wap/NewsView1.aspx?id=24083。

（三）全国区域分布中河南民办高校的规模和位次分析

由表1和表2的统计，可梳理出2020年民办普通高校全国区域分布和排行概况（见表3）。不同区域民办高校的数量在一定程度上也显示了各省区市的办学规模。

151

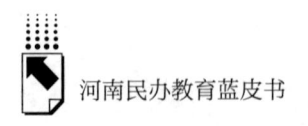

表3 2020年各省区市民办普通高校、独立学院在全国区域分布排行榜

单位：所

省区市		四川	广东	江苏	河南	湖北	山东	河北	福建	浙江	江西	辽宁
全国排名		1	2	3	4	5	6	7	8	9	10	11
民办普通高校数	本科	18	25	28	19	32	26	24	14	25	21	24
	专科	33	25	21	25	10	16	13	21	9	12	9

省区市		陕西	安徽	湖南	重庆	广西	云南	吉林	上海	黑龙江	山西	北京
全国排名		12	13	14	15	16	17	18	19	20	21	22
民办普通高校数	本科	23	15	20	9	13	9	12	8	12	11	6
	专科	9	16	10	20	13	12	8	11	6	4	9

省区市		贵州	天津	内蒙古	海南	新疆	甘肃	宁夏	青海	西藏
全国排名		23	24	25	26	27	28	29	30	31
民办普通高校数	本科	9	11	2	3	4	5	4	1	0
	专科	7	1	8	6	4	2	0	0	0

由表3可看出，排在前五位的分别是四川省、广东省、江苏省、河南省、湖北省，其中四川省民办本科院校有18所，民办专科院校有33所，共51所；广东民办本科高校有25所，民办专科院校有25所，共50所；江苏民办本科高校有28所，民办专科院校有21所，共49所；河南民办本科高校有19所，民办专科院校有25所，共44所（民办本科院校均含独立学院）。民办高校所占的比例能一定程度上反映出一个地区的经济社会发展活力。表4统计了2004~2020年河南民办高校占全国民办高校数量的比例。

表4 2004~2020年河南民办高校占全国民办高校数量的比例

单位：所，%

年份	民办学校数			年份	民办学校数		
	全国	河南	占比		全国	河南	占比
2004	228	10	4.39	2009	658	23	3.50
2005	547	10	1.83	2010	676	28	4.14
2006	596	11	1.85	2011	698	33	4.73
2007	615	11	1.79	2012	707	34	4.81
2008	640	11	1.72	2013	718	35	4.87

续表

年份	民办学校数 全国	民办学校数 河南	占比	年份	民办学校数 全国	民办学校数 河南	占比
2014	728	37	5.08	2018	749	39	5.21
2015	734	37	5.04	2019	756	39	5.16
2016	742	37	4.99	2020	773	44	5.69
2017	747	37	4.95				

资料来源：根据《全国教育统计公报》（不含港、澳、台地区的数据）、《河南省教育统计公报》整理。

表4显示，2004年河南全省有民办普通高校10所（不含独立学院），在校生63447人。2004年全国民办普通高校有228所，河南仅占4.39%。到2020年，全省民办普通高等学校达到44所，其中民办普通本科高校13所，独立学院有5所，民办本科职业院校有1所（见表1），民办专科院校有25所（含1所中外合作办学专科院校）（见表2）。2020年，河南民办高校占全国民办普通高校总数的5.69%（见表4）。2008年河南民办高校数量在全国各省区市民办高校数量的排名列第6位，2020年河南民办高校紧随江苏省之后，在全国民办高校数量的排名列第4位（见表3）。

综上所述，近年来，河南民办高校在办学数量和办学规模上处于健康稳定的上升发展态势，稳居全国的前列。

二 河南民办高校在本省高教领域办学概况的分析

河南地处黄河中下游，是中国古代文明发祥地之一。其人口数量截至2018年末排在广东省、山东省之后居全国第三位，但长期以来教育的发展滞后于人口和经济的发展，是一个教育资源相对薄弱的省份。改革开放以来，河南高等教育奋起发力，弯道超车，在高等学校数量规模上，无论是公办高校还是民办高校均取得了跨越式发展。

（一）全国各省区市高校资源排名中河南高等教育的概况分析

2020年4月13日，《2019年河南省教育事业发展统计公报》（以下简称《公报》)"晒"出全省教育事业发展成绩单。《公报》指标按教育年度统计,即从上学年度的学年初(2018年9月1日)至学年末(2019年8月31日)。在办学数量规模上,江苏省以167所排名第一,广东省以154所排名第二,山东省以146所排名第三,河南省整体高校资源以141所在全国排名第四(见图1)。高等教育发展的新格局已基本形成。高校办学资源大幅度增加。①

经过多年的发展,虽然河南省整体高校资源的数量规模在全国排名靠前,但总体来说,河南高等教育大而不强。在高考方面,河南是"高分大省",又是人口大省中的"考生大省",其考生数量历年来位居全国第一,由于高考政策的限制,河南高考竞争十分激烈。河南考生受教育的机会并不平等。河南高质量、高水平的大学稀缺,而外省名校在河南的招生指标很少,相比教育发达的省份,河南考生要比其他省份的考生高出几十分,才能考取同一学校。②

就专业类别结构来说,由于改革开放之后河南经济建设对各类应用型、技能型人才的需求,河南高校专业类别的设置偏重于理工科,文科专业相对薄弱。就层级结构来说,由于新中国成立后河南高等教育先天不足,优质教育资源短缺,使河南省高等教育中博士层次培养规模过小,专科人数太多,专业层级较低。

河南高校近年来高端人才引进成效显著,师资水平大幅度提升,但相对兄弟省份而言,师资力量仍较为薄弱,两院院士数量极少,博士在教师中的比例较低,与人口资源大省极不配套。生均教育经费长期低于全国平均水平。

在重点高校资源分布方面,截至2020年:世界双一流大学全国共42所,河南省仅有郑州大学1所入围,而且属于世界双一流中的B类;"985"高校全国共38所,遗憾的是河南省没有;"211"高校全国共

---

① 葛姝亚:《河南省高等教育在全国的地位研究》,《周口师范学院学报》2015年第4期,第129~132页。
② 胡大白主编《河南民办教育发展报告(2017)》,社会科学文献出版社,2017,第58页。

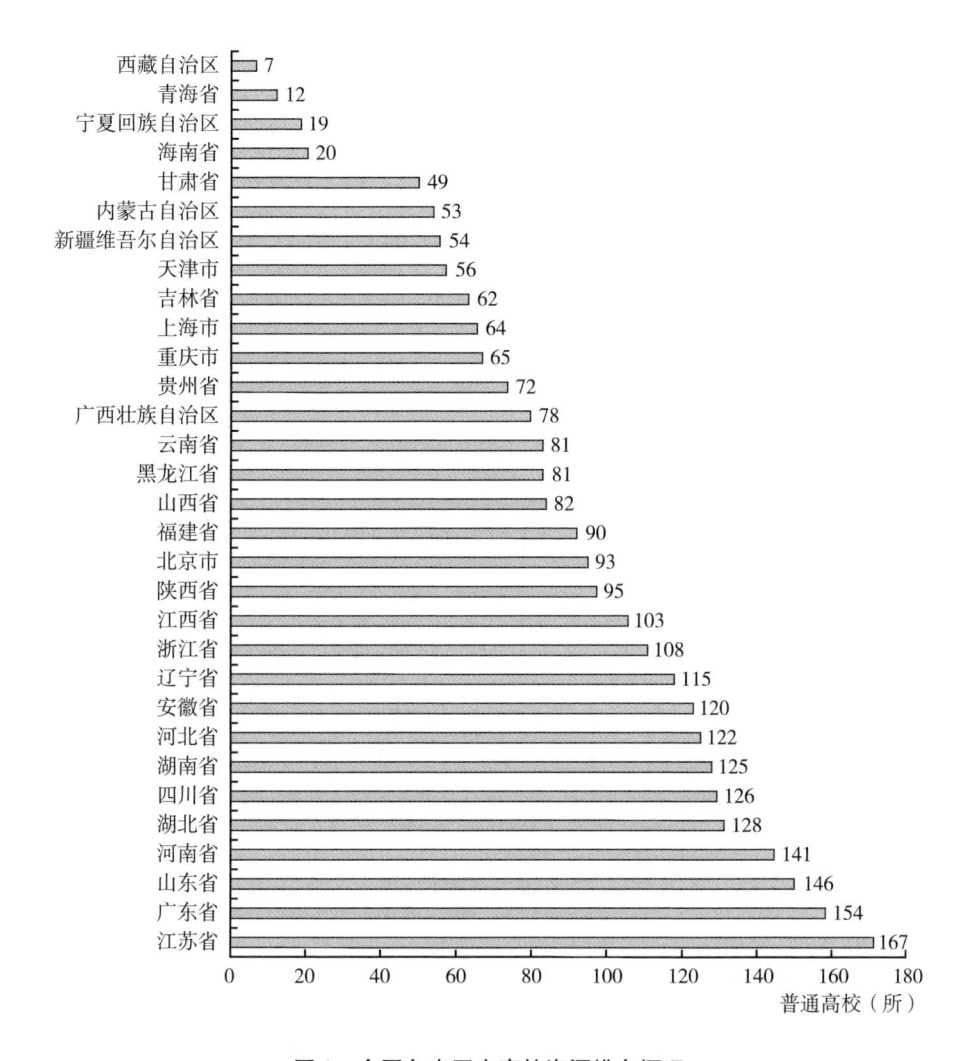

基于大学评价的河南民办高校在全国的地位和作用研究

省区市	普通高校（所）
西藏自治区	7
青海省	12
宁夏回族自治区	19
海南省	20
甘肃省	49
内蒙古自治区	53
新疆维吾尔自治区	54
天津市	56
吉林省	62
上海市	64
重庆市	65
贵州省	72
广西壮族自治区	78
云南省	81
黑龙江省	81
山西省	82
福建省	90
北京市	93
陕西省	95
江西省	103
浙江省	108
辽宁省	115
安徽省	120
河北省	122
湖南省	125
四川省	126
湖北省	128
河南省	141
山东省	146
广东省	154
江苏省	167

图1　全国各省区市高校资源排名概况

115所，河南省仅郑州大学1所；国家双一流大学共140所，河南省仅有郑州大学、河南大学2所。所以，作为全国人口第三大省，其重点高校资源还是相对薄弱的。[①] 因此，大力发展高水平的民办高等教育，提高

---

① 葛姝亚：《河南省高等教育在全国的地位研究》，《周口师范学院学报》2015年第4期，第129～132页。

155

河南民办高校的整体综合实力,实现公办高校和民办高校的共同发展和共赢意义重大。

(二)河南民办高校在本省高等教育领域办学概况的分析

截至2019年8月31日,河南普通高等学校有141所(含5所独立学院),其中,本科院校有57所(其中公办38所),高职高专院校有84所(其中,公办63所,中外合作办学1所)(见图2)。独立设置成人高等学校有10所。全省高等教育毛入学率已达到49.28%。普通高等学校在校生有231.97万人,本专科分别为119.72万人和112.25万人,本专科之比为5.2∶4.8。民办普通高等学校共有39所,其中,本科有19所,专科有20所,合计占全省高校总数的27.66%;普通本专科在校生有59.47万人(其中,本科有34.55万人),占全省普通本专科在校生总数的25.64%。[①] 河南民办普通高等教育在规模扩大的同时,还实现了层次的提升,由表4看出2004年全省只有10所民办高校、10所独立学院,到2020年,河南的民办高校和独立学院已经达到44所,占到全国民办普通高校总数的5.69%。

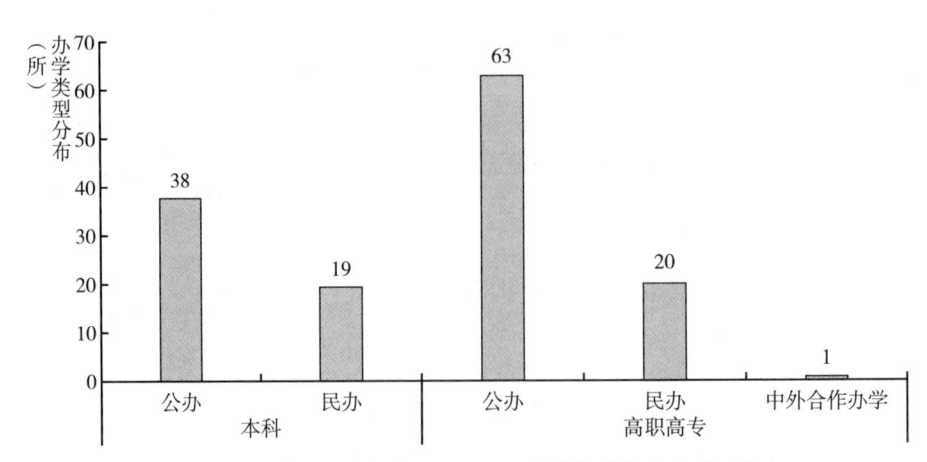

图2 2019年河南不同类型、不同层次高等学校办学类型分布

[①] 《省教育厅发布〈2019年河南省教育事业发展统计公报〉》,河南政府网,2020年4月13日,http://www.henan.gov.cn/2020/04-13/1316794.html。

2019年到2020年，也是河南高等教育取得较大发展的一年。根据有关数据分析，2020年河南各种类型的高等院校已达到153所，比2019年新增12所。其中，本科高校有59所，比上一年度增加2所；高职高专院校有94所（其中，中外合作办学1所），民办高职高专院校比上一年度增加了4所（见表2）。2020年全国普通高等学校有2688所，民办高校有773所（含独立学院257所），民办高校占全国普通高校总数的28.76%。河南民办高校占全省普通高校总数的28.76%，与全国的平均值相同。河南民办高校已成为高等教育的重要组成部分（见图3）。

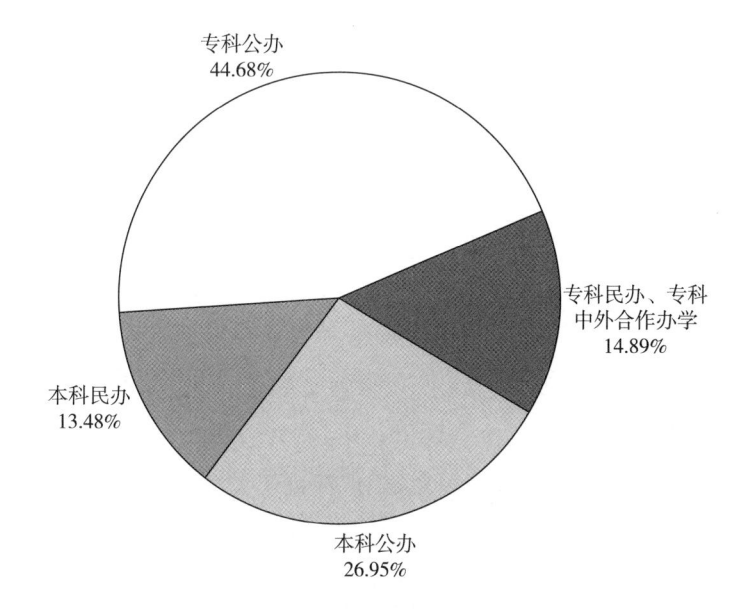

图3 河南不同类型、不同层次高等学校比例分布

河南民办高等教育的发展，为河南培养了大批社会急需的合格人才，缓解了地方经济建设与社会发展对各类人才的需求矛盾；河南的民办高校增加了对河南高等教育的资金投入，缓解了政府的办学压力；河南的民办高校创新了河南高等教育的体制，为河南高等教育的改革开辟了新路；河南的民办高校为拉动经济内需，扩大消费，推动河南经济发展和中原经济区的建设作出了重要贡献。40多年来，河南民办高校为河南众多不能进入公办高校学

习的青少年提供了求学成才的机会，创造了大量的就业机会，对河南的经济发展起到了巨大的拉动作用。

三 大学排名、大学评价和国内外各类型的大学排行榜

1870年，美国联邦教育局的年度报告根据其掌握的数据信息对大学进行了排名。但具有现代意义的大学排名则是1983年由《美国新闻与世界报道》所发布的大学排名。① 中国是继美国、英国之后，第三个推出大学排行榜的国家。1987年9月13日，中国管理科学研究院科学学研究所在《科技日报》以《我国科学计量指标统计的排序》为题，公布了中国87所大学的排名。其后，湖南大学招生办、中国科技信息研究所、国家科委、深圳市网大教育服务有限公司、教育部科技司、上海交通大学、中国校友会网、武汉大学、中国人民大学等十多个单位分别公布了各自的大学排行榜。②

大学排名的出现，是社会发展和高等教育本身发展的必然要求。大学排名作为一种新兴的教育管理方式，在我国已经过了几十年的研究与探索历程。大学排名活动的实质是大学评价。③ 虽然社会各界对大学评价各类排行榜众说纷纭、褒贬不一，但大学评价不仅促进了大学间的竞争，而且也扩大了大学的影响。④

（一）中国大学排行的起源和国内不同的大学排行榜

中国大学排行榜（China University Rankings）现阶段主要有三种来源：一是来自某些高校，如中国人民大学版、武汉大学版、杭州电子科技大学

---

① 潘永强：《浮躁・族群・市场化——困局中的大学》，大将出版社，2018。
② 刁晓平：《武书连先生与他的中国大学排行榜》，《香港新商报》2013年4月17日。
③ 方海明：《对我国大学评价与排名的量化分析与比较》，《高教发展与评估》2006年第1期，第20～27页。
④ 徐莉：《国内大学评价指标体系的比较研究》，硕士学位论文，扬州大学，2008，第5～6页。

版、浙江树人大学版；二是来自民间组织机构和学术团队；三是国际教育组织机构所做的世界大学排名中的入榜中国高校排名。[1] 大学排名没有绝对的公正与权威，仅能做部分参考。

当代的大学排名作为鞭策激励、促进发展的有效形式，已逐渐成为国际高等教育评估的潮流和趋势。中国管理科学研究院自1993年开始每年发布《中国大学评价》，该排行榜以综合实力为主；深圳网大公司自1999年开始发布中国大学排行榜，该排行榜以高中生生源质量和大学社会声誉为主；中国校友会网大学研究团队2003年推出了校友会排行榜；国际咨询公司ABC RANK 发布了CNUR版的中国大学排行榜；武汉大学中国科学评价研究中心等推出了科教评价网排行榜；高等教育观察发布了HRE大学综合排名；上海交通大学世界一流大学研究中心和最好大学网发布了中国最好大学排名和"中国两岸四地大学排名"等。近年来，广州日报数据和数字化研究院（GDI智库）发布的"广州日报应用大学排行榜"对公办高校民办高校使用同一评价体系，以应用指数、学术指数、声誉指数、二次评估指数四个一级指标建构综合指数，科学评价国内891所本科院校（非博士培养单位）。[2]

（二）世界大学排行的起源和国内、国外不同的世界大学排行

2003年，上海交通大学高等研究院推出全球第一个世界大学学术排名（ARWU）。该世界大学排名已经成为世界大学排名的标杆。世界大学排名还有英国《泰晤士高等教育》世界大学排名、英国QS世界大学排名、美国U.S. News世界大学排名、自然指数机构/大学学术排名、中国软科世界大学学术排名、沙特阿拉伯CWUR世界大学排名、荷兰莱顿大学CWTS世界大学排名、西班牙CSIC世界大学排名、美国Scimago世界大学排名等。中国科教评价网版世界大学及研究机构排行榜和中国台湾大学版世界大学排行榜

---

[1] 刘伟、叶显发：《我国大学排名的历史、现状及建议》，《湖北师范学院学报》（哲学社会科学版）2005年第2期，第108~110页。

[2]《2019大学排行榜出炉——2019广州日报应用大学排行榜发布》，排行榜，2019年12月27日，https://www.phbang.cn/pics/2019/250606.html。

等也具有一定的影响力。排名对大学科研教学水平提升、形象推广与其在与国际合作对象的行销上，有着深远的影响。①

（三）国内对民办大学的评价及不同版本的民办大学排行榜

近年来，随着民办高等教育健康规范的发展，一批又一批的民办高校和独立学院不断涌现，对民办大学的排名已引起了国内大学排名机构的高度关注。如已发布多年的武书连版的中国民办大学综合实力排行榜、中国独立学院综合实力排行榜，中国科教评价网的中国民办院校综合竞争力排行榜、中国独立学院综合竞争力排行榜，艾瑞深中国校友会的中国民办大学排行榜、中国独立学院排行榜。

浙江树人大学中国民办高等教育研究院和杭州电子科技大学中国大学及学科专业评价研究中心，自2012年首次发布中国民办本科院校科研竞争力评价报告以来至今已经持续积累了中国各民办本科院校及独立学院自2010年以来详细的科研数据。②

广州日报数据和数字化研究院（GDI智库）在发布"广州日报应用大学排行榜"的基础上，2017年推出了"广州日报应用大学排行榜——独立学院TOP100""广州日报应用大学排行榜——民办院校TOP100（不含独立学院）"。③ 此外，京领新国际和创业时代网于2018年再次发布了中国民办大学创业竞争力排行榜300强，希望以此发掘民办高校的创业竞争潜力，并引导社会客观地了解和评价国内民办高校，同时与2017年的榜单形成对比，展现各大民办高校创业竞争力水平的变化趋势。④

---

① 《世界大学主要排名榜有几个?》，环球网，2019年9月16日，https：//www.sohu.com/a/341068643_162522。
② 汤建民：《2019中国民办本科院校及独立学院科研竞争力评价研究报告》，《高教发展与评估》2020年第1期，第47~52页。
③ 《2019大学排行榜出炉——2019广州日报应用大学排行榜发布》，排行榜，2019年12月27日，https：//www.phbang.cn/pics/2019/250606.html。
④ 《重磅！中国民办大学创业竞争力300强新鲜出炉!》，创业时代网，2018年12月9日，https：//www.sohu.com/a/280643128_439358。

四 基于武书连大学评价的河南民办高校综合实力分析

武书连的民办大学排行榜沿用了本科大学的大学评价体系。根据国家对民办高校的定位，以应用型人才培养为主，与宏观的大学排行榜的区别是更注重人才培养权重所占的比例。考虑到民办高校的学术科研能力普遍较弱，因此，该排行榜中科学研究权重所占比例较低，较为适合民办高校和独立学院。

（一）武书连2019年121所中国民办大学综合实力排行榜

2019中国民办大学排行榜以综合实力排名、学科门类排名为主线，以考生择校顺序、毕业生就业质量、毕业生升学率、新生质量、教师创新能力、教师绩效排名为辅线，全面介绍了中国121所民办大学的基本情况。表5是2019年121所中国民办大学综合实力排名一览。

表5 2019年121所中国民办大学综合实力排名

排名	校名	总得分	人才培养得分	科学研究得分	省区市	省区市内排名	学校类型		学校参考类型
1	黄河科技学院	4.462	2.112	2.350	豫	1	理工	文理类	教研1型
2	浙江树人大学	2.833	1.440	1.393	浙	1	综合	文理类	教研1型
3	江西科技学院	2.807	1.614	1.193	赣	1	综合	文理类	教研2型
4	西京学院	2.762	1.418	1.344	陕	1	理工	文理类	教研1型
5	大连东软信息学院	2.408	2.062	0.346	辽	1	理工	文理类	教学1型
6	长沙医学院	2.392	1.606	0.786	湘	1	医药	医学类	教研2型
7	湖南涉外经济学院	2.380	1.514	0.866	湘	2	综合	文科类	教研2型
8	武汉东湖学院	2.128	1.208	0.921	鄂	1	理工	文理类	教研1型
9	吉林外国语大学	2.032	1.910	0.123	吉	1	语文	文学类	教学1型
10	南昌理工学院	2.030	1.620	0.410	赣	2	理工	理文类	教研2型
11	北京城市学院	1.989	1.611	0.378	京	1	综合	文科类	教学1型
12	海口经济学院	1.988	1.673	0.315	琼	1	财经	经管类	教研2型
13	三亚学院	1.897	1.409	0.488	琼	2	财经	经管类	教研2型
14	宁波财经学院	1.892	1.102	0.790	浙	2	理工	经管类	教研1型
15	武昌理工学院	1.838	1.591	0.247	鄂	2	理工	文理类	教学1型

续表

排名	校名	总得分	人才培养得分	科学研究得分	省区市内	省区市内排名	学校类型	学校参考类型
16	三江学院	1.785	1.362	0.423	苏	1	综合	文理类	教研2型
17	浙江越秀外国语学院	1.755	1.295	0.460	浙	3	语文	文学类	教研2型
18	郑州工商学院	1.708	1.356	0.352	豫	2	理工	理文类	教学2型
19	四川传媒学院	1.702	1.559	0.143	川	1	艺术	艺术类	教学2型
20	无锡太湖学院	1.677	1.337	0.340	苏	2	综合	文理类	教学1型
21	燕京理工学院	1.677	1.511	0.167	冀	1	综合	文理类	教学2型
22	潍坊科技学院	1.676	1.014	0.662	鲁	1	理工	文理类	教研2型
23	郑州科技学院	1.622	1.181	0.441	豫	3	理工	文理类	教研2型
24	西安外事学院	1.617	0.936	0.681	陕	2	综合	文科类	教研2型
25	文华学院	1.602	1.320	0.282	鄂	3	理工	理文类	教学1型
26	温州商学院	1.592	1.144	0.448	浙	4	综合	文科类	教研1型
27	山东英才学院	1.578	1.095	0.482	鲁	2	综合	文理类	教研2型
28	安徽新华学院	1.558	1.072	0.486	皖	5	理工	理文类	教研2型
29	重庆人文科技学院	1.546	1.127	0.419	渝	1	财经	文理类	教学1型
30	安徽信息工程学院	1.484	1.214	0.270	皖	6	理工	工学类	教学1型
31	沈阳工学院	1.478	1.142	0.336	辽	2	理工	理文类	教学1型
32	郑州升达经贸管理学院	1.470	1.044	0.425	豫	4	财经	经管类	教研2型
33	武昌首义学院	1.453	1.275	0.178	鄂	4	理工	理文类	教学1型
34	福州外语外贸学院	1.381	1.012	0.369	闽	1	财经	经管类	教学1型
35	郑州商学院	1.345	1.046	0.298	豫	5	财经	经管类	教学1型
36	广州商学院	1.325	1.044	0.280	粤	1	财经	经管类	教学1型
37	黑龙江东方学院	1.321	1.113	0.208	黑	1	综合	文理类	教学1型
38	郑州工业应用技术学院	1.309	0.826	0.483	豫	6	理工	理文类	教研2型
39	武汉工商学院	1.305	0.923	0.381	鄂	5	财经	经管类	教学2型
40	河北传媒学院	1.289	1.129	0.160	冀	2	艺术	艺术类	教学1型
41	上海建桥学院	1.285	1.001	0.285	沪	2	财经	文理类	教学1型
42	武汉生物工程学院	1.267	0.935	0.332	鄂	6	理工	理文类	教学1型
43	广东培正学院	1.267	0.986	0.281	粤	2	财经	文科类	教学1型
44	西安翻译学院	1.251	0.971	0.280	陕	3	语文	文科类	教学2型
45	广东白云学院	1.228	1.013	0.216	粤	3	理工	文理类	教学2型
46	大连艺术学院	1.171	0.880	0.291	辽	3	艺术	艺术类	教学2型
47	西安培华学院	1.152	0.895	0.257	陕	4	综合	文科类	教学2型
48	青岛滨海学院	1.148	0.915	0.232	鲁	3	综合	综合类	教学2型
49	上海杉达学院	1.131	0.921	0.210	沪	3	财经	文科类	教学1型

续表

排名	校名	总得分	人才培养得分	科学研究得分	省区市	省区市内排名	学校类型	学校参考类型
50	广东科技学院	1.115	0.818	0.297	粤	4	综合	文理类	教学2型
51	吉林动画学院	1.107	1.011	0.096	吉	2	艺术	艺术类	教学1型
52	烟台南山学院	1.105	0.858	0.246	鲁	4	综合	理文类	教学2型
53	辽宁对外经贸学院	1.096	0.782	0.314	辽	4	财经	经管类	教学1型
54	四川工商学院	1.084	0.933	0.150	川	2	理工	文科类	教学2型
55	四川文化艺术学院	1.057	0.883	0.174	川	3	艺术	艺术类	教学2型
56	陕西国际商贸学院	1.048	0.683	0.365	陕	5	财经	文科类	教学2型
57	长春建筑学院	1.025	0.863	0.162	吉	3	理工	理文类	教学2型
58	成都文理学院	1.022	0.933	0.090	川	4	师范	文科类	教学2型
59	江西服装学院	1.021	0.618	0.402	赣	3	艺术	艺术类	教研2型
60	皖江工学院	1.016	0.925	0.091	皖	1	理工	理文类	教学1型
61	汉口学院	1.007	0.816	0.192	鄂	7	理工	文科类	教学2型
62	山东协和学院	1.003	0.797	0.206	鲁	5	综合	理文类	教学2型
63	武汉华夏理工学院	0.997	0.850	0.147	鄂	8	理工	文理类	教学1型
64	武汉学院	0.994	0.775	0.220	鄂	9	财经	文科类	教学2型
65	信阳学院	0.991	0.895	0.096	豫	7	师范	文科类	教学2型
66	大连财经学院	0.986	0.846	0.139	辽	5	财经	经管类	教学1型
67	吉林建筑科技学院	0.979	0.859	0.121	吉	4	理工	文理类	教学2型
68	黑龙江外国语学院	0.969	0.897	0.072	黑	2	语文	文学类	教学1型
69	山西工商学院	0.967	0.859	0.108	晋	1	财经	经管类	教学2型
70	安徽三联学院	0.962	0.738	0.224	皖	2	理工	文理类	教学2型
71	商丘学院	0.961	0.821	0.140	豫	8	农业	文理类	教学2型
72	武昌工学院	0.936	0.755	0.181	鄂	10	理工	文理类	教学2型
73	上海视觉艺术学院	0.935	0.842	0.093	沪	4	艺术	艺术类	教学2型
74	武汉工程科技学院	0.934	0.804	0.130	鄂	11	理工	文理类	教学2型
75	齐鲁理工学院	0.910	0.781	0.129	鲁	6	综合	理文类	教学1型
76	西安欧亚学院	0.881	0.780	0.101	陕	6	财经	经管类	教学2型
77	辽宁理工学院	0.878	0.818	0.060	辽	6	综合	文理类	教学1型
78	安阳学院	0.877	0.808	0.069	豫	9	师范	文科类	教学2型
79	长春财经学院	0.869	0.771	0.097	吉	5	财经	经管类	教学2型
80	保定理工学院	0.866	0.791	0.075	冀	3	理工	文理类	教学2型
81	南昌工学院	0.866	0.643	0.223	赣	4	理工	文理类	教学2型
82	武汉晴川学院	0.844	0.766	0.078	鄂	12	理工	文理类	教学1型

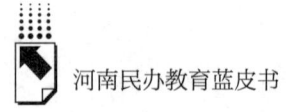

续表

排名	校名	总得分	人才培养得分	科学研究得分	省区市	省区市内排名	学校类型	学校参考类型
83	长春科技学院	0.836	0.730	0.106	吉	6	农业	理文类 教学2型
84	哈尔滨剑桥学院	0.835	0.786	0.050	黑	3	综合	文科类 教学1型
85	阳光学院	0.835	0.711	0.124	闽	2	理工	文理类 教学1型
86	武汉设计工程学院	0.831	0.704	0.127	鄂	13	理工	艺术类 教学1型
87	云南工商学院	0.831	0.762	0.069	云	1	财经	文理类 教学2型
88	齐鲁医药学院	0.825	0.723	0.102	鲁	7	医药	医学类 教学2型
89	齐齐哈尔工程学院	0.823	0.612	0.210	黑	4	理工	理文类 教学1型
90	长春光华学院	0.812	0.634	0.178	吉	7	综合	文科类 教学2型
91	大连科技学院	0.811	0.680	0.131	辽	7	理工	理文类 教学2型
92	黑龙江财经学院	0.799	0.723	0.077	黑	5	财经	经管类 教学2型
93	青岛黄海学院	0.773	0.595	0.178	鲁	8	综合	文理类 教学2型
94	闽南科技学院	0.769	0.664	0.105	闽	3	综合	文理类 教学2型
95	沈阳城市建设学院	0.767	0.720	0.047	辽	8	理工	理文类 教学2型
96	哈尔滨石油学院	0.761	0.698	0.063	黑	6	理工	理文类 教学2型
97	闽南理工学院	0.746	0.675	0.071	闽	4	理工	文理类 教学2型
98	西安思源学院	0.742	0.611	0.132	陕	7	理工	文科类 教学2型
99	厦门工学院	0.739	0.653	0.085	闽	5	理工	理文类 教学1型
100	武汉传媒学院	0.697	0.597	0.099	鄂	14	艺术	艺术类 教学2型
101	哈尔滨华德学院	0.690	0.646	0.044	黑	7	理工	理文类 教学2型
102	广西外国语学院	0.690	0.642	0.048	桂	1	语文	文科类 教学2型
103	成都东软学院	0.679	0.581	0.098	川	5	理工	文理类 教学2型
104	仰恩大学	0.667	0.613	0.054	闽	6	财经	文科类 教学1型
105	湖北商贸学院	0.650	0.559	0.090	鄂	15	财经	经管类 教学2型
106	辽宁何氏医学院	0.627	0.540	0.087	辽	9	医药	医学类 教学1型
107	黑龙江工商学院	0.608	0.539	0.069	黑	8	农业	经管类 教学2型
108	沈阳城市学院	0.599	0.578	0.021	辽	10	综合	文科类 教学2型
109	宁夏理工学院	0.596	0.569	0.027	宁	1	理工	理文类 教学1型
110	商丘工学院	0.594	0.435	0.158	豫	10	理工	理文类 教学2型
111	青岛工学院	0.582	0.530	0.052	鲁	9	综合	理文类 教学2型
112	哈尔滨广厦学院	0.567	0.542	0.025	黑	9	财经	经管类 教学2型
113	沈阳科技学院	0.563	0.539	0.024	辽	11	理工	理文类 教学1型
114	辽宁财贸学院	0.558	0.490	0.069	辽	12	财经	文科类 教学2型
115	哈尔滨远东理工学院	0.555	0.536	0.019	黑	1	理工	文理类 教学2型
116	安徽外国语学院	0.539	0.520	0.019	皖	3	语文	文科类 教学2型

续表

排名	校名	总得分	人才培养得分	科学研究得分	省区市内排名	学校类型	学校参考类型
117	天津天狮学院	0.535	0.474	0.061	津 1	综合	综合类 教学1型
118	河北美术学院	0.528	0.421	0.107	冀 4	艺术	艺术类 教学2型
119	安徽文达信息工程学院	0.451	0.422	0.029	皖 4	理工	理文类 教学2型
120	河北科技学院	0.427	0.410	0.017	冀 5	理工	理文类 教学2型
121	陕西服装工程学院	0.350	0.296	0.054	陕 8	理工	文科类 教学2型

资料来源：《2019～2020 中国民办大学排名100强（武书连版）》，大学生必备网，2020年1月12日，https://www.dxsbb.com/news/46703.html。

（二）基于武书连大学评价的河南民办大学综合实力分析

在表5中，河南省有10所民办本科高校位列121强，黄河科技学院在河南、在全国的综合实力排行第一；河南有6所民办高校进入了全国民办高校综合实力40名以内：郑州工商学院全国排第18名，郑州科技学院全国排第23名，郑州升达经贸管理学院排第32名，郑州商学院排第35名，郑州工业应用技术学院全国排第38名。有9所民办高校进入全国前80名。由表5可整理出2019年河南省民办大学在全国的综合实力排名（见表6）。

表6　2019年河南省民办大学在全国的综合实力排名

全国排名	校名	总得分	人才培养得分	科学研究得分	省内排名	学校类型	学校参考类型
1	黄河科技学院	4.462	2.112	2.350	豫 1	理工	文理类 教研1型
18	郑州工商学院	1.708	1.356	0.352	豫 2	理工	理文类 教学2型
23	郑州科技学院	1.622	1.181	0.441	豫 3	理工	文理类 教研2型
32	郑州升达经贸管理学院	1.470	1.044	0.425	豫 4	财经	经管类 教研2型
35	郑州商学院	1.345	1.046	0.298	豫 5	财经	经管类 教学1型
38	郑州工业应用技术学院	1.309	0.826	0.483	豫 6	理工	理文类 教研2型
65	信阳学院	0.991	0.895	0.096	豫 7	师范	文科类 教学2型
71	商丘学院	0.961	0.821	0.140	豫 8	农业	文理类 教学2型
78	安阳学院	0.877	0.808	0.069	豫 9	师范	文科类 教学2型
110	商丘工学院	0.594	0.435	0.158	豫 10	理工	理文类 教学2型

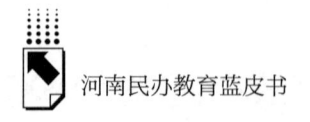

1. 河南民办高校本科毕业生就业质量、升学率综合实力分析

在本科毕业生就业质量方面，郑州工商学院排在第7名。在大学本科毕业生升学率方面，河南民办高校交出了令人满意的答卷，第6名是郑州工商学院，第7名是信阳学院。

2. 河南民办高校教师队伍创新能力、教师绩效综合实力分析

在教师创新能力方面，浙江树人大学排第1名，黄河科技学院排第2名。[①] 在教师绩效方面，浙江树人大学排第1名，吉林外国语大学第2名，黄河科技学院第3名。

3. 河南民办高校自然学科门类在国内的综合实力分析

自然科学是理学、工学、农学、医学4个学科的统称。自然科学排名体现了各大学自然科学4个学科的综合实力。我国民办大学自然科学本科生占民办大学本科生总数的37.99%。设立自然科学本科专业的民办大学共116所。

在学科门类建设方面，河南民办高校在本省优质教育资源薄弱的情况下，仍有较好的排名。在自然科学排名中，黄河科技学院排第1名，郑州工商学院排第10名，郑州工业应用技术学院、郑州科技学院、商丘工学院、商丘学院、郑州升达经贸管理学院、信阳学院等并列第12名。[②]

开设理学专业的民办大学共40所。我国民办大学理学专业中，信阳学院排第3名，黄河科技学院、郑州工商学院、安阳学院、商丘学院并列第4名。

开设工学专业的民办大学共116所。我国民办大学工学专业中，黄河科技学院排第1名、郑州工商学院排第7名、郑州科技学院排第10名，郑州工业应用技术学院、商丘工学院、商丘学院、郑州升达经贸管理学院、安阳学院、信阳学院并列12名。

开设农学专业的民办大学共13所。我国民办大学农学专业中，商丘学院排第1名。

[①] 《2019~2020中国民办大学排名100强（武书连版）》，大学生必备网，2020年1月12日，https://www.dxsbb.com/news/46703.html。

[②] 武书连：《2019中国民办大学独立学院学科门类排行榜》，新东方高考网，2019年11月3日。http://gaokao.xdf.cn/201911/10993594.html。

开设医学专业的民办大学共35所。我国民办大学医学专业中，黄河科技学院排第2名，郑州工业应用技术学院、商丘工学院并列第4名。①

4. 河南民办高校社会学科门类在国内的综合实力分析

社会科学排名体现了各大学人文社会科学8个学科的综合实力。我国民办大学社会科学本科生占民办大学本科生总数的62.01%。设立社会科学本科专业的民办大学共121所。

在社会科学排名中，黄河科技学院排第2名，郑州升达经贸管理学院排第9名，郑州商学院、郑州工商学院、郑州科技学院等并列第12名。②

开设经济学专业的民办大学共104所。我国民办大学经济学专业中，郑州升达经贸管理学院排第6名，黄河科技学院、郑州工业应用技术学院、郑州科技学院、郑州商学院、安阳学院、商丘学院、商丘工学院、信阳学院、郑州工商学院并列第10名。

开设法学专业的民办大学共50所。我国民办大学法学专业中，黄河科技学院、郑州升达经贸管理学院、郑州工商学院、郑州商学院、信阳学院并列第5名。

开设教育学专业的民办大学共56所。我国民办大学教育学专业中，黄河科技学院排第1名，郑州工商学院排第5名，商丘学院、信阳学院、郑州科技学院、郑州工业应用技术学院、郑州商学院、郑州升达经贸管理学院、商丘工学院等并列第6名。

开设文学专业的民办大学共113所。我国民办大学文学专业中，黄河科技学院排第2名、郑州商学院排第7名，郑州升达经贸管理学院、信阳学院、郑州工商学院、商丘学院、郑州科技学院、安阳学院并列第11名。

开设历史学专业的民办大学共3所。我国民办大学历史学专业中，信阳学院排第2名。

---

① 武书连：《挑大学 选专业——2019高考志愿填报指南（民办大学和独立学院版）》，中国统计出版社，2019，第37~41页。
② 吴振莉：《武书连2019年中国民办大学综合实力排行榜》，新浪教育，2019年9月2日，http：//edu.sina.com.cn/gaokao/2019-09-02/doc-iicezzrq2821221.shtml。

开设管理学专业的民办大学共120所。我国民办大学管理学专业中，黄河科技学院、郑州升达经贸管理学院、郑州商学院、商丘学院、郑州科技学院、商丘工学院、安阳学院、信阳学院并列第12名。

开设艺术学专业的民办大学共115所。我国民办大学艺术学专业中，黄河科技学院排第9名，郑州升达经贸管理学院排第11名，郑州科技学院、郑州商学院、郑州工商学院、郑州工业应用技术学院、商丘学院、安阳学院、信阳学院、商丘工学院并列第12名。①

（三）基于武书连大学排行评价的河南独立学院综合实力分析

独立学院是民办本科高校的重要组成部分。2019年评价河南省5所独立学院，第一名是新乡医学院三全学院，在全国255所独立学院中，其综合实力排在第45名。第二名为河南师范大学新联学院，在全国的独立学院综合实力排名中排在第50名（见表7）。②

表7 2019河南省独立学院在全国的综合实力排行

排名	校名	总得分	人才培养得分	科学研究得分	省内排名	学校类型	学校参考类型
45	新乡医学院三全学院	1.236	1.031	0.205	豫 1	理工	医学类	教研2型
50	河南师范大学新联学院	1.183	1.045	0.139	豫 2	理工	综合类	教研2型
59	中原工学院信息商务学院	1.129	0.972	0.158	豫 3	理工	文理类	教研2型
77	河南大学民生学院	1.040	0.951	0.089	豫 4	财经	综合类	教研2型
133	河南科技学院新科学院	0.790	0.751	0.040	豫 5	财经	文理类	教研2型

1.河南独立学院自然学科门类在国内的综合实力分析

根据全国独立学院统计数据，我国独立学院自然科学本科生占独立学院本科生总数的40.32%。开设自然科学专业的独立学院共241所。在全国独

---

① 武书连：《挑大学 选专业——2019高考志愿填报指南（民办大学和独立学院版）》，中国统计出版社，2019，第41~48页。
② 武书连：《2019中国255所独立学院综合实力分省排行榜》，搜狐网，2019年11月4日，https://www.sohu.com/a/351374547_100980。

立学院自然科学的综合实力排行中，由于河南省大部分独立学院已转设为民办高校，由表7看出，在列入排行榜的255所独立学院中，河南2所独立学院排名靠前，新乡医学院三全学院在全国独立学院的综合实力排第45名，河南师范大学新联学院排在第50名，另2所独立学院分列第59和77名。

根据全国独立学院统计数据，开设理学专业的独立学院共128所。我国民办大学理学专业中，河南师范大学新联学院排在第8名，河南大学民生学院、新乡医学院三全学院、河南科技学院新科学院并列第13名。

我国开设工学专业的独立学院共230所。我国民办大学工学专业中，河南科技学院新科学院、河南师范大学新联学院、河南大学民生学院、新乡医学院三全学院并列第23名。

我国开设农学专业的独立学院共25所。我国民办大学农学专业中，河南科技学院新科学院排在第3名。

我国开设医学专业的独立学院共65所。我国民办大学医学专业中，新乡医学院三全学院以较强的综合实力位列二甲，河南大学民生学院排在第7名。[①]

2. 河南独立学院社会学科门类在国内的综合实力分析

与自然科学相比，社会科学高层次毕业人数较少。根据全国独立学院统计数据，我国独立学院社会科学本科生占独立学院本科生总数的59.68%，设立社会科学本科专业的独立学院共253所。

在哲学、经济学、法学、教育学、文学、历史学、管理学、艺术学8个学科门类组合的社会科学排名中，河南师范大学新联学院、中原工学院信息商务学院、河南大学民生学院、河南科技学院新科学院、新乡医学院三全学院并列第25名。

我国开设经济学专业的独立学院共213所。我国独立学院经济学专业中，河南大学民生学院、中原工学院信息商务学院、河南师范大学新联学院、河南科技学院新科学院并列第21名。

---

① 武书连：《挑大学 选专业——2019高考志愿填报指南（民办大学和独立学院版）》，中国统计出版社，2019，第132~140页。

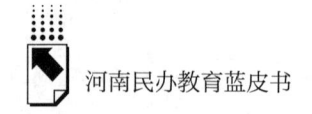

我国开设法学专业的独立学院共129所。我国独立学院法学专业中，河南大学民生学院、河南师范大学新联学院、中原工学院信息商务学院、河南科技学院新科学院并列第13名。

教育学包括教育学、体育学2个专业类别，共有16个本科专业。[①] 我国开设教育学专业的独立学院共85所。我国独立学院教育学专业中，河南师范大学新联学院、河南大学民生学院并列第9名。

我国开设文学专业的独立学院共232所。我国独立学院文学专业中，河南师范大学新联学院、中原工学院信息商务学院、河南大学民生学院、新乡医学院三全学院并列第23名。

开设管理学专业的独立学院共251所。我国独立学院管理学专业中，中原工学院信息商务学院、河南师范大学新联学院、新乡医学院三全学院、河南大学民生学院并列第23名。

武书连以全国大学综合实力排名为主线条，辅之以集中反映民办大学办学质量的教师平均学术水平、教师绩效、新生质量、本科毕业生质量等排名，体现了民办高校整体实力。专业排名体现民办高校学科实力，而教师学术水平和绩效排名则体现民办高校师资的真实水平，从新生质量排名和本科毕业生质量排名的对比中，还可以看到民办大学人才培养资源转换的效率。[②]

五 基于中国科教评价网的河南民办高校综合竞争力分析

由于采用的统计方法和选取指数的角度不同，国内不同的大学排行评价体系排行结果之间，不仅普通本科高校差别较大，涉及民办高校和独立学院

[①] 武书连：《挑大学 选专业——2019高考志愿填报指南（民办大学和独立学院版）》，中国统计出版社，2019，第141~157页。
[②] 武书连：《2019中国民办大学独立学院学科门类排行榜》，新东方高考网，2019年11月3日，http://gaokao.xdf.cn/201911/10993594.html。

的各类排行榜各有千秋、反差更大。因此，对国内不同的大学排行榜的评价始终褒贬不一。由本文选取的中国科教评价网、GDI智库、中国校友会网的大学排行榜可窥一斑。

（一）基于中国科教评价网的河南民办院校综合竞争力分析

"金平果排行榜"又称中评榜、邱均平大学排行榜、评价网大学排行榜，"金平果排行榜"由杭州电子科技大学中国科教评价研究院、浙江高等教育研究院和高教强省发展战略与评价研究中心、武汉大学中国科学评价研究中心联合中国科教评价网（www.nseac.com）研发。表8是2020～2021年100所民办院校综合竞争力排行榜。

表8　2020～2021年100所民办院校综合竞争力排行榜

排名	学校名称	等级	省区市	省区市内排名	类型	类型排名
1	浙江树人学院	5★+	浙江	1	理工	1
2	江西科技学院	5★+	江西	1	理工	2
3	黄河科技学院	5★	河南	1	理工	3
4	西交利物浦大学	5★	江苏	1	综合	1
5	南昌理工学院	5★	江西	2	理工	4
6	北京城市学院	5★	北京	1	综合	2
7	西京学院	5★	陕西	1	综合	3
8	湖南涉外经济学院	5★	湖南	1	财经	1
9	宁波诺丁汉大学	5★-	浙江	2	综合	4
10	三亚学院	5★-	海南	1	综合	5
11	吉林外国语大学	5★-	吉林	1	文法	1
12	宁波财经学院	5★-	浙江	3	理工	5
13	潍坊科技学院	5★-	山东	1	理工	6
14	烟台南山学院	5★-	山东	2	综合	6
15	西安欧亚学院	5★-	陕西	2	财经	2
16	河北传媒学院	5★-	河北	1	文法	2
17	吉林动画学院	4★	吉林	2	艺术	1
18	浙江越秀外国语学院	4★	浙江	4	文法	3

续表

排名	学校名称	等级	省区市	省区市内排名	类型	类型排名
19	青岛滨海学院	4★	山东	3	综合	7
20	长沙医学院	4★	湖南	2	医药	1
21	西安外事学院	4★	陕西	3	财经	3
22	黑龙江东方学院	4★	黑龙江	1	综合	8
23	西安翻译学院	4★	陕西	4	文法	4
24	香港中文大学(深圳)	4★	广东	1	综合	9
25	三江学院	4★	江苏	2	综合	10
26	福州外语外贸学院	4★	福建	1	财经	4
27	无锡太湖学院	4★	江苏	3	综合	11
28	安徽新华学院	4★	安徽	1	理工	7
29	西安培华学院	4★	陕西	5	文法	5
30	武汉东湖学院	4★	湖北	1	理工	8
31	山西工商学院	4★	山西	1	财经	5
32	广东科技学院	3★	广东	2	理工	9
33	郑州科技学院	3★	河南	2	理工	10
34	海口经济学院	3★	海南	2	财经	6
35	郑州升达经贸管理学院	3★	河南	3	财经	7
36	燕京理工学院	3★	河北	2	综合	12
37	闽南理工学院	3★	福建	2	理工	11
38	成都文理学院	3★	四川	1	综合	13
39	郑州工业应用技术学院	3★	河南	4	理工	12
40	大连艺术学院	3★	辽宁	1	艺术	2
41	长春建筑学院	3★	吉林	3	理工	13
42	四川传媒学院	3★	四川	2	艺术	3
43	武汉生物工程学院	3★	湖北	2	理工	14
44	广东白云学院	3★	广东	3	理工	15
45	山东英才学院	3★	山东	4	综合	14
46	河北美术学院	3★	河北	3	艺术	4
47	商丘学院	3★	河南	5	综合	15
48	重庆人文科技学院	3★	重庆	1	综合	16
49	南昌工学院	3★	江西	3	理工	16
50	陕西国际商贸学院	3★	陕西	6	财经	8
51	山东现代学院	3★	山东	5	综合	17
52	武昌理工学院	3★	湖北	3	理工	17

续表

排名	学校名称	等级	省区市	省区市内排名	类型	类型排名
53	广州工商学院	3★	广东	4	综合	18
54	上海建桥学院	3★	上海	1	综合	19
55	成都东软学院	3★	四川	3	理工	18
56	大连东软信息学院	3★	辽宁	2	理工	19
57	武汉传媒学院	3★	湖北	4	艺术	5
58	仰恩大学	3★	福建	3	综合	20
59	广州商学院	3★	广东	5	综合	21
60	沈阳工学院	3★	辽宁	3	理工	20
61	武汉工商学院	3★	湖北	5	综合	22
62	山东协和学院	3★	山东	6	医药	2
63	武汉工程科技学院	3★	湖北	6	理工	21
64	郑州工商学院	3★	河南	6	理工	22
65	辽宁财贸学院	3★	辽宁	4	财经	9
66	西安思源学院	3★	陕西	7	理工	23
67	广东培正学院	3★	广东	6	财经	10
68	汉口学院	3★	湖北	7	理工	24
69	青岛黄海学院	3★	山东	7	综合	23
70	南宁学院	3★	广西	1	理工	25
71	辽宁对外经贸学院	3★	辽宁	5	财经	11
72	四川工商学院	3★	四川	4	综合	24
73	安徽三联学院	3★	安徽	2	理工	26
74	陕西服装工程学院	3★	陕西	8	理工	27
75	武昌首义学院	3★	湖北	8	综合	25
76	北京师范大学—香港浸会大学联合国际学院	3★	广东	7	综合	26
77	温州商学院	3★	浙江	5	财经	12
78	安阳学院	3★	河南	7	综合	27
79	郑州商学院	2★	河南	8	财经	13
80	上海杉达学院	2★	上海	2	财经	14
81	哈尔滨华德学院	2★	黑龙江	2	理工	28
82	四川文化艺术学院	2★	四川	5	艺术	6
83	云南经济管理学院	2★	云南	1	财经	15
84	武昌工学院	2★	湖北	9	理工	29
85	信阳学院	2★	河南	9	综合	28
86	郑州财经学院	2★	河南	10	财经	16
87	四川电影电视学院	2★	四川	6	艺术	7
88	宿迁学院	2★	江苏	4	综合	29

续表

排名	学校名称	等级	省区市	省区市内排名	类型	类型排名
89	上海视觉艺术学院	2★	上海	3	艺术	8
90	齐鲁理工学院	2★	山东	8	综合	30
91	商丘工学院	2★	河南	11	理工	30
92	长春财经学院	2★	吉林	4	财经	17
93	齐鲁医药学院	2★	山东	9	医药	3
94	文华学院	2★	湖北	10	理工	31
95	江西工程学院	2★	江西	4	理工	32
96	江西服装学院	2★	江西	5	理工	33
97	福州理工学院	2★	福建	4	综合	31
98	广西外国语学院	2★	广西	2	文法	6
99	厦门工学院	2★	福建	5	理工	34
100	广东理工学院	2★	广东	8	理工	35

资料来源：《"金平果"独家发布2020年中国民办院校竞争力排行榜》，中国科教评价网，2020年4月23日，http：//nseac.com/html/14/683103.html。

在"金平果"2020～2021年中国民办本科院校竞争力排行榜中，浙江树人大学、江西科技学院、黄河科技学院、西交利物浦大学和南昌理工学院分列前五名。图4是2018年民办普通本科高校在全国的地区分布情况。

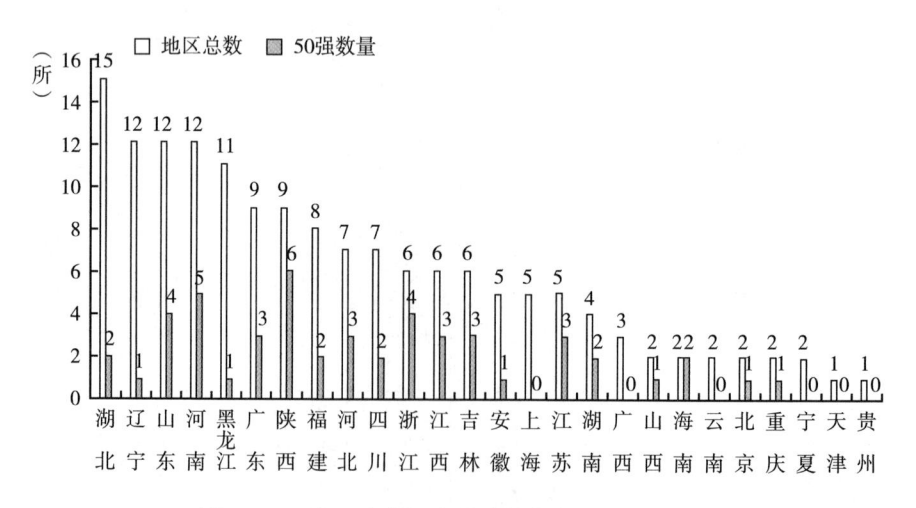

图4 2018年民办普通本科高校在全国的地区分布

资料来源：《"金平果"独家发布2020年中国民办院校竞争力排行榜》，中国科教评价网，2020年4月23日，http：//nseac.com/html/14/683103.html。

从地区分布（见图4）来看，全国民办普通本科院校（不含独立学院和民办职业大学）分布在26个地区，其中湖北数量最多，武汉东湖学院居湖北省第一；辽宁、山东、河南并列第二，大连艺术学院、潍坊科技学院、黄河科技学院分别位列本省首位；只有五个地区的民办普通本科高校在10所以上。从民办本科院校竞争力排名前50强来看，陕西、河南分别占6席、5席居前两位。山东、浙江均有4所高校进入50强；湖北、辽宁、黑龙江的学校总数较多，但进入50强的高校数较少。表9是河南民办院校在全国百强民办院校中竞争力排名情况。

表9 2020～2021年河南民办院校在全国百强民办院校中竞争力排名

国内排名	学校名称	等级	省份	省内排名	类型	类型排名
3	黄河科技学院	5★	河南	1	理工	3
33	郑州科技学院	3★	河南	2	理工	10
35	郑州升达经贸管理学院	3★	河南	3	财经	7
39	郑州工业应用技术学院	3★	河南	4	理工	12
47	商丘学院	3★	河南	5	综合	15
64	郑州工商学院	3★	河南	6	理工	22
78	安阳学院	3★	河南	7	综合	27
79	郑州商学院	2★	河南	8	财经	13
85	信阳学院	2★	河南	9	综合	28
86	郑州财经学院	2★	河南	10	财经	16
91	商丘工学院	2★	河南	11	理工	30

由表9看出，黄河科技学院排第3名、郑州科技学院排第33名、郑州升达经贸管理学院排第35名、郑州工业应用技术学院排第39名、商丘学院排第47名，位列前50强；此外郑州工商学院、安阳学院等河南6所院校进入全国百强民办院校行列。河南民办高校在50强中占比达10%、百强民办院校中占比达11%，充分展示了河南民办高校的综合竞争力。图5是民办院校在不同学科的类型分布图。

从类型分布（见图5）来看，156所民办本科院校中理工、综合、财经类高校比例较高，占比分别为37.18%、35.26%和13.46%。表10是2020

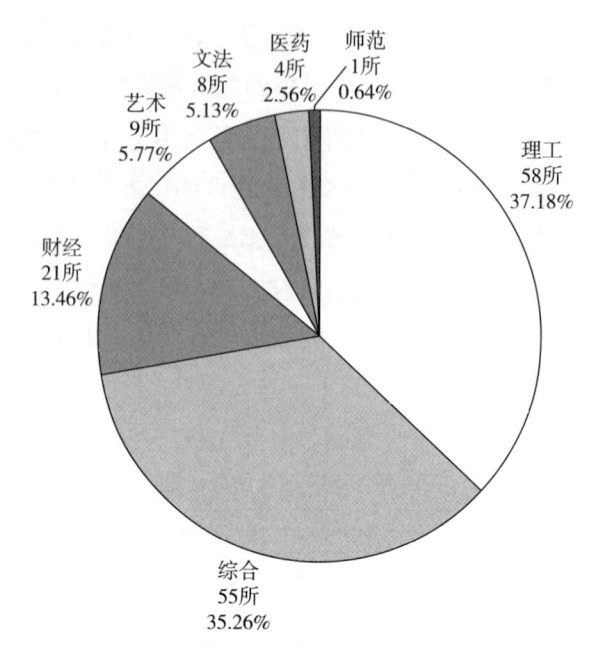

图 5　民办院校在不同学科的类型分布

资料来源：《"金平果"独家发布 2020 年中国民办院校竞争力排行榜》，中国科教评价网，2020 年 4 月 23 日，http://nseac.com/html/14/683103.html。

年中国民办本科院校各类型排名第一的高校。如表 10 所示，其中湖南省和吉林省各有 2 所高校入围类型排名第一。

表 10　2020 年中国民办本科院校各类型排名第一的高校

学校性质	学校类型	本类型第一名	国内民办院校排名	所属地区	地区排名
民办本科	理工	浙江树人大学	1	浙江	1
民办本科	综合	西交利物浦大学	4	江苏	1
民办本科	财经	湖南涉外经济学院	8	湖南	1
民办本科	文法	吉林外国语大学	11	吉林	1
民办本科	艺术	吉林动画学院	17	吉林	2
民办本科	医药	长沙医学院	20	湖南	2
民办本科	师范	黑龙江外国语学院	101	黑龙江	3

资料来源：《"金平果"独家发布 2020 年中国民办院校竞争力排行榜》，中国科教评价网，2020 年 4 月 23 日，http://nseac.com/html/14/683103.html。

从该排行榜列出的民办院校整体实力情况来看,浙江树人大学、江西科技学院和黄河科技学院整体表现实力较强。

(二)基于中国科教评价网的河南独立学院综合竞争力分析

在"金平果"2020年中国独立学院竞争力排行榜中,浙江大学城市学院、厦门大学嘉庚学院、北京理工大学珠海学院、电子科技大学中山学院和浙江大学宁波理工学院分列前五位。图6是2018年独立学院在全国的地区分布。表11是2020~2021年在全国百强独立学院竞争力中河南独立学院竞争力的排名情况。

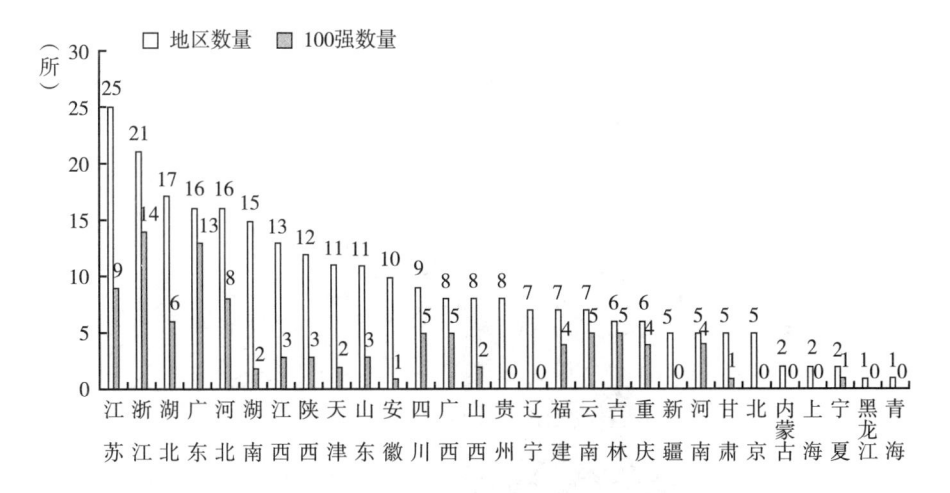

图6 独立学院在全国的地区分布

资料来源:《"金平果"2020年中国独立学院排行榜100强》,杭州电子科技大学网站,2020年4月27日,http://casee.hdu.edu.cn/2020/0427/c1031a106707/page.htm。

从地区分布(见图6)来看,全国261所独立学院分布在29个地区,其中江苏数量最多,有25所,中国传媒大学南广学院居本地第一;浙江有独立学院21所,浙江大学城市学院位居第一;湖北有17所,武汉科技大学城市学院居首;河南仅有5所,新乡医学院三全学院居首。

从独立学院竞争力排名前100强来看,浙江、广东分别占14席、13席,有较大优势;江苏、河北也分别有9所和8所高校进入100强;湖南、安徽、贵州等地的学校数量较多,但进入100强的高校数相对较少;河南独立学院虽少，但5所独立学院中有3所进入了50强，4所进入了100强，省内100强独立院校占比达80%，充分显示了河南独立学院的综合竞争力（见表11）。

表11 2020~2021年在全国百强独立学院中河南独立学院竞争力排名

国内排名	学校名称	等级	省份	省内排名	学校数
22	新乡医学院三全学院	5★-	河南	1	261
34	河南大学民生学院	4★	河南	2	261
50	中原工学院信息商务学院	4★	河南	3	261
77	河南师范大学新联学院	3★	河南	4	261

图7是独立学院在不同学科的类型分布。从类型分布来看，261所独立学院中理工、综合、财经类高校比例较高，分别有90、72和42所，占总数的34.48%、27.59%和16.09%。

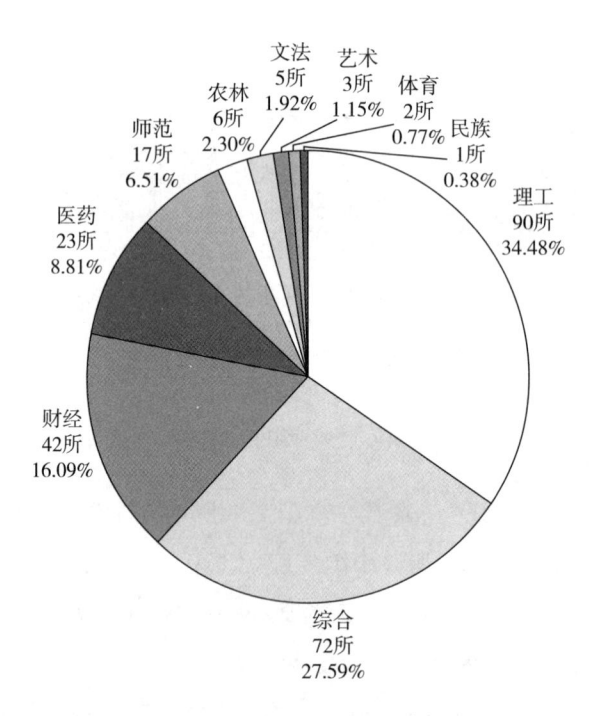

图7 独立学院在不同学科的类型分布

资料来源：《"金平果"2020年中国独立学院排行榜100强》，杭州电子科技大学网站，2020年4月27日，http://casee.hdu.edu.cn/2020/0427/c1031a106707/page.htm。

独立学院涉及的学校类型主要有理工、综合、财经、医药、师范等10种，各类型排名第一的高校如表12所示。浙江省有2所高校入围类型排名第一，河南省有1所独立学院入围医药类型排名第一。在全国261所独立学院中，新乡医学院三全学院表现突出，位居河南省独立学院综合实力第1名、全国医药类独立学院第1名、全国独立学院综合竞争力第22名。

表12　2020年中国独立学院各类型排名第一的高校

学校性质	学校类型	本类型第一名	独立学院全国排名	所属地区	地区排名
独立学院	理工	浙江大学城市学院	1	浙江	1
独立学院	综合	厦门大学嘉庚学院	2	福建	1
独立学院	财经	云南师范大学商学院	16	云南	1
独立学院	艺术	中国传媒大学南广学院	20	江苏	1
独立学院	医药	新乡医学院三全学院	22	河南	1
独立学院	农林	山西农业大学信息学院	31	山西	2
独立学院	师范	绍兴文理学院元培学院	39	浙江	4
独立学院	文法	四川外国语大学重庆南方翻译学院	57	重庆	3
独立学院	体育	天津体育学院运动与文化艺术学院	166	天津	6
独立学院	民族	贵州民族大学人文科技学院	210	贵州	6

资料来源：《"金平果"2020年中国独立学院排行榜100强》，杭州电子科技大学网站，2020年4月27日，http://casee.hdu.edu.cn/2020/0427/c1031a106707/page.htm。

六　基于不同大学评价的河南民办高校综合竞争力分析

（一）基于GDI智库应用大学评价的河南民办高校综合实力分析

1. 基于GDI智库应用大学评价河南榜的河南民办高校综合竞争力

2019年，广州日报数据和数字化研究院（GDI智库）发布了"2019广州日报应用大学排行榜"。在此基础上，研制团队针对河南省的院校入围情况,形成了"2019年广州日报应用大学排行榜——河南榜"(见表13)。在"2019广州日报应用大学排行榜——TOP800"中,河南省上榜45所。其中,排名300以内的有21所,排名100以内的有10所。

表13 2019年广州日报应用大学排行榜——河南榜

河南排名	综合排名	院校	应用指数	学术指数	声誉指数	二次评估指数	综合指数
1	19	郑州轻工业大学	85.50	79.95	97.16	87.25	88.22
2	24	河南财经政法大学	79.73	87.41	93.13	86.12	87.15
3	47	中原工学院	83.50	75.56	85.75	82.34	82.94
4	49	新乡医学院	80.50	82.18	80.93	83.06	82.82
5	56	河南科技学院	84.10	78.21	75.67	82.09	81.84
6	69	洛阳理工学院	84.89	73.19	78.99	77.17	80.75
7	73	河南工程学院	83.91	74.56	78.10	75.66	80.41
8	86	许昌学院	81.75	73.69	78.33	79.20	79.63
9	89	黄河科技学院	85.27	71.06	75.84	74.93	79.29
10	91	郑州航空工业管理学院	78.85	74.99	81.44	77.52	79.28
11	109	信阳师范学院	72.72	77.65	83.78	81.36	78.42
12	144	南阳师范学院	78.28	73.67	75.07	74.76	76.93
13	152	新乡学院	79.45	71.69	74.07	75.18	76.63
14	181	安阳师范学院	76.40	71.91	75.64	74.15	75.60
15	201	南阳理工学院	73.91	71.48	77.65	75.64	74.98
16	222	商丘师范学院	75.91	70.47	74.22	71.69	74.35
17	232	洛阳师范学院	70.91	72.78	77.88	75.10	74.10
17	232	黄淮学院	76.79	70.31	72.02	70.73	74.10
19	236	郑州师范学院	76.92	69.11	72.91	71.39	74.03
20	242	平顶山学院	76.11	70.23	71.85	70.49	73.72
21	264	河南城建学院	72.98	69.59	74.38	73.85	73.07
22~24	301~350	郑州工业应用技术学院	75.96	66.58	69.31	66.55	70.86~71.68
22~24	301~350	安阳工学院	71.21	69.31	71.93	71.25	70.86~71.68
22~24	301~350	周口师范学院	69.53	71.73	71.34	70.74	70.86~71.68
25	351~400	河南牧业经济学院	71.54	69.00	68.29	68.17	69.91~70.80
26~28	401~450	郑州升达经贸管理学院	73.96	66.36	66.12	65.83	69.04~69.89
26~28	401~450	新乡医学院三全学院	73.48	64.57	68.66	66.22	69.04~69.89
26~28	401~450	商丘工学院	74.98	64.27	64.92	63.81	69.04~69.89

续表

河南排名	综合排名	院校	应用指数	学术指数	声誉指数	二次评估指数	综合指数
29~32	451~500	河南大学民生学院	72.14	64.09	69.18	66.39	68.32~69.01
29~32	451~500	信阳农林学院	71.60	66.60	65.69	66.69	68.32~69.01
29~32	451~500	河南工学院	66.21	69.03	71.76	65.79	68.32~69.01
29~32	451~500	郑州科技学院	70.35	65.05	68.74	66.42	68.32~69.01
33~34	501~550	郑州工商学院	68.26	65.43	70.74	64.65	67.67~68.30
33~34	501~550	郑州商学院	69.94	64.04	69.37	62.78	67.67~68.30
35~37	551~600	河南警察学院	69.24	65.36	67.30	65.60	67.06~67.65
35~37	551~600	河南师范大学新联学院	70.06	64.25	67.23	65.21	67.06~67.65
35~37	551~600	河南财政金融学院	70.52	64.60	66.52	62.12	67.06~67.65
38~39	601~651	河南科技学院新科学院	71.49	63.19	63.14	63.37	66.52~67.05
38~39	601~651	郑州工程技术学院	71.11	62.56	64.98	61.46	66.52~67.05
40~41	652~700	铁道警察学院	67.01	64.84	67.40	64.05	65.87~66.50
40~41	652~700	信阳学院	69.16	63.19	65.53	62.77	65.87~66.50
42~44	701~750	黄河交通学院	68.76	63.86	63.63	62.73	64.87~65.85
42~44	701~750	中原工学院信息商务学院	66.33	63.66	66.91	64.31	64.87~65.85
42~44	701~750	安阳学院	67.93	62.67	64.05	61.88	64.87~65.85
45	751~800	商丘学院	65.46	63.41	65.07	62.96	63.49~64.85

资料来源：《2019广州日报应用大学排行榜——河南榜》，搜狐网，2019年5月23日，https：//www.sohu.com/a/316022896_503456。

从综合指数来看，省内排名前十的依次为郑州轻工业大学、河南财经政法大学、中原工学院、新乡医学院、河南科技学院、洛阳理工学院、河南工程学院、许昌学院、黄河科技学院、郑州航空工业管理学院。其中，郑州轻工业大学位居总榜第19名。

从应用指数看，名列前三的是郑州轻工业大学（85.50）、黄河科技学院（85.27）、洛阳理工学院（84.89）。从学术指数看，名列前三的是河南财经政法大学（87.41）、新乡医学院（82.18）、郑州轻工业大学（79.95）。从声誉指数看，名列前三的是郑州轻工业大学（97.16）、河南财经政法大

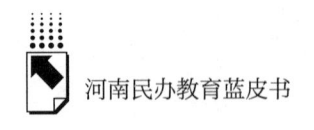

学（93.13）、中原工学院（85.75）。

由表13可见，河南民办普通高校和独立学院进入榜单的有17所。黄河科技学院位居河南高校前列，排第9名，尤其是应用指数以0.23的差距紧随冠军郑州轻工业大学之后，屈居亚军，远超省内其他部分公办普通本科高校；郑州工业应用技术学院和安阳工学院排在第22~24位。

2. 基于GDI智库应用大学民办高校榜的河南民办高校综合竞争力分析

GDI智库评价全国172所民办院校（不含独立学院），并推出"2019广州日报应用大学排行榜——民办院校TOP100（不含独立学院）"。表14是"2019广州日报应用大学排行榜——民办院校TOP100"前十名。

表14 "2019广州日报应用大学排行榜——民办院校TOP100"十强

排名	院校	应用指数	学术指数	声誉指数	二次评估指数	综合指数	所在地区
1	黄河科技学院	86.40	72.03	72.41	73.85	78.04	河南
2	江西科技学院	83.77	69.48	71.85	73.23	76.04	江西
3	文华学院	81.50	70.97	70.45	72.85	75.27	湖北
4	武昌首义学院	81.10	70.65	70.92	73.06	75.13	湖北
5	西安外事学院	74.44	68.91	80.58	75.21	74.08	陕西
6	西京学院	78.42	70.69	70.16	74.49	74.05	陕西
7	西安培华学院	72.63	67.57	82.96	75.10	73.43	陕西
8	北京城市学院	75.23	68.62	73.32	72.16	72.56	北京
9	西安思源学院	71.42	67.04	81.66	73.95	72.41	陕西
10	上海建桥学院	75.53	68.26	69.47	70.20	71.60	上海

在榜单中，民办院校排名中领先的黄河科技学院，在综合排名中是第89名。在表14榜单中，陕西省共有4所民办高校进入前10名，湖北有2所民办高校进入前10名。在前100名中，湖北省的民办院校数量最多，有12所；其次是山东省，共计9所，再次是陕西省（8所）、河南省（8所）。在应用指数指标中，黄河科技学院位列第一。在学术指数指标

中，排名第一的也是黄河科技学院。在二次评估指数指标中，黄河科技学院仍然位列第一。表15是河南民办高校在"应用大学排行榜"中综合竞争力排名。

表15　河南民办高校在"应用大学排行榜"中综合竞争力排名

省内民校排名	校名	应用指数	学术指数	声誉指数	二次评估指数	综合指数	TOP100排名	省内高校排名	TOP800排名
1	黄河科技学院	85.27	71.06	75.84	74.93	79.29	1	9	89
2	郑州工业应用技术学院	75.96	66.58	69.31	66.55	71.49	22	22	301
3	安阳工学院	71.21	69.31	71.34	70.74	70.86	23	22	301
4	郑州升达经贸管理学院	73.96	66.36	66.12	65.83	69.79	47	26	401
5	商丘工学院	74.98	64.27	64.92	63.81	69.07	59	26	401
6	郑州科技学院	70.35	65.05	68.74	66.42	68.43	70	29	451
7	郑州工商学院	68.26	65.43	70.74	64.65	67.00	78	33	501
8	郑州商学院	69.94	64.04	69.37	62.78	67.67	84	33	501
9	信阳学院	69.16	63.10	65.33	62.77	66.50		40	652
10	黄河交通学院	68.76	63.86	63.63	62.73	65.85		42	701
10	安阳学院	66.33	63.66	66.91	64.31	65.85		42	701
11	商丘学院	67.93	62.67	64.05	61.88	65.85		45	751

河南有8所民办高校进入"民办院校TOP100"，进入前50名的有4所，有6所进入河南应用大学前30名序列。从表15数据来看，河南的民办高校整体综合竞争力处于国内上中游的水平。黄河科技学院一枝独秀，在多项指数中名列前茅，在参评的800所应用型大学中以第89名的排名处于上游水平。而且接连三年在"应用大学排行榜——民办院校TOP100"中稳居第一，充分展示了黄河科技学院在创建应用技术大学中取得的成绩。

由表13和表15可见，河南省部分办学质量较好的民办普通高等院校、独立学院办学实力已远超部分公办普通本科高校。有业内人士认为，榜单发布，无疑将会促进河南高等院校之间的良性竞争，形成高等教育发展的新态势，激发河南高校办学活力，进而使整个河南高等教育更加充满生机。①

---

① 《"2019广州日报应用大学排行榜"发布》，东方资讯，2019年5月10日，https：//mini.eastday.com/a/190510093113846－4.html。

3. 基于GDI智库应用大学评价独立学院榜的河南独立学院综合竞争力分析

"2019广州日报应用大学排行榜——独立学院TOP100"榜单（以下简称"独立学院TOP100"）中，排第一位的是浙江大学城市学院，浙江大学宁波理工学院紧随其后，两所大学都进入了综合排行榜前100名。声誉指数排名与综合指数排名相差最大的是河南师范大学新联学院，其声誉指数排名第50，而综合指数排名第99。表16是河南独立学院在"应用大学排行榜"中综合竞争力排名。

表16 河南独立学院在"应用大学排行榜"中综合竞争力排名

省内排名	校名	应用指数	学术指数	声誉指数	二次评估指数	综合指数	TOP100排名	省内高校排名	TOP800排名
1	新乡医学院三全学院	73.48	64.57	68.66	66.22	69.89	49	26	401
2	河南大学民生学院	72.14	64.09	69.18	66.39	69.01	56	29	451
3	河南师范大学新联学院	70.06	64.25	67.23	65.21	67.65	99	35	551
4	河南科技学院新科学院	71.49	63.19	63.14	63.37	67.05		38	601
5	中原工学院信息商务学院	66.33	63.66	66.91	64.31	65.85		42	701

由表16看出，河南5所独立学院，有三所进入"应用大学排行榜——独立学院TOP100"榜单，新乡医学院三全学院排第49名，在省内高校中排第26名；河南大学民生学院排第56名。参评的800所应用大学中，河南的5所独立学院排在401~701名之中，整体综合竞争力处于中下游系列，而且五校的五项排名指数差距不大。前述TOP100排名靠前的独立学院，其母体高校90%以上是985高校和国内名校。

（二）基于校友会大学评价的河南民办高校综合实力分析

2019年12月27日，艾瑞深中国校友会网（cuaa.net）正式公布《2020中国大学评价研究报告——高考志愿填报指南》。在全国民办大学中，武昌首义学院雄踞校友会2020中国民办大学排名榜首，文华学院排第2名，山东英才学院排第3名，西安欧亚学院排第4名，三亚学院排第5名，山东协和学院排第6名，郑州工商学院排第7名，武汉学院排第8名，西安培华学院排第9名，齐鲁理工学院和湖南涉外经济学院并列第10名。

艾瑞深中国校友会网2020中国大学排名评价指标体系由教育教学质量（占32%）、高层次人才（占13%）、优势学科专业（占9%）、高端科研成果（占21%）、科研项目（占5%）、科研基地（占5%）、办学层次（占5%）、社会声誉（占6%）和国际影响（占4%）等9大核心指标组成，涵盖了400多项评测指标。表17是校友会2019—2020河南省民办大学排名。

表17　校友会2019—2020河南省民办大学排名

名次	学校名称	全国排名	星级排名	办学层次
1	郑州工商学院	7	6★	中国顶尖民办大学
2	黄河科技学院	24	6★	中国顶尖民办大学
3	商丘学院	25	5★	中国一流民办大学
4	安阳学院	49	4★	中国高水平民办大学
5	郑州西亚斯学院	57	4★	中国高水平民办大学
6	郑州工业应用技术学院	73	4★	中国高水平民办大学
7	郑州科技学院	79	3★	区域一流民办大学
8	郑州升达经贸管理学院	88	3★	区域一流民办大学
9	郑州商学院	108	3★	区域一流民办大学
10	信阳学院	125	2★	区域高水平民办大学
11	商丘工学院	126	1★	区域知名民办大学
12	郑州财经学院	128	1★	区域知名民办大学
13	黄河交通学院	153	1★	区域知名民办大学

资料来源：《2019—2020河南民办大学排名》，大学生必备网，2020年1月13日，https：//www.dxsbb.com/news/42542.html。

根据艾瑞深研究院校友会团队最新发布的《2020中国大学评价研究报告》可以看出，2020河南民办大学排名第一的是郑州工商学院，排名第二的是黄河科技学院，排名第三的是商丘学院。进入全国民办高校百强的有8所，进入全国50强的有4所。表18是校友会2020河南省独立学院在全国的排名。有3所独立学院进入全国排名百强，其中河南师范大学新联学院在全国排第19名，河南大学民生学院在全国排第25名，进入50强。[①]

[①] 资料来源：《2019—2020河南民办大学排名》，大学生必备网，2020年1月13日，https：//www.dxsbb.com/news/42542.html。

表18　校友会2020河南省独立学院排名

名次	学校名称	全国排名	星级排名	办学层次
1	河南师范大学新联学院	19	5★	中国一流独立学院
2	河南大学民生学院	25	4★	中国高水平独立学院
3	中原工学院信息商务学院	79	3★	区域一流独立学院
4	新乡医学院三全学院	114	2★	区域高水平独立学院
5	河南科技学院新科学院	162	1★	区域知名独立学院

资料来源：《2019—2020河南民办大学排名》，大学生必备网，2020年1月13日，https://www.dxsbb.com/news/42542.html。

（三）基于中国科教评价研究院的河南民办高校科研竞争力分析

由浙江树人大学中国民办高等教育研究院和杭州电子科技大学中国科教评价研究院相继推出的中国民办本科院校及独立学院科研竞争力评价工作始于2012年。

2019年的评价对象包括161所民办本科院校和254所独立学院（不包括宁波诺丁汉大学、上海纽约大学、昆山杜克大学、温州肯恩大学等中外合作办学院校，也未包括西湖大学），指标体系和前几年的保持一致，指标体系权重如表19所示。表20是2019年80所C+级及以上的民办本科院校科研竞争力评价结果。表21是2019年独立学院科研竞争力评价结果。

表19　院校科研竞争力评价指标体系及权重

一级指标	二级指标	权重(%)
论文	CSSCI、CSCD论文	35
	SCI、SSCI、A&HCI论文	10
	中国知网（CNKI）论文	10
课题	国家社科、国家自科、教育部课题、文化部课题等	20
专利	发明专利	15
奖励	部级以上科技奖励	10

资料来源：汤建民《2019中国民办本科院校及独立学院科研竞争力评价研究报告》，《高教发展与评估》2020年第1期。

表20　2019年中国民办本科院校科研竞争力评价结果（C+级及以上，前80强）

排序	高校名称	标准分	层级	排序	高校名称	标准分	层级
1	西京学院	100.00	A+	35	安徽信息工程学院	41.96	B
2	宁波财经学院	89.80	A+	36	江西服装学院	41.19	B
3	浙江树人学院	82.11	A+	37	上海杉达学院	41.09	B
4	黄河科技学院	74.94	A+	38	南宁学院	41.08	B
5	浙江越秀外国语学院	66.11	A+	39	辽宁对外经贸学院	40.98	B
6	潍坊科技学院	60.64	A+	40	青岛黄海学院	40.82	B
7	湖南涉外经济学院	57.88	A+	41	安徽三联学院	40.81	B
8	三亚学院	57.78	A+	42	黄河交通学院	40.71	B
9	江西科技学院	57.77	A	43	北京城市学院	40.70	B
10	烟台南山学院	56.25	A	44	郑州工商学院	40.69	B
11	宿迁学院	56.24	A	45	郑州升达经贸管理学院	40.61	B
12	安徽新华学院	55.59	A	46	西安思源学院	40.52	B
13	三江学院	55.49	A	47	广东理工学院	40.28	B
14	长沙医学院	53.98	A	48	商丘工学院	40.14	B
15	郑州工业应用技术学院	53.15	A	49	青岛滨海学院	39.95	C+
16	温州商学院	53.01	A	50	信阳学院	39.53	C+
17	郑州科技学院	52.10	B+	51	大连财经学院	39.45	C+
18	山东英才学院	49.69	B+	52	广州工商学院	39.43	C+
19	福州外语外贸学院	47.89	B+	53	重庆人文科技学院	39.11	C+
20	陕西国际商贸学院	47.30	B+	54	厦门华夏学院	39.02	C+
21	广东科技学院	47.10	B+	55	云南经济管理学院	38.72	C+
22	西安培华学院	46.98	B+	56	闽南科技学院	38.66	C+
23	武汉生物工程学院	46.93	B+	57	武昌工学院	38.15	C+
24	无锡太湖学院	46.91	B+	58	吉林建筑科技学院	38.04	C+
25	南通理工学院	46.25	B+	59	广东白云学院	38.00	C+
26	西安翻译学院	45.45	B+	60	郑州财经学院	37.95	C+
27	西安外事学院	45.16	B+	61	郑州商学院	37.88	C+
28	武汉东湖学院	44.65	B+	62	海口经济学院	37.71	C+
29	南昌理工学院	43.64	B+	63	上海建桥学院	37.65	C+
30	文华学院	43.54	B+	64	南昌工学院	37.50	C+
31	沈阳工学院	43.23	B+	65	阳光学院	37.15	C+
32	武汉工商学院	42.57	B+	66	长春科技学院	37.06	C+
33	武昌理工学院	42.36	B	67	商丘学院	36.82	C+
34	大连东软信息学院	42.16	B	68	陕西服装工程学院	36.53	C+

续表

排序	高校名称	标准分	层级	排序	高校名称	标准分	层级
69	长春财经学院	36.34	C+	75	汉口学院	35.23	C+
70	广东培正学院	36.32	C+	76	吉林外国语大学	35.21	C+
71	厦门工学院	35.70	C+	77	燕京理工学院	35.19	C+
72	上海视觉艺术学院	35.46	C+	78	武汉华夏理工学院	35.14	C+
73	广州商学院	35.43	C+	79	长春建筑学院	35.03	C+
74	重庆工程学院	35.42	C+	80	皖江工学院	35.01	C+

资料来源：汤建民《2019 中国民办本科院校及独立学院科研竞争力评价研究报告》，《高教发展与评估》2020 年第 1 期。

表 21　2019 年中国独立学院科研竞争力评价结果（B 级及以上，前 76 强）

排序	学校名称	标准分	层级	排序	学校名称	标准分	层级
1	浙江大学宁波理工学院	100.00	A+	24	重庆工商大学融智学院	40.82	A
2	浙江大学城市学院	98.31	A+	25	北京理工大学珠海学院	40.52	A
3	电子科技大学中山学院	68.94	A+	26	西安交通大学城市学院	40.13	B+
4	厦门大学嘉庚学院	68.25	A+	27	南京理工大学泰州科技学院	39.04	B+
5	北京师范大学珠海分校	67.31	A+	28	南京大学金陵学院	38.94	B+
6	浙江农林大学暨阳学院	51.83	A+	29	浙江工商大学杭州商学院	38.42	B+
7	吉林大学珠海学院	50.79	A+	30	东北师范大学人文学院	38.40	B+
8	山西大学商务学院	50.56	A+	31	浙江师范大学行知学院	38.38	B+
9	浙江工业大学之江学院	49.26	A+	32	福建农林大学金山学院	38.12	B+
10	中国石油大学胜利学院	47.20	A+	33	扬州大学广陵学院	37.94	B+
11	中山大学新华学院	45.82	A+	34	武汉科技大学城市学院	37.90	B+
12	中山大学南方学院	45.34	A+	35	山西农业大学信息学院	37.69	B+
13	广西科技大学鹿山学院	45.20	A+	36	长春理工大学光电信息学院	37.63	B+
14	华南理工大学广州学院	44.88	A	37	集美大学诚毅学院	37.60	B+
15	温州大学瓯江学院	43.55	A	38	福建师范大学协和学院	37.22	B+
16	宁波大学科学技术学院	42.64	A	39	广东外语外贸大学南国商学院	37.17	B+
17	南京师范大学泰州学院	42.28	A				
18	绍兴文理学院元培学院	41.74	A	40	福州大学至诚学院	37.11	B+
19	中国传媒大学南广学院	41.42	A	41	浙江财经大学东方学院	37.08	B+
20	杭州师范大学钱江学院	41.31	A	42	东南大学成贤学院	36.91	B+
21	成都理工大学工程技术学院	41.27	A	43	南京航空航天大学金城学院	36.86	B+
22	东莞理工学院城市学院	41.13	A	44	常州大学怀德学院	36.80	B+
23	四川大学锦城学院	40.92	A	45	南开大学滨海学院	36.64	B+

续表

排序	学校名称	标准分	层级	排序	学校名称	标准分	层级
46	浙江海洋大学东海科学技术学院	36.52	B+	62	西北工业大学明德学院	34.70	B
47	南京理工大学紫金学院	36.19	B+	63	昆明理工大学津桥学院	34.55	B
48	重庆师范大学涉外商贸学院	35.95	B+	64	南通大学杏林学院	34.46	B
49	烟台大学文经学院	35.93	B+	65	天津大学仁爱学院	34.41	B
50	新乡医学院三全学院	35.90	B+	66	西北大学现代学院	34.39	B
51	辽宁师范大学海华学院	35.80	B+	67	南京中医药大学翰林学院	34.34	B
52	重庆邮电大学移通学院	35.75	B	68	西南财经大学天府学院	34.34	B
53	淮北师范大学信息学院	35.60	B	69	长江大学文理学院	34.27	B
54	南京医科大学康达学院	35.60	B	70	西安财经学院行知学院	34.26	B
55	同济大学浙江学院	35.54	B	71	长江大学工程技术学院	34.17	B
56	中原工学院信息商务学院	35.49	B	72	华北电力大学科技学院	34.11	B
57	河南大学民生学院	34.99	B	73	北京邮电大学世纪学院	34.09	B
58	河南师范大学新联学院	34.83	B	74	延安大学西安创新学院	33.96	B
59	广州大学华软软件学院	34.73	B	75	广东海洋大学寸金学院	33.92	B
60	青岛理工大学琴岛学院	34.73	B	76	天津财经大学珠江学院	33.87	B
61	上海外国语大学贤达经济人文学院	34.70	B				

资料来源：汤建民《2019中国民办本科院校及独立学院科研竞争力评价研究报告》，《高教发展与评估》2020年第1期。

该大学评价体系继续采用"动态评价法"进行计算。在进行2019年的科研竞争力排序时，为兼顾考察过程的连续性，2018年的数据和2017年的数据均作为依据，其中2018年的数据权重占60%，2017年的数据权重占40%。参考表20、表21并分析历年来的数据可得到以下几点结论。

一是在论文发表数量方面，民办高校作为第一署名在SCI、CSSCI、CSCD三个数据库中的发文总量未超过10篇。因此，民办本科院校及独立学院整体科研实力目前仍处于低水平，仅有少数高校的科研工作取得较好业绩，如：浙江大学宁波理工学院、浙江大学城市学院、西京学院、浙江树人学院、黄河科技学院、宁波财经学院、电子科技大学中山学院、厦门大学嘉庚学院等。

二是近年来科研业绩有明显进步的民办本科院校主要有宁波财经学院、

烟台南山学院、安徽信息工程学院、江西服装学院、黄河交通学院、陕西服装工程学院等。近年来科研业绩有明显进步的独立学院主要有西安交通大学城市学院、宁波大学科学技术学院、浙江工商大学杭州商学院、扬州大学广陵学院、浙江海洋大学东海科学技术学院、烟台大学文经学院、新乡医学院三全学院等。

三是获批国家自科、国家社科和教育部课题比较多的民办本科院校有宁波财经学院、黄河科技学院、山东英才学院、浙江树人学院、温州商学院等。获得授权发明专利比较多的民办本科院校则有黄河科技学院、潍坊科技学院、西京学院等。

获批国家自科、国家社科、教育部课题比较多的独立学院有浙江大学城市学院、浙江大学宁波理工学院、北京师范大学珠海分校等。获得授权发明专利比较多的独立学院有浙江大学宁波理工学院、浙江大学城市学院、电子科技大学中山学院、厦门大学嘉庚学院等。[①]

四是在民办本科院校科研竞争力排行榜中，西京学院继2018年首次获得第一名后，今年继续保持在第一位；宁波财经学院首次进入前三，位居第二。在独立学院科研竞争力排行榜中，浙江大学宁波理工学院、浙江大学城市学院、电子科技大学中山学院继续保持在前3位。表22是河南民办本科院校科研竞争力评价排名。

表22　2019年河南民办本科院校科研竞争力评价排名

省内名次	学校名称	全国排名	标准分	层级
1	黄河科技学院	4	74.94	A+
2	郑州工业应用技术学院	15	53.15	A
3	郑州科技学院	17	52.10	B+
4	黄河交通学院	42	40.71	B
5	郑州工商学院	44	40.69	B
6	郑州升达经贸管理学院	45	40.61	B

① 汤建民：《2019中国民办本科院校及独立学院科研竞争力评价研究报告》，《高教发展与评估》2020年第1期，第47~52页。

续表

省内名次	学校名称	全国排名	标准分	层级
7	商丘工学院	48	40.14	B
8	信阳学院	50	39.53	C+
9	郑州财经学院	60	37.95	C+
10	郑州商学院	61	37.88	C+
11	商丘学院	67	36.82	C+

资料来源：汤建民《2019 中国民办本科院校及独立学院科研竞争力评价研究报告》，《高教发展与评估》2020 年第 1 期。

在 161 所民办本科高校中，河南民办高校中黄河科技学院的科研竞争力在 2015 年、2016 年、2017 年连续三年位居第 2 名，2018 年位居第 3 名，[1] 2019 年黄河科技学院名次相比以前稍有下降，位居第 4 名。2019 年河南民办高校进入全国民办高校科研竞争力 80 强的有 11 所高校，占榜单的 13.75%，进入全国 50 强的有 8 所（见表 22），占 50 强的 16%。表 23 是 2019 年河南独立学院科研竞争力评价排名。

表 23　2019 年河南独立学院科研竞争力评价排名

省内名次	学校名称	全国排名	标准分	层级
1	新乡医学院三全学院	50	35.90	B+
2	中原工学院信息商务学院	56	35.49	B
3	河南大学民生学院	57	34.99	B
4	河南师范大学新联学院	58	34.83	B

资料来源：汤建民《2018 中国民办本科院校及独立学院科研竞争力评价研究报告》，《高教发展与评估》2019 年第 1 期。

表 23 中，2019 年河南有 4 所独立学院进入全国独立学院科研竞争力评价排名前 76 名，占榜单的 5.26%，进入全国 50 强的仅有新乡医学院三全学院。[2]

---

[1] 汤建民：《2018 中国民办本科院校及独立学院科研竞争力评价研究报告》，《高教发展与评估》2019 年第 1 期，第 24~28 页。

[2] 汤建民：《2019 中国民办本科院校及独立学院科研竞争力评价研究报告》，《高教发展与评估》2020 年第 1 期，第 47~52 页。

七 结论

综上所述,大学排名活动的实质是对大学的评估和评价。构建一个科学、完善、稳定,并经得起科学验证的评价指标体系是提高大学评价与综合排名稳定性、有效性与科学性的核心基础。[①] 如火如荼开展的大学排行榜评选活动尽管一直备受争议,褒贬不一,但具有学术和商业双重性质的大学排名已潜移默化地影响高校的管理、政策与决策制定。提升大学的排名实际上已成为大学校长的共同目标。[②]

为了自身的生存和发展,民办高校办学过程更多地融入了市场因素,更希望在各种竞争中占据有利地位。通过对河南民办高校和独立学院在国内各省市区的办学规模和位次的分析,和对河南民办高校和独立学院在本省高等教育领域办学概况的分析,综合国内各类大学排名、大学评价体系对民办高校的排行,运用加权平均法计算各民办高校、独立学院在五个排行榜中的平均值,可进一步论证分析河南民办高校和独立学院在全国的地位与综合实力(见表24、表25)。

表24 综合各类大学评价体系的河南省民办高校排名

综合排名	学校名称	武书连排名 省内	武书连排名 国内	中评榜排名 省内	中评榜排名 国内	GDI智库排名 省内	GDI智库排名 国内	校友会排名 省内	校友会排名 国内	科研竞争力排名 省内	科研竞争力排名 国内
1	黄河科技学院	1	1	1	3	1	1	2	24	1	4
2	郑州科技学院	3	23	2	33	6	70	7	79	3	17
3	郑州工业应用技术学院	6	38	4	39	2	22	6	73	2	15
4	郑州工商学院	2	18	6	64	7	78	1	7	5	44

[①]《高校跟风大学排行榜 提升排名成校长目标》,中国网络电视台,2011年2月18日, http://news.cntv.cn/20110218/101565.shtml。

[②] 朱建华:《一些高校跟风大学排行榜提升排名成校长共同目标》,《长江日报》2011年2月16日。

续表

综合排名	学校名称	武书连排名 省内	武书连排名 国内	中评榜排名 省内	中评榜排名 国内	GDI智库排名 省内	GDI智库排名 国内	校友会排名 省内	校友会排名 国内	科研竞争力排名 省内	科研竞争力排名 国内
4	郑州升达经贸管理学院	4	32	3	35	4	47	8	88	6	45
5	商丘学院	8	71	5	47	11		3	25	11	67
6	郑州商学院	5	35	8	79	8	84	9	108	10	61
7	安阳学院	9	78	7	78	10		4	49	12	
8	信阳学院	7	65	9	85	9		10	125	8	50
9	商丘工学院	10	110	11	91	5	59	11	126	7	48
10	黄河交通学院	11		11		10		13	153	4	42
11	安阳工学院	11		11		3	23			12	
12	郑州财经学院	11		10	86	12		12	128	9	60

表24是综合五类大学评价体系的河南省民办高校排名。黄河科技学院省内四项排名第一，一项排名第二；在国内两项排名第一，一项第三，一项第四，一项第二十四。从国内同类型民办高校排名来看，校友会排名与其他大学评价体系差距较大，其他大学排名之间基本上相差极小，折射出黄河科技学院稳居国内民办高校前列的综合实力。运用加权平均法计算，河南民办高校在办学数量和办学规模上稳居全国的前列，河南民办高校在国内民办高校综合实力排名中处于上中游水平。

表25 综合各类大学评价体系的河南省独立学院排名

综合排名	学校名称	武书连排名 省内	武书连排名 国内	中评榜排名 省内	中评榜排名 国内	GDI智库排名 省内	GDI智库排名 国内	校友会排名 省内	校友会排名 国内	科研竞争力排名 省内	科研竞争力排名 国内
1	新乡医学院三全学院	1	45	1	22	1	49	4	114	1	50
2	河南大学民生学院	4	77	2	34	2	56	2	25	3	57
3	河南师范大学新联学院	2	50	4	77	3	99	1	19	4	58
4	中原工学院信息商务学院	3	59	3	50			3	79	2	56
5	河南科技学院新科学院	5	133					5	162		

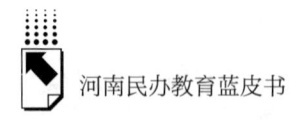

表 25 是综合五类大学评价体系的河南省独立学院排名。新乡医学院三全学院在省内独立学院中四项排名第一，一项排名第四；在国内除校友会排名第 114 名之外，其他四项排名均在 50 名之内，其中中评榜排在第 22 名，作为一所非"211"大学的地方高校的独立学院，其在国内独立学院中的综合实力已可见一斑。此外，河南大学民生学院、河南师范大学新联学院、中原工学院信息商务学院在国内排名均在 100 名之内，河南的独立学院转型较快，虽只有五所，但在国内独立学院综合实力排名中处于中上游水平。

从区域布局来看，虽然河南省整体高校资源以 141 所的数量在全国排名第四（见图 1），但河南省也是人口大省，仅有郑州大学一所"211"高校优质资源，高等教育大而不强。由国内各类大学评价体系的数据看出，河南民办高校中不仅黄河科技学院在国内排名靠前，其他民办高校和独立学院均处于上游和中上游水平，已具有较好的发展基础。因此，进一步引导现有五所独立学院尽快转设为高水平、高质量的民办高校，扶持和发展高水平、高质量的民办高校，引入国内外一流优质教育资源，创办一流高水平民办高校，是河南高等教育实现弯道超车、创建高等教育强省的优选途径。

特别关注

Special Attention

B.13
河南民办教育规模增长报告

张 琳[*]

摘　要： 当代河南民办教育由萌生到发展壮大，一步步由全国后进走到了全国前列，经历了公办教育必要的补充和全省教育事业的重要组成部分时期，正在进入教育改革发展的重要力量阶段。一般认为，河南的民办教育发展主要源于人口优势，其实这是一个不完整、不科学的判断。河南民办教育在全国的占比、在河南全省教育中的占比情况说明了河南民办教育规模的增长。规模的增长推动了河南民办教育体量的加大，但真正做强还需要下大力气进行内涵建设。数据表明河南民办教育还存在发展不平衡、特色不鲜明、个别学校办学方向不清晰、整体转型不到位等问题。

---

[*] 张琳，河南省教育信息中心高级统计师，研究方向为教育统计分析和预测、高等教育发展战略研究。

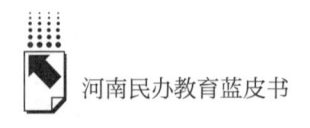

关键词： 民办教育 教育规模 河南

2004年，河南教育统计增改、完善了栏目，规范了项目，形成了相对系统、相互呼应的数据体系，为党和政府制定经济社会发展规划和教育发展战略、为科研机构和社会各界了解教育发展实际、为教育自身调节发展方向提供了科学依据。16年来，统计数据见证了河南教育的发展，清晰地勾勒出了河南民办教育由小到大、由弱到强的发展轨迹。

一 规模持续增长：由落后进入全国前列

河南的民办教育在省委、省政府的支持下，经过自身的不断努力，克服了师资紧张、经费短缺、社会偏见等困难，实现了快速发展。2004年，河南省有民办学校（含普通高校、普通高中、中等职业学校、普通初中、普通小学和幼儿园，不含民办培训机构）3393所，仅占全国民办学校总数的4.33%；河南省民办教育在校生数为1090967人，占全国民办教育在校生总数的6.17%。到2019年，河南省民办学校数增加到21429所（比2004年增加了18036所，平均每年增加1127.25所），占全国民办学校总数的11.17%，比2004年增加了6.84个百分点；河南省民办学校在校生数达到7097481人（比2004年增加6006514人，平均每年增加375407人），占全国民办学校在校生总数的12.64%，比2004年增加了6.47个百分点（见表1）。

2004年，全国每万人口中有113.12个民办学校在校生，河南的这个数字是112.23，低于全国平均数。到2019年，全国每万人口中民办学校在校生达到401人，河南的这个数字达到710，远远高于全国平均数。这样的比较，关键点不在人口基数。16年间，与全国平均数相比的一低一高，直观地反映了河南民办教育发展的绝对速度。

表1 2004~2019年河南民办教育发展情况与全国的比较

单位：万所，万人，%

年份	民办学校数及占比			在校生数及占比		
	全国	河南	占比	全国	河南	占比
2004	7.87	0.34	4.33	1769.36	109.10	6.17
2005	8.62	0.43	4.99	2168.10	140.55	6.48
2006	9.32	0.50	5.36	2313.02	174.85	7.56
2007	9.52	0.52	5.46	2583.50	197.03	7.63
2008	10.09	0.61	6.05	2824.40	239.08	8.46
2009	10.65	0.70	6.57	3065.39	270.52	8.82
2010	11.90	0.85	7.14	3392.96	318.43	9.38
2011	13.08	1.05	8.03	3713.90	374.02	10.07
2012	13.39	1.28	9.56	3911.02	421.68	10.78
2013	14.90	1.42	9.53	4078.31	454.98	11.16
2014	15.52	1.53	9.86	4301.91	470.37	10.93
2015	16.27	1.67	10.26	4570.42	525.68	11.50
2016	17.10	1.77	10.35	4825.47	566.27	11.74
2017	17.76	1.93	10.88	5120.47	617.87	12.07
2018	18.35	2.05	11.17	5378.21	674.90	12.55
2019	19.15	2.14	11.17	5616.61	709.75	12.64

资料来源：根据历年《国民经济和社会发展统计公报》《全国教育统计公报》《河南省教育统计提要》整理（不含港、澳、台地区的数据）。

二 各级各类民办教育规模增长情况

从2004年到2019年，河南各级各类民办教育总体上呈规模增长的趋势，只有民办中等职业教育和民办学前教育稍有曲折。民办中等职业教育在一路扩张到2010年的高峰后，出现了持续滑坡，到2016年又开始增长。民办学前教育从2004年到2018年也是年年增长，在园幼儿规模一路增长到300.46万人，2019年则出现了回落。总体看来，与2004年相比，河南省各级各类民办教育都实现了规模的大跨度增长。

1. 民办普通高校

1994年2月5日，国家教育委员会批准在原黄河科技大学的基础上成立黄河科技学院,明确该院是独立设置的全日制民办高等专科学院。这是河南省当代第一所、也是中国当代第一批第一所民办高等专科学校。2000年3月21日,教育部批准在原来专科层次的黄河科技学院的基础上建立本科层次的黄河科技学院,这是全国第一所,也是当时唯一一所民办普通本科高校,完整构建了河南民办教育体系,开启了新中国民办高校实施本科教育的先河。2004年,河南省有民办普通高校10所(不含独立学院),在校生6.34万人。当年全国民办普通高校228所,河南仅占4.39%;全国民办高校在校生为139.75万人,河南仅占4.54%。到2019年,全省民办普通高等学校达到39所,比2004年增加了29所;民办学校在校生数达到59.47万人,是2004年的9.38倍,占全国民办普通高校在校生总数的8.39%,比2004年提高了3.85个百分点(见表2)。

河南民办普通高等教育在规模扩大的同时,实现了层次的提升,2004年全省只有1所民办本科高校,到2019年,河南的民办本科高校已经达到19所。

表2　2004~2019年河南民办高校发展情况与全国的比较

单位:所,万人,%

年份	民办学校数及占比			在校学生数及占比		
	全国	河南	占比	全国	河南	占比
2004	228	10	4.39	139.75	6.34	4.54
2005	547	10	1.83	212.63	9.92	4.67
2006	596	11	1.85	280.49	14.30	5.10
2007	615	11	1.79	349.69	16.69	4.77
2008	640	11	1.72	401.30	20.29	5.06
2009	658	23	3.50	446.14	23.38	5.24
2010	676	28	4.14	476.68	25.37	5.32
2011	698	33	4.73	505.07	25.89	5.13
2012	707	34	4.81	533.18	28.96	5.43
2013	718	35	4.87	557.52	33.04	5.93
2014	728	37	5.08	587.15	35.51	6.05
2015	734	37	5.04	610.90	38.65	6.33
2016	742	37	4.99	634.06	41.72	6.58

续表

年份	民办学校数及占比			在校学生数及占比		
	全国	河南	占比	全国	河南	占比
2017	747	37	4.95	628.46	45.66	7.27
2018	749	39	5.21	649.60	51.05	7.86
2019	756	39	5.16	708.83	59.47	8.39

资料来源：根据历年《国民经济和社会发展统计公报》《全国教育统计公报》《河南省教育统计提要》整理（不含港、澳、台地区的数据）。

2. 民办普通高中教育

2004 年，河南省民办普通高中仅有 170 所，占全国总数的 5.76%；在校学生数为 129273 人，占全国民办普通高中在校生总数的 7.00%。到 2019 年，全省民办普通高中学校数达到 336 所，比 2004 年增加了 166 所；在校生数达到 464171 人，比 2004 年增加 334898 人，平均每年增加 20931 人。2019 年全省民办普通高中学校数占到全国民办普通高中学校数的 9.80%，比 2004 年增加 4.04 个百分点，在校学生数占全国民办普通高中在校学生总数的 12.91%，比 2004 年增加了 5.91 个百分点（见表3）。

河南民办普通高中在校生规模在 16 年间呈现了三个增长阶段，第一阶段是从 2004 年的 12.93 万人增长到 2008 年的 22.93 万人，此后稍有回落；第二阶段是从 2009 年的 21.55 万人增长到 2012 年的 25.98 万人，之后短暂回落；第三阶段是从 2013 年的 24.54 万人增长到 2019 年的 46.42 万人。

表3　2004~2019 年河南民办普通高中发展情况与全国的比较

单位：所，万人，%

年份	民办学校数及占比			在校学生数及占比		
	全国	河南	占比	全国	河南	占比
2004	2953	170	5.76	184.73	12.93	7.00
2005	3175	197	6.20	226.78	19.19	8.46
2006	3246	198	6.10	247.72	21.59	8.72
2007	3101	192	6.19	245.96	21.79	8.86

续表

年份	民办学校数及占比			在校学生数及占比		
	全国	河南	占比	全国	河南	占比
2008	2913	197	6.76	240.30	22.93	9.54
2009	2670	182	6.82	230.13	21.55	9.36
2010	2499	176	7.04	230.07	21.90	9.52
2011	2394	174	7.27	234.98	22.08	9.40
2012	2371	196	8.27	234.96	25.98	11.06
2013	2375	196	8.25	231.64	24.54	10.59
2014	2442	208	8.52	238.65	25.91	10.86
2015	2585	219	8.47	256.96	29.25	11.38
2016	2787	242	8.68	279.08	33.10	11.86
2017	3002	263	8.76	306.26	36.78	12.01
2018	3216	299	9.30	328.27	41.84	12.75
2019	3427	336	9.80	359.68	46.42	12.91

资料来源：根据历年《国民经济和社会发展统计公报》《全国教育统计公报》《河南省教育统计提要》整理（不含港、澳、台地区的数据）。

3. 民办中等职业教育

河南民办中等职业教育在全省民办教育体系中规模不大，发展呈现了增长—下滑—上扬的曲线。总体上是发展的趋势。2004年，全省民办中等职业学校只有41所，仅占全国民办中等职业学校总数的2.51%，是当年全省各级各类民办学校指标在全国同类学校占比中最低的；在校生为59448人，仅占全国民办中等职业教育在校生总数的5.40%。到2019年，全省民办中等职业学校达到157所，比2004年增加116所；在校生数达到288005人，比2004年增加228557人，平均每年增加14285人（见表4）。

2019年，河南民办中等职业学校数在全国的占比虽然出现了小规模的下滑，但在校生的规模依然保持了增长的趋势，占全国民办中等职业学校在校生总数的12.84%，比2004年增加了7.44个百分点。

16年间，全省民办中等职业教育在校生规模呈现了增长、下滑、再增长三个阶段，第一阶段是从2004年的5.94万人连续增长到2010年的35.30

万人，七年间增加了29.36万人，平均每年增加4.19万人；第二阶段是从2010年的35.30万人持续下降到2014年的16.72万人，五年间减少了18.58万人，平均每年减少3.72万人；第三阶段是从2014年的16.72万人持续增加到2019年的28.80万人，六年间增加了12.08万人。目前仍没有达到2010年高峰时的规模。

表4 2004~2019年河南民办中等职业学校发展情况与全国的比较

单位：所，万人，%

年份	民办学校数及占比			在校学生数及占比		
	全国	河南	占比	全国	河南	占比
2004	1633	41	2.51	109.94	5.94	5.40
2005	2017	69	3.42	154.14	9.88	6.41
2006	2559	133	5.20	202.63	14.53	7.17
2007	2958	216	7.30	257.54	20.32	7.89
2008	3234	272	8.41	291.81	27.94	9.57
2009	3198	299	9.35	318.10	35.21	11.07
2010	3123	305	9.77	306.99	35.30	11.50
2011	2856	254	8.89	269.25	28.59	10.62
2012	2649	234	8.83	240.88	24.48	10.16
2013	2482	218	8.78	207.94	18.61	8.95
2014	2343	215	9.18	189.57	16.72	8.82
2015	2225	205	9.21	183.37	16.89	9.21
2016	2115	190	8.98	184.14	19.62	10.65
2017	2069	186	8.99	197.33	23.30	11.81
2018	1993	170	8.53	209.70	26.54	12.66
2019	1985	157	7.91	224.37	28.80	12.84

资料来源：根据历年《国民经济和社会发展统计公报》《全国教育统计公报》《河南省教育统计提要》整理（不含港、澳、台地区的数据）。

4. 民办普通初中教育

2004年河南民办普通初中学校为398所，占全国民办初中学校数的9.43%；在校生25.81万人，占全国民办普通初中在校生总数的8.18%。

到2019年，全省民办普通初中学校数达到887所，比2004年增加了489所；在校生数达到98.79万人，比2004年增加了约72.98万人（见表5）。

16年间河南民办普通初中在校生规模总体呈增长趋势，只是在2013年和2014年出现了短暂小幅回落，之后迅速上扬，出现了持续、快速增长。

2019年全省民办普通初中学校数占全国民办普通初中学校数的15.31%，比2004年增加了5.88个百分点；在校生数占全国民办普通初中在校生总数的14.31%，比2004年增加了6.13个百分点。

表5 2004～2019年河南民办初中发展情况与全国的比较

单位：所，万人，%

年份	民办学校数及占比			在校学生数及占比		
	全国	河南	占比	全国	河南	占比
2004	4219	398	9.43	315.68	25.81	8.18
2005	4608	485	10.53	372.42	32.66	8.77
2006	4550	501	11.01	394.06	36.14	9.17
2007	4482	515	11.49	412.55	39.65	9.61
2008	4408	517	11.73	428.40	42.42	9.90
2009	4331	506	11.68	433.89	42.59	9.82
2010	4259	529	12.42	442.11	47.46	10.73
2011	4282	572	13.36	442.56	52.80	11.93
2012	4333	584	13.48	451.41	59.13	13.10
2013	4535	627	13.83	462.35	58.75	12.71
2014	4743	693	14.61	487.00	52.44	10.77
2015	4876	716	14.68	502.93	68.92	13.70
2016	5085	758	14.91	532.82	74.08	13.90
2017	5277	801	15.18	577.68	80.92	14.01
2018	5462	819	14.99	636.30	90.73	14.26
2019	5793	887	15.31	687.40	98.79	14.31

资料来源：根据历年《国民经济和社会发展统计公报》《全国教育统计公报》《河南省教育统计提要》整理（不含港、澳、台地区的数据）。

5. 民办普通小学教育

河南民办普通小学在校生规模16年来呈现持续增长的态势，每年以5万～10万人的速度增长，增长幅度最大的是新《民办教育促进法》实施的第二年，即2018年，当年在校生规模由2017年的143.96万人增长到162.35万人，增加了约18.39万人（见表6）。

2004年河南省民办普通小学585所，占全国民办普通小学总数的9.67%；在校生24.98万人，占全国民办普通小学在校生总数的7.61%。到2019年，全省民办普通小学数达到1894所，比2004年增加1309所；在校生达到177.89万人，比2004年增加约152.91人。

2019年全省民办小学学校数占全国民办小学学校数的30.41%，比2004年增加了20.74个百分点；在校生数占到全国民办小学在校生总数的18.83%，比2004年增加了11.22个百分点。

表6　2004~2019年河南民办小学发展情况与全国的比较

单位：所，万人，%

年份	民办学校数及占比 全国	民办学校数及占比 河南	民办学校数及占比 占比	在校学生数及占比 全国	在校学生数及占比 河南	在校学生数及占比 占比
2004	6047	585	9.67	328.32	24.98	7.61
2005	6242	777	12.45	388.94	33.48	8.61
2006	6161	797	12.94	412.09	40.91	9.93
2007	5798	807	13.92	448.79	47.38	10.56
2008	5760	1019	17.69	480.40	62.83	13.08
2009	5946	1091	18.35	502.88	69.90	13.90
2010	5351	1177	22.00	537.63	82.78	15.40
2011	5186	1242	23.95	567.83	93.22	16.42
2012	5213	1344	25.78	597.85	107.18	17.93
2013	5407	1429	26.43	628.60	110.61	17.60
2014	5681	1550	27.28	674.14	111.54	16.55
2015	5859	1652	28.20	713.82	118.14	16.55
2016	5975	1748	29.26	756.33	129.00	17.06
2017	6107	1807	29.59	814.17	143.96	17.68
2018	6179	1865	30.18	884.57	162.35	18.35
2019	6228	1894	30.41	944.91	177.89	18.83

资料来源：根据历年《国民经济和社会发展统计公报》《全国教育统计公报》《河南省教育统计提要》整理（不含港、澳、台地区的数据）。

6.民办幼儿园

河南民办学前教育不断发展,在全省学前教育"大盘子"中逐步占据了规模优势。

河南民办学前教育在校生规模在全省各级民办学校中占比最大,在2019年全省各级各类民办教育(不含民办培训教育)在校生总规模中,民办普通高等教育占比达8.38%;民办普通高中教育占比达6.54%;民办中等职业教育占到4.06%;民办普通初中教育占到13.92%;民办普通小学教育占到25.06%;民办学前教育占到41.97%。另有0.07%为民办的其他高等教育机构和民办特殊教育的数据。

2004年,河南全省民办幼儿园只有2122所,仅占全国民办幼儿园总数的3.38%;在园幼儿数为26.71万人,仅占全国总数的4.57%。到2019年,全省民办幼儿园数达到18061所,比2004年增加了15939所,平均每年增加996所;在园幼儿数达到297.85万人,比2004年增加约271.14万人,平均每年增加约16.95万人(见表7)。

2019年全省民办幼儿园数占全国民办普通初中学校数的10.45%,比2004年增加了7.07个百分点;在园幼儿数占全国民办幼儿园在园幼儿总数的11.24%,比2004年增加了6.67个百分点。

表7　2004~2019年河南民办幼儿园发展与全国的比较

单位:万所,万人,%

年份	民办幼儿园数及占比			在园幼儿数及占比		
	全国	河南	占比	全国	河南	占比
2004	6.22	0.21	3.38	584.11	26.71	4.57
2005	6.88	0.27	3.92	668.09	35.18	5.27
2006	7.54	0.33	4.38	775.69	44.64	5.75
2007	7.76	0.34	4.38	868.75	48.90	5.63
2008	8.31	0.41	4.93	982.03	60.27	6.14
2009	8.93	0.49	5.49	1134.17	75.70	6.67
2010	10.23	0.62	6.06	1399.47	101.90	7.28
2011	11.54	0.82	7.11	1694.21	151.42	8.94
2012	12.46	1.03	8.27	1852.74	174.04	9.39

续表

年份	民办幼儿园数及占比			在园幼儿数及占比		
	全国	河南	占比	全国	河南	占比
2013	13.35	1.17	8.76	1990.25	209.42	10.52
2014	13.93	1.26	9.05	2125.38	228.25	10.74
2015	14.64	1.38	9.43	2302.44	253.13	10.99
2016	15.42	1.47	9.53	2437.66	268.75	11.02
2017	16.04	1.62	10.10	2572.34	287.24	11.17
2018	16.58	1.73	10.43	2639.78	300.46	11.38
2019	17.32	1.81	10.45	2649.44	297.85	11.24

资料来源：根据历年《国民经济和社会发展统计公报》《全国教育统计公报》《河南省教育统计提要》整理（不含港、澳、台地区的数据）。

三 规模增长背景下河南民办教育的现状、问题与调适建议

（一）基于数据分析的结论

1. 河南民办教育实现了快速发展

2004年河南民办教育在校生总规模仅占全国民办教育在校生总规模的6.17%，2018年增长到12.55%。在校生总数跃居全国第二。

在河南省教育的"大盘子"中，2004年民办教育在校生仅占全省教育在校生总数的4.15%；到2019年，占比达到了26.51%，16年增长了22.36个百分点。2004年，河南民办教育刚刚登上河南当代教育发展的舞台，是全省公办教育必要的补充。到2019年，河南民办教育已经登堂入室，成为全省教育重要的组成部分。

2. 河南民办教育发展不平衡

2019年，全省民办普通高等教育在校生达到594736人，占全省普通高等教育在校生总数2319376人的25.64%；全省民办普通高中教育在校生为

464171 人，占全省普通高中在校生总数 6843555 人的 6.78%；全省民办中等职业教育在校生为 288005 人，占全省中等职业教育在校生总数 1378687 人的 20.89%；全省民办普通初中教育在校生数为 987868 人，占全省普通初中教育在校生总数 4684765 人的 21.09%；全省民办普通小学在校生数为 1778879 人，占全省普通小学教育在校生总数 8275324 人的 21.50%；全省民办幼儿园在园幼儿数为 2978511 人，占全省幼儿园在园幼儿总数 4308701 人的 69.13%。从在全省各级各类教育中在校生人数的占比情况来看，占比最高的是民办幼儿园，达到 69.13%；占比最低的是普通高中，仅为 6.78%，其他各级各类民办教育在校生占比均在 20% 以上。

3. 河南民办教育校均规模发生变化

2004 年全省民办普通高校校均规模为 6344 人；2019 年达到 15249 人，增加了 8905 人。

2004 年全省民办普通高中校均规模为 760 人；2019 年达到 1381 人，增加了 621 人。

2004 年全省民办中等职业学校校均规模为 1449 人；2019 年达到 1834 人，增加了 385 人。

2004 年全省民办普通初中教育校均规模为 648 人；2019 年达到 1113 人，增加了 465 人。

2004 年全省民办普通小学校均规模为 427 人；2019 年达到 939 人，增加了 512 人。

2004 年全省民办幼儿园园均规模为 125 人；2019 年达到 164 人，增加了 39 人。

校均规模增长幅度最大的是民办普通高校，规模扩大了一倍多。增幅最小的是民办幼儿园，规模与 2004 年基本持平。

4. 河南民办教育专任教师与学生的比例发生变化

2004 年全省民办普通高校专任教师与在校生人数之比为 1∶16.38；2019 年达到 1∶19.18。

2004 年全省民办普通高中专任教师与在校生人数之比为 1∶7.47；2019

年达到1∶10.88。

2004年全省民办中等职业学校专任教师与在校生人数之比为1∶28.21；2019年达到1∶37.21。

2004年至2010年民办普通初中没有专任教师的数据。2011年全省民办普通初中专任教师与在校生人数之比为1∶20.31；2019年减少到1∶13.94。

2004年全省民办普通小学专任教师与在校生人数之比为1∶24.02；2019年达到1∶32.82。

2004年全省民办幼儿园专任教师与在园幼儿人数之比为1∶21.74；2019年减少到1∶19.73。

2004~2019年，全省各级各类民办学校师生比有升有降，总的趋势是比值扩大，其中比值最大的是民办中等职业教育，民办普通高校、普通高中、普通小学也有增长。师生比的扩大意味着教师的负担不断加重，不利于实行因材施教。民办普通初中和民办幼儿园的师生比出现下降，理论上教师的负担应该减轻，有利于实现小班化、特色化教育。

5. 河南民办高等教育生均资源发生变化

2007年，全省民办高校生均占地面积为67.27平方米，2019年减少到41.47平方米；2007年生均图书73.11册，2019年增加到81.50册；2007年生均教学科研仪器设备值为4944.35元，2019年增长到5840.74元；2007年生均校舍建筑面积为28.42平方米，2019年减少到16.97平方米。

生均教育资源有增有减。减少的主要原因是在校生规模的扩大，增加的内容反映了民办高等教育投入方向的调整。

（二）基于数据变化的建议

1. 鼓励转型，政府、社会和民办教育自身要达成共识，形成合力，采取措施实现全省民办教育由规模扩张向规模扩张质量提升并重（人才质量提升）的转型。

2. 补齐短板，采取措施增加民办普通高中在校生规模，为推动全省普及高中教育助力。

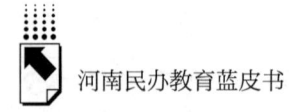

3. 促进平衡，鼓励优质民办幼儿园实现普惠教育，早日实现全省学前普惠教育达到80%的目标。

4. 科学引导，加强民办学校师资队伍建设，政府要提供政策支持，鼓励教师到民办学校工作。民办学校要从事业、待遇、感情等方面采取措施留住人才，下大功夫建立在年龄、学历、职称等方面形成科学结构的师资队伍。

5. 加大投入，争取中央和地方的支持，不断提高民办学校学生生均资源占有率。

6. 特色建设，在规范引导的同时，支持和鼓励优质民办学校办出特色、办出水平，培养更多像黄河科技学院那样的国内知名民办学校。

B.14 河南培训教育行业发展报告

朱玉峰 郑学春[*]

摘 要： 行业规范整治效果明显，在新冠肺炎疫情影响下负重前行。全国新冠肺炎疫情暴发后，培训教育机构正常教学计划和秩序被打破。疫情防控和线上教学成为行业重心工作，多数机构迅速弥补在线教育短板，创新组织线上教学，实现了"疫情防控＋线上教学""停课不停学，成长不停歇"的双赢目标。纵观全年形势，整个行业在疫情严重影响下负重前行，正常教学运营受到较大影响。新形势下培训机构要苦练内功，持续提升教育质量。政府应加大对合规培训机构的政策支持力度。

关键词： 培训教育 行业治理 河南

一 治理背景

河南省培训教育行业专项治理工作始于2018年初。2018年2月，教育部办公厅、民政部办公厅、人力资源和社会保障部办公厅、国家工商行政管理总局办公厅联合印发了《关于切实减轻中小学生课外负担开展校外培训

---

[*] 朱玉峰，郑州市人大代表，郑州晨钟教育集团党委书记，主要研究方向为民办教育政策、学校管理运营、非公党建；郑学春，大河教育研究院特聘专家、郑州晨钟教育集团党委宣传部部长，主要研究方向为品牌营销、管理咨询。

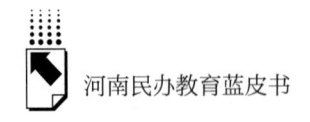

机构专项治理行动的通知》，随后各地迅速展开治理行动。

同年8月，国务院办公厅印发《关于规范校外培训机构发展的意见》（国办发〔2018〕80号），推动行业专项治理工作深入开展，并取得明显成效。

这次专项治理活动规模大、时间长、覆盖面广，从2018年初持续到2019年底，在业内号称"史上最严行业治理年"。

二 治理内容

2019年，按照教育部和河南省教育厅统一部署，河南培训教育行业专项治理工作继续深入推进。按照相关要求，各地针对培训内容"超前超标"、围绕"小升初"举行考试、与校外培训机构联合违规组织招生选拔考试，以及在课堂上故意不完成教育教学任务、课上不讲课后讲并收取补课费等违规违纪行为进行重点查处。

此外，培训教育机构的课程内容须上报备案并进行公示，文化课相关科目教师必须持证上岗，培训教育机构不得聘用公办学校教师，上课时间不得超过晚8点半，不得一次性收取3个月以上学费，等等。

各地教育行政部门严格按照上述治理要求深入一线摸排检查，督促相关机构限期完成整改。一些地方还联合公安、消防、工商、人社等部门开展了联合执法行动，加快了行业整治进程。

三 治理成效

根据河南省教育厅2019年一季度公布的数据，全省共摸排校外培训机构24924所，对有问题的21336所机构已全部完成整改，整改完成率100%。通过治理、整改，共取缔校外培训机构4904所、暂时停业整改5657所、通过整改达标10775所。其中新颁发办学许可证2427个。[①] 这标志着河南培训

---

① 《河南：校外培训机构100%整改完成》，《中国教育报》2019年3月26日，第3版。

教育行业规范治理工作取得阶段性重要成果。

建立黑白名单制度。按照教育部要求，河南各地先后出台了培训教育机构黑白名单制度，要求以县（区）为单位公布培训机构黑白名单，接受社会监督。根据省教育厅公布的数据，河南省校外培训机构第一批白名单共2517个，第一批黑名单共7674个。[①]

有业内人士指出，培训教育机构黑白名单制度的出台，有利于引导家长正确选择，有利于行业规范发展，有利于整体提升行业教学质量，推动行业实现长期、健康和可持续发展。

行业党建工作持续得到强化。按照上级党委要求，多数培训机构成立了党的基层组织或由辖区党组织派驻了党建指导员。2019年，培训教育机构党组织转隶工作基本完成，即由之前的以属地管理为主转变为以行业主管部门管理为主。以郑州晨钟教育集团党委为例，其由之前的以金水区文化路街道党工委管理为主，转为以金水区教体局党组管理为主。各主要培训机构以党组织转隶工作为契机，进一步规范了基层党组织设置，调整、理顺了党组织隶属关系，及时接转党员组织关系，从而进一步夯实了基层组织建设。

四 2020年河南培训教育行业发展面临的困境

2020年春节，全国新冠肺炎疫情暴发。培训教育机构正在进行的寒假教学和春季招生工作被迫中断。寒假停课，春季开学延期，时间持续到了6月上旬。此间，各培训机构一方面要全力以赴应对疫情防控，另一方面还要启动创新教研、高效组织线上教学活动，以确保"停课不停学、成长不停歇"的办学目标能够实现。

从整体上来说，新冠肺炎疫情背景下各地教育行政部门要求推迟各级各类学校开学时间并关闭线下培训场所，但要开展线上教学，实现"停课不

[①]《河南省教育厅关于全省建立校外培训机构黑白名单情况的通报》，河南省教育厅，2018年8月14日，www.haedu.gov.cn/2018/08/14/1534230335338.html。

停"。对培训教育行业来说，线下培训短期内受到了冲击，在线教育受益明显。在线教育模块呈现持续升温的局面，市场规模和用户规模快速增长。

从中短期影响来看，在新冠肺炎疫情期间形成的线上教学实践有助于线上教育形式的普及，但对以线下业务为主的传统培训机构业绩会产生不利影响。从长远来看，由于大中型培训机构在线上早有布局，线上课程开发应对相对轻松，而对线下小散机构冲击较大，部分实力薄弱的机构面临被淘汰风险。在线教育行业集中度持续提升。

据调查，部分在线教育和信息化工作基础较好的机构，能够在短期内迅速组织线上课程、高效完成线上教学，较好地发挥了在线教育优势。但也有部分因平时互联网基因"缺失"、线上教学先天不足的机构首先面临弥补短板、补上线上教学基础薄弱这一课的问题。依托培训教育行业高学历人才聚集、互联网技术普及良好以及学生、家长对线上教学的超前认知，多数机构能够较好地解决疫情期间线上教学和家校沟通难题。但也有个别机构因为对线上教学组织不力、效果不好而遭家长诟病，口碑损失和营收压力增加。

一项来自中国民办教育协会培训教育专业委员会的调查数据显示，超过90%的机构表示新冠肺炎疫情对机构运营产生重大影响；29%的机构表示影响严重。多数机构存在部分或严重经营困难，个别机构可能倒闭；另有36.6%的机构表示影响很大，机构经营陷入暂时停顿；25.4%的机构表示经营处于勉强维持状态。导致机构经营困难的排在前三位的原因依次为：校区营收减少、场租物业费用居高不下和员工薪酬成本过高。与此同时，线下转线上的投入压力也远远高于其他已经具备线上教育功能的机构。还有部分机构因过于依赖现场教学，无法将课程转到线上进行培训。

关于新冠肺炎疫情对培训教育行业的影响程度，大河教育研究院和河南民办教育研究院共同开展的另一项调查数据显示：96%的受调查机构表示新冠肺炎疫情带来的影响程度为严重或非常严重，甚至关系到生死存亡；只有4%的受调查机构认为此次疫情对自身发展"影响不大"；57%的受调查机构认为疫情对机构恢复正常招生运营影响时间为2个月到半年；33%的机构认为疫情影响将持续6个月至1年以上；90%以上的受访机构认为新冠肺炎疫情造成的闭校停课主要影响机构的现金流和利润，包括招生收入与课消；63%的机构认为疫情还带来学员退费增加；83%的机构表示疫情持续已影响到机构员工薪酬发放和团队稳定。

对于疫情带来的长期影响，50%以上的机构表示有临时性裁员或撤并校区计划；17%的机构表示未来可能会调整办学项目（或办学层次）；38%的机构表示，受疫情持续影响，未来将可能考虑停止办学或选择退出。

（一）对机构招生收入的影响

疫情期间闭校停课造成机构课消锐减，校区收入也相应受挫；一些机构场租物业成本难以承担；在线课程虽能部分弥补教学进度，但机构现金流却微乎其微，且要新摊入线上课程创新和技术投入费用；学生长期不能线下上课，导致部分学生退费（尤其以毕业年级居多）。

另外，疫情期间闭校停课，招新工作全面陷入停顿，校区收入出现断崖式下滑，一、二季度不少机构入不敷出。这也是部分机构生存难以为继甚至关门歇业的主要原因。

（二）对机构运营成本的影响

疫情期间因闭校停课造成培训机构无法按照培训合同及时交付课程，部分学生家长要求退费，直接影响到企业现金流；疫情期间房租照缴（调查显示，真正享受房租减免的机构很少）；员工工资照常或减为部分发放，薪酬成本占比仍然较高；疫情防控物资、人员投入、相关活动开展等也增加了一定的运营成本，部分机构生存维艰。这种状况一直持续到6月份才有所缓解。

（三）对机构生源结构的影响

传统培训机构以线下生源为主，疫情期间多数机构开设了线上课程，将线上学习、学校教育、家庭教育融为一体，取得了一定效果。疫情得到控制后，"线上＋线下"课程融合模式（OMO）有望成为行业标配。由此，多数机

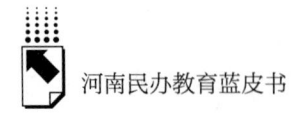

构在读学生也将分化为在线生、线下生和常规生（线上+线下课程融合生）。

调查数据显示，疫情期间，68%以上的机构自主开发或引进了线上课程。但线上课程学生出勤率在80%以上的机构仅占31%，出勤率50%~80%的占38%。

业内人士分析，新冠肺炎疫情后中小学学生使用在线教育的比例有望上升，在线教育市场结构也将发生变化。

（四）对员工职业心态的影响

疫情期间，绝大多数机构员工工资发放受到较大影响：绩效工资普遍停发；奖金全无；个别机构甚至连基本工资也按比例发放。一些机构整体薪酬降幅达50%以上，甚至更高。

薪酬降低对部分员工职业心态造成影响。个别员工对企业产生抱怨情绪或失去信心；担心裁员或薪资水平长期受到影响。有人因此产生跳槽或自主创业想法等，加剧了行业人才流动和机构团队建设的不稳定性。但多数员工能够理解疫情形势和企业阶段性降薪措施，愿意为机构未来长期发展而坚守岗位。

（五）对机构创始人心态的影响

多数培训机构创始人（校长、董事长、投资人）表示，今后将改变过去只追求速度、规模增长的盲目扩张模式，由此转向既重速度又重效益的稳健发展模式；更加重视稳定发展时期的团队建设和薪酬体系搭建；更加重视企业资金安全和财务风险防控机制，避免在危机时刻出现资金链断裂等而导致运营风险。也有个别机构创始人表示目前状态生存维艰，如疫情持续影响将计划关闭裁撤部分校区或整体退出培训教育行业。

（六）对机构运营战略的影响

一些机构出现阶段性裁员，或对盈利能力薄弱校区采取关停、裁撤措施，希望集中人力、物力做大、做强优势校区，以尽快扭转经营颓势。也有个别薄弱机构已出现停办、歇业或转让现象。

多数机构表示将更加重视理性扩张，谨慎购并，适当减少重资产运营压力。建立健全企业风险防控体系，留足用好企业发展基金，启动困难员工帮扶机制，为应对天灾人祸等潜在经营风险做好长期规划。

由盲目扩张转向适度扩张、内涵式发展，由单纯追求规模效益转向追求集约效应（更加重视人均贡献或平均创效），校区运营由单纯的业绩考核转向"业绩+利润"双核激励。

调查数据显示，56%的机构表示疫情造成的长期影响将加剧行业洗牌，个别薄弱机构将被淘汰出局或并购。一些区域性龙头机构发展实力继续增强，行业资源集中度进一步凸显。

五 后疫情时代河南培训教育行业的应对策略

2020年初，新冠肺炎疫情发生后，根据河南省新冠肺炎疫情防控领导小组和属地教育行政部门的要求，河南各培训教育机构首先严格落实了寒假停课和春季延期开学措施，在校区开展严密消杀防控和人员出入登记工作，对从重点疫区返校人员按规定实施相应隔离措施。随后，按照教育行政部门的统一要求，各机构积极组织实施线上教学，做好家校沟通工作，确保疫情期间实现"停课不停学、成长不停歇"目标。据各地反馈的情况，疫情期间，多数培训教育机构线上教学工作进展顺利，得到了教育行政部门和学生家长的普遍认可。

随着新冠肺炎疫情基本得到控制，从6月上旬起，河南培训教育机构陆续按要求复课复学，整个疫情期间全行业未出现聚集性疫情案例。但疫情对于教育培训机构的打击非同小可，对相当一部分机构来说是致命的：85%的企业没有撑过3个月，员工的薪资支出与租金是众多机构无法逾越的鸿沟，政府的补贴只是杯水车薪，有的甚至没有到位；疫情后尚存的培训机构，仍面临人员缺位、供应失常、资金吃紧等严峻的形势。面对这些情况，应从以下两个方面着手。

（一）学校层面，持续提升教育质量

据统计，疫情期间，OMO 理念在 K12 教培行业的渗透率大幅提升到91%。因此，后疫情时代，线下向线上渗透，形成线上线下并行共存的服务体系，从而达到利用技术和数据提高教学效率的目的是教培行业的标配与常态。加强科技赋能，利用"AI 技术""大数据分析""流媒体技术""RV 沉浸式学习"等，营造竞争壁垒。以更细致的需求划分，针对学生的弱项学科做更专业、效果提升更明显的教培服务，做好教培延展服务。加强教师培训，引导名师回归。

（二）政府方面，加大政策支持力度

疫情发生后，业内人士普遍吁请政府相关部门重视培训教育行业的发展，加大政策扶持力度，创造更加宽松、温馨的营商环境，助力培训教育行业实现稳定和可持续发展。

据悉，北京、湖南等教育行政部门针对疫情影响出台了税费缓缴、减免养老统筹和失业保险以及国有房产租金减免等行业支持政策。但截至 2020 年 6 月底，除了河南省人社厅关于"对受疫情影响、面临暂时性生产经营困难的中小企业，可以缓缴养老保险、失业保险和工伤保险费"等之外，尚未看到当地行业其他主管部门专门针对培训教育机构疫情影响出台具体的政策扶持措施。

B.15
2019年民办教育政策综述及教育资本市场观察[*]

王道勋 何旷[**]

摘 要： 经历了不平凡的一年，民办教育在曲折中发展。国家和地方出台了不少规范和支持民办教育发展的政策，直接影响了民办学校的选择和发展，教育市场投资并购虽有所冷却，但总体上还在发展。"幼教新政"、"公民同招"、在线教育调整牵动着各方的心，引发强烈关注。只有回归教育本质，民办教育才能在支持中规范，在规范中发展。

关键词： 民办教育 教育市场投资 在线教育

2019年是我国民办教育发展不平凡的一年。政府支持和规范民办教育发展的方针更加明确，政策更加明晰。

一 支持和规范民办教育发展的政策频出

自1987年《关于社会力量办学的若干暂行规定》实施以来，我国民办

---

[*] 基金来源：河南省教育科学"十三五"规划一般课题"后疫情时代河南民办高校内涵式发展研究"（2020YB0320）、河南省教育厅人文社会科学研究一般项目"河南民办高校内涵式发展研究"（2021-ZDJH-202）、河南省民办教育协会2019年度调研课题"2019年民办教育政策及影响研究"（HMXL-20190777）。
[**] 王道勋，黄河科技学院副教授，河南民办教育研究院研究员，硕士，主要研究方向为教育管理学、教育社会学。何旷，黄河科技学院教师，硕士，主要研究方向为金融学。

教育在立法中的定位大体可以分为三个阶段：1987~2002年《民办教育促进法》颁布前为第一阶段，其定位是"社会力量办学"；2002~2016年《民办教育促进法》修改之前为第二阶段，其定位是"非营利性民办教育机构"；2016年之后为第三阶段，民办教育分为"非营利性"与"营利性"两种，分别具有不同的法律定位和组织形式。在第一阶段，作为"社会力量办学"的民办教育只有"举办者"，且举办者基本没有财产权益，举办者身份主要体现为一种身份权而不具有财产属性；第二阶段，民办教育的"举办者"仍然体现为身份权，该阶段的立法中规定了"出资人"的合理回报权，且"出资人"的权利和义务仅与"合理回报"有关，由于在立法中多次表述举办者也有出资义务，因此，举办者应当也属于出资人，并享有相应的取得回报权；到了第三阶段，出资人的概念被取消，出资人原有的分取办学收益功能被区分对待：对于营利性民办教育机构而言，允许其股东根据公司法分取办学收益；对于非营利性民办教育机构而言，任何人都不能从中分取办学收益。据统计，截至2018年12月上旬，上海全市拥有营利性/非营利性选择权的1800余所学校，已有98%的学校举办者向主管部门提交了决定，其中200余所选择登记为营利性民办学校。上海也是全国要求民办学校分类登记选择截止日期最早的城市。2019年10月28日，中共十九届四中全会在北京召开，会议强调支持和规范民办教育、合作办学。中央支持民办教育的精神一以贯之，规范民办学校办学的决心更加坚定。

2019年1月30日，在2019年全国教育工作会议上，教育部部长陈宝生发表讲话，其中提到《民办教育促进法实施条例》已由国务院常务会议审议并原则通过。然而，尽管业界权威专家不断依据惯例"预测"条例的公布时间，尽管教育部在《民办教育工作部际联席会议2019年工作要点》中明确将"做好《中华人民共和国民办教育促进法实施条例》修订印发、宣传解读和贯彻落实工作"，直至2020年中，《民办教育促进法实施条例》修正案未能颁布，致使民办教育的许多重大政策处于不确定中，为地方教育行政部门和民办学校的办学者带来许多新的困惑。该条例的意义为，不但标志着新一轮国家层面民办教育政策顶层设计的基本完成，更重要的是在国家深化教育改革政策密集出台的背景下，民办教育的"国家态度"与"政策导向"将会如何。该条例悬挂的空窗期达三年多，不确定性影响巨大。

国务院《民办教育促进法实施条例》的修订引发高度关注。一是各方面对这部法规有很多期待，希望尽快出台，把一些上位法的原则性规定进一步细化，也为分类管理改革提供更多指导。二是这部法规涉及很多直接的利益群体。不同群体之间的诉求与博弈，在这部法规中应该体现得非常明显。三是法理和情理的关系。包括过去的、新设的民办学校，民办教育未来发展的趋势、走向，存量和增量，中央和地方，政府和市场，教育法律和其他法律的关系。

2019年1月18日，青岛市政府颁发《关于鼓励社会力量兴办教育促进民办教育健康发展的实施意见》，以政策和财政资金为引导，继续积极开展试点工作，全面推动实现非营利民办学校教师养老保险与公办学校教师同等待遇，切实推动民办教师与公办教师退休同等待遇工作落到实处。

2019年2月23日，中共中央、国务院印发了《中国教育现代化2035》，让教育使命产生百年之变。

2019年3月12日，部分学生家长在网上反映成都七中实验学校小学部食堂向学生售卖过期发霉食品，当晚，学校食堂工作人员疑似连夜转移证据，家长将其围堵在学校门口并向成都市温江区有关部门投诉。3月21日，教育部等三部门联合发布《学校食品安全与营养健康管理规定》："中小学幼儿园应建立集中用餐陪餐制度，每餐均应有学校相关负责人与学生共同用餐，做好陪餐记录，有条件的中小学幼儿园还应建立家长陪餐制度；中小学幼儿园一般不得在校内设置小卖部、超市等食品经营场所。"该规定从4月1日开始执行。

2019年4月9日，教育部官网发布的《民办教育工作部际联席会议2019年工作要点》指出：深入推进民办教育领域"放管服"改革，充分发挥民办教育协同专家作用，做好专题研究和智力支撑；支持中国民办教育协会、民办教育协同发展服务中心等第三方机构，在引导民办学校坚持公益办学、创新培养模式、提升治理能力等方面发挥作用。

2019年5月25日,吉林华桥外国语学院正式更名为吉林外国语大学。吉林华桥外国语学院升格为吉林外国语大学,民办高校升格为大学说明党和政府对举办者以立德树人为己任、坚持社会主义办学方向的初心与使命是高度认可的,对举办高水平民办大学的支持是坚定和明确的。这是我国第一所民办大学。吉林外国语大学的诞生为民办高校的发展方向树立了标尺和旗帜,揭牌意义深远。

2019年5月30日,教育部发函同意广州科技职业技术学院(本科)等15所民办本科职业教育试点院校更名为"职业(技术)大学",开创了中国民办职业本科教育之先河。首批全国民办本科层次职业教育试点学校的发布,标志着民办高等教育迎来发展新机遇。从办学层次、类型到学校名称,开启了我国民办高等教育的一种新形式。

2019年5月31日,教育部教育发展研究中心民办教育研究所成立。

2019年6月19日,国务院办公厅发布《关于新时代推进普通高中育人方式改革的指导意见》。

2019年7月24日,教育部办公厅、商务部办公厅、市场监管总局办公厅联合发布《关于做好外商投资营利性非学历语言类培训机构审批登记有关工作的通知》,指出外商投资营利性非学历语言类培训也需要办学许可证。

2019年8月22日,十三届全国人大常委会第十二次会议分组审议了国务院关于学前教育事业改革和发展情况的报告。在分组审议中,常委会组成人员普遍认为,政府应加大对学前教育的财政投入。一些委员建议,政府应将学前教育纳入义务教育阶段。

厦门市教育局官网2019年9月10日发布《厦门市教育局关于同意设立厦门市国贸协和双语高级中学有限公司的批复》。厦门市国贸协和双语高级中学有限公司位于思明区洪莲中二路1-11号,学校性质是营利性民办学校,办学层次是高中,办学规模为24班600人。学校简称"厦门市国贸协和双语高级中学"。这是新《民办教育促进法》实施后的第一所营利性民办高中。根据新《民办教育促进法》,义务教育阶段不允许设立实施义务教育的营利性民办学校。目前营利性民办学校仅限于幼儿园、高中，以及培训机构。

2019年9月10日，东莞市发展和改革局、教育局、财政局发出《关于规范我市幼儿园收费管理的通知》。明确民办幼儿园定价自2020年1月1日起无须备案。同时规定，享受财政补助的普惠性民办幼儿园，收费不得超过与政府有关部门合同约定的最高标准。

2019年9月28日，"中国民办教育协会民办教育研究分会"正式成立。民办教育研究分会的成立为民办教育研究学者提供了研究平台和学术共鸣的舞台，将有力地加强学术界、办学实践者以及政府部门等各方的沟通与交流，凝聚民办教育界的学术力量。研究分会通过研究理论与问题，将促进民办教育领域问题的解决，有利于进一步推动民办教育健康可持续发展。

2019年11月7日，《长沙市民办学校首批法治体检总报告书》公布，65所学校存在的十项法律风险被一一列出，针对这些风险，体检报告书"对症下药"给出了专业风险防控建议。这是长沙首次对民办学校进行法治公益体检，由专业法律团队对学校存在的法律风险进行分析，全市共有65所学校自愿报名参加。体检报告书从十个方面阐述了民办学校普遍存在的法律风险：学校理（董）事会、学校章程规定、学校劳动用工、学校产权和财税、校园人身损害侵权、学校对外往来业务、校园食品安全、学校合作办学、学校招生宣传、知识产权侵权以及不正当竞争。

2019年11月27日，财政部、国家税务总局发布《中华人民共和国增值税法（征求意见稿）》，向社会公开征求意见。有两项与教育相关的税收优惠，即学校和其他教育机构提供的教育服务，学生勤工俭学提供的服务；农业机耕、排灌、病虫害防治、植物保护、农牧保险以及相关技术培训业务免征增值税。

2019年11月29日，教育部发布《关于在自由贸易试验区优化营利性民办学校审批服务的通知》，在审批权限下放、审批清单建立以及压缩营利性民办校换证时长等方面均做出相关要求。按照优化审批服务方式推进改革，为深化教育领域"放管服"改革取得可复制、可推广的制度创新成果经验。优化自由贸易试验区营利性民办学校审批服务，是教育"放管服"

改革出的新招。自2019年12月1日起，在上海、广东等18个省区市自由贸易试验区内，对实施专科教育及其他营利性民办高等教育机构实行"证照分离"改革全覆盖试点，按照优化审批服务方式推进改革。

2019年12月4日，深圳市龙岗区教育局发布《龙岗区民办教育发展专项资金管理暂行办法（2020—2022）》。专项资金扶持对象是指国家机构以外的社会组织或者个人，利用非国家财政性经费，在龙岗区面向社会举办的中小学校。专项资金纳入区财政年度教育经费预算，专项资金的安排和使用遵循"贯彻均衡、提高质量、促进发展、奖励先进"的原则。专项资金专款专用，结余结转下一年度使用。以下为专项资金的使用范围。

1. 新开办学校奖励金

鼓励扶持国内外有教育情怀的名企、名校、名家来龙岗举办非营利性的高端优质民办学校，新开办学校达到深圳市同类公办学校标准的，按同类公办学校开办费15%的标准平均分两次拨付。该项奖励主要用于学校设备设施的更新、补充及完善。

2. 民办学校提高教师学历奖励

根据民办学校的核定办学规模和全日制本科（含）以上学历教师在本校教师的占比，给予学校学历奖励补贴。奖励办法另行制定。

3. 名师名校长奖励津贴

参照《深圳市龙岗区深龙教育英才计划实施办法》中规定的有关标准执行。

4. 民办教师长期从教津贴

进一步提高民办学校教师长期从教津贴发放标准，津贴标准提高至封顶2000元/月，具体发放方案另行制定。

5. 民办学校管理人员培训经费

开展民办学校举办者、管理者、名师名校长、安全管理人员培训。

6. 其他经政府同意安排的项目

2019年12月12日，第三届中国—东盟民办高等教育发展与合作论坛暨第一届中国—东盟民办大学联盟年会（ACAPEHI）在三亚学院成功举办。

作为响应"一带一路"倡议发起的高等教育国际交流平台，上合组织秘书长首次应邀参会，与来自中国和东盟国家的60余位嘉宾共同探讨民办高等教育跨国合作的新实践、新蓝图。

2019年12月16日，在教育部召开的新闻发布会上，针对我国城乡、区域、校际间，中小学教师结构性缺编、缺员问题。中央编办相关负责人表示，将通过统筹调剂、存量挖潜、创新供给等多种方式，满足中小学教育需求。中央编办四局巡视员、副局长田中表示，将及时核定中小学教职工编制，创新管理、丰富供给，通过购买服务、支持社会力量参与等推动中小学教育服务提供方式多样化。

2019年12月，教育部官网公示，经第七届全国高等学校设置评议委员会专家考察和评议，9所由省级人民政府申报设置的本科高等学校获得通过（其中独立学院转设3所、本科层次职业教育试点6所），高等学校名单向社会公示。其中，3所独立学院转设公办本科高校的为浙江大学城市学院、浙江大学宁波理工学院和新疆财经大学商务学院。

2019年12月，黑龙江省教育厅发布《关于中小学减负措施实施方案（征求意见稿）》的公告，提出严禁聘用在职中小学教师到培训机构任教，一旦发现，坚决吊销办学许可证，并对教师本人予以严肃处理，情节特别严重的，取消教师资格。

2020年3月3日，山东召开2020年教育工作视频会议。提高教师工资待遇，确保平均工资不低于公务员；改革绩效工资分配，推动年底前各高校奖励性绩效工资占比达到60%，中小学绩效工资增量全部纳入奖励性绩效。部分试点民办学校的教师和公办学校教师养老保险同等待遇。

2020年3月11日，香港宏广国际幼稚园、宏广国际幼儿园公告：在新型冠状病毒肺炎疫情的影响下，自2020年2月份开始，本校学生退学人数不断上升，学前班退学人数达到8成，加上3月份学费减半，来年租金上调，本校确实无法在此财政情况下继续经营，无奈之下，校董会做出决定，宏广国际幼稚园、宏广国际幼儿园将于本学年完结，即2020年7月31日后结束运营。这是目前第一家因为疫情影响而无法维持经营的幼儿园。2016~

2017年香港幼稚园共有1014所，其中非营利性幼儿园813所、私立独立幼儿园201所。这些私立独立幼稚园均没有参加"免费幼稚园计划"，入读这些学校不能获得政府的学费资助，其中，宏广国际幼儿园即为私立独立幼儿园。宏广国际幼稚园成立于2012年，致力推展两文三语学习环境，配合英国的"Early Years Foundation Stage"课程及奇基教育系统，提供浸润式全语文学习情境，学校有注册课室15个，可容纳学生约251人。

2019年以来，独立学院转设加快步伐，全国部分独立学院接受教育部考察。政策的推进表明"公办高校+社会合作方"举办高等教育机构的混合办学模式逐渐丧失政策合法性，独立学院的"消失"将影响中国高等教育组织类型多样化的发展。在独立学院转设过程中，高等教育领域公办与民办的结构将发生重大调整，民办高等教育的分量和比例将进一步增大。应转尽转、加快推进，独立学院转制进入快车道。

据不完全统计，2019年教育部等多部门出台有关教育政策文件123件，其中因就业压力而传导的"职业教育"成为年度政策高频词。学前教育、义务教育、高等教育、职业教育的细则出台愈加清晰；在线教育、教材管理等全方位规范化的政策陆续出台，实则都为《民促法实施条例》最终版本铺平了道路，分类管理的思想贯穿始终。

二 民办教育资本化在曲折中发展

民办教育新政已经尘埃落定，在民办学校的选择、税收、收费政策、扶持创新、政府监管等方面给民办学校的选择和发展带来最直接的影响。

2006年新东方率先登陆美股市场，打开了中国教育企业海外上市之路的大门。随后正保远程教育、好未来、51Talk、红黄蓝和流利说等一批内地教育企业陆续上市。由于美国本土的互联网基因浓厚，对上市企业盈利没有过多要求，美股教育板块一直以课外培训和互联网教育为主，与港股市场基本均为学历教育呈现完全不同的板块特征。2016年初成实外教育登陆港交所，旗下民办高等院校四川外国语大学成都学院成为第一家在海外上市的民办高校类资产。

随着新《民办教育促进法》分类管理制度不断推进，营利性与非营利性的划分促使民办高教类资产在资本市场中交易的政策障碍被破除，2017年港股迎来民办高教资产上市潮，进一步加速了高教集团间的并购交易。与此同时，政策驱动独立学院脱钩进程加快，潜在高校并购标的数量进一步增加。2017年，内地学历教育集团纷纷开启了境外"上市潮"，港股迎来民办教育上市小高峰，港股教育板块总市值1年内翻了三番。睿见教育、宇华教育、民生教育、新高教集团、中教控股均成功赴港上市，宇华教育旗下郑州工商学院及民生教育旗下4所高校、新高教集团及中教控股旗下各2所高校均完成IPO。同年，新高教集团并购新疆财经大学商务学院；宇华教育并购湖南涉外经济学院；民生教育并购安徽电信职业学院，2017年共9所院校完成资本证券化之路。

得益于2017年成功在港上市的5家教育企业，2017年后高教资产并购事件呈井喷式增长。2018年民办教育港股上市步伐进一步加快。3月，3家教育机构先后上市。在资本的拉动和追捧下，中国的民办教育迎来快速发展期。截至2018年末，在美上市的中国教育企业达到16家，全年仅有ATA、海亮教育和安博教育3家股价上涨，其余13家均有不同程度的跌幅，其中四季教育、朴新教育和尚德机构跌幅超过70%，跌幅较大。新东方、好未来也未能幸免，双双齐跌，跌幅分别为12%和42%，年末好未来较当年股价高点，市值蒸发79亿美元。

民办高校在2019年并购动作频繁，致使整个民办学校投资交易金额达到近140亿元人民币。2019年上半年，教育行业共发生248起投融资事件，平均每天发生1.37起；总融资金额达183.18亿元人民币，与去年同期相比减少44.26%。总体来看，有以下几个特点：第一，投融资事件数和融资金额均相较2018年同期有所下降；第二，中期轮次的融资金额数骤降，较2018年同期减少73.82%；第三，新东方、好未来在教育投资方面很活跃，两者的投资事件数均为7起；第四，素质教育、K12、职业教育仍是投资重点；第五，在线素质教育崭露头角，在线教育机构继续占领半壁江山。

2019年7~8月，民办大学并购金额高达43.8亿元，中教控股、中国新华教育、宇华教育、中国春来、希望教育分别发布收购公告，其目标学校主要为独立学院和职业院校。7月，宇华教育14.92亿收购山东英才学院，创下民办高等教育并购史上最大的一笔单体校投资；中教控股对四川外国语大学重庆南方翻译学院的收购金额紧随其后，达到10.1亿元；中国春来以8亿元收购苏州科技大学天平学院；中国新华教育以9.18亿元收购昆明医科大学海源学院、昆明市卫生学校；希望教育以1.6亿元收购鹤壁汽车工程职业学院。8月，希望教育以4亿元收购苏州托普职业技术学院及昆山技工学院；月底又以5.5亿元收购银川的4所学校和2家公司。具体见表1。

表1 教育集团收购目标学校情况

单位：亿元

序号	简称	目标学校	交易金额
1	中教控股	四川外国语大学重庆南方翻译学院	10.10
2	中国新华教育	昆明医科大学海源学院、昆明市卫生学校	9.18
3	宇华教育	山东英才学院	14.92
4	中国春来	苏州科技大学天平学院	8.00
5	希望教育	鹤壁汽车工程职业学院、苏州托普职业技术学院、昆山技工学院等	11.10

2019年上半年的教育行业投资相较于前几年似乎有些冷淡，从趋势来看各个领域都遇到了各自发展的瓶颈，无论是少儿英语的结构性亏损还是素质教育领域的规模化扩张，都在一定程度上影响了上半年的教育行业投资。2019年下半年起，整个教育行业都面临前所未有的困境与艰难。特别是新冠肺炎疫情发生后，教育公司破产倒闭或降薪裁员情况屡屡发生。也有个别公司逆势融资或股价高涨。美国东部时间2020年3月9日，标普500指数开盘跌7%，触发第一层熔断机制，三大股指早盘全部暂停交易15分钟。恢复交易后，美股短暂回升，随后三大股指再度走低。新东方、好未来等教育股均有大幅下跌，而51Talk股价飘红，截至美国东部时间2020年3月9

日,总市值为5.92亿美元。当天,51Talk发布2019年第四季度财务业绩报告,公司首次实现单季度盈利。2020年3月2日,新东方、好未来相继发布公告,宣布下调最近一季度营收预期。新东方营收预期下调约0.8亿美元,营收同比增长预期减少近10%。好未来下调2020财年第四季度营收预期约1.1亿美元,营收同比增长预期减少15%。

2014年,教育二级市场并购案例上两位数;2015~2016年并购案例激增,在2016年达到29起的峰值;2017年下降至19起,2018年再降至12起。到2019年,A股鲜少看到二级市场教育并购的案例。随着时间的推移,业绩表出现的高增长不再,而且营收大幅下降,利润甚至出现亏损。2016年至2019年6月,共有37所民办高校通过直接IPO或被并购的方式登陆资本市场。

对于中教控股和中国新华教育来说,7月分别对四川外国语大学重庆南方翻译学院和昆明医科大学海源学院、昆明市卫生学校的收购,均为今年的第二次收购案。2019年1月,中教控股完成了对济南大学泉城学院的收购。2019年4月,新华集团与南京财经大学及基金会签订协议,成为南京财经大学红山学院的新进举办者,并共同运营。对宇华教育而言,K12和高等教育领域均是其业务领域。本次收购前,在宇华教育所拥有的26所学校中,高等教育院校只占2所。对山东英才学院的整合,对于宇华教育的高等教育板块明显具有重要意义。对苏州科技大学天平学院的收购,使中国春来终于走出了河南,来到了江苏。而希望教育对鹤壁汽车工程职业学院的收购,则从四川来到了河南。

2019年9月24日,中公教育市值突破1000亿元关口,成为第三家市值在千亿元以上的上市教育公司。是中国首个民办教育企业在A股IPO或借壳上市的公司,在民办教育证券化进程上有里程碑意义。

据统计,在23家港股教育企业中,上市当天股票实现上涨的仅有9家,其中21世纪教育上市当日股票涨幅达51.33%,为涨幅之最,博骏教育、天立教育分别以21.61%、19.92%的涨幅位居第二和第三。上市当日即破发的教育股达8家,驾驶培训学校首日跌幅达32.03%,而民办高等教育领域,华立大学首日17.18%的跌幅为上市当日最高破发。纵观2019年成功

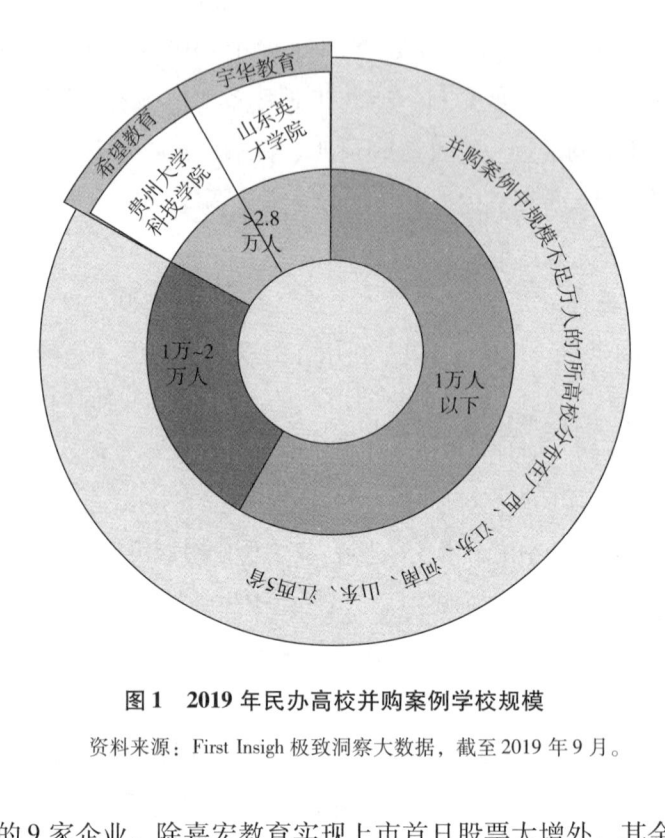

图1　2019年民办高校并购案例学校规模

资料来源：First Insigh 极致洞察大数据，截至2019年9月。

赴港上市的9家企业，除嘉宏教育实现上市首日股票大增外，其余或平稳或破发。因此在监管更加趋严、形式更加严峻的2020年，对于教育企业而言，比企业上市速度更重要的或许是如何在上市之后走得更稳。

增加价值是投资和教育的共同目的。从某种程度上来说，被上市公司收购，是对民办高等院校的一种价值肯定。但当上市公司以资本为手段，更深入地介入学校运营中时，对民办高等教育的未来发展会有怎样的影响，对办学质量、人才培养等教育的核心目标将起到怎样的作用呢？

观察各个美股教育企业股票走势，在2019年5月至6月期间，基本达到了2019年的最高值，好未来更是在2019年上半年保持了迅猛增长的势头，市值突破231亿美元。但是好未来快速增长的故事似乎在6月13日的"浑水事件"中戛然而止，并且迅速波及新东方等教育培训企业。

浑水做空一家企业，一般都有一整套流程。首先详尽调查，接着发布做空报告，打压股价；同时，对冲基金提前卖空目标股票，待股价下跌到一定程度后再买入平仓；最后，展开律师所代理集体诉讼，做空结束。浑水往往能从对冲基金那里分得巨额回报。在做空报告中，浑水通常会在免责声明中把自己择的一干二净。并且，根据美国的法律，金融机构和研究公司发布研究报告，即使有错误或者因此获利，都能轻易规避法律的惩罚。这也给浑水这样的做空机构提供了生存的土壤。实际上，做空机制在一个完善的资本市场上与做多机制一样重要，而非恶意的做空往往能产生良性的作用，清除市场上的一些"劣币"。

政策利好素质教育。在教育部 2019 年工作要点中，明确将研制《新时代全面加强和改进学校体育美育工作的意见》《关于切实加强高校美育工作的意见》《体育美育教师队伍和场地建设三年行动计划》。国务院对 K12 学科教育和素质教育的政策更加清晰，对于素质教育进一步强调"德育、智育、体育、美育、劳育"的重要性，鼓励学校通过购买服务的方式，促进素质教育的落地，使基础教育实现高质量的发展。2019 年上半年素质教育领域投资数量居整个教育行业之最，达到 59 起，平均 3 天就有一家素质教育企业获得融资，单轮平均融资金额约为 4000 万元，2019 年上半年素质教育领域披露投融资规模超过 18 亿元。

进入新时代，供给侧结构性改革不断深化，经济转型升级不断加快，科技产业快速迭代，不断产生对部分领域高层次人才的脉冲式、阶段性的需求。教育是一个抗周期性的行业，某些赛道上还是存在投资，而且比较集中。特别是职业教育、高等职业教育两个领域的并购还在继续，只是相对来说比较理性。教育投资并购的大潮确实正在后退，但是总体还是向前。

2019 年是经济的"出清年"、政策的"宽松年"、投资的"丰收年"。尽管中国经济下行压力加剧，但受益于逆周期调节的发力和资本市场的改革开放，各类投资市场还是取得了不错的收益，尤其是 A 股市场。2020 年将是经济的"缓和年"、政策的"纠偏年"、市场的"开放年"。民办教育新政落地后，是选择营利性保障经济利益，还是选择非营利性学校聚焦办学理想；在行业整合方面，是立足自身禀赋继续小步徐行，还是借力行业巨头和资本市场的力量狂飙

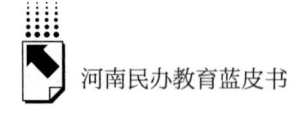

突进；在面临竞争时，是跟随大势血战到底，还是独辟蹊径异质突围。在无处不在的两难困境中做出理性选择，需要民办教育人的决断与智慧。

三 "幼教新政"引发普惠纷争

加强学前教育供给的呼声日益增高，普惠性幼儿园扩容势在必行。这些与民办教育人密切相关的政策法规，对民办学校未来发展产生深远的影响。

2018年11月，幼教新政出台，宣告了国家对学前行业规范与托底的决心。2019年初，小区配套幼儿园整改工作紧锣密鼓进行中，幼教资本化进入前所未有的转折期。投资幼儿园实体的资本大撤退，整个幼教行业遭遇前所未有的困境。

2019年1月22日，国务院办公厅印发《国务院办公厅关于开展城镇小区配套幼儿园治理工作的通知》，拉开了小区配套幼儿园治理的大幕。回归普惠（公办园或普惠性民办园）成为城镇小区配套民办幼儿园的唯一出路。全国各大中城市，有的地方强势推进，有的地方只求"数据达标"。虽然这些做法迅速改变了城镇学前教育"公办少、民办多"的格局，但是也导致整个民办学前教育受到不同程度的减退影响，并使选择者普遍对"普惠性""营利与非营利"的抉择感到困惑和迷茫。

当前0~6岁早期教育行业机构或家庭面临不少问题，比如孩子在家上早教难实现、高质量社区托管匮乏、用户生命价值周期短、教室空间使用率低等急需解决等。学前教育上升空间广阔，德勤2017年数据显示，2016年我国0~6岁儿童达到0.99亿，市场规模达3800亿元。

自"幼教新政"发布以来，涉及幼教资产的企业频繁发声，或是宣布调整企业经营策略，或是调整发展方向，均在积极响应幼教新政。2019年12月4日晚，A股幼教龙头威创股份发布公告称，鉴于国内学前教育行业新政出台，并在各地逐步落地实施，北京可儿教育未来的经营情况存在较大不确定性。据悉，基于减轻重大行业政策变化带来的不确定性影响，从保护上市公司利益角度出发，公司于2019年12月3日召开第四届董事会第三十六次会议，审议通过了《关于转让北京可儿教育科技有限公司股权的议案》，交易对价为3.03亿元。

遏制过度逐利行为的政策导向是非常明确的，特别是配套园、普惠园政策的强力推行，对于相关机构的现有资产、收益都会产生一定影响。就未来而言，具有幼教资产的上市公司在幼教产业的扩张受限，投资者对其成长性有担忧，因此资产的溢价不高。长远来看，会影响投资者的投资信心。

2019年8月1日，教育部举行新闻通气会。会上指出，到2020年，北京市将全面普及学前教育，普惠率达到80%以上。为应对全面二孩及外来人口双重压力带来的学前学位严重不足问题，北京市采取一系列措施。一方面，完善普惠性学前教育投入保障机制，只要是普惠性幼儿园，无论公办还是民办，实行"四个统一"，即办园标准相同、财政补助相同、收费标准相同、教师待遇相当。另一方面，在此基础上，对所有普惠性幼儿园，市级财政按照每年12000元的标准进行补助，同时给予每生10000元的一次性扩学位补助和每天每平方米5元的场地租金补助。2011~2018年，北京市学前教育经费占财政教育经费的比例由3%提高到10%，2020年提升至14%。

北京市优化调整了普惠性资源布局结构。在提高新建小区配套幼儿园容载能力的同时，对已建成小区协调疏解腾退空间用于举办幼儿园，每个街道和学位矛盾比较突出的乡镇，至少新办一所普惠性幼儿园。通过扩大教育部门办园规模、支持国有企事业单位办园、扶持普惠性民办幼儿园发展、开展无证园分类治理、发展多样化学前教育服务等途径，扩大普惠性资源供给。

重庆市要求凡纳入规划的幼儿园原则上全部举办为公办幼儿园，新建城镇住宅小区配套幼儿园与住宅工程同步设计、同步施工、同步验收、同步交付使用。除了调整布局规划，重庆市还提出对划拨用地建设或国有资产建设的小区配套非普惠性幼儿园，回收举办为公办或公办民营普惠性幼儿园，增加普惠资源。此外，还通过政府购买学位资源、管理服务、保教岗位等方式，积极扶持普惠性民办园发展。截至2019年10月底，重庆新增公办幼儿园306所，移交、回收、回购城镇小区配套幼儿园143所，学前教育普惠率保持在80%以上。

2019年12月6日，合肥市发改委发布关于向社会公开征求"调整合肥市幼儿园保育教育费标准"意见的公告。公告明确了市区幼儿园的保教费收费的调整标准：财政全额供给的省一类公办幼儿园，每生每学期为2700元；财政全额供给的市一类公办幼儿园，每生每学期为2450元；财政全额供给的普通幼儿园，每生每学期为1900元；财政差额供给、自收自支公办幼儿园和普惠性民办幼儿园，标准调整20%。

随着合肥市城市化进程快速推进，合肥教育质量不断提升，以及"全面二孩"政策的实施，幼儿园、中小学新生数量不断增多。2019年，合肥市不断推进幼儿园公办率、普惠率，在园幼儿公办率、普惠率分别提升至45.3%、77.3%。

"十三五"以来，全市幼儿园在园人数年均增长8.7%，每年净增约2.2万人以上；根据预测分析，2020~2022年，全市在园幼儿数将分别达到34万、36.5万、39.7万人。

另外，辽宁鞍山规范幼儿园名称，"国际""中国""中华""辽宁省""双语""艺术""实验""幼小衔接""国学"均不可使用。沈阳市规定，A类幼儿园民办普惠收费可比同级公办上浮15%，B类幼儿园可上浮30%。

四 "公民同招"引起重点关注

2019年3月26日，教育部发布的《关于做好2019年普通中小学招生入学工作的通知》首次明确指出："各地要规范民办义务教育学校招生管理，将民办义务教育学校招生纳入审批地统一管理，与公办学校同步招生，不得以任何形式提前选择生源，坚决防止对生源地招生秩序造成冲击。对报名人数超过招生计划的民办学校，引导学校采取电脑随机派位方式招生。"[1]民办中小学免试入学。

---

[1] 《教育部办公厅关于做好2019年普通中小学招生入学工作的通知》，中华人民共和国教育部，2019年3月21日，http://www.moe.gov.cn/srcsite/A06/s3321/201903/t20190326_375446.html。

2019年6月，中共中央、国务院印发了《关于深化教育教学改革全面提高义务教育质量的意见》，要求"民办义务教育学校招生纳入审批地统一管理，与公办学校同步招生；对报名人数超过招生计划的，实行电脑随机录取。""落实优质普通高中招生指标分配到初中政策，公办民办普通高中按审批机关统一批准的招生计划、范围、标准和方式同步招生。"意见有三个关键词：公民同招、民办摇号、高中名额分配到校。这是一次从源头上进行的教育改革，并且是国务院发布，开启了民办义务教育新时代。

各地纷纷暂停或修改招生方案，根据新政实施民办学校义务教育阶段招生方案。其中广东、江苏、贵州出台实施方案，明确"公民同招"的招生方式。其中《贵州省中小学生减负实施方案》对普通高中招生也做了详细规定："普通高中一律不得在中考前提前招生、超计划招生和招收已被其他学校录取的学生；未经省教育厅批准，普通高中学校不得招生特长生，不得跨区域招生。"2019年12月11日，浙江省教育厅官网正式发布《浙江省中小学生减负工作实施方案》，严禁跨区域争抢优质生源。该方案自2020年1月10日起施行。其后，四川、河南也纷纷跟进，实施公办民办学校同步招生。公办民办学校一视同仁，公平发展，互不享有招生特权。

被业界简称为"公民同招"的该项政策从局部地区和城市推向全国，引发重点关注。民办中小学校反映较为强烈，认为义务教育阶段民办学校招生自主权受到重挫，会损害民办学校的办学自主权，对民办学校自主招生、办出特色、培养拔尖人才产生重大影响，进而影响民办中小学校的发展，一批有较高知名度的民办学校将面临严峻考验。

同时，自2019年第四季度以来，全国许多地方停止审批新设立的义务教育阶段民办学校。新政标志着民办中小学的政策发生重大调整，引起行业高度关注，并将对我国民办中小学未来发展带来深刻影响。

不可否认，长期以来民办学校的主要办学优势就是生源挑选，而这一规定将使民办学校的这一生源优势消失，民办学校赖以生存的生源红利进一步被压缩，将对义务教育阶段的民办学校和民办普通高中产生重大影响。"公民同招"的意义，不仅在于推进教育公平，更意味着民办义务教育学校也应体现出"满足多样化教育需求"的意义。政策出台背后折射的治理逻辑涉及对义务教育阶段民办学校性质、功能等的重新定位，而这种定位无疑将从各个方面影响义务教育民办学校的未来发展。民办学校需要重新规划自己的办学优势，寻找新的办学增长点。

五 在线教育行业进入规范调整期

《民办教育蓝皮书：中国民办教育产业发展报告（2019）》指出，2018年，我国教育市场总规模高达2.68万亿元，个人培训教育市场、K12与STEAM教育市场及民办幼儿园教育市场是占比最大的细分市场。该蓝皮书预计，2020年我国民办教育的总规模达3.36万亿元，预计至2025年，我国民办教育的总规模将接近5万亿元，年均复合增长率约为10.8%。

2019年7月，教育部联合多部门出台《关于规范校外线上培训的实施意见》。

2019年8月，教育部等八部门联合发布《关于引导规范教育移动互联网应用有序健康发展的意见》。

2019年9月，教育部等十一部门颁布《关于促进在线教育健康发展的指导意见》，明确鼓励发展在线教育，鼓励社会力量举办在线教育机构，支持互联网企业与在线教育机构充分挖掘新兴教育方式，满足多样化教育需求。同时，构建扶持在线教育发展的政策体系，从多方面支持在线教育发展。这是国家层面颁布的第一个专门针对校外线上培训活动的规范文件。自此，校外培训行业监管，线下线上都"有法可依"。新政意味着在线教育行业进入规范调整期，将有效改善在线教育市场中机构鱼龙混杂的局面，中小机构或将面临洗牌，在线教育资源将进一步向头部集中。

2019年12月2日，江苏省教育厅、公安厅等七部门发布《关于印发〈江苏省校外线上培训备案细则（试行）〉的通知》，目标为：到2019年底，完成江苏省已开展线上培训的机构备案工作；到2020年12月底前基本建成全国统一、部门协同、上下联动的校外线上培训监管体系。

2019年12月，北京市教委发布《学科类校外培训机构预付式消费管理细则》征求意见，面向中小学生实施的学科类校外线上、线下培训机构。对培训机构预付费的收费规则、服务合同、退费时限等做出规定。

有关部门连续发布文件加强对线上培训的规范管理，对校外培训教育机构发展和整个培训教育市场产生重要影响。面向中小学生的校外培训教育机构进入了新的规范、调整期，尤其从事学科类培训的校外培训教育机构面临重新洗牌的市场环境，培训方向、培训内容、培训模式等都需要进行调整，资本投资的方向也会发生变化。

这些文件在教育部都由基教司牵头，从其内容来讲，特别是与民办校外培训机构的监督管理密切相关，体现出以下两个政策动态。一是整个社会需要公平。解决当前社会主要矛盾中的不平衡不充分的问题，是党中央、国务院密集出台的教育政策的基调。二是我国教育的改革发展进入了一个资源丰富、选择多元的新时代。而从未来的趋势来讲，可能国家更多的精力要满足中等收入这部分群体的需要。

国家对教育机构的政策缩紧，不仅加大了中小企业进入教育市场的难度，给大型教育机构也带来一种强大的压力。特别是2018年，在教育部等四部委下发的《关于切实减轻中小学生课外负担开展校外培训机构专项治理行动的通知》中，大量整治、规范各类竞赛培训以及教培机构，其力度之大，堪称历年之最，也让无数教育机构进入寒冬。通知发布之后，以课外辅导为主营业务的学而思培训机构，立刻暂停课外辅导工作，好未来、新东方的股价也应声下跌。但是，作为大企业它们从容面对，好未来积极筹建自己的教育生态体系，新东方也打入K12教培市场。

经济运行减速换挡，对教育行业的影响通常会有一个较为明显的"滞后期"。将线上培训机构及教育类App纳入监管，校外线上培训机构"白名单"陆续发布，培训机构整治不断深化。在政府大力整治校外培训的背景下，培训市场呈现剧烈动荡，一边是韦博英语等知名培训机构陷入欠薪关店、跑路、裁员、投资遇冷、融资困境，降低了消费者对于教育培训公司的信任，另一边是热闹拥挤的上市潮。2019年有多家涉及英语培训、早教、留学、K12课外辅导等领域的培训机构先后破产、倒闭、跑路。以韦博英语风波引发广泛关注为爆发点，一系列教育培训机构雷暴事件不时见诸媒体。民办培训教育圈开始出现大规模关门、欠薪甚至是跑路的现象，众多教育机构深陷泥潭，或跑路，或破产，或主动关闭，或因运营不利引发裁员风波。韦博英语乱象揭开的，或许只是冰山一角。

疫情之下，中小学教育培训市场将迎来一轮洗牌。学而思、新东方等机构又迎来借势扩张的机会。2020年3月18日，腾讯公布2019年全年财报。2019年，腾讯实现营收3772.89亿元，同比增长21%，净利润为933.1亿元，同比增长19%。其中，备受关注的云业务全年收入超170亿元。自新型冠状病毒肺炎疫情暴发以来，QQ家校群为超过1.2亿用户提供了群课堂直播、线上辅导课程及作业管理工具等，助力开展线上及线下教育。

2020年2月28日，教育部发出《教育部党组印发通知部署统筹做好教育系统新冠肺炎疫情防控和教育改革发展工作》的通知，对疫情期间各中小学及高校做出了清晰的指示，"在此期间，未经省级教育部门批准，校外培训机构不得擅自开展线下培训活动"这句话对校外培训机构的影响是巨大的。

疫情期间，2.76亿全国各级各类全日制在读学生都在"停课不停学"。这次疫情对所有行业都有影响，唯独对在线教育这个行业的影响是非常大的，不遗漏一个学生、不遗漏一个家庭，瞬间影响的人口达6个亿。就细分领域来讲，2019年整个K12市场的龙头在获客上投入较大，下半年就投了100多亿元。这次在线教育的"停课不停学"致使整个在线教育获客和普及成本至少节省了5000亿元。2019年下半年投入的100多亿元能够增加2000万用户，几乎不花钱就能触达用户。

资本长期看好在线教育，疫情发生前在线教育的渗透率只有7%～8%，约0.3万亿元。整个中国的教育市场，公办教育差不都在3.8万亿元，民办教育差不多在1万多亿元，加起来有5万亿元。今后会回到在线教育自身在这个产业里面的渗透程度，从7%～8%渗透到12%～15%。绝对不会因为疫情发生突变，而使整个在线教育的渗透率达到 25%～30%。这是整个在线教育行业的大趋势。

教育的本质是具备稳定而持续的事业。不论线上和线下，要回归教育的本质，回归课程效果和服务质量。

2020 年是全面建成小康社会和"十三五"规划收官之年，是脱贫攻坚决战决胜之年，对教育改革发展提出了新的更高要求。民办教育系统必须牢牢树立起"收官"的强烈意识，为加快教育现代化、建设教育强国、办好人民满意的教育和决胜全面建成小康社会贡献力量。

高等教育改革篇

Higher Education Reform

B.16 数字化转型背景下的黄河科技学院大学英语教学改革[*]

黄河科技学院外国语学院数字化转型课题组[**]

摘　要： 长期以来，高校大学外语教学在僵化、混沌的状况下低效运行，备受多方诟病。主要存在先进的教学理念不能落到实处、课程体系不能很好地服务于人才培养、教学模式陈旧以及教学方法脱离学生实际等弊端，使得大学英语教育事倍功半，

---

[*] 基金来源：2019年河南省高等教育教学改革研究与实践项目："'33631'线上线下混合式'金课'的研究与实践——以大学英语课程为例"（项目编号：2019SJGLX110）、"基于移动互联网的CARE-L大学英语学习模式研究与实践"（项目编号：2019SJGLX498）。

[**] 课题组负责人：郑月。课题组成员：张永超、张景忠、娄欣生、张伟锋、张倩、贡建明、司彩霞。执笔人为娄欣生。郑月，讲师，黄河科技学院外国语学院分党委书记，主要从事高等教育管理和数字化转型研究；张永超，译审，黄河科技学院外国语学院院长，主要从事翻译和高等教育管理研究；张景忠，教授，黄河科技学院外国语学院副院长，主要从事英语教育和高等教育管理研究；娄欣生，教授，黄河科技学院外国语学院公共外语教学部主任，主要从事外语教育、高等教育原理和教师教育研究。

导致大学英语教学费时低效，教师教不好，学生学不好。为了使陷入"沼泽地"的大学英语教学重启新生，增强活力，黄河科技学院推进全校数字化转型，以全方位推进大学英语教学改革为切入点拉开了序幕，依据中国人学习英语的规律设计知识基础上的能力培养的分级英语学习体系，通过数字技术和手段为学生提供泛在化的学习空间、全方位的教学资源、个性化的学习方法、更高频的教学互动、融合化的管理工具、多元化的教学评价，把学习的主动权交还给学生，突破了学生固有的学习方式，使学生在互动与合作中实现语言实际运用的目标。在宏观改革的推进中，从教材、课堂教学、评价等方面着手，将原有的培养方案、教学模式、教学方法和评价手段分解重组，再建以学生发展为中心的教育教学体系，激活了内生动力，形成了强劲的发展合力，在遵循教育规律的基础上创新改革，取得了超出预期的成效。

关键词： 大学英语　分级教学　英语学习体系　混合式教学模式

2008年9月，新学年新学期开始后，黄河科技学院就启动了大学英语教学改革。在原有的教学设计、教学实施、教学评价的框架下，对课堂教学、教学环境、考试方法等进行了调整完善。但是由于认识的局限和技术的不足，一直不能实现根本的突破。十年探索，辗转徘徊，大学英语教学始终不能走出低谷。2015~2018届全校本科专业毕业生大学英语四级的通过率一直游走在20%左右。2018届全校本科专业中有54个专业的5845人报名参加大学英语四级考试，结果总通过率仅为22.45%，其中21个专业通过率在10%以下，个别专业的通过率居然是零。

造成大学英语教学困境的原因是多方面的。高等教育大众化带来的学生差异化程度增强，所以学生的英语水平不一，学习基础参差不齐；如果不考虑考研或是出国，英语的刚性需求微弱，导致学生学习自制力不强；课堂无趣，教材无趣，导致学生学习兴趣不高；没有语言环境，学习的过程随时会遭遇挫折，导致学生的学习信心不足。在教师层面，每周16学时的授课；统一的、范式老旧的教材；一成不变的教学内容和以课堂为主的教学形式；大量的传统备课、批改作业负担；等等。由于以教材为中心、教学任务量大和教改支持不足，加上学生的懈怠，教师缺乏成就感，教学热情不断降温。

平时学生对英语的学习基本上没有热情，课堂上玩手机等游离于教学活动之外的学生屡见不鲜。教师的教学积极性遭受挫折。第一轮轰轰烈烈的英语教学改革没有达到预期目的。

如何突破瓶颈？外国语学院每个教职工在思考，学校管理层也在思考。2018年4月13日，教育部发布《教育信息化2.0行动计划》，把教育信息化提到了加快教育现代化、建设教育强国的高度。黄河科技学院的教育信息化进程也实现了前所未有的快速发展，在学校教育生态重构、构建数字化组织结构等方面具备了条件。全体教职工和管理层对信息化、数字化有了一定的认识，并不断增强重视，"翻转校园""翻转外语"系统为教学改革提供了大数据分析和个性化教育的可能。

在技术层面，一方面，要解决"学的效果差"的问题，瞄准学生不会学、被动学、不能坚持学等堡垒进行攻坚；另一方面，要解决"教的效率低"的问题，重点突破课内时间应用不充分、课外学习时间不可控和学习效果不可测等因素，探索一种既保证学生学习成果又高效率的解决方案，从根本上诱发学生的自我激励机制和主动学习的兴趣。

一 将大学英语教学改革置于学校战略转型的大背景下

早在2008年学校通过教育部本科教学工作水平评估之后，董事长胡大白就在思考：作为当代中国第一所民办普通本科高等学校，怎样才能在发展中不断突破自己、激发内生动力，实现自己的社会责任？2013年，黄河科技学院被教育部批准为"应用型科技大学改革试点战略研究单位"。2015年11月，河南省教育厅、财政厅联合启动"示范性应用技术类型本科院校建设计划"，确定黄河科技学院等5所学校为第一批"示范校"。怎样做好"改革试点"，怎样成为"示范校"？在对学校管理体制进行全面改革的同时，面对本科教育各学科教学改革迟滞不前的境况，胡大白认为，本科教学必须改革，改革的基本遵循是守正出新。守正，就是遵循社会发展的基本规律，遵循教育的基本规律，遵循人的成长的基本规律，制订并实施人才培养方案；出新，就是根据经济社会发展的实际，根据科学技术进步的实际，根据新时代学生的实际，改革育人理念和教学方法。

2019年2月15日，黄河科技学院在成立学校管理体制改革领导小组的同时建立了大学英语教学综合改革专项工作组，这是八个专项改革工作组中唯一一个专门进行课程改革的工作组。明确了学校的战略思考：以大学英语教学改革为突破口，全面推进学校各门课程的教学改革。

2019年11月25日，黄河科技学院印发《大学英语分级教学实施方案（试行）》的通知，决定在2019级本专科各专业中全面实施大学英语混合式分级教学改革。要求改革坚持"学生中心，成果导向"的教育教学理念，充分应用现代教育技术，因材施教，分级教学，采用"线上+线下""课内+课外""教学+辅导"的混合教学模式，改变学习方式，促使大学生逐步养成终身学习的习惯。通过大学英语混合式分级教学改革，探索一种行之有效的大学英语教学模式，提升每名学生英语听、说、读、写、译的能力，使不同级别学生经过不同时长的学习达到大学英语四级水平，形成一种新的学习范式，养成终身英语学习习惯。将课堂教学革命引向深入，努力打造大学英语"金课"。该方案对分级标准与依据、各个级别教学目标与任务、成绩的记录和升留级办法以及教务管理部门和教学单位的职责等做出了规定。

这样的布局，从战略上确定了改革攻坚的方向，从战术上明确了改革攻坚的阵地和节点，以此为契机，拉开了全校推进数字化转型的序幕。

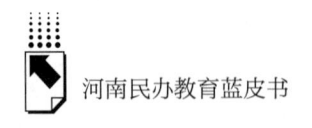

二 强力推进

（一）颠覆与重建

针对改革开放以来大学英语教学一直困扰着众多高校的管理者、大学英语教师和广大学生的"不好管，管不好""不好教，教不好""不好学，学不好"所造成的"费时低效"问题，2018年12月，学校副校长杨保成教授提出了打破传统，颠覆固有设计，构建中国人英语学习新体系的设想。杨保成带领外国语学院领导和骨干教师进行反复研讨，多方论证，从教学理念、顶层设计、课程体系、教学模式、评价方式和学习系统等几个方面颠覆了现有的大学英语学习体系，提出了中国人高效学习英语的解决方案。

1. 将"学生中心，成果导向"的教学理念落在实处，贯彻始终

理念是行动的先导。"学生中心，成果导向"的理念由来已久，但是多数都是写在文件中，挂在口头上，不能落在行动上。鉴于此，杨保成提出我们的改革一定要将理念落在教学实践中，贯彻于大学英语教学改革的始终，顶层设计、课程体系设置、学习系统建设、教学目标设定、教学模式构建、教学方法选择都要体现"学生中心，成果导向"理念，围绕使学生愿学习、会学习、学得会开展教学研讨，实施线上线下教学和辅导。通过3个学期的试点、推广，我们构建了知识基础之上分级能力培养的中国人英语学习体系，建设了基于大数据人工智能的高效服务于教学的"翻转外语"学习系统，很好地解决了多年来困扰大学英语教学"费时低效"的问题，提振了教学信心，调动了学生自主学习的积极性，有效地将"要你学"转为"我要学"，改变了师生观念和行为习惯，大学英语四级考试成绩实现了飞跃。

2. 立足中国学生特点，设计分级英语学习体系

改革开放以来，我国大学英语教学经历了恢复期（1978~1995年）、发展期（1996~2010年）、深化改革期（2011年至今）。[①] 在每一个阶段都不

---

① 李霄翔：《我国大学英语课程建设的历史进程与未来走向》，《外语教学与研究》2019年第6期。

乏对大学英语教学的思考与设计，从词汇、语法等知识教学到能力的培养，从翻译法到交际法、任务型教学法，再到具有中国特色的"产出导向法"，无不体现出中国学者和广大大学英语教师的理论智慧和实践智慧。但是，由于种种原因，多年的思考与探索始终没有实现我们渴求的事半功倍的效果。大学英语教学依然是投入高，成效低，尤其是在高等教育迈进普及化的新时代，学生差异化带来的需求多样化，新的数字化技术发展，对大学英语教学改革提出了新挑战，更是新机遇。杨保成不忘教育初心，牢记教育使命，带领外国语学院骨干教师，"准确识变，科学应变，主动求变"，根据中国人把英语作为外语学习的特点，提出了知识基础上的分级英语学习体系（见图1）。

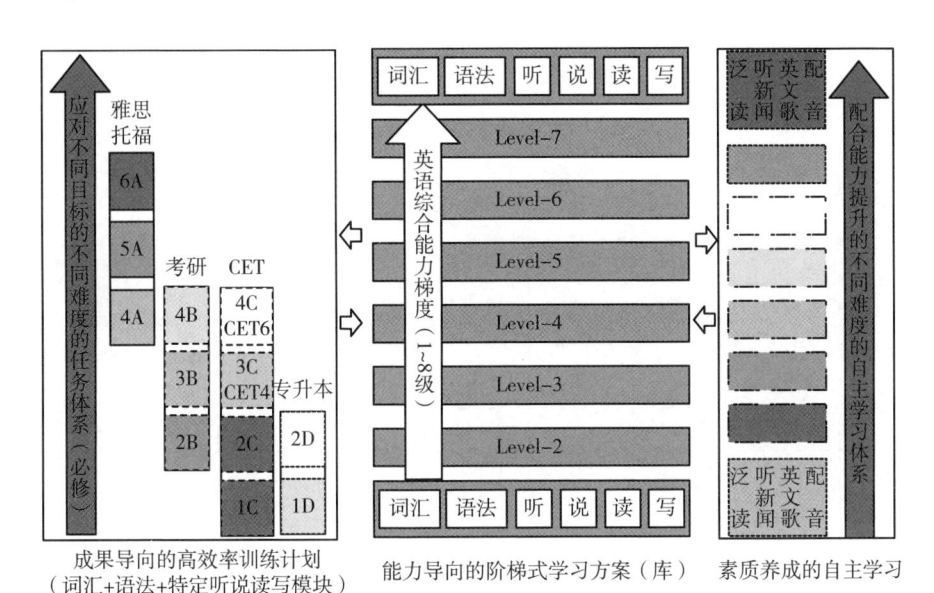

图1 知识基础上的分级英语学习体系

该体系针对不同英语基础的中国学习者设计，从入门级学习者 Level-1 到高级学习者 Level-8 都可以进入适合自己的级别开始学习。学习者从本级别的词汇和语法入手，紧接着进行听、说、读、写能力的培养，经过一定时间的学习（通常为6个月），当知识量和能力达到该级别的教学目标

243

时，就可以进入高一个级别的学习。而且，该体系能满足不同学习者考试和素质养成诉求，能够帮助学习者逐渐养成终身学习习惯，形成新的学习价值观。

该体系颠覆了当下国内多数以教材为中心，按照教学内容、以单元为基本单位实施教学的体系，更符合中国学生把英语当作外语学习的实际，是以认知心理学、行为科学、社会学、教育学、管理学和计算科学等多学科理论为基础而设计的促进学生学习、确保学习成效的学习体系。

3. 立足学习体系，设置全新的模块化课程

为了使学生学会学习，确保学习成效，我们始终贯彻"学生中心，成果导向"的理念，根据知识基础上的分级英语学习体系，打破原有课程体系，设置模块化的课程体系（见表1）。

表1 大学英语模块化课程设置

级别	第1学期		第2学期		第3学期		第4学期
一级	大学英语Ⅰ	词汇1	大学英语Ⅱ	词汇2	大学英语Ⅲ	词汇3	选修：大学英语Ⅳ，英语专业课程（文化、文学、写作、翻译、报刊阅读、西方礼仪等）
		语法1		语法2		语法3	
		阅读1		阅读2		阅读3	
		听力1		听力2		听力3	
		写作1		写作2		写作3	
		翻译1		翻译2		翻译3	
二级	大学英语Ⅱ	词汇2	大学英语Ⅲ	词汇3	选修：大学英语Ⅳ，英语专业课程（文化、文学、写作、翻译、报刊阅读、西方礼仪等）		
		语法2		语法3			
		阅读2		阅读3			
		听力2		听力3			
		写作2		写作3			
		翻译2		翻译3			
三级	大学英语Ⅲ	词汇3	选修：大学英语Ⅳ，英语专业课程（文化、文学、写作、翻译、报刊阅读、西方礼仪等）				
		语法3					
		阅读3					
		听力3					
		写作3					
		翻译3					

续表

级别	第1学期		第2学期	第3学期	第4学期
四级	大学英语Ⅳ（选修）	词汇4	选修：英语专业课程（文化、文学、写作、翻译、报刊阅读、西方礼仪等）		
		语法4			
		阅读4			
		听力4			
		写作4			
		翻译4			

目前开设的4个级别的教学，其中一、二、三级为必修课程，四级为选修课程。每一个级别都设置了词汇、语法、阅读、听力、写作和翻译6个模块的教学内容。词汇和语法从第1周开始学习。词汇主要在"翻转外语"系统进行学习，持续一个学期；同时进行线下线上相结合的语法教学，根据各级别具体情况，语法教学持续5~8周；从第3周开始，阅读、听力开展线上学习，持续到学期结束；语法教学结束后，开展3~4周的阅读线下教学，紧接着2周的听力线下教学；最后，写作和翻译各进行1周的线下教学（写作和翻译训练贯穿于整个教学过程）。

每个级别学习结束，成绩达到要求，可以升级。只有达到三级的可以参加大学英语四级考试，考试成绩达到425分者可以选修大学英语Ⅳ和英语专业的课程。

4. 构建线上线下深度融合的混合式教学模式

为了使学生愿意学、会学习、学得会，根据"学生中心，成果导向"的理念，我们构建学教辅三位一体、线上线下互联互通深度融合的混合式教学模式（见图2），达到营造学习氛围，激发学生兴趣，督促持续学习，传授学习方法，形成学习习惯，提升学习成效的目的。

该模式依托根据现代信息技术、数字化技术和人工智能建设的"翻转外语"学习系统，采取线上学习和线下交流相通、同频、共时的深度融合的教学模式，将学生学习、课堂教学和学习辅导有机地结合起来。在学生课前学习的基础上，教师在课堂上答疑解惑、引导学习、检验学习效果，课后

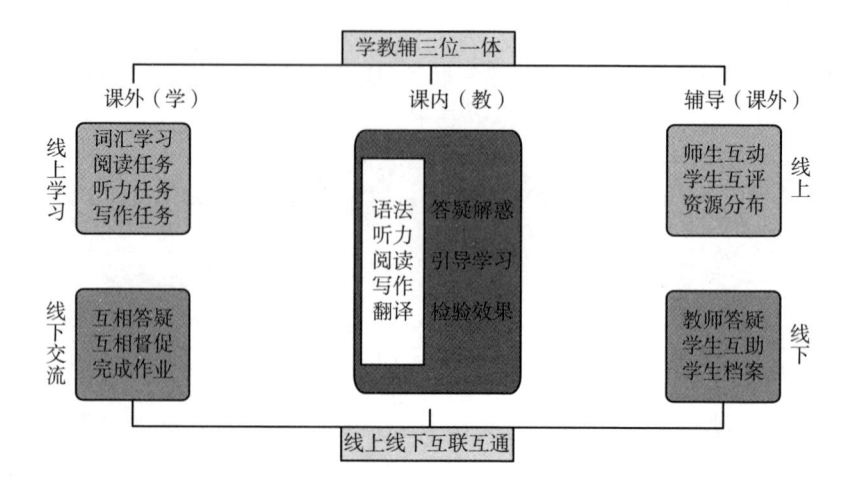

图 2　线上线下混合式教学模式

对学生开展有针对性的辅导，从而彻底改变旧的"三中心"，即教师中心、教材中心和课堂中心，确保学生学习成效。

5. 建设线上学习系统"翻转外语"

如果要实现学习体系所设计的各个级别的教学目标，只靠课堂教学是远远不够的，我们必须依靠现代教育信息技术，建成学习平台，服务于我们的教学。2018年底，根据我们的教学设计，经过多方调研各类外语学习系统，我们与上海昱鸿教育科技有限公司、深圳智益科技有限公司联合建设了内容丰富、功能强大、能够很好地服务于大学英语教学改革的线上学习系统——"翻转外语"（见图3）。

"翻转外语"学习系统是基于成果导向的理念，进行组队学习的学习系统。该学习系统依据艾宾浩斯记忆曲线定期发布任务，督促学生按时完成任务，进行即时测试，多方采集数据信息，分析学习行为，及时反馈给教师和学生。目前，该学习系统有多个级别的单词、语法、阅读、听力、写作解题技巧等内容。主要服务于大学英语一级至四级、专升本和考研英语教学。"翻转外语"学习系统的主要功能有：学习任务发布/提醒、学习数据记录、学习情况数据分析、学习日记和周记、教学反思等。

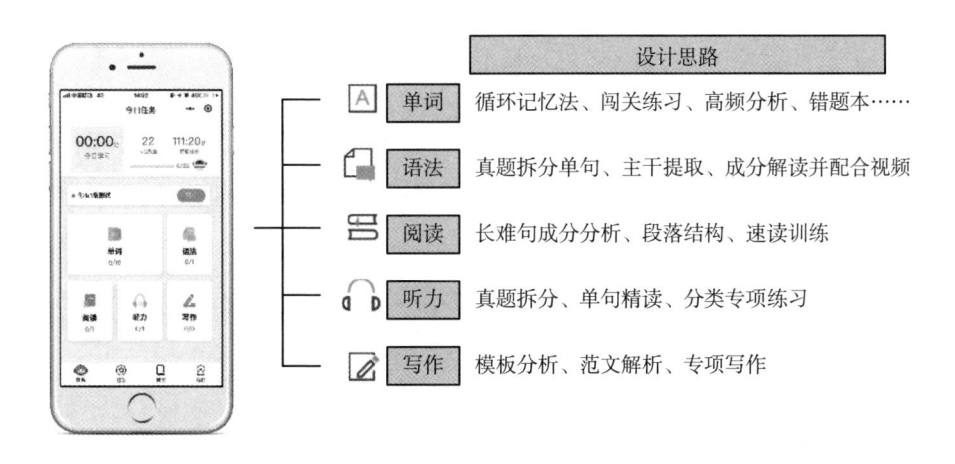

设计思路
A 单词 循环记忆法、闯关练习、高频分析、错题本……
语法 真题拆分单句、主干提取、成分解读并配合视频
阅读 长难句成分分析、段落结构、速读训练
听力 真题拆分、单句精读、分类专项练习
写作 模板分析、范文解析、专项写作

图3 "翻转外语"学习系统

6. 打破传统，加大形成性评价权重，构建新的学习评价体系

教学评价的意义在于促进学生学习，帮助教师改进教学。尽管多数大学英语教学改革强调评价的意义和功能，对评价做出改革，加大形成性评价的权重，但是，由于缺少工具支持，不能及时采集数据，不能及时提供反馈，评价的效果大打折扣。而我们的大学英语教学改革有强大的技术支持，可以确保数据的及时准确，使我们大胆地加大形成性评价的权重（见表2）。

表2 大学英语学业评价体系

单位：%

成绩组成	考核项	考核占比		总计
平均成绩	平时测试	40	60	100
	App 测试	20		
	自主学习	40		
期末成绩	期末考试	40		

学业评价主要包括形成性评价和终结性评价，打破原来比例，将形成性评价的权重增加到60%，终结性评价降到40%，总评成绩达到60分，而且两项成绩都分别在60分以上。形成性评价主要包括测试成绩和自主学习成绩。

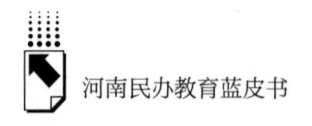

（二）强有力的保障，高效的措施

大学英语教学改革离不开学校的强力支持。而我们的改革正是在学校领导高瞻远瞩的顶层设计下开展的，这是确保成效的最有力保障。同时，学校成立了大学英语教学综合改革专项工作组，以学校的名义发布大学英语教学改革方案。我们成立改革团队，构建新的教学研讨机制和多方沟通机制，从而确保我们的教学改革能够实现预设目标。

1. 学校成立专项工作组

学校的支持是教学改革强有力的后盾。2019年2月25日，学校发布院政14号文件，将大学英语教学改革作为2019年一项重点工作，成立了大学英语教学综合改革专项工作组，分别由学校、学院和教学部三个层面的领导牵头，负责教学改革指导、组织和实施，从而确保高效地协调处理教学改革中的各项事务，尤其是课程设置、教学安排、成绩管理等，使得教学改革能够顺利开展。

2. 以学校名义发布教改方案

为了确保大学英语教学改革有章可循，有法可依，更加高效地运行，2019年11月25日，学校发布了《黄河科技学院大学英语分级教学改革实施方案（试行）》，阐明了改革的目的意义、改革的顶层设计，规定了改革目标、课程设置、教学模式、分级的标准、分级分班的办法、学业考核方式和办法、学分记录办法、升留级办法等。

实施方案的发布，使大学英语教学改革有了依据和保障，各个教学单位按照实施方案的要求支持改革，从而使教学改革得以顺利进行。

3. 成立高效的教学改革团队

教师是改革成功的关键。从2019年春季学期试点开始，成立了13人教学改革试点团队，其中7人为试点班授课教师。2019年秋季学期，在试点的基础上，在2019级本专科学生中全面实施教学改革，成立了四个教学团队，团队负责人分别由试点时期的教师担任，四个团队分别承担一级到四级教学任务。在团队负责人的组织和带领下充分利用一切可以利用的时间开展教学研讨、撰写讲义、教案，制作PPT，准备练习题和测试题，制定线上学习内容。

4. 建立新的教学研讨机制

教学研讨是教学改革的重要组成部分。改革之前的教学研讨都是以教研室为单位的集体备课形式进行，除了确定教学的重难点外，还会交流一些学生管理等方面的问题，针对性不强，效果不明显。教学改革后，除了每周定期的教学研讨外，各个团队的教师在课后会随时就教学中存在的问题和心得进行交流，通过交流及时完善了教学设计和保证了教学工作高效开展。在实践中还形成了定时和不定时相结合的教学研讨机制，不仅研讨教学内容，还研究教法，依据技术团队提供的数据进行学情分析，提出教学改进办法，研讨的频率和效率都大幅度提高。

5. 建立新的沟通机制

有效的沟通是达成共识、形成教育合力的重要保障。改革实践中我们主要建立了教学团队与技术团队、各教学团队之间的沟通机制。每周一上午公共外语教学部组织召开两场工作例会，其一，各个教学团队之间进行沟通，就各个级别教学中存在的问题、各个级别教学之间的衔接进行研究，对学习系统的功能开发提出建议；其二，技术团队负责人和教学团队负责人进行沟通。技术团队通报学生线上学习数据，反馈上周学习系统功能建设进展。教学团队根据技术团队提供的数据对各个级别的教学情况进行分析，同时，对技术团队提出新的内容和功能建设的要求。通过沟通机制的建立，真正确保教学改革各个团队的协作、教学和技术的高效合作，形成教育合力。

6. 形成新的教学辅导机制

教学辅导是课堂教学的重要补充，是因材施教的重要手段，更是师生建立和谐互信关系的重要渠道。在教学改革的过程中，教师们通过课堂教学和线上学习情况，及时了解学生进展，准确把握每个学生学习中存在的问题，利用课余时间对学生进行有针对性的辅导，不仅解决学习中的疑难问题，还和学生深入交流，建立互信关系，激发学生兴趣，增强学生信心。每位参与教学改革的教师每周都会利用不同的时间，在不同的场合，对学生进行知识和心理辅导。如果需要辅导的学生较少，就在办公室进行；如果人数较多，就到专门设置的辅导室进行。

三 阶段性成果

有学校强有力的保障，外国语学院的支持，教学团队的合作，技术的高效支撑，各种机制的完善和建立，大学英语教学改变了学生、改变了教师，而且数十所高校也参与其中。

（一）学生学习成效明显

试点阶段。2018级非艺体类本科生共682名，涉及7个学院，20多个专业。通过一个学期的教学，试点班大学英语四级通过率达到37%，是非试点班的2.6倍，最高班级通过率为94%。

全面实施阶段。2019级所有普通全日制本专科学生共8377人，线上学习总时长达417048小时，平均学习时长为29分钟/天，线上线下平均学习时长为1小时/天，任务完成率为99.50%，随堂测试正确率为85.60%，日常小测试正确率为83%，日常闯关正确率为72%，闯关覆盖率达100%。在2019年12月的大学英语四级考试中，三级班学生通过率达到66%（见图4、图5）。

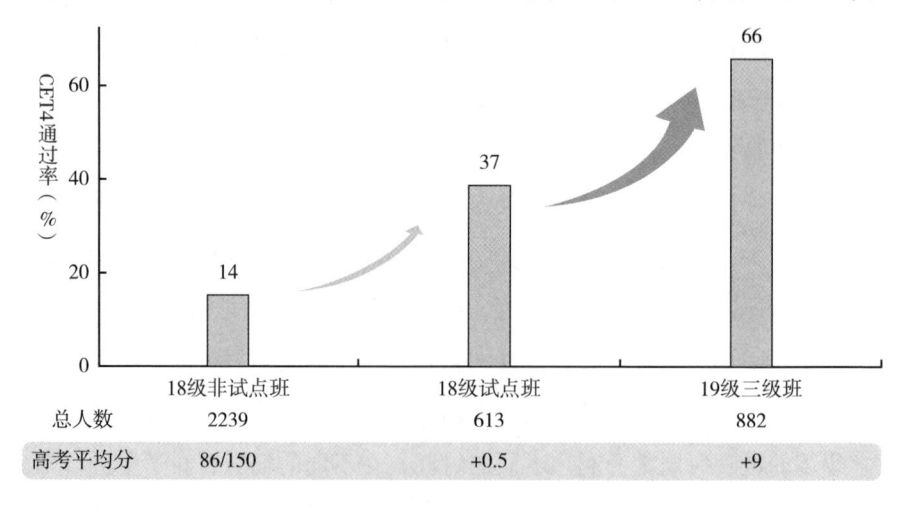

	18级非试点班	18级试点班	19级三级班
总人数	2239	613	882
高考平均分	86/150	+0.5	+9

CET4通过率（%）：14、37、66

图4 大学英语四级通过率

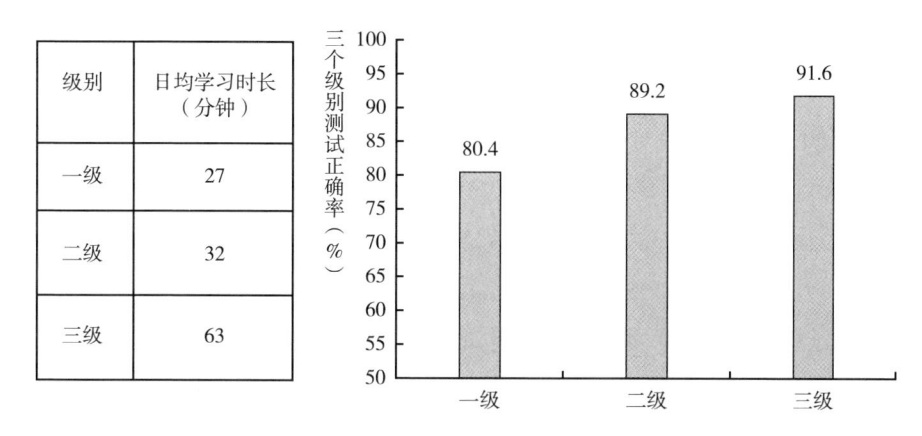

级别	日均学习时长（分钟）
一级	27
二级	32
三级	63

图5　三个级别学生线上学习时长和测试正确率

更重要的是通过改革，学生不习惯于不学习，从而逐渐养成了良好的学习习惯，他们的学习观念发生改变，逐步树立起终身学习的理念。

（二）教师教学学术水平提高

通过参与大学英语教学改革实践，教师们从开始的懵懂，转变为后来的理解、接受、投入，不仅改变了教学行为，更改变了价值观。整体来看，公共外语教学部教师的职业认同感、幸福感和归属感明显增强；教学设计能力明显提升；教学研究意识和能力得到较大提高。教学改革项目申报数量和质量大幅度提高，特别是实现了省级教改项目的突破。与中原工学院联合成果申报2019年河南省高等教育教学改革研究与实践立项重点项目"'33631'线上线下混合式'金课'的研究与实践——以大学英语课程为例"（项目编号：2019SJGLX110），独立申报一般项目"基于移动互联网的CARE-L大学英语学习模式研究与实践"（项目编号：2019SJGLX498）。

（三）教学改革成果广泛推广

2019年春季学期，教学改革刚起步就受到媒体的关注，多家媒体深入校园采访教师和学生，而且进行专题报道。教学改革试点取得的成效被媒体报道后引起了同类院校的广泛关注。为了使更多的学校、更多的学生受益，

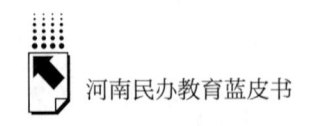

2019年召开4次教学研讨会，省内外70多所高校的领导、教师参加，而且引起河南省教育厅领导的重视，高教处领导莅临会议指导工作。目前已经有省内外30余所高校参与教学改革，40000多名学生受益。

四 大学英语教学改革的实践经验

通过3个学期的教学改革，无论是在顶层设计上还是在具体实践上，都彰显出改革设计的前瞻性、科学性和规范性。回顾改革历程我们认为有以下经验。

一是课程重构。以"让学生学出效果，养成学习习惯"为出发点，按照中国人学习外语的规律构建了知识基础上语言能力培养的学习体系，重新设置模块化的课程体系，突破了固有的"三中心"，即教师中心、教材中心和课堂中心，真正做到了以学生为中心。

二是技术赋能。利用"翻转外语"数字化平台形成一套基于分组的任务学习支持系统，通过个人自学、小组学习、师生互动，满足个性化教学的要求，对学生的整个学习过程所产生的数据随时可以进行分析，这些数据和可视化信息反过来给学生提供符合他们需求的个性化服务。

三是数据化的成果。整个改革都是以大数据分析为前提，教学成效更是有实实在在的数据支撑，四级通过率的提升、学生学习方式的改变、学习时长的增加和学习态度的转变都有据可查。通过改革最终实现了学生、教师共同成长，共同发展。

大学英语混合式教学改革实现了预期的改革目标，取得了比较明显的改革成效，总体呈现三个亮点。

第一个亮点：改革助力"三风建设"。自改革实施以来，学生每天学习时长达35分钟，任务完成率为97%。学生的学习方式改变了，学生对学习的自觉坚持，营造了良好的学风；教师的教学方式改变了，教师有温度的指导和有精度的沟通，助推了教风建设；师生交往的方式改变了，有效的师生互动和学生取得的良好成绩，彰显了教育的魅力和价值，学院的院风建设得到了有力加强。

第二个亮点：改革取得扎实成果。获批省级重点教改项目1项（联合申报），一般项目1项（自主申报），申报省级本科教育线上教学优秀课程1门；编撰教材6部，将于2020年10月，由中国最权威的外语类出版社——外语教学与研究出版社出版，另外6部将在年底出版。

第三个亮点：改革辐射效应明显。通过搭建平台，合作交流，协同创新，积极推广大学英语混合式教学改革模式。先后举办大学英语混合式教学研讨会等交流研讨十余次。目前国内有30余所高校加入改革行列，受益学生有40000余名。改革已产生较明显的辐射带动效应，成为学校内涵建设和对外宣传的一个典型窗口。

五　开启学校数字化转型之路

通过大学英语混合式教学改革的探索和实践，师生及员工感受到了数字化转型带来的红利和成就。大学英语教学改革带来的人才培养成效、教育教学理念和思维方式，为学校的数字化转型铺平了道路。外国语学院在阶段性成果的基础上，对未来的发展有了新的思考。

一是继续深化大学英语教学改革。改革永远在路上，学院将继续秉承"学生中心，成果导向"的理念，对大学英语改革进行不断优化，持续深化，使改革更加规范、科学。在巩固改革成果的基础上，精准定位学生在英语学习中的短板，推动英语专业学生与非英语专业学生建立互助学习小组，提升学生的英语听说水平及就业竞争力；利用教育技术促进合作学习与互动学习的发展，创立新型非正式学习空间，逐步实现教育的量身定制，增强学生的自我责任感。

二是推动学院学生高质量就业。人才培养质量提升是以学生为中心教育生态的落脚点，而就业质量提升是人才培养质量提升的具体体现。学院将继续深入调研、稳步推进学业导师制。学业导师制是学校改革创新教育教学各项工作的枢纽工程，学业导师制的深入推进需要对人才培养体系、课程体系进行革命性改革，需要对课程、师资、教材编写、教学方式、评价体制、师生关系等方面进行一系列的改变。比如在课程设置上，一方面，要有差别化，让学生有较大的选课自由；另一方面，要少而精，给学生留出自学的时间。用学业导师制去倒逼课程改革、学院体制机制改革和教师成长，进而促进学生的高质量升学与就业。

三是推动学院向数字化、服务型转型发展。数字化转型需要全校上下牢牢把握以学生为中心的理念，教职员工要主动由管理者变为服务者，教师从知识的传输者变成个性化学习资源的提供者、学习方法的指导者、学生全面成长的领路人。学院也将在提升自身实力的同时，为全校学生的高质量升学和就业提供必要的英语学习支持，同时，把大学英语教学改革的成果向兄弟院校及社会进行推广，提升社会服务能力和水平。

参考文献

杨保成：《数字化转型背景下地方应用型本科高校的教育创新与实践》，《高等教育研究》2020年第4期。

教育部：《教育信息化2.0行动计划》，http：//www.moe.gov.cn/srcsite/A16/s3342/201804/t20180425_334188.html。

教育部：《关于一流本科课程建设的实施意见》，http：//www.moe.gov.cn/srcsite/A08/s7056/201910/t20191031_406269.html。

黄明成、叶萍：《〈大学英语教学指南〉视域下大学英语课程设置》，《继续教育研究》2020年第3期。

文秋芳：《新中国外语教学理论70年发展历程》，《中国外语》2019年第5期。

B.17 黄河交通学院转型发展报告

河南民办教育研究院课题组*

摘　要： 1995年，在国家鼓励民办教育发展的大背景下黄河交通学院建立。25年来，学校克服一个又一个困难，一步步发展成为在全省有一定影响力的民办本科高等学校。在有效的规模扩张后，及时实现了由规模扩张向人才培养质量提升的转型。在构建应用型特色专业群，实施产教融合、校企合作、协同育人的培养模式，适应人才培养供给侧结构性改革和全员管理方面进行了有益的探索。

关键词： 产教融合　应用型专业群　全员育人　黄河交通学院

黄河交通学院是经教育部批准，河南省唯一以培养交通运输类人才为主的普通本科高校，前身是郑州汽车中等专修学校。建校以来，学校面向现代综合交通运输行业和现代机械制造行业办学，先后为社会培养了近10万名专业人才，为河南奋进新时代、中原更加出彩提供了强有力的智力支持和人才支撑。

一　规模不断扩大

2003年4月25日，省政府审批设置了郑州交通职业学院，学校进入普

---

* 课题组负责人：王建庄。课题组成员：汤保梅、王道勋、贾全明、樊继轩、曹爽。执笔人为王建庄。

通高等教育行列；2013年学校由郑州搬往武陟；2014年升格为本科层次的黄河交通学院。到2019年，学校在校生已达18288人，其中本科层次的有11980人。自1995年创办以来，经过25年的发展，学校不但实现了办学层次的持续提升，也实现了办学规模的不断扩大（见表1）。

表1　2014～2019年学校规模扩张情况

单位：人

年份	2014	2015	2016	2017	2018	2019
毕业生	4150	2645	1377	2059	2414	3062
招生数	2619	3045	3992	4018	5780	6887
在校生	6949	7054	9686	11636	15323	18288

资料来源：历年《河南省教育统计提要》。

6年间，在校生由6949人增加到18288人，增加了11339人，平均每年增加1890人。初步计算，已累计毕业专科、本科生43194人。

2019年，学校毕业3062人，占全省民办高校毕业生总数133563人的2.29%；招生6887人，占全省民办高校招生总数221220人的3.11%；在校生18288人，占全省民办高校在校生总数594736人的3.07%。在河南民办高等教育的大盘子里，黄河交通学院已经有了一定的分量。

二　基本办学条件

学校位于焦作市武陟县迎宾大道，地处郑州"一刻钟经济圈"内，与"郑州黄河风景名胜区"隔黄河相望，乘坐城际列车从郑州火车站至学校仅需18分钟，交通便利，环境宜人。

办学思路清晰。学校全面贯彻党的教育方针，坚持社会主义办学方向，全面落实立德树人根本任务，树立"服务地方、创新发展、特色发展、协调发展、争创一流"的办学理念，主动适应经济发展新常态，主动融入国家战略规划和河南省建设的大局，全面提升办学水平。

办学空间充裕。截至2019年,学校占地1837亩,建筑面积54.48万平方米(见表2)。其中东校区占地面积840余亩,毗邻武陟高铁站,总投资近16亿元,一期10万平方米已经投入使用。

专业结构不断优化。形成了以工科为主,管理学、经济学、法学、艺术学等多学科协调发展的格局。学校设有汽车工程学院、交通工程学院、机电工程学院、智能工程学院、经济管理学院、马克思主义学院、艺术系、公体部等8个二级学院,开设33个本科专业和38个高职专业,拥有实验实训室127个,校外专业实习基地136个。

学校教学设施完备。教学条件满足办学需要。

表2 2014~2019年学校基本办学条件

年份	2014	2015	2016	2017	2018	2019
占地(亩)	1172	1172	1172	1172	1736	1837
图书(万册)	82	84	87	90	117	147
教科仪器设备价值(万元)	10560	10634	11026	11471	11500	11500
建筑面积(万平方米)	30.21	30.21	30.21	30.21	39.63	54.48

资料来源:历年《河南省教育统计提要》。

三 师资队伍建设

自2014年升格为普通本科高校以来,学校围绕"建设特色鲜明的应用型本科高校"的发展定位,坚持人才为本,采取培养、引进、外聘等办法,持续加大人才选拔培养力度,不断优化学科专业结构,逐步建立了一支师德高、业务精、结构优,以"双师型"教师为骨干的教师队伍。

(一)战略谋划

一是规划引领。学校明确了"十三五"期间师资队伍建设的总量目标、双师素质目标、职称结构目标、学历结构目标、人才梯队建设目标和建设措施，并将规划目标分解到学校年度工作计划之中，确保师资建设规划有序推进，落到实处。二是组织保障。成立了以校长任组长，分管领导任副组长，人事处、教务处、教师发展中心、各二级教学院部主要负责人为成员的领导小组，定期或不定期召开会议，及时研究解决教师队伍建设的实际困难和问题。三是制度支撑。先后下发了《师资队伍建设实施意见》《师资队伍建设方案》《全员招聘管理办法》等文件，确保教师队伍建设科学规范，有章可循。

（二）素质提升

一是突出对青年教师的培养。实施青年教师为期两年的培训制和导师制，并形成了一套较为科学的培训体系。二是突出对兼职教师的培养。专门出台了《兼职教师管理办法》，聘请了一大批企业优秀专家为兼职教师，承担学生实习指导。三是突出对紧缺人才的引进。近几年共引进具有双师素质、高级职称的教师近百名，较好地满足了专业发展需要（见表3）。

同时，学校根据发展定位，持续优化专业教师队伍的双师结构。一是鼓励教师参加专业实践。二是鼓励教师申报工程系列职称、考取行业职业资格。三是深入开展校企合作共培。自2010年以来，学校先后与多家汽车企业共建了东风雪铁龙、东风标致黄河交通学院培训中心，东风风神河南培训中心，奇瑞汽车河南营销培训中心，特斯拉培训中心4个校内实训基地，先后有31名教师取得了神龙公司、奇瑞公司等企业认证的培训师证书。

（三）注重教师个人成长

学校完善培训进修制度，明确了各类教师进修培训的形式，选派教师外出参加交流学习，如国培、省培、行业高峰论坛等；利用寒暑假选派教师到企业实习培训；定期邀请名家行家到校内开展学术讲座等。一批青年教师通过培训进修获得了长足的进步。

表3　2014~2019年学校教师队伍发展情况

单位：人

年份	2014	2015	2016	2017	2018	2019
教职工	691	695	633	734	904	1151
专任教师	379	495	456	571	724	915

资料来源：历年《河南省教育统计提要》。

四　凝聚特色

学校树立"以科研促教学，以教学带科研"的科研理念，以促进学科建设为目标、"3所9中心"研究机构为平台、"校内全面覆盖系列项目孵化"为基础、科研"一二三四"管理模式为抓手、持续培养和形成"大学科研文化"为共同理想，在全校师生中形成"思科研""言科研""做科研""成科研"的科研氛围，持续提升学校科研整体水平。

学校成立了1个国家级、1个省级、7个市级研究中心，分别是：国家智能清洁能源汽车质量监督检验中心、河南省智能制造技术与装备工程技术研究中心、焦作市挂车车架轻量化设计工程研究中心、焦作市汽车空调新冷媒技术工程研究中心、焦作市桥梁无损检测工程技术研究中心、焦作市数控铣床设备工程技术研究中心、焦作市基坑支护与灾害防治工程技术研究中心、焦作市物料传输设备关键件制造工艺与装备工程技术研究中心、焦作市面向现代物流服务的RFID工程技术研究中心。成立了3个研究所，分别是：黄河流域历史文化研究所、交通与环境岩土工程研究所、汽车装备制造技术研究所。学校首批立项机械工程、土木工程等6个校级重点学科；"一种铣床用三向操纵装置""一种无人机风光互补发电系统"等60多项职务发明专利获得国家知识产权局授权，其中6项为发明型专利；获批省部级项目15项，多项厅级以上科研项目获奖。

学校开拓创新，率先成立"河南省第一所高校社科联"，起到带动、示范、引领、助推作用。

学校注重学生"双创"能力培养。成立创新创业教育学院,"黄河交通学院众创空间"获得河南省2018年度高校众创空间建设项目立项。

学校大力加强校园文化建设,努力构建具有历史传承、时代特征和学校特色的校园文化体系。大学生第二课堂、社团活动丰富多彩,各类技能比赛、竞赛活动开展得有声有色,展示了新时代大学生的素质和风采。

学校不断深化应用技术大学内涵建设,校企深度融合,协同创新,加快"新工科""新文科"建设。与特斯拉、东风标致、东风雪铁龙、东风风神、宇通客车、奇瑞汽车、顺丰速运、美的集团、格力电器、阿里巴巴、京东等国内外上百家知名企业签订了校企合作协议,牵头成立焦作职业教育集团、汽车行业协会,并与河南理工大学、北京理工大学出版社、河南省交通科技研究院等建立了战略合作关系,开展了多种形式的产学研合作。其中,学校在奇瑞汽车校企合作全国评比中获得"最佳合作院校"荣誉称号,而东风雪铁龙、东风标致黄河交通学院培训中心,是神龙汽车有限公司授予的"优秀校企合作培训中心",是全国20个校企合作培训中心的样板项目。

学校与中国汽车工程研究院股份有限公司签订协议,共同建设国家智能清洁能源汽车质量监督检验中心,项目规划用地1500亩,拟投资19.7亿元。该项目将填补河南省内无国家级一类汽车检测机构的空白,进一步提高华中地区汽车技术测试评价与研发能力,对促进地区汽车产业结构调整和技术升级,拉动中部地区高端制造业发展和新能源汽车产业升级具有重要意义。合作双方还将依托项目建立汽车专业本、硕、博一体化人才培养平台,对提升学校的办学实力、科研水平和服务地方经济的能力具有重要意义。

为认真贯彻落实教育部关于《高等学校思想政治理论课建设标准》(教社政〔2015〕3号)和《普通高等学校马克思主义学院建设标准(2019年本)》文件精神,2018年6月29日成立马克思主义学院,马克思主义学院是在校党委和校行政领导下的二级教学与研究单位,坚持"围绕中心抓党建,抓好党建促发展"的工作思路,深入推进全面从严治党,充分发挥党委的政治核心作用、基层组织的战斗堡垒作用和广大党员的先锋模范作用,促进习近平新时代中国特色社会主义思想和党的十九大精神"进教材、进课堂、进学生头脑",实现思想政治工作贯穿教育教学全过程,积极培育和践行社会主义核心价值观,不断加强和改进大学生思想政治教育,牢牢把握意识形态工作的领导权、管理权、话语权。马克思主义学院的成立对推动黄河交通学院马克思主义学科发展具有重要意义,也为全省高校马克思主义理论学科建设、提高河南省思想政治理论课建设水平搭建了新的平台。

学校积极践行社会服务功能,充分发挥高校智力资源优势,与阿里巴巴集团合作建立培训基地,培养全国农村淘宝新农人。主动承担精准扶贫、智力扶贫培训任务。积极帮扶西藏山南市职业技术学校、贵州毕节职业技术学院。多年来,理事长李顺兴先生资助职业教育、基础教育资金1000多万元。

五 转型发展

2013年初,教育部启动"应用科技大学改革战略研究试点"工作。2015年10月,教育部、国家发展改革委和财政部联合下发了《关于引导部分地方普通本科高校向应用型转变的指导意见》,为了培养生产服务一线急需的应用型、创新型人才,国家鼓励部分普通本科高校向应用型大学转型发展。在回应经济社会对应用型人才迫切需要的同时,也在完善中国职业教育的体系,使地方本科院校更紧密地贴近经济社会发展实际。黄河交通学院乘势而上,明确了自己的办学定位,主动转型,为又好又快发展奠定了基础。

(一)构建应用型特色专业群

学校自升本以来适度扩大了本科专业的规模,压缩了专科专业的招生数量,现设有本科专业33个,专科专业38个。目前,学校已设置了车辆工程、交通运输、汽车服务工程、机械设计制造及其自动化、电气工程及其自动化、物流管理、电子商务、交通管理、交通工程、土木工程、道路桥梁与渡河工程、城市地下空间工程、物联网工程、数据科学与大数据技术、飞行器制造工程等本科专业,汽车检测与维修技术、汽车应用与维修技术、道路桥梁工程技术等专科专业。学科门类涵盖工学、经济学、管理学、法学、艺术学等。基本构建了交通工程、机械工程、汽车工程、土木工程、电气工程、信息工程等特色专业群。聚焦绿色交通、智能制造、乡村振兴、人工智能等领域，发展新工科、新文科，形成围绕"大交通"做文章，服务"陆、轨、空"现代综合交通运输事业发展的办学特色。

机械设计制造及其自动化专业是学校获批的河南省首批一流专业建设点。该专业始终坚持"技术与人文沟通，理论与实践并重，应用与创新结合，个性与共性相融"的人才培养理念，为机械设计制造工程及相关领域培养德智体美劳全面发展的高素质应用型专门人才，先后被评为"河南省民办高校教育品牌专业""河南省民办普通高等学校学科专业建设点""校级特色专业"。以一流专业建设点为契机，进一步优化学科专业结构，提升人才培养能力，不断加大专业建设的支持力度，充分彰显学校一流专业建设的品牌效应，发挥引领示范作用。争取在新的发展阶段建成更多的省级一流专业，并力争早日进入全国一流专业行列。

（二）建立产教融合、校企合作、协同育人应用型人才培养模式

实施产教融合、校企合作、协同育人的培养模式，以适应人才培养供给侧结构性改革的要求。

一是订单培养模式。学校开设有"奇瑞班""东风雪铁龙班""东风标致班""东风风神班""特斯拉班"等多个"订单式"培养班。截至2019年底，东风雪铁龙、东风标致两个品牌共举办10届定向班，为经销商提供优秀毕业生672人；东风风神共举办5届定向班，为经销商提供优秀毕业生325人；特斯拉共举办2届定向班，为经销商提供优秀毕业生73人。

二是联合培养模式。学校先后与神龙汽车有限公司、东风乘用车公司、奇瑞汽车股份有限公司、特斯拉等知名企业合作，建成东风雪铁龙、东风标致黄河交通学院培训中心，东风风神河南培训中心，奇瑞汽车河南营销培训中心，特斯拉培训中心。

东风雪铁龙、东风标致黄河交通学院培训中心成立于2010年7月，由

原郑州交通职业学院与神龙汽车有限公司签订校企合作协议,由学校出场地、出师资,企业投设备、投车辆共同建立。2012年5月,随着东风雪铁龙品牌的加入,东风雪铁龙、东风标致郑州交通职业学院培训中心正式成立,学院也成为神龙汽车有限公司全国第一所真正意义上的"双品牌"校企合作培训中心,并在神龙汽车有限公司年度考核中,连续7年以第一名的成绩获得"优秀校企合作培训中心"。培训中心占地共1800余平方米,建有整车维修区、总成拆装区、东风标致销售模拟展厅、东风标致服务模拟展厅、东风雪铁龙销售模拟展厅、东风雪铁龙服务模拟展厅、品牌文化区、工具间、资料室、专业机房等,还建有300平方米钣金中心一个。在10年的校企合作过程中,培训中心的师资队伍、培训项目、设备资产、培训规模、培训效益等实现了跨越式发展,培训讲师由4名增加到14名,培训项目由技术二级、服务顾问2个项目增至东风雪铁龙、东风标致双品牌的技术专家、维修技师、机电技术二级、服务顾问、索赔员、备件经理、备件计划员、销售顾问、销售总监、钣金工一级和新车型上市培训等10余种培训项目;培训中心总资产由不足200万元增加到800万元,并且校企双方仍在持续进行投入;培训班由最初的机电维修、服务管理2个定向班,发展到现在的机电维修、服务管理、销售顾问和钣金修复4个工种的定向班。培训中心可以面向所有汽车类专业学生进行理实一体化教学;可以为河南省所有东风雪铁龙、东风标致一级经销商提供厂家认证的专业人才;可以为全国各地东风雪铁龙、东风标致一级经销商的员工提供技术、管理、销售三个大类的专业培训。培训中心承担东风雪铁龙、东风标致两个品牌的一级经销商培训共347期次,培训员工4901人次,累计培训天数2440天次。东风雪铁龙、东风标致黄河交通学院培训中心的成立与发展,是校企合作的成功范例,为学生们提供了一个与市场同步的实训基地,并解决了一批学生的就业问题;为企业提供了专业对口、训练有素的优质员工,并能对老员工进行提升培训;为学校带来先进的仪器、设备、车辆的同时培养了一大批优秀的中青年教师。培训中心的成功运营实现了学生、企业和学校三方共赢的良好局面。

东风风神河南培训中心成立于2015年1月,由黄河交通学院与东风汽车集团股份有限公司乘用车公司共同建立。近5年来，培训中心已经成为东风风神品牌的全国旗舰培训中心，承接了东风风神全国70%以上的培训任务。培训中心建设有销售模拟展厅、售后服务模拟展厅、总成维修区、整车拆装区4大区域和6间理论培训教室，车辆7台，发动机总成15台，变速箱总成10台，以及各类配套零部件。合作成果主要包括：一是面向全国东风风神专营店承接技术主管初级资格认证，新建店总经理、销售顾问、收益改善专项，客户关系和保险业务能力提升专项、试乘试驾、备件与索赔、新车型上市、新车型技术、校企合作院校师资等各种类型培训，累计培训学员6100人次，1200天次；二是受东风乘用车公司委托，学校风神培训团队为东风风神L60、东风风神A9、东风风神AX5、东风风神AX4、东风风神新一代AX7、风神奕炫等新车型量身打造了全套的技术类培训课程，并以此培训课程为依托，陆续对东风风神全国近500家一级、二级网店进行技术类培训，东风乘用车公司技术援助室也派出大量援助教师到学校交流学习与充电，为东风风神自主品牌发展提供强大的动力支持；三是受东风乘用车公司委托，学校风神培训团队组织构建了东风风神技术类考核体系，并有针对性地开发了东风风神维修技工和维修技师的课程体系，录制风神学堂在线公开课，并建设了用于全国东风风神专营店技术主管的各类考核试题库。随着合作的不断深入，连续4年东风风神新车上市产品培训、新车上市技术培训均在学校完成，同时学校培训团队也逐步承担起东风风神海外经销商的技术类培训工作。

2016年学校与奇瑞控股有限公司签订校企合作培训协议，成立奇瑞汽车河南营销培训中心。该中心是奇瑞汽车全国唯一一所校企培训中心，主要承担我国北方地区所有的奇瑞经销商培训工作。累计培训57期，培训学员1283人次。能够承接奇瑞汽车总经理岗位、销售经理岗位、销售顾问岗位、服务顾问岗位、维修技师岗位、企划经理岗位、数字化营销岗位、保修员岗位、信息员岗位、客服经理岗位等全岗位培训以及新车上市轮训、全国技能比武等大型活动。经过企业授课资格认证的企业培训讲师有6名，同时他们也参与了部分培训教材的编写，受到企业的一致好评。该中心的建成营运提供了大量的技术资源和硬件资源,显著改善了学校的实习条件。

特斯拉培训中心成立于2017年9月,培训中心面积为1000余平方米,中心内所有的检测仪器、教学设备和实训操作装置多为进口,其技术先进、自动化程度高、国际领先,并与特斯拉服务中心完全一致,实现了学生在校学习和将来工作的完全衔接。培训中心现有8名培训讲师,全部通过特斯拉公司培训,并得到美国特斯拉总部的认证,且已成为专兼结合、优势互补的"双师型"教师。特斯拉培训中心已向企业输送了近百名专业学员,工作地点涉及北京、上海、广州、深圳、南京、杭州、成都、武汉、郑州、厦门、西安和青岛等国内一、二线城市。他们的工作能力和水平得到了特斯拉服务中心主管的高度认可。目前,特斯拉培训中心具有一支结构合理、能力突出、成果丰硕的教学科研型队伍,极大地提升了学校自身教学科研竞争实力,助推了应用型本科学校的跨越式发展,为地方经济社会发展做出了应有的贡献。

三是科技合作模式。学校与中国汽车工程研究院股份有限公司共同建设"国家智能清洁能源汽车质量监督检验中心"。项目规划占地1500亩,总投资19.7亿元,开展汽车研发、测试评价及认证一体化业务,先后被列入焦作市和河南省重点建设项目,项目一期工程将于2020年底完成建设。该中心的建设将集智能清洁能源汽车第三方检测服务平台、技术与产品开发服务平台和高层次人才培养平台于一体,促进产、学、研高效有机融合,进一步支持和培育我国自主创新技术的研发和应用,提升我国智能清洁能源汽车整体技术实力和国际竞争力。该项目还将开展智能清洁能源汽车国家标准体系研究和修订,通过标准体系建设引导我国汽车技术发展方向,规范产业发展模式,营造开放、公平、包容、创新的市场环境,保障智能清洁能源汽车产业规范化、有序化发展;加强产业链上下游相互协作、优势互补和协同创新,形成结构合理、链条完善、富有活力的产业生态系统。

四是战略合作模式。学校还与河南省交通科技研究院签订了校企合作战略协议,共同培养交通专门人才;与武陟县人民政府合作,共同成立武陟县汽车行业协会;与美国特斯拉公司签署合作协议,共建新能源汽车实验室和

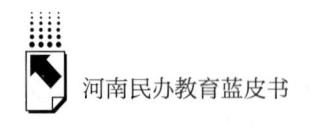

智能网联汽车亚洲人才培养基地等。

2019年12月24日,"中国邮政集团公司河南省分公司－黄河交通学院"战略合作协议签约仪式隆重举行。"中国邮政集团公司河南省分公司－黄河交通学院"战略合作协议的签署,对于双方来说都是一件可喜可贺的大事。黄河交通学院成为中国邮政集团公司河南省分公司第一家合作高校,是对学校以往办学成绩、办学实力的充分信赖,更拉开了双方在新形势下更深入、全方位合作的序幕。

"产教融合、协同育人、协同创新"是国家教育事业发展"十三五"规划的重要组成部分,是企业、学校、学生乃至社会共赢的重要举措,是新形势下,学校、企业和社会共同融合发展的必然选择。学校和企业双方共同参与人才的培养过程,采用课堂教学与学生参加实际工作有机结合的方式,培养企业所需应用型人才的办学模式,也即一种以市场和社会需求为导向的学校运行机制。对学校而言,走校企合作之路,争取并依靠企业的支持和参与,主动服务企业的需求,是培养高素质应用型人才,实现职业教育又好又快发展的根本途径。一手抓规模、抓速度,一手抓质量、抓内涵,两手都要"硬"起来,职业教育就必须面向市场、开放办学、为企业服务。学校将坚定不移地走"产、学、研、教、政、经、地"七位一体的道路,扎实开展与大型企业、地方政府的合作,实现优势互补、利益共享,服务区域经济发展,从而进一步增强学校发展的内涵和活力。

2020年5月26日,黄河交通学院与武陟县产业新城管理委员会、武陟鼎兴园区建设发展有限公司(华夏幸福基业股份有限公司旗下全资子公司)三方签订校企地合作框架协议。协议的签订有利于进一步发挥黄河交通学院在人才智力、技术创新和服务地方经济社会发展方面具有的独特优势,进一步增强产业新城在区域经济结构调整、产业集群、就业创业、民生服务等领域的示范引领能力。

五是共建行业学院模式。"引企入校、引企入教",开展校企合作。最具特色的就是黄河交通学院的"行业学院"——高端装备与信息工程学院。这是黄河交通学院携手郑州高端装备与信息产业技术研究院有限公司共建的一个重大校企合作项目。高端装备与信息工程学院是产教融合育人新模式和新平台,为大学生创建了一种高阶性的学习模式。郑州高端装备与信息产业技术研究院有限公司依托郑州机械研究所有限公司优质资源和自身专业技术优势及人才队伍优势,参与学院的课程建设、教材建设,并安排企业技术人员到校授课;双方将共建校内机器人综合应用实验室;为学生的见习、实习和毕业论文(设计)等提供场地、设备和师资等条件;接纳学生到企业进行专业技术/技能培训,择优推荐安排就业。通过把人才培养融入研发过程和把企业教育性资源引入教学过程,加强学生工程素养和设计－制造能力培养,使高校应用型人才培养目标与行业人才需求实现"共鸣",缩小学用落差。力争通过3~5年的时间,把该行业学院建设成为高端装备与信息产业提供高素质应用人才的基地,建设成全省有较大影响力的特色行业学院。

(三)突出学生实践创新能力培养

学校依据本科专业国家质量标准,修订应用型本科专业人才培养方案,大四下学期进行毕业实习和毕业设计(论文)。构建较为科学合理的课程体系,各专业实践学时占总学时的比例在30%左右。

为保证实习工作和毕业设计工作有序进行,学校建立了规范的专业(生产)实习和毕业实习制度。

一是考察实习企业,做到专业对口。二是精心组织动员,提高思想认识。三是抓好安全稳定工作,加强实习保障。四是设置双导师制和轮岗及岗前培训环节。五是提高实习标准,加入干部储备计划。六是丰富实习活动,关心学生生活。七是积极沟通,反馈学生意见和建议。八是严格双导师实习考核,规范资料管理。实习成绩的评定由实习指导教师对每一位学生进行分环节和项目评分后,按优秀、良好、及格和不及格四等评定实习成绩并记入学生成绩表,最后交系上统一归档。凡本实习考核不合格的学生,允许补考一次,补考不及格者不能毕业。实习成绩的评定按各专业四级记分制(优秀、良好、及格、不及格)评定学生参加实践教学的成绩,即由实习指导教师与实习单位实习指导教师商讨后统一评定。成绩评定方式分为评语和等

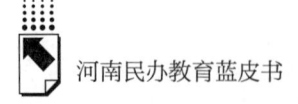

级两种，单独列入学生成绩册。学生毕业实习成绩评定应包括：实习期间的表现（实习态度、出勤情况、遵守纪律情况），占20%；实习日记的完成情况，占30%；实习报告的完成质量，占50%。九是严明实习纪律，确保实习质量。

学校还定期举办校级以上各类技能比赛，产生了一批反映学生创新精神与实践能力的科技作品。

（四）推行就业创业工作一把手工程

学校成立了校院两级毕业生就业创业工作领导小组，由校长担任组长，主管招生就业工作的副校长任副组长，就业创业指导中心、学生处、财务处等相关部门负责人以及各二级学院党总支书记为成员。将创新创业工作纳入学校发展规划和年度工作计划，落实人才培养、科研立项、经费保障等措施。

学校先后在宇通客车、奇瑞汽车、神龙汽车、中原高速、美的公司、格力公司、万里路桥、顺丰速运等国内知名企业建立了136个学生实习、就业基地。通过多种渠道巩固和开拓就业市场，通过信息化手段努力为学生提供充足的就业信息，为单位招聘提供优质服务。为单位提供宣传、宣讲、笔试、面试、签约"一站式、全程化"服务，提升企业来校进行专场招聘会、校园双选会招聘效果，提升学生求职成功率。重视对就业困难群体的帮扶工作，实施"春风送暖"工程，开展就业困难学生就业帮扶活动。重视征兵工作，发动辅导员与符合征兵条件的毕业生一对一交流，与学生家长联系，宣传大学生入伍的相关政策，动员学生入伍，2019年共有126名学生踏入军营。

为加强创新创业教育，学校2015年成立了创新创业学院（简称双创学院），双创学院设院长一名，负责学校全面工作。双创学院设综合管理办公室、就业创业教育教研室。综合管理办公室负责综合协调、对外联络、宣传策划、接待等工作；就业创业教育教研室负责制订人才培养方案，教学、实习实训的安排与组织，课程教材的开发，学员的考核评价。双创学院的主要工作任务是：选拔具有创新意识的优秀拔尖学生，进行全面、系统化培训教育，提高学生创新创业综合素质，在成功经验的基础上，进行复制，形成大众创新、万众创业氛围。双创学院的成立为学生营造了创业的良好氛围，不定期开展"创新创业大讲堂"系列讲座活动，邀请各行业企业家、高管、专家、创业成功人士就相关实践问题进行专题讲座，以不断增强学生的创新创业意识，提升创新创业能力。

为鼓励师生创新创业，孵化优质创业项目，有效整合校友资源，凝聚校友力量，助力学校发展，互帮校友事业，促进校友成长，学校在郑州建立了省级创新创业基地，建设省级众创空间，提升学生创新意识和创业能力。基地位于郑州汽车配件电商园内，占地面积5000平方米，拥有创新创业企业孵化器16间，多媒体培训教室5间，5工位的实训车间1间，并有配套的学员餐厅和宿舍，能够同时容纳220人的培训学习，分为理论教学区、实践教学区、创新创业区三大部分。由于学校注重学生"双创"能力培养，设立三位一体的组织机构，大学生就业创业、创新成果层出不穷。多名学生在第十一届全国周培源大学生力学竞赛河南赛区、第十四届"博创杯"全国大学生嵌入式设计大赛全国总决赛、第四届河南省大学生物流仿真设计大赛、2018年"创青春"河南省大学生创业大赛等赛事中获奖。学生张梦龙"空中奇兵"项目荣获首届河南省大学生创新创业优秀项目选拔赛的"一等奖"；"黄河交通学院众创空间"获得河南省2018年度高校众创空间建设项目立项。

2019年机电工程学院本科物联网工程专业学生组成的参赛队伍，在河南省教育厅主办的"新时代·新梦想"第二届河南省大学生创新创业优秀项目选拔赛中得到了相关评委的认可与好评，最终荣获省级比赛三等奖；在第四届全国高校智能交通创新与创业大赛中凭借作品"多功能集成化城市道路环境智能监测维护系统"脱颖而出，最终获得大赛三等奖；在代表河南省参加的"航天科工杯"第六届"创青春"中国青年创新创业大赛中，张梦龙、郭晶晶团队项目"为农业现代化插上科技的翅膀"荣获国赛优秀奖；在参与由河南省大中专毕业生就业促进会举办的"完美校园"简历大赛中取得"优秀组织奖"；在河南省第三届校企合作就业创业项目推介会上

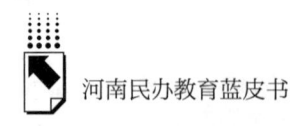

荣获"优秀组织奖"。此外，在项目培育的基础上，学校积极组织学生团队申报"国创计划"项目，获得项目扶持资金10余万元。

按照《河南省大学生创新创业实践示范基地认定及管理办法（试行）》要求，到2021年底前把学校创新创业园区建设成为河南省大学生创新创业实践示范基地，建立起涵盖意识培养、能力提升、环境认知、实践模拟等维度的多层次、立体化的创新创业教育课程体系、培训体系、实践体系和服务体系。

2021~2023年建立涵盖"开放实验室—特色创业园—创业孵化器—创业加速器"的四级链接物理空间支撑平台，建立多元创新创业资金扶持体系。

在2025年以前打造以"兴趣+专业+创新+创业+就业"为运行模式和行业特色鲜明的大学生创新创业教育体系，培育一批创新创业优秀师资队伍、拔尖团队、成功人才、成功企业，获得国家级众创空间认证及建立初具规模的大学科技园。

（五）设立"黄河前进奖助学金"资助贫困学子

2018年3月，在个人申请、班级评选推荐、院部公示、学校审核等工作基础上，共评选出黄河前进一等助学金9人，每人2000元，二等助学金81人，每人1000元；黄河前进一等奖学金6人，每人3000元，二等奖学金19人，每人2000元，三等奖学金45人，每人1000元。

2019年，黄河交通学院共有82名贫困学生通过绿色通道报到入学，5684名新老学生通过国家助学贷款的形式顺利入学。2018~2019学年共资助贫困学生2734人。其中国家助学金2427人，国家励志奖学金307人，并对913名建档立卡学生发放了每生4000元的一等助学金。

深入家访，温暖人心。2018年暑假，学生资助管理中心老师带领学生干部对建档立卡贫困生进行了家访调研活动。调研活动行程1000多公里，历时7天，其中徒步行走80余公里，先后到达信阳、漯河、许昌、周口等4个地市、5个县、20余个乡镇，调研贫困学生家庭近20户，形成调研报告1份，工作日志15份，图片资料100余张，查阅建档立卡原始资料20余份。

2019年暑假，黄河交通学院暑期学生资助家访团正式组建，按照方案，活动行程1600多公里，历时7天，其中徒步行走100余公里，先后到达南阳市的南召县、社旗县、唐河县、新野县、邓州市、淅川县、西峡县，三门峡市的卢氏县、灵宝市等10余个县市的30多个乡镇，30多个行政村，调研贫困学生家庭近30户，免学费家庭6户，形成调研总结报告1份，工作日志7份，图片资料100余张，查阅建档立卡原始资料30余份，走访群众60余人、驻村干部7人、县级资助中心2个、党群服务中心6个，积累了第一手、最原始、最真实的扶贫数据，为下一步国家和学校开展精准扶贫、精准资助打下坚实基础。

（六）打造全员管理与全员育人体系

第一，开展授权管理，民主管理。第二，开展全员参与管理。第三，制定和实施毕业生质量标准。第四，开展阳光运动、全员管理、自律修身和社会实践等系列活动。第五，坚持文化育人，社团活动有效覆盖面达100%。第六，注重学生心理健康，及时启动心理危机干预机制，有针对性地进行心理调适，促进学生健康成长。

B.18
民办高校内部管理体制改革的实践与思考*

沈定军**

摘　要： 我国的高等教育已经从精英教育进入大众教育阶段，从注重规模教育迈向教育高质量的新阶段。但随着市场经济的快速发展和社会转型，民办高校内部管理体制也面临众多挑战，办学定位不明确、领导机制不完善、教学管理机制运行效率较低、人事管理制度创新性不够、民主管理监督机制不健全等制约了民办高校的发展。民办高校要牢牢把握新时代这一历史方位，完善高校内部治理结构，健全董事会领导下的校长负责制，优化教学管理体制，完善民主监督管理机制等，促进其依法治教、依法治校。

关键词： 民办高校　内部治理结构　依法办学

2010年7月，国务院正式发布《国家中长期教育改革和发展规划纲要（2010—2020年）》，这是我国进入21世纪后第一个有关教育的专门规划，提出"深化教育管理体制改革，提高公共教育服务水平"，引起社会的普遍

---

* 基金来源：2019年河南省高等教育教学改革研究与实践项目（就业和创新创业教育）"新时代'立德树人'融入高校就业和创新创业的改革研究与实践"（项目编号：2019SJGLX604）。
** 沈定军，副教授，郑州升达经贸管理学院发展规划处处长，河南省民办教育研究院研究员，博士，主要从事高等教育管理、思想政治教育研究。

关注，教育管理体制改革进入公众的视野。可以说，民办高等教育是我国高等教育走向大众教育阶段的必然产物。随着2003年的《中华人民共和国民办教育促进法》及2004年的《中华人民共和国民办教育促进法实施条例》对民办高等教育地位的认可，我国民办高等教育得到迅猛发展。截至2019年8月，根据教育部2018年教育统计数据，全国共有2663所普通高等学校，其中，民办普通高等学校749所；从河南省情况来看，2019年4月公布的《2018年河南省教育事业发展统计公报》显示，全省普通高等学校共计140所，其中民办普通高等学校39所，已经在普通高等学校中占有相当重要的位置。2020年3月，根据河南省人民政府豫政文〔2020〕21号文件，河南省2020年新增设10所高校，其中民办高校4所。结合2017年我国出台的《教育部等五部门关于深化高等教育领域简政放权放管结合优化服务改革的若干意见》中提出的要"完善高校内部治理"的意见，民办高校在规模教育与质量教育之间如何实现突破，如何在新形势下不断加强内部管理体制改革，促进民办高校转型的高质量发展，是当前民办高校面临的紧迫任务。

一 民办高校内部管理体制改革发展现状

高校内部管理体制一直是社会关注的重点，对于其内涵，学界一直进行探讨和分析。著名学者赖雄麟、张铭钟在《高等学校内部管理体制创新论》中对高校内部管理体制的内涵进行界定，指出其属于领导职责分工、机构设置及相互之间管理的约束机制。一般来说，民办高校的内部管理体制与公办院校略有不同，如民办高校的领导体制主要采取董事会领导下的校长负责制，这源于民办高校是由社会法人出资兴办，一般学校设有董事会、理事会对学校的事务进行管理，党委加强组织领导，保障学校社会主义办学方向，基本上形成董事会、党委和行政三驾马车并行，相互协调、相互配合，共同促进民办高校健康有序地发展。高校内部管理体制可以说是一所学校教育体系和人才培养体系的根本保障，也是一所学校推进应用转型和高质量发展的必然途径。自我国高等教育扩招开始,民办高校应运而生,为社会培养了大量应用型、复合型、技术型人才。近年来,民办高校内部管理体制不断地创新与发展,内部治理结构趋于完善,治理能力和治理水平大幅度提升,但随着民办高等教育规模的不断扩大,也存在一些问题,主要体现在以下几个方面。

(一)办学定位不明确

我国高等教育办学定位主要有三种:应用型、研究型、职业技能型。这三种办学定位从根本上讲就是高校培养什么样的人才、如何培养人才的问题。一般来说,办学定位包括办学类型定位、办学层次定位、培养目标定位、服务面向定位等,每个学校根据自己的实际情况,对办学定位进行明确。

目前河南省共有39所民办高校,其中19所本科民办高校,20所专科院校,从教育部各高校本科教学工作水平评估报告及学院简介中可以看出,大部分本科民办高校的办学定位为应用型,比如黄河科技学院、郑州升达经贸管理学院、郑州工业应用技术学院等;专科院校则以职业技能型定位居多,如郑州澍青医学高等专科学校、郑州电子信息职业技术学院、许昌陶瓷职业学院等。民办本科院校以培养本科人才为主,逐步培养研究生人才,坚持办学服务地方经济社会。民办专科院校则以培养技术技能型专业人才为主,可以说民办高校这种办学定位相对来说比较清晰和明确,但部分民办高校追求学科专业全面、办学定位研究型倾向明显,事实上这样培养出的研究型人才能力不足,而培养的应用型人才在专业技能方面缺乏锻炼,这些高校没有很好地厘清民办高校的办学定位和发展规划。

(二)领导机制不完善

我国高校的领导机制主要有党委领导下的校长负责制、董事会领导下的校长负责制和校长负责制三种。我国高校在早期阶段主要实行的是校长负责制,目前大部分高校主要采用的是党委领导下的校长负责制(公办院校)。

民办高校由于是由社会力量办学，存在出资人、创办者和管理者等多种角色，民办高校应该采用什么样的领导体制？如何正确处理董事会、党委、校长三者之间的关系呢？民办高校的内部治理结构应该采用什么样的方式？据笔者调研走访，目前河南省民办高校主要采用的是董事会领导下的校长负责制的领导体制，董事会支持党委、校长的工作，整个领导机制运行顺畅。但个别民办高校也存在领导体制不健全，董事会在学校的发展中未能充分发挥作用，董事会与党委、校长之间缺乏有效的协调沟通机制等问题，导致学校运行效率降低，发展滞后。

（三）教学管理机制运行效率较低

河南省部分民办高校的教学管理体制存在教学管理理念陈旧、滞后，教学管理模式行政化倾向明显，教学评价与监测机制不完善等问题。一方面，个别民办高校在教学管理理念上比较滞后，采取的管理方式和管理制度无法适应现代教学要求；另一方面，教学管理运行效率较低。大部分学校采取的是院系两级制，二级学院在教学管理机制中发挥着重要作用，但个别高校由于缺乏有效的衔接协调机制，教育教学管理在推进过程中不能及时处理出现的新情况、新问题，整个高校的教学管理机制运行效率不高，不利于推进教育教学改革。由此可见，教学管理机制需要不断创新，适应当前民办高校的发展模式，提升教学管理的实效性。

（四）人事管理制度创新性不够

民办高校的人事管理制度主要沿袭传统的管理模式，引进人才与教师培养并重，在实际运行过程中往往由于人事管理观念滞后，忽视对引进人才品德方面的考察与培育，屡屡出现一些失德失范现象。此外，部分民办高校的人事管理主要集中于检查考勤等日常事务，缺乏对学校人事管理的长远规划和创新。人事考核评价体系有待完善，一般民办高校主要通过工作量、出勤、工作成效等进行人事考核评价，考核评价机制缺乏创新，难以对教职工实际的教育教学成效起到促进、激励的作用。

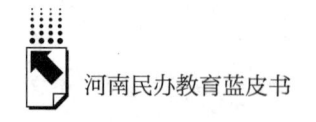

（五）民主管理监督机制不健全

目前在高校内部的管理体制中除自身的监督机制外（人事和纪委），教代会、学代会、团代会、学术委员会等参与高校内部治理的途径不明确，未发挥实质作用。个别民办高校中此类民主监督团体在高校内部管理体制中参与形式单一，相应的民主管理监督机制不健全。民办高校的内部管理体制必须重视民主监督管理，充分发挥师生这一治理主体的积极作用，形成师生参与高校管理监督的机制，保证师生的知情权、参与权、管理权落到实处。

二 民办高校内部管理体制改革实践探索

郑州升达经贸管理学院是豫籍台湾教育家王广亚先生为了实现教育回馈社会、回归桑梓的愿望，于1993年在河南省新郑市龙湖镇创办的一所民办高校。

办学初期，根据国家教育有关政策，必须走联合办学的途径，当时河南省非常支持王广亚先生办学，让他与河南省最好的大学——郑州大学合作，于是有了初期的校名：郑州大学升达经贸管理学院。2011年，根据国家教育政策，教育部高校设置评议委员会第五次会议审议通过了学院独立转设的申请，郑州升达经贸管理学院（以下简称升达学院）至此开启新的里程碑。时任副省长徐济超对学院成功转设做出批示："升达学院又进入一个新的发展里程，希望升达经贸管理学院能成为民办教育的典范，社会办学的楷模。"截至2019年9月，升达学院的招生规模再创新高，在校生人数达2.8万余人，一个充满朝气又奋进的时代已然到来。26年来，升达学院始终坚持改革创新，实行董事会领导下的校长负责制，建立起决策者、执行者和监督者以及其他利益主体之间相互制约的监督机制，设立纪委、工会，成立教代会、团代会、学代会、学术委员会、教学工作委员会、学位评定委员会等机构，形成相互联系又相互制约的内部治理结构，学院在内部管理体制改革方面积累了一定的经验。

（一）加强顶层设计，明确办学定位

创办人王广亚博士在升达学院建校初期就提出要建设应用型院校，为社会培养更多技能型人才。伴随我国社会转型对人才需求的变化，按照高等教育特色发展的目标要求，升达学院结合实际，进一步明确了学校发展的五个基本定位。办学类型定位：地方性、应用型本科高校。办学层次定位：以本科教育为主，创造条件稳步发展专业硕士研究生教育。学科专业定位：以经济学、管理学为主，工学、文学、艺术学、教育学、法学多学科专业协调发展。培养目标定位：培养德智体美全面发展，具有社会责任感、创新精神和学习意识，专业基础实、实践能力强、综合素质高的应用型本科人才。服务面向定位：立足郑州，面向河南，辐射全国。发展目标：把学校建成与地方经济社会发展对接紧密、特色鲜明、国内知名的高水平应用型民办本科大学。升达学院为了实现转型，从2015年开始着手制订2016版本科人才培养方案，提出"人才培养目标要与经济社会发展的需要对接"。紧紧围绕郑州建设大数据综合试验区和"2025智能制造"示范城市、国家区域性现代金融中心、国际物流中心和跨境电商试验区、华夏历史文明传承创新中心、国际性现代综合立体交通枢纽的发展战略目标，结合办学定位和学科专业特色，升达学院制定了《"十三五"教育事业发展规划》和《"十三五"学科专业发展规划》，目前正在实施，取得了良好的效果。

此外，2018年5月，升达学院接受教育部本科教学合格评估工作，2019年11月，顺利通过了教育部本科教学合格评估工作，培养了近7万名毕业生，深受用人单位好评，为当地经济社会发展提供人才支持，促进企业转型升级。

（二）完善制度体系，确保内部监管机制顺畅

升达学院制定了以《郑州升达经贸管理学院章程》和《郑州升达经贸管理学院董事会章程》为基础的制度体系，进一步探索《郑州升达经贸管理学院党政联席会议制度》《郑州升达经贸管理学院委员会议制度》《郑州

升达经贸管理学院教学质量保障体系》《郑州升达经贸管理学院党委与董事会、校行政沟通协商制度》等内部治理结构改革系列文件，从制度上规范学校内部管理，基本形成了"董事会领导、校长负责、党委保障、民主管理、依法办学"的治理结构与工作模式，推动了学院高质量内涵式发展。升达学院成立了学术委员会、教学工作委员会、学位评定委员会等机构，充分发挥专家教授对学校发展、教育教学、学术评价的重要作用。积极发挥工会、教代会、团代会、学代会的民主监督作用，设立"交流时间"，形成了师生员工管理监督、建言献策机制。近三年，共处理师生来信513件，接待师生1.4万多人次，采纳建议240余条。

（三）坚持以教学为中心，强化师资队伍建设

升达学院十分重视教学工作，可以说教学工作也是高校的生命线，一切工作围绕教学展开。升达学院为了进一步做好教学工作，定期召开专题教学研究工作，组建教学质量监测与评估中心，实施校院两级教学管理模式，聘任教授担任校级专职教学督导，各教学单位设置兼职教学督导，进一步规范了教学行为，提高了教学质量。在师资队伍建设方面，学院坚持实施"教师素质提升工程"，加强对青年教师和骨干教师的培养，实行青年导师制，注重教师师德师风培养，对于失德失范行为，在教师晋升和职称评定时实行"一票否决制"，确实师德败坏者予以解聘。注重双师型教师选拔与聘任，鼓励教师在企业挂职锻炼，努力打造一支业务精湛、品德高尚的教师队伍。

（四）注重应用型科学研究，实现产学研教协同育人

校企合作发展工程是升达学院五大工程之一，也是其深化产教融合、实施协同育人的主要战略。升达学院出台了《产学研合作教育管理办法》，加强对产学研规范管理。此外，学校成立了双创学院、校内实习实训基地及创业孵化园、创业工坊等促进知识成果转化。如吸引河南赢预财务服务集团有限公司、河南863软件孵化器有限公司等19家企业入驻校园，建设了140

多个联合培养基地，形成了校企两大资源平台，为学生提供真实场景的实习实训环境。同时，注重产学研科学研究工作，积极与郑州航空港经济综合实验区金融办联合开展"合作开展金融支持国际化航空经济创新发展研究"等横向课题，真正意义上构成产学研一体化实践教学体系，促进产学研教协同育人新模式。

（五）以德树人，注重应用型人才培养体系建设

从升达学院创办之初，创办人王广亚博士就提出要培养应用型人才，让学生有一技之长。在办学的过程中，升达学院始终坚持应用型人才培养体系建设。根据地方经济发展和学生发展需求优化专业结构布局，初步建成一批优势专业，不断根据河南省产业发展战略和学校实际推进专业集群构建，实施动态专业调整机制，形成特色鲜明的专业体系；制定以培养学生能力为中心的应用型人才培养方案，实施模块化的课程结构体系，不断完善学生学习效果评价与质量监控体系，真正意义上形成以学生为中心的人才培养模式创新。升达学院成立校地合作处，学校与二级学院联动共同推进产教融合平台和专业实践课程建设，优化创新创业教学特色，构建"实训－研发－创新创业"一体化的实践体系等，多途径、多思路促进应用型人才培养体系建设。升达学院坚持"三结合"式育人体系，即"课内外"相结合、"校内外"相结合、"线上下"相结合，大力开展以德为先的教育实践，深化"课程思政"主阵地建设，强化专业课程的思政元素设计，推动"课程思政"，积极开展爱国主义教育、劳动教育、品行教育、经典阅读等系列课外活动，全面加强"立德树人"建设。

办学26年来，升达学院坚持"三个始终不动摇"，即坚持党的领导、社会主义办学方向始终不动摇，坚持公益性、非营利性办学宗旨始终不动摇，坚持服务地方经济社会发展、应用型办学定位始终不动摇。正是这"三个始终不动摇"使升达学院的内部管理体制日趋完善与成熟，形成了鲜明的办学特色，为当地经济社会的发展培养了一批又一批优秀的实用型人才，受到业界的广泛好评，使得升达学院在河南省乃至全国都具有一定的影响力。

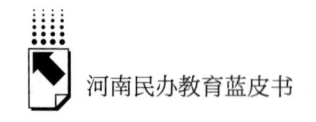

三 民办高校内部管理体制改革实践的几点思考

（一）加强党的建设，积极发挥党组织的政治领导权在内部管理体制中到位而决不让位

党的领导是学校事业发展的根本保证。党的领导有利于高校始终坚持社会主义办学方向，坚持"立德树人"的教育根本任务。民办高校要充分发挥党委在学校内部管理体制中的作用，实行党委与董事会、校行政之间"双向进入、交叉任职"的工作模式，切实建立党委与董事会重大事项协商沟通、党委与校行政党政联席会议制度，健全党委参与决策监督体制，确保党的方针路线政策得到落实。同时，要积极加强基层党组织建设，尤其是发挥模范党员的带头作用，设立模范党员先锋示范岗，加强党支部书记的培训，创新基层党组织的工作方式，提高基层党组织的网络话语权，建立基层党组织考评激励机制等，最大限度地发挥党组织在民办高校治理体系中的政治引领作用。只有实实在在地巩固党对教育事业的领导与监督，才能真正地坚持民办教育的社会主义办学方向，开创民办高等教育新局面。

（二）加强依法办学，确保董事会的决策权在内部管理体制中到位而决不越位

目前，大部分民办高校的领导体制是董事会领导下的校长负责制。董事会对于高校的重大事项拥有决策权，依据董事会章程的权力分工来讲，董事会主要职责有筹集办学经费、选聘校长、学校重大决策及重大事项必须经董事会讨论通过方可执行。在这一领导体制下，如何确保董事会的决策权在内部管理体制中到位而不越位呢？笔者认为，可以从以下几个方面进行：进一步完善董事会领导下的校长负责制的制度建设；巩固董事会支持学校党组织的政治地位，支持校长依法行使职权的制度建设。董事会要严格按照民办教育有关法规行使职权，依照董事会章程规定的程序行使决策权，对学校的重

大事项进行审议，充分利用董事会的职权，保证董事会的决策权在民办高校内部管理体制中到位。同时，也要确保决策程序规范，行为合法有效，决策公布后具有执行力，支持校党委的政治地位和工作站位，不干预校领导行政管理具体事务。

民办高校要不断完善和健全董事会领导下的校长负责制，确保董事会决策权的执行力，加强对董事会决策程序的监督，既充分发挥民办高校的办学活力，又促进民办高校依法依规办学治校。

（三）加强规范管理，确保校长的教育教学权和行政管理权在内部管理体制中到位而决不虚位

校长拥有高校的教育教学权和行政管理权，可以说新时代加强校长团队建设，有利于提升民办高校的决策执行力。作为民办高校，由于实行董事会领导下的校长负责制，那就必须加强董事会与校长在学校各项工作上的分工界限研究，加强校长工作规范，既确保校长的教育教学权和行政管理权能够独立执行，又强化对校长行政管理权的制约和监督。比如，民办高校可建立董事会与校长行政权力之间协调沟通机制，双方既明确分工，又相互制约，确保高校的内部管理运行通畅，提高学校的管理效率，促进学校内涵式发展。此外，民办高校必须加强对校长教育教学权和行政管理权在学校内部管理体制中地位的研究，进一步明确校长的教育教学权和行政管理权的界限。

民办高校要不断加强对校领导的能力和中层干部的能力的培养。校领导的选拔条件要全面，选择经验丰富、富有创新性、学识丰富、品德高尚的人员担任，比如校长选聘，一定要有丰富的教学经验和行政管理经验，在各方面成绩突出、品德高尚，在师生中颇具声望。中层干部既是学校的骨干力量，也是中坚力量，民办高校要加强中层干部的培训、轮岗、实践锻炼，不断提升中层干部掌握教育发展规律、解决实际问题的能力。因此，加强对校长及其团队的研究非常有必要，有利于民办高校规范运行和可持续发展。

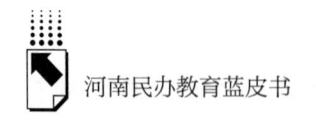

（四）加强民主监督，确保工会、教代会、学代会的参与权在内部管理机制中到位而决不错位

教职工代表大会是高校常见的一种民主参与、民主监督的有效方式，有效地促进了高校内部管理体制改革，实现高校民主管理。民办高校十分注重民主监督与管理，设立教代会、学代会、团代会、学位评定委员会及教学工作委员会推进高校教学管理工作有序开展，确保公平、公正。大部分民办高校均设有教代会、学代会、团代会、学术委员会等制度，但如何发挥工会、教代会、学代会、团代会、学位评定委员会的作用，均没有明确的研究或者定位。新时代，随着国家教育治理体系和治理能力现代化进程的推进，民办高校需要进一步加强内部治理体制改革，提升民主监督实效，既要确保工会、教代会、学代会、学术委员会等在内部管理体制中到位，又必须加强制度规范，防止其错位。

第一，制定工会、教代会、学代会、团代会、学术委员会等民主监督机制的运行管理制度规范，由专门的部门负责该机构的运行，定期召开相关会议，提交、审议相关提议，收集学生或者教师在学校管理中的建议或者意见。

第二，充分尊重工会、教代会、学代会、团代会、学术委员会等民主监督机构的作用与地位。民办高校要高度重视有关工会、教代会、学代会、团代会、学术委员会、学位评定委员会等机构的作用，在人力、物力、财力等方面重点扶持，积极发挥该民主监督管理机构在高校内部管理体制中的作用，促进民办高校健康、有序地高质量发展。

第三，建立民主监督管理机构科学考评制度，民主监督程序是否合法规范、民主监督管理机构提交的审议内容是否合法规范、民主监督管理机构的运行是否规范等均要进行定期的核查，严防民主监督管理机构成为某些人谋取私利的途径，真正意义上保障民主监督管理的参与权落到实处。

（五）加强顶层设计，确保以学校章程为核心的现代大学制度建设到位而决不缺位

章程是一所高校的"宪法"，是高校从事教育教学管理的规范性文件，

在高校内部治理体系和现代大学制度建设中具有十分重要的意义。如何加强民办高校以章程为核心的现代大学制度建设，笔者认为需要从以下三个方面进行。第一，坚持"依法治教、依法治校"原则，加强学校章程落实。很多民办院校章程的执行力不够，章程规定的决策程序、职责分工等内容在现实内部管理体制运行过程中经常出现缺位现象，因此，必须坚持依法治校，推进大学章程落实。第二，做好内部治理结构的顶层设计，从办学定位、办学思路、转型发展等方面推进现代大学制度建设。第三，健全科学决策机制，完善领导班子议事规则与决策程序，定期召开会议研究学校建设与发展问题。大力推进现代大学制度建设，理顺高校与政府、高校与社会的关系，服务地方经济社会发展，不断提高教授治学水平、提升民主监督管理能力。

（六）创新人事管理机制，确保人事管理机制在内部管理体制改革中到位而决不失位

民办高校在人事管理机制方面必须加强创新，从人才引进、师资队伍的培养、教职工的考评等各个方面加强民办高校内部人事机制改革。一方面，必须建立高效的绩效管理体系，全面开展实施"教师素质提升工程"，优化师资结构，大力培养"双师型"队伍，加强教学基层组织建设，建立辅导员、行政职员的职业发展平台，构建师德师风建设长效机制，完善基于大数据的智慧人事管理体系建设，提高民办高校绩效管理效率，提升大学治理能力；另一方面，建立质量导向的人事考核制度，改变传统人事考核内容单一的模式，增加以学生就业质量、考研率、学科竞赛、双创项目、学科专业、课程建设、科研水平等为目标的二级学院绩效考核机制，同时也要不断改革教职工的考核办法，建立激励先进的绩效工资制度。

四 结语

随着国家教育治理体系和治理能力现代化进程的推进，民办高校内部管

理体制改革与创新也成为关注的焦点之一。民办高校不同于公办高校，需要通过学校本身的努力和改革，不断完善内部治理体制和治理结构，适应新时代民办教育的发展要求。民办高校内部管理体制改革也是一项复杂的、长期的工程，各民办高校在国家政策的指导下结合实际情况进行很多探索，取得一定的成绩，形成了董事会领导下的校长负责制的领导体制、较完善的教学管理机制，民主管理监督机制初步形成。然而，随着经济的不断深化发展与社会转型，民办高校发展也面临诸多挑战，需要不断加强高校内部管理体制探索与实践，一方面，民办高校要坚持从学校实际出发，探索尝试适合民办高校自身发展规律和特色的内部管理体制；另一方面，需要向国内外先进民办高校学习，借鉴吸收先进的内部治理结构与方法。从民办高校内部管理体制改革入手，不断推动民办高校科学内涵式发展，从而开创民办高等教育事业的新局面。

参考文献

杨楚校：《民办高校内部管理机制现状分析与对策研究》，《智库时代》2019年第2期。

程忠国、周晖曾、光辉：《民办高校内部管理体制改革的实践探索》，《教育与职业》2014年第12期。

王宝根、唐永泽、陈斌：《发挥民办高校体制机制优势的实践与思考》，《中国高等教育》2013年第2期。

徐绪卿：《论我国高水平民办高校建设及其特征》，《浙江树人大学学报》2013年第1期。

B.19
深层次的内生动力

——2019年河南民办高校改革进程

李储学[*]

摘　要： 从外部看，国家及地方法律政策体系的大力引导支持、经济社会发展及科技进步的迫切需要、就业压力及生源竞争的严重倒逼、社会舆论偏见及身份歧视的强烈刺激，影响和激发着民办高校改革发展的内生动力。从内部看，认识和把握民办高校改革的深层次内生动力，应重点关注创办者的初心和使命、体制机制灵活的优势、市场导向的办学理念、抢抓发展机遇的敏锐意识、天然的创新创业基因、独具特色的校园文化和精神传统、师生员工追求公平和高质量发展的迫切需求七个方面。2019年河南民办高校在大力推进党建和思政工作高质量发展、统筹推进应用技术型大学建设各项工作、持续提升社会服务能力等方面取得显著成绩，但是也存在一流本科专业建设相对滞后、高层次人才短板依然明显、师生学科竞赛能力偏弱、参与型治理体系不够完善、考核激励制度不尽合理等问题。对此，河南民办高校应持续完善现代大学制度，不断创新学校体制机制，逐步构建多元参与格局，深入贯彻创新发展理念，大力改进考核激励方式，积极培育特色大学文化，进一步释放改革内生动力，实现高质量发展。

关键词： 民办高校　内生动力　高校改革

---

[*] 李储学，河南民办教育研究院研究员，黄河科技学院助理研究员，主要研究方向为民办教育、高等教育。

2019年是新中国成立70周年，是中原更加出彩历史进程中极不平凡的一年，也是河南省民办高等教育加快推进全面深化改革和高质量发展的一年。2019年3月，习近平总书记参加十三届全国人大二次会议河南代表团审议；9月，莅临河南考察调研工作，在郑州主持召开黄河流域生态保护和高质量发展座谈会，并把黄河流域生态保护和高质量发展确定为重大国家战略，充分体现了党中央对河南工作的高度重视，对河南发展具有里程碑意义，也为河南高校面向地方、找准定位、主动融入、服务发展、深化改革、提升质量指明了前进方向、提供了根本遵循。随着改革向纵深发展，河南民办高校的内生动力不断地被激发和释放。进入高质量发展的新阶段，如何全面把握影响和激发民办高校改革发展内生动力的外部因素，系统分析民办高校改革的内生动力来自哪里，找准民办高校高质量发展的主要瓶颈，进一步激发、增强和释放深层次的内生动力，有目标、有计划、有重点、有步骤地推进民办高校改革，是当前河南民办高等教育事业发展的一个重要课题。

一 影响和激发民办高校改革发展内生动力的外部因素

民办高校全面深化改革的动力，既要靠"内生"，也要靠"外培"。民办高等教育事业的高质量发展，既需要自身持续发力，也离不开党和政府及全社会的支持。民办高校战略选择要关注并回应新时代的要求、人工智能的挑战、高等教育普及化的新要求、公办高校迅速发展带来的压力，以及如何发挥民办高校自身优势的问题。[1] 具体来讲，影响和激发民办高校改革发展内生动力的外部因素主要来自四个方面。

（一）国家及地方法律政策体系的大力引导支持

近年来，国家加强对民办教育的引导支持力度，从全局层面构建引领新时代中国民办教育事业改革的法律法规和政策体系，进一步完善民办教育体制

---

[1] 刘献君：《民办高校发展的战略选择》，《高等工程教育研究》2019年第6期。

"四梁八柱"的改革方案,并有力推进政策红利落实、落细,为民办高校改革发展创造了良好的政策环境和制度空间,助推民办高等教育持续健康发展,切实激发了民办高校改革发展的内生动力。例如,新修订了《民办教育促进法》,推进《民办教育促进法实施条例》修订工作;国务院发布了《关于鼓励社会力量兴办教育促进民办教育健康发展的若干意见》,国务院办公厅发布了《关于同意建立民办教育工作部际联席会议制度的函》;教育部、人力资源和社会保障部、民政部、中央编办、国家工商行政管理总局五部门印发了《民办学校分类登记实施细则》,教育部、人力资源和社会保障部、国家工商行政管理总局联合印发了《营利性民办学校监督管理实施细则》,国家工商行政管理总局、教育部发布了《关于营利性民办学校名称登记管理有关工作的通知》,教育部等十三部门联合印发了《民办教育工作部际联席会议 2018 年工作要点》,教育部办公厅印发了《民办教育工作部际联席会议 2019 年工作要点》。各地也先后以政府文件的形式印发了本省(区、市)的配套文件,积极贯彻落实国家法律法规及政策要求,引导支持本地民办高校全面深化改革,推进民办高等教育分类管理和高质量发展。例如,河南省人民政府相继出台了《河南省人民政府关于加快推进民办教育发展的意见》《河南省人民政府关于鼓励社会力量兴办教育进一步促进民办教育健康发展的实施意见》等文件,着力鼓励、支持、引导、规范全省民办教育持续健康发展。这些法律法规和政策文件,对于激发河南省民办高校改革的内生动力,为民办高等教育发展创造公平的法治环境,起到了积极的作用并产生了深远的影响。

(二)经济社会发展及科技进步的迫切需要

当前,世界新一轮科技革命和产业变革正加速演进,与我国加快转变经济发展方式形成历史性交汇。我国经济已经由高速增长阶段转向高质量发展阶段,将更多地依靠创新驱动,依靠人才驱动。这离不开高等教育的参与、支撑和引领,民办高校也迎来了大有可为的战略机遇期。河南省聚焦高质量发展,持续打好产业结构优化升级、创新驱动发展、基础能力建设、新型城镇化"四张牌"。继粮食生产核心区、中原经济区、郑州航空港经济综合实验区三大国家战略后,近年来,国家政策"大礼包"密集落地河南,郑洛新国家自主创新示范区、中国（河南）自由贸易试验区、中国（郑州）跨境电子商务综合试验区、中原城市群发展规划、国家大数据综合试验区、郑州国家通用航空产业综合示范区、国家中心城市等一批重大国家战略规划和战略平台获批，战略叠加效应正在释放。乘着国家政策红利的东风，阿里巴巴、华为、腾讯、浪潮、海康威视等行业领军企业纷纷入驻，河南迎来了难得的历史机遇，未来发展更可期。河南省人民政府印发了《河南省人民政府关于深入推进新型城镇化建设的实施意见》《河南省深化制造业与互联网融合发展实施方案》《河南省人民政府关于强化实施创新驱动发展战略进一步推进大众创业万众创新深入发展的实施意见》《河南省人民政府关于实施创新驱动提速增效工程的意见》等一系列配套政策，大力推进科技进步和经济社会高质量发展。作为河南高等教育体系的重要组成部分、高等教育事业发展的重要增长点和促进高等教育改革的重要力量，河南民办高等教育得到长足发展，民办普通高校总数、民办普通本专科在校生总数及占全省普通本专科在校生总数的比例均持续增长（见表1）。民办高校一直承担着满足中原人民对高等教育的强烈需求，补齐河南高等教育短板，扩大高等教育规模，支撑地方经济转型、产业升级、技术进步、创新创业和社会发展，为中原更加出彩培养、输送应用型人才的重任。进入新时代，河南推进高质量发展，加快建设现代化强省，打造"三大高地"、实现"三大提升"、统筹推进"三区一群"等国家战略，都离不开民办高校的参与。

表1　2015~2019年河南省民办高校发展情况统计

	2015年	2016年	2017年	2018年	2019年
民办普通高校总数（所）	37	37	37	39	39
占全省普通高校总数的比例（%）	28.68	28.68	27.61	27.86	27.66
民办普通本专科在校生总数（万人）	38.65	41.72	45.66	51.05	59.47
占全省普通本专科在校生总数的比例（%）	21.87	22.25	22.82	23.85	25.64

资料来源：根据历年《河南省教育事业发展统计公报》中的数据整理分析而成。

（三）就业压力及生源竞争的严重倒逼

当前我国经济发展压力持续增大，就业形势严峻，特别是结构性失业和技术性失业问题突出。长期以来，高校专业设置与地方产业结构不匹配、人才培养与行业需求相脱节、知识技能与岗位需要两张皮，导致高校应届毕业生就业能力不足。在这样的大环境下，受综合因素的影响，民办高校就业形势更是不容乐观。与公立大学相比，民办高校过去一直被划入"三本"招生，在生源争夺战中处于被动的弱势地位，随着各地相继施行"二本三本合并招生""一本二本合并为本科普通批招生"，民办高校有了公平争夺优质生源的政策机会，这也对民办高校改革发展带来了挑战，倒逼民办高校提升教育教学水平和人才培养质量，走特色发展和内涵发展道路，以特色求发展，凭质量求生存。并且，随着高校数量的增长，特别是新设立公办大学数量的不断增多以及招生规模的不断扩大——根据教育部发布的《全国教育事业发展统计公报》数据，2017年高等教育毛入学率达到45.7%，2018年高等教育毛入学率达到48.1%，2019年高等教育毛入学率达到51.6%，我国进入高等教育普及化阶段；与此同时，普通本专科毕业生数量也在持续增长（见表2）。2020年我国高校毕业生达874万人，受新冠肺炎疫情、经济发展压力等多种因素影响，就业形势更加严峻。人民群众对优质高等教育的需求更加迫切、更加强烈，学生逐渐由"有学上"转变为"上好学"，在这样的转型中，民办高校必须补齐短板、深化改革、提升质量，才能在日趋激烈的竞争中生存和发展，否则将难以摆脱招生"垫底"和就业"歧视"困境。招生和就业的双重压力，迫使民办高校从自身内部进行反思和改革，严把人才培养的入口关、过程关、出口关，提升学校教育教学质量和服务经济社会发展能力，让民办高等教育成为考生和家长的"主动选择"，让民办高校成为受用人单位和社会尊重欢迎的"人才基地"。

表2　2015~2019年全国及河南省普通本专科毕业生数

单位：万人

	2015年	2016年	2017年	2018年	2019年
全国	680.89	704.18	735.83	753.31	758.53
河南省	46.58	48.69	50.41	55.99	59.34

资料来源：《2019年国民经济和社会发展统计公报》《全国教育事业发展统计公报》《2019年河南省国民经济和社会发展统计公报》《河南省教育事业发展统计公报》。

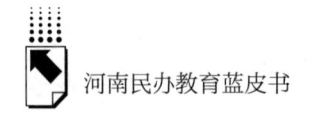

(四)社会舆论偏见及身份歧视的强烈刺激

民办高校与公立高校虽然性质不同,但并非不同的教育层次,也没有高低之分,二者都是国家教育事业的重要组成部分,都承担着立德树人的根本任务,理应得到公平的待遇。《民办教育促进法》明确规定"民办教育事业属于公益性事业,是社会主义教育事业的组成部分""民办学校与公办学校具有同等的法律地位""民办学校的教师、受教育者与公办学校的教师、受教育者具有同等的法律地位";国务院发布的《关于鼓励社会力量兴办教育促进民办教育健康发展的若干意见》也明确提出"民办学校教师在资格认定、职务评聘、培养培训、评优表彰等方面与公办学校教师享有同等权利""民办学校学生在评奖评优、升学就业、社会优待、医疗保险等方面与同级同类公办学校学生享有同等权利"。这些规定为民办高校及其师生享有同等权利提供了法律和政策保障。但是,我们也清醒地看到,现实中依然存在对民办高校、民办高等教育工作者、民办高校受教育者的歧视现象。例如,在2019年某些单位的招聘通知里还是明确有"第一学历为正规全日制本科学历(二本及以上院校)""本科学历必须是四年制公办二本以上""普通招生计划全日制公办高校二本及以上""本科岗位要求统招全日制二本及以上学历且专业对口,不接受民办、公办民助类高校毕业生"等硬性条件,将广大民办高校毕业生拒之门外。同时,非营利性民办高校教师在薪资水平、培训、养老保险、医疗保险、公积金等方面,也没有得到与公办高校教师同等的待遇。虽然国家和各地都加快推进民办高校分类管理、分类发展,但可操作、可执行、可落地的制度安排和具体实施办法还没有实质性进展,非营利性民办高校获得的政策红利较少,财政支持不足,引进人才及团队缺乏同等待遇。这些社会舆论偏见及身份歧视现象,会反复强化、恶性循环,"高收费""低质量"等标签在民办高校身上挥之不去,给民办高校办学、招生、就业、科研、人才引进等工作造成"多米诺骨牌效应"。这也不断刺激着民办高校创办者、管理者、工作者和受教育者顽强拼搏、奋力争先,用改革发展的实际行动和成效来赢得尊重、支持和平等待遇。

二 民办高校改革的深层次内生动力

面对难得的发展机遇、激烈的竞争形势和严峻的外部环境，民办高校必须直面挑战，心无旁骛，狠练内功，做好自己，充分激发和释放全面深化改革的深层次内生动力，为未来生存、竞争和发展赢得主动，赢得资源，赢得优势。认识和把握民办高校改革的深层次内生动力，应该重点关注以下七个方面。

（一）创办者的初心和使命

自"不忘初心、牢记使命"主题教育活动开展以来，河南民办高校结合实际工作，迅速掀起了主题教育热潮。民办高等教育走得再远，也不能忘记为什么出发，不能忘记自己的初心和使命。民办高校的初心和使命就是坚持立德树人，培养担当民族复兴大任的时代新人，这也是民办高校改革发展的动力之源。民办高校的初心和使命，与其创办者也有着紧密的联系。黄河科技学院创办人胡大白董事长，坚持教育报国，确立了学校的"三为"办学宗旨，即"为国分忧，为民解愁，为社会主义现代化建设服务"；郑州升达经贸管理学院和郑州商学院创办人王广亚博士，毕生献身教育事业，推进两岸教育文化交流，以"育才达人、奉献社会"为己任，提出坚持"三个始终不动摇"即社会主义办学方向始终不动摇，公益性、非营利性办学宗旨始终不动摇，服务地方经济社会发展始终不动摇；郑州西亚斯学院创始人陈肖纯博士，致力做一位教育国际化的有力推动者，采用世界先进的教学内容及方法为中国培养现代化经济建设所需的高级人才。创办人的初心和使命已经融入民办高校的血液，转化为学校为党育人、为国育才的动力。河南民办高校在对未来发展愿景或目标的表述中，"特色""高水平""一流""应用型"等成为高频词。例如，黄河科技学院的愿景是"办一所对学生最负责任的大学"，发展目标是建成"一流应用技术大学"；郑州西亚斯学院提出要"办成一流的民办大学""将学校办成国内外知名的应用型高等学校";郑州商学院提出要"打造一流的商科特色鲜明的应用型本科高校";郑州工商学院提出创建"学科专业优势突出、特色鲜明、综合水平达到国内一流的应用技术型民办普通高等学校"的目标。创办人的初心和使命,以及学校的办学愿景和发展目标,都为民办高校改革提供了源源不断的动力。

(二)体制机制灵活的优势

由于"民办非企业"的性质,民办高校不属于事业单位。民办高校最大的特点就是体制机制灵活,受"条块分割"的影响较小,能够迅速动员全校资源、集中优势力量、抢抓发展机遇,进行攻坚克难,在一些改革和项目上实现突破。相对而言,民办高校行政化倾向较弱,受本位主义、官僚主义和形式主义影响较小,这有利于信息在横向、纵向上的有效传播,有利于人才和资源的合理配置,有利于政策和决策的快速执行落地。我们可以看到,在面对国家政策红利和重大发展机遇的时候,民办高校表现出了敏锐的洞察力、快速的反应力、高效的行动力、极强的合作力等,这背后的主要原因之一就在于民办高校体制机制灵活的优势。这种优势对于民办高校全面深化改革,激发深层次内生动力和发展活力,也是必不可少的重要因素。

(三)市场导向的办学理念

民办高校的办学定位是应用型高校,是立足地方、面向地方,培养应用型技术技能人才。因此,民办高校从创立之日起就具有明显的市场导向,在改革发展过程中注重加强与行业企业等用人单位的联系与合作,对接社会需求,建立动态专业调整机制,及时设立适应战略性新兴产业和经济社会发展需要的专业,淘汰同质化严重的专业。例如,1997年,黄河科技学院就在全国高校中第一个把省级人才市场引进校园;在河南省高校中,黄河科技学院第一个开设了数据科学与大数据技术、智能科学与技术、农业工程等专业；同时，该校建立专业退出机制，对信息与计算科学、过程装备与控制工程等本科专业暂停招生，对城乡规划等本科专业进行了专业预警。作为河南省唯一的交通类普通本科高校，黄河交通学院与中国汽车工程研究院股份有限公司签订协议共同建设国家智能清洁能源汽车质量监督检验中心，与特斯拉、东风标致、东风雪铁龙、宇通客车等国内外上百家知名企业签订了校企合作协议，牵头成立焦作职业教育集团、汽车行业协会。河南民办高校坚持需求导向和市场导向，重视调查研究和校企合作，及时更新教育理念、教学内容和教育教学方式方法，这些理念本身就是改革的内生动力，也是激发内生动力的重要手段。

（四）抢抓发展机遇的敏锐意识

民办高等教育的持续健康发展离不开国家政策的引导和支持，河南民办高等教育从无到有、从小到大、从弱到强的发展过程，就是一段抢抓国家政策机遇，乘着政策东风实现快速发展的历史。正是凭借着"清醒敏锐的开拓精神，勇往直前的拼搏精神，坚韧不拔的实干精神，大公无私的奉献精神"，黄河科技学院先后获批成为全国第一所民办普通专科高校、全国第一所民办普通本科高校、全国第一所接收外国留学生的民办高校、全国首批应用科技大学改革试点战略研究单位、河南省首批示范性应用技术类本科院校。得益于国家大力发展现代职业教育的政策红利，周口科技职业学院在2019年获批成为全国首批本科职业教育试点高校，升格为河南科技职业大学。不仅是政策机遇，河南民办高校还善于把握大势，提前谋划布局，善于捕捉和利用稍纵即逝的转型机遇、市场机遇和社会发展机遇，将这些机遇转化为推进改革的动力。

（五）天然的创新创业基因

我国民办高等教育的发展史，就是一部民办高校创办者及全体师生员工的艰苦创业史。在民办高等教育改革发展的进程中，诞生了多种发展模式，如刘莉莉将我国民办高校的创办与发展分为六种主要模式：以学养学的滚动发展模式、以产养学的注入发展模式、国有高校改制运作模式、民办二级学院的附属运行模式、资本联合的教育股份制、教育集团的连锁经营模式；杨雪梅分析了以学养学滚动发展、以产养学资金注入发展、民办公助、国有民办整体转制四种模式；以秦和为负责人的"中国民办高校未来发展的新趋势和模式设想"课题组经研究提出，民办高校发展模式（不考虑独立学院）大致民有民办、公有民办、民办公助、公民公办、公办转民、附属运行、股份合作、中外合作8种主要办学模式；熊跃梅、黄俭认为民办高校的发展模式从理论上可以分为内生滚动、资产注入、国有民办、独立学院四种。无论是哪种办学和发展模式，民办高校的创办人都兼具创业者和教育家的双重特征。随着民办高等教育的发展壮大，勇于探索、大胆尝试、坚持创新、艰苦创业等宝贵精神已经沉淀凝聚，转化为民办高校的创新创业基因，并在不同发展阶段不断得到发展和升华。民办高校创办者、管理者和工作者们更多的是将民办教育当作一份为之奋斗的事业，而非简单的一份工作，他们的归属感、价值感和获得感更加强烈。民办高校这种天然的创新创业基因，也为学校开展创客教育，增强和提升师生创新意识、创业精神和创新创业能力提供了肥沃的土壤。作为全国第一所民办高校，黄河科技学院充分发挥这种文化优势，推进创新创业教育改革，获批首批"全国创新创业典型经验高校"（全国50所）、首批"全国深化创新创业教育改革示范学校"（全国99所）、首批"全国大学生创业示范园"（全国29所）、首批"全国社会组织教育培训基地"（全国19所）、首批"河南省双创示范基地"等；在教育部举行的"全国创新创业典型经验高校"颁奖会上，黄河科技学院作为全国四所典型高校之一发言。

（六）独具特色的校园文化和精神传统

随着发展和改革的深入，河南民办高校形成了自己独特的校园文化和精神传统，不断引领和潜移默化地影响着师生员工的政治立场、思想观念、价值取向、行为习惯等。尤其是民办高校创办人敢为人先、献身教育、服务社会、心怀大爱的品质，以及无数民办教育管理者和工作者身上所表现出来的敢闯敢干、勇于创新、辛勤耕耘、拼搏进取的精神，共同构筑了民办高校宝贵的文化宝库。例如，黄河科技学院"敢为天下先"的精神，"开拓、拼搏、实干、奉献"的精神，"打硬仗、上台阶、创特色、争名牌"的战略口号等；郑州升达经贸管理学院的校园文化包括"计划创新、执行彻底、考核严谨、赏罚分明"的行事准则，"要有好的师资、好的设备、好的制度、好的管理、好的福利"的办学原则等。这些校园文化和精神传统富有个性、独具特色、内涵丰富、朴实易懂，与公办大学有着一定的差别，但它们都充分体现了坚持"四个自信"，充分体现了社会主义核心价值观和社会主义先进文化，充分体现了中国精神。这对于河南民办高校全面深化改革和持续健康发展来说，是一笔无形但非常宝贵的财富，也是最持久、最深沉的力量。

（七）师生员工追求公平和高质量发展的迫切需求

由于民办高校性质的不同，民办高校教职工在薪资水平、五险一金、职业发展等方面难以享受到同级别公办高校同等待遇，民办高校学生也在就业、实习实训等方面遭遇身份歧视的境况，这些问题都使得民办高校师生员工从内心更加渴求公平，民办高校教职工群体、学生群体在心理、行为上更表现出奋发向上的状态。从现实情况来看，民办高校青年教职工流失率居高不下，主要有三个流失去向：一是努力学习考取博士研究生后选择辞职进修；二是提升专业能力尽快晋升副高及以上职称成功后选择往公办高校跳槽；三是认真准备通过公务员和事业单位招聘考试后跨行业选择新工作。这对民办高校来说是一个短板和痛点，制约着学校的长期健康发展，导致后劲不足。但是，从另外一个方面来看，也反映了民办高校教职工对学校事业发展、个人职业发展的一个心理预期和综合评估，反映了青年人才希望得到更高的发展平台、更多的成功机会、更丰富的资源支持等。对追求公平和高质量发展的迫切需求，为民办高校改革发展提供了一种激发、释放全体师生员工强大动力的可能和路径。

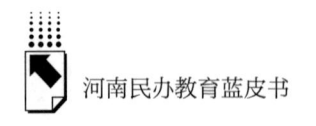

三 2019年河南民办高校改革主要进程及主要问题

2019年，河南民办高校以习近平新时代中国特色社会主义思想为指引，坚持立德树人的根本任务，聚焦转型发展、双创、产教融合等工作，以党建为引领推进全面深化改革，加快管理体制创新，继续深化教育教学改革，全省民办高等教育事业发展呈现了新亮点，实现了新突破，展现了新作为。

大力推进党建和思政工作高质量发展。深入开展"不忘初心、牢记使命"主题教育，与时俱进加强党的建设，大力提升思想政治工作水平。黄河科技学院认真落实立德树人根本任务，大力实施"铸魂养德"计划，积极推动争创"河南省文明校园标兵"工作和"三全育人"综合改革试点工作，纳米功能材料研究所直属党支部入选教育部"全国党建工作样板支部"培育创建单位，学校荣获"全国教育系统先进集体""河南省民族团结模范集体""河南省高校基层党组织建设先进单位""河南省共青团宣传思想文化工作先进单位"等称号。郑州科技学院继教务处党支部入围首批"全国党建工作样板支部"培育创建单位后，2019年该校实践中心党支部入选第二批"全国党建工作样板支部"培育创建单位。商丘工学院入选全省高校第二批"三全育人"综合改革试点高校，郑州工业应用技术学院商学院、商丘学院机械与电气信息学院、信阳学院教育学院、郑州升达经贸管理学院金融贸易学院、郑州商学院工商管理学院入选全省高校第二批"三全育人"综合改革试点院（系）。

统筹推进应用技术型大学建设各项工作。一年来，河南民办高校积极探索产教融合新模式，深化创新创业教育改革，加强学科专业建设，开展课程建设与教学改革。根据河南省教育厅发布的《关于实施河南省一流本科专业建设计划的通知》，河南省民办本科高校共获批30个一流本科专业建设点。根据河南省教育厅发布的《关于公布首批河南省一流本科课程认定结果的通知》，安阳学院等2所民办高校的2门课程为省级线上一流本科课程，郑州科技学院等16所民办高校的20门课程为省级线下一流本科课程，黄河科技学院等10所民办高校的16门课程为省级线上线下混合式一流本科课程，郑州商学院等4所民办高校的4门课程为省级社会实践一流本科课程。为了搭建校企合作生态化产业链，郑州西亚斯学院投资45亿元打造了西亚斯科技园项目，该项目占地536亩，总建筑面积150万平方米，将打造集科技、教育、医疗及生态服务于一体的智慧园区综合体，建设初创孵化器集群、企业加速器集群、企业总部基地集群、超级配套集群四大集群。黄河科技学院获批河南省农林废弃物资源化利用院士工作站；新建实习实训基地62个，新增"京东班""财务班"等项目班3个，建设校企合作"工作室"13个；获批教育部产学合作协同育人项目28项，获批国家级大学生创新创业项目立项20项、省级50项；在河南省第五届"互联网+"大学生创新创业大赛中获一等奖1项、二等奖1项、三等奖3项，"万物皆可萌——原创漫画萌计划"项目荣获国家级铜奖；学校获评"全国创业孵化示范基地"，这是河南省高校创业孵化基地和郑州市所有孵化载体中第一个获得人力资源和社会保障部认定的国家级创业孵化示范基地；入选教育部"互联网+中国制造2025"产教融合促进计划建设院校，在全省示范性应用技术类型本科高校建设年度考评中再获优秀等级；在"中国新建（应用型）本科高校发明专利排行榜"中位列全国民办高校第一名，连续四年专利授权量在河南省高校中排名第二。郑州工业应用技术学院获批16项教育部产学合作协同育人项目。郑州工商学院加强基层教学组织建设，备案合格基层教学组织11个；启动混合式教学模式改革，开发了学习卡激活系统，简化了工作程序，方便了师生。信阳学院、安阳学院、新乡医学院三全学院、商丘学院获批进入河南省2019~2021年硕士学位授予立项建设单位名单。

持续提升社会服务能力。黄河科技学院等多所民办高校师生参与第十一届全国少数民族传统体育运动会志愿服务活动，荣获省委、省政府集体嘉奖。信阳学院中国流寓文化研究中心获批河南省高校人文社会科学重点研究基地，成功获批省级中华优秀传统文化传承基地；与信阳市浉河区政府共建"英才创新创业园"助力科技成果转化。黄河科技学院大学科技园年度累计服务企业和团队129家，其中新增企业团队27家，目前在孵企业96家、团队22家；中国（河南）创新发展研究院开展了建业集团转型发展新蓝海战略、郑州大都市区黄河流域生态保护和高质量发展示范区建设、跨境电商等专题调研，承担了省社科规划办重大委托课题等多个研究项目，研究成果在《河南日报》发表，得到河南省副省长武国定的专门批示；两项成果分别入选2019年CTTI来源智库年度精品研究成果、CTTI智库最佳实践案例（2019）；充分发挥学校作为全国社会组织教育培训基地、国家职业技能鉴定站等资源优势，打造高端培训平台，承办郑州市青年公务员能力提升培训班等10余项，提供各类社会服务126场次，获批"河南省农民教育培训创业孵化基地"；与省科技厅共同举办2019河南省科技活动周暨郑洛新国家自主创新示范区军民科技融合成果推介会，获得全省科技活动周优秀组织奖；承办教育部首届全国青少年校园足球联赛，与河南省足协合作建成"河南省幼儿足球培训基地"。

2019年河南民办高等教育事业取得了显著发展。根据武书连2019中国民办大学综合实力排行榜，河南省民办高校进入前50名的有6所，其中黄河科技学院位居全国民办高校第1名，郑州工商学院位居第18名，郑州科技学院位居第23名，郑州升达经贸管理学院位居第32名，郑州商学院位居第35名，郑州工业应用技术学院位居第38名。2020年5月，广州日报数据和数字化研究院（GDI智库）发布"GDI应用大学排行TOP800榜（2020）"，评价了910所本科高校，包括462所公办普通本科高校、246所独立学院、193所民办院校（不含独立学院）、7所中外合作办学和2所内地与港澳台合作办学的高校；排名前200的高校中有9所非公办高校，包括4所民办院校（不含独立学院）、3所独立学院和2所中外合作办学高校，其中黄河科技学院位居第117名；"GDI应用指数TOP100"上榜高校以公办本科普通高校为主，数量达到97所，另外3所院校均为民办院校，其中浙江大学宁波理工学院排第54名、黄河科技学院排第67名、上海杉达学院排第71名；在"GDI民办院校TOP100"榜单中，综合指数排名前十的民办院校依次为浙江大学宁波理工学院、浙江大学城市学院、黄河科技学院、江西科技学院、北京城市学院、上海杉达学院、西京学院、湖南涉外经济学院、燕京理工学院和南昌理工学院。少数办学质量较好的独立学院、民办院校，其办学实力已超过部分公办普通本科高校。同时，2020年5月，软科发布"2020软科中国独立学院排名"，河南省独立学院进入前50名的有：河南大学民生学院位居第17名，新乡医学院三全学院位居第26名，河南师范大学新联学院位居第34名；进入"2020软科中国民办高校排名"前50名的有：黄河科技学院位居第12名，信阳学院位居第29名。但也必须清醒地看到，与国家和人民的热切期盼相比，与经济社会发展的迫切需求相比，与学校师生员工改革发展的急切希望相比，河南民办高校距离发展目标还存在较大的距离，还存在诸多问题和不足。

（一）一流本科专业建设相对滞后，政策扶持力度亟须加大

2019年4月，教育部办公厅发布《关于实施一流本科专业建设"双万计划"的通知》，启动一流本科专业建设"双万计划"，2019~2021年，建设10000个左右国家级一流本科专业点和10000个左右省级一流本科专业点。《教育部办公厅关于公布2019年度国家级和省级一流本科专业建设点名单的通知》认定了首批4054个国家级一流本科专业建设点（中央赛道1691个、地方赛道2363个），6210个省级一流本科专业建设点。在这一轮的竞争中，河南民办高校表现欠佳，与其他省份的民办高校相比已经落后，获批"国家级一流本科专业建设点"数量为零；获批"省级一流本科专业建设点"数量与先进民办高校相比也相对较少（见表3）。反观其他省份，宁夏民办高校及独立学院在获批省级一流本科专业建设点数量上表现优异，其中，宁夏理工学院8个、宁夏大学新华学院7个、银川能源学院7个、中国矿业大学银川学院7个；无锡太湖学院7个专业入选江苏高校一流本科专业建设点，长春光华学院7个专业获批吉林省本科高校一流专业建设点。这既有河南民办高校自身专业建设水平不足的原因，也有政策支持力度不够的原因。与其他省份相比，河南民办高校在一流本科专业建设方面已经丧失了先机，亟须引起重视，加大政策和资金投入力度，对标一流找差距，全面提升专业建设水平。

表3 部分民办及独立学院获批国家级和省级一流本科专业建设点数量统计

单位：个

	学校名称	国家级一流本科专业建设点	省级一流本科专业建设点
获批2019年度国家级一流本科专业建设点的民办高校及独立学院	无锡太湖学院	3	7
	大连东软信息学院	3	6
	山东协和学院	1	8
	长春光华学院	1	7
	吉林外国语大学	1	5
	辽宁对外经贸学院	1	5
	河北传媒学院	1	5
	吉林动画学院	1	4
	西安翻译学院	1	3
	沈阳城市学院	1	2
	武昌首义学院	1	2
	福州外语外贸学院	1	1
	四川电影电视学院	1	1
	中山大学南方学院	1	1
	沈阳工学院	1	—
获批2019年度河南省一流本科专业建设点的民办高校及独立学院	黄河科技学院	0	6
	郑州升达经贸管理学院	0	3
	河南师范大学新联学院	0	3
	中原工学院信息商务学院	0	3
	郑州商学院	0	2
	信阳学院	0	2
	郑州科技学院	0	1
	郑州工业应用技术学院	0	1
	商丘工学院	0	1
	商丘学院	0	1
	黄河交通学院	0	1
	郑州财经学院	0	1
	郑州工商学院	0	1
	安阳学院	0	1
	郑州西亚斯学院	0	1
	河南大学民生学院	0	1
	新乡医学院三全学院	0	1

资料来源：各高校官方新闻报道、《河南省教育厅关于2019年度河南省一流本科专业建设点拟立项名单的公示》。

（二）高层次人才短板依然明显，教师能力建设水平有待提升

人才是第一资源，人才的竞争是高校的核心竞争。经过不断的引进和培养"双线提升"，河南民办高校推进人才强校战略实施取得了一定成效，但人才短缺，尤其是高层次人才、双师型人才不足的问题依然存在。高层次人才和优秀博士人才引进难，青年骨干教师流失的局面没有得到根本性扭转。同时，教师的专业能力和教育教学水平也有待提升。根据2020年2月中国高等教育学会发布的《2012~2019年全国普通高校教师竞赛状态数据（本科）》，在《2012~2019年全国"民办及独立学院"教师竞赛状态数据》榜单上，大连东软信息学院位居第1名（全国所有本科高校中第287名，全国新建本科院校中第19名），河南省也有多所民办及独立学院进入前100强：郑州科技学院位居第3名，郑州西亚斯学院位居第48名，新乡医学院三全学院位居第53名，郑州工业应用技术学院位居第85名，中原工学院信息商务学院位居第86名，郑州商学院位居第95名（见表4）。可以看出，河南省民办及独立学院的表现欠佳，尤其是在全国民办及独立学院中排名进入前50强的仅有郑州科技学院、郑州西亚斯学院2所。这从一个侧面反映了河南民办高校应该重视加强教师队伍的能力建设问题，尤其是实战能力和应用能力不足的问题。

表4　2012~2019年全国"民办及独立学院"教师竞赛状态数据（TOP20）

排名	学校名称	奖项数量	总分	省份
1	大连东软信息学院	24	52.49	辽宁省
2	西京学院	21	51.23	陕西省
3	郑州科技学院	19	50.28	河南省
4	燕山大学里仁学院	9	49.94	河北省
5	南京医科大学康达学院	11	49.49	江苏省
6	天津天狮学院	23	48.23	天津市
7	湖南信息学院	3	47.82	湖南省
8	广东白云学院	22	47.46	广东省

续表

排名	学校名称	奖项数量	总分	省份
9	南京中医药大学翰林学院	11	47.22	江苏省
10	武汉东湖学院	11	47.07	湖北省
11	东南大学成贤学院	30	46.81	江苏省
12	成都文理学院	7	46.6	四川省
13	黑龙江外国语学院	6	46.49	黑龙江省
14	长春建筑学院	5	45.48	吉林省
15	宿迁学院	4	45.32	江苏省
16	中国矿业大学徐海学院	10	44.8	江苏省
17	南京邮电大学通达学院	11	44.7	江苏省
18	华南理工大学广州学院	9	44.59	广东省
19	皖江工学院	8	44.34	安徽省
20	上海外国语大学贤达经济人文学院	3	43.98	上海市

资料来源：中国高等教育学会2020年2月发布的《2012～2019年全国普通高校教师竞赛状态数据（本科）》。

（三）师生学科竞赛能力偏弱，教育教学改革尚未破冰

2019年，河南民办高校积极适应国家新一轮高等教育改革的大趋势，进一步开展教育教学改革，更新了教育教学理念，提出了一些改革目标，但是改革尚处于起步阶段，实质性进展较慢，顶层设计与改革路径还不够清晰明确，存在的矛盾问题还没有厘清，切实有效的"组合拳"还没有形成，旧问题和新矛盾交织，改革仍处于深水区和攻坚期，改革任务繁重。与全国普通高校相比、与全国民办及独立学院相比，河南民办高校学科竞赛能力还存在不小的差距。根据2020年2月中国高等教育学会发布的《2015～2019年全国普通高校学科竞赛排行榜（本科）》，全国共有1172所本科院校进入，厦门大学嘉庚学院位居全国普通高校第164名、民办高校及独立学院第1名；集美大学诚毅学院位居全国第198名、民办高校及独立学院第2名；杭州电子科技大学信息工程学院位居全国第256名、民办高校及独立学院第

3名。河南省的民办高校及独立学院未进入全国前300强，黄河科技学院在全国民办及独立学院中位居第12名（见表5）。从表5中可以看到，河南民办高校在"获奖数量""总分"上均落后于其他省份的先进民办高校及独立学院。这需要河南民办高校进一步反思自身教育教学、实践育人过程中的问题和不足，积极走出去学习和考察先进高校，加强交流、分析差距、找准短板，探索适合自身发展实际的发展模式。

表5　2015~2019年全国民办高校及独立学院学科竞赛排行榜（TOP20）

排名	学校名称	奖项数量	总分	省份
1	厦门大学嘉庚学院	99	62.62	福建省
2	集美大学诚毅学院	54	58.71	福建省
3	杭州电子科技大学信息工程学院	51	54.6	浙江省
4	安徽信息工程学院	100	54.38	安徽省
5	浙江大学城市学院	87	53.78	浙江省
6	沈阳工学院	134	53.65	辽宁省
7	江西科技学院	58	51.84	江西省
8	大连东软信息学院	192	50.9	辽宁省
9	成都理工大学工程技术学院	42	50.67	四川省
10	广州大学华软软件学院	129	50.59	广东省
11	燕山大学里仁学院	56	50.5	河北省
12	黄河科技学院	79	49.95	河南省
13	云南大学滇池学院	55	49.83	云南省
14	吉林大学珠海学院	87	48.98	广东省
15	浙江大学宁波理工学院	85	48.85	浙江省
16	福州外语外贸学院	75	48.82	福建省
17	南宁学院	94	48.72	广西壮族自治区
18	浙江师范大学行知学院	20	48.48	浙江省
19	西京学院	72	48.38	陕西省
20	安徽新华学院	48	47.77	安徽省

资料来源：中国高等教育学会2020年2月发布的《2015~2019年和2019年全国普通高校学科竞赛排行榜（本科）》。

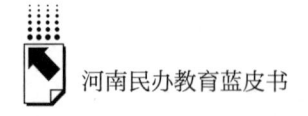

（四）参与型治理体系不够完善，治理能力建设未被重视

加快推进大学治理体系和治理能力现代化，是我国高等教育由大到强的迫切需要，也是民办高校全面深化改革和持续健康发展的现实需要。河南民办高校参与型治理体系还不健全，一是地方财政对民办高校的专项扶持资金投入力度不够，二是行业企业、社会参与办学及协同育人的范围和程度不足，三是董事会成员结构单一、权力过多集中于上层，[①] 四是教授治学的理念没有得到深入贯彻落实，五是一线教职工及学生参与治理有待加强，六是引导和支持多元参与治理的制度体系及机制设计还不够完善。同时，民办高校治理能力建设也相对滞后，一方面，缺乏对领导班子、各级中层干部领导能力提升的重视，相关举措不到位；另一方面，"人治"现象相对较多，"法治"有待加强，科学决策和民主决策需要得到更多的关注和应用，改革发展的法治化、制度化、规范化还存在一定不足。这也反映了民办高校现代大学制度建设任重而道远，还有很多难题亟须攻克，有诸多"肠梗阻""中梗阻"需要消除，信息畅通流动、意见及时处理、决策有效执行的"最先一公里"和"最后一公里"问题需要进一步反思和研究，内部治理结构需要进一步优化和创新。

（五）考核激励制度不尽合理，师生创新活力有待激发

科学合理的考评制度及指标体系，能够对师生的行为起到正确有效的引导和激励作用，让广大师生员工的积极性和创造性得到释放，并使个人目标与学校目标最大限度地达成一致，既有助于师生个人成长发展，也有利于汇聚全体力量推进学校改革。从目前民办高校的改革发展现状来看，考评制度及指标体系还有待进一步完善。首先，对一线教职工的尊重和激励不够，存在行政人员地位高于一线教职工的情况，一线教职工承担了学校行政部门下派的大量行政性任务，加之承担的教学工作量较大，一线教职工疲于应对；

[①] 阚明坤：《民办高校该由谁说了算》，《光明日报》2020年1月14日，第14版。

而一线教职工的福利待遇和相关激励相对偏少,也削弱了教职工的幸福感和获得感。其次,对青年人才的关心和培养不够,在人才引进、培养、使用和保障等方面与公办高校相比还有一定差距,作为科研项目主要成员,干活最多却往往排名最靠后,打击了青年人才的积极性;对青年人才的职业发展及培养、晋升缺乏系统明确的制度设计,人才使用制度化、规范化、科学化水平有待提升。再次,对"应用型"这一办学定位和人才培养定位的体现及引导不够,在很大程度上还是延续了旧的指标体系,存在"概念性和口号式改革措施""新瓶装旧酒"等现象,实质性的改革进展缓慢。最后,对教学和科研工作的统筹及奖励不够,对建设一流应用技术型大学应该有什么样的教学、科研,与公办高校、研究型大学的区别在哪,教学与科研工作之间的关系是什么?对于这些问题还缺乏全面系统深入的大思考、大讨论和大研究,导致改革有一定的随意化、原子化、短视化;同时,目前很多公办高校已经设立专项资金、专门荣誉,重奖优秀教师,民办高校在这方面的措施相对不足,对科研工作的支持和奖励也有待进一步加强,特别是亟须引导和支持师生开展应用型研究及成果转移转化。

四 河南民办高校深化改革的建议

正式发布的2020年国务院政府工作报告提出,要"推动教育公平发展和质量提升",并强调要"支持和规范民办教育""推动高等教育内涵式发展""支持中西部高校发展"。推进河南民办高等教育高质量发展,不仅是民办高校自己的事,也需要地方政府及全社会的关心和支持,应向改革要红利,向开放要资源,向管理要效益,向人才要动力,向创新要活力,向政策要助力。从政府的角度出发,应转变扶持观念,实施分类管理,推进政策执行,落实同等待遇,尤其是要加快研究制定落实非营利性民办高校及师生享受同等待遇的配套政策及实施细则,并加强政策执行督导检查,加大财政资金扶持力度,出台省级层面扶持民办高等教育高质量发展的专项资金投入及使用管理政策,让非营利性民办高校真正地享受到法律法规和政策规定的同等权益，为激发民办高校改革发展的内生动力提供更多更坚实的政策和资金保障。从民办高校的角度出发，应加强顶层设计，强化依法治校，加大制度供给，推进机制创新，提高教师待遇，凝聚改革合力，通过更加科学有效的治理结构、体制机制和考评激励方式，引导和释放广大师生员工推进改革的参与热情、创新智慧和内在动力。具体来讲，河南民办高校应把握好六个着力点，持续发力，激发动力。

（一）持续完善现代大学制度，健全内部治理结构

民办高校应强化建立健全现代大学制度的意识，从宏观和微观两个层面双管齐下，着力构建符合高等教育发展规律、适应国家政策和经济社会发展需要、体现民办高校优势的中国特色社会主义现代大学制度。河南民办高校应该有这种勇于探索的主动性和自觉性，争取为中国民办高校现代大学制度建设做出榜样，发挥引领作用并产生示范效应。从宏观上分析，应主动加强与外部的联系，注重与地方政府建立更加密切的关系，为地方政府宏观管理提供及时、真实、全面、有效的信息，让地方政府、主管部门更及时更充分地了解民办高校改革发展的经验做法、遭遇问题和现实诉求，争取依法自主办学的合法权益，争取更多的政策扶持和财政支持；发挥民办高校中各级人大代表、政协委员、专家智库等群体的作用，深入调查研究，积极建言献策，为民办高等教育发声；适应市场规律，密切与行业企业及社会建立的新型合作伙伴关系，深化产教融合、校企合作，切实解决"两张皮""烧火棍子一头热"的问题，促进社会广泛参与，让行业组织、企业等主体更有效地参与办学过程及协同育人。从微观上分析，应加快健全内部治理结构，尤其是应把坚持党的领导和加强党的建设贯穿于办学和立德树人的全过程，强化法治建设，注重依法办学、依法治校、依法治教，正确处理好"举办者控制与权力制衡、举办者主导与利益主体参与、举办者利益与公共利益的矛盾"，[①] 全面落实校长负责、教授治学、民主管理等制度，解决官僚化、行

---

① 石猛：《民办高校董事会制度的治理价值及其实现》，《复旦教育论坛》2019年第2期。

政化、形式化等问题，让一线教职工得到更多的尊重和保障，给青年人才更多参与治理和成长发展的制度空间。

（二）不断创新学校体制机制，推动重点改革破冰

体制机制灵活是民办高校改革快速取得成效的优势，河南民办高校应该充分发挥这个优势，放大这个优势。一是不断探索开放办学体制，借鉴职业教育集团（联盟）、高校产业创新联盟、产业协同创新共同体等模式，以相关各方"利益链"为纽带，促进民办高校与行业企业、社会组织、科研院所等主体之间人才、资源、信息的畅通流动；二是持续创新管理体制，进一步推进权力下放、重心下移、资源下沉，减少管理层级，精简行政机构，重塑校、院、系三级管理体系，探索大部制改革；三是积极打通组织壁垒，消除不同学院、行政部门以及不同学科专业之间的隔阂，适应大类招生等新趋势，探索促进学科交叉融合，推动相关管理部门进行相应的机构调整和职能重构，消除本位主义，避免信息孤岛、信息烟囱和数据壁垒，切实解决重复建设、资源浪费、效率低下、推诿扯皮等问题；四是大力推进项目攻坚，抢抓国家政策机遇，围绕学校中心工作，根据不同改革阶段，有目标、有计划地建立相关重点改革任务攻坚领导小组，集中优势力量，调动全校资源，逐一攻克改革难题，不断取得突破，以量变促进质变，最终实现总目标；五是建立健全信息收集及处理分析机制，为学校科学决策、政策制定、目标规划等提供有力支撑，为全校各学院、各部门之间以及学校与外界之间的相互了解搭建信息渠道，真正重视发挥信息、数据作为一种技术和生产资料的重要作用，让信息化、数字化和智慧化成为学校改革发展的重要驱动力。

（三）逐步构建多元参与格局，营造开放包容生态

民办高校要获取地方政府、行业企业以及社会更多的了解、信任和支持，应树立更加开放、包容的态度，强化信息公开，推进多元参与。首先，从参与主体上看，对外应坚持深化产教融合、校企合作、协同创新等

理念，加强与地方政府、行业企业、科研院所、兄弟院校、社会组织、中介机构以及企业家、创客、家长等主体的沟通联系，充分吸纳校外主体参与治理，让社会各界更及时更充分地了解学校发展情况，同时全面准确地收集经济社会和行业企业发展的迫切需求、意见建议等，发挥教育资源优势助力解决现实问题，获得信任和支持；对内应坚持依法治理、科学治理、民主治理等理念，充分发挥专家教授、青年人才、一线教师、广大学生等主体的智慧和力量，依法保障各主体的参与权利，倾听基层声音，加强一线调研和协商，确保改革找准真问题、开展真研究、促进真发展。其次，从参与机制上看，应借助"互联网＋"、大数据、人工智能、云计算等新一代信息技术手段，充分利用智慧化校园建设成果，创新参与方式方法，简化参与程序，让多元主体参与治理更加畅通无阻、更加及时有效，创造鼓励参与、引导参与、奖励参与、支持参与的灵活机制和浓厚氛围。最后，从参与内容上看，不应局限于教育教学、审议报告、代表建议等方面，更应该让广大基层师生员工出来真实地反映改革发展中的痛点难点问题、结合切身感受提出建设性的意见建议，要勇于开展批评和自我批评，确保参与治理真实有效。

（四）深入贯彻创新发展理念，促进改革提质升级

创新是引领发展的第一动力，是"五大发展理念"之首。河南民办高校全面深化改革应该牢牢把握创新发展的理念，大力实施创新驱动发展战略，把创新贯穿于办学、教育教学及管理服务的各环节和全过程。首先，要创新思维，树立常学常新的思想，强化以数据思维、平台思维、跨界思维、协同思维、共享思维为主要代表的互联网思维和信息化思维，[①] 不断更新教育理念，提升教育治理能力，加强团队建设，既要提升领导团队的工作能力，也要增强教学科研团队的专业能力，适应快速发展变化的新形势、新业

---

① 李储学、赵芳芳：《基于信息势的社会发展动能转化思维创新研究》，《经济研究导刊》2019年第35期。

态、新模式、新技术和新方法，克服本领恐慌。其次，要创新发展模式，积极面对和适应新一轮科技革命与产业变革，紧紧围绕创新驱动发展战略、"中国制造2025"、"一带一路"倡议、高等教育综合改革等发展需要，结合自身实际，加强学习调研，借鉴国外应用技术型大学、创业型大学典型高校的成功经验做法，做好研究和本土化实践探索应用，在一流本科教育、创新创业教育、产教融合、社会服务等方面探索出新模式、新机制和新路子。最后，要创新方式方法，善于应用现代科学技术新成果，改进教育教学工作，推进校园管理服务提质升级；加快数字化转型，大力推进智慧校园建设，推进"互联网+"教育，助推优质教育资源共建共享；适应新时代青年大学生的特点，积极创新工作方式方法，提高教育教学和管理服务的有效性与满意度。

（五）大力改进考核激励方式，激发师生奋斗热情

用好考评和激励"指挥棒""风向标""助推器"，能够起到掌舵引航、凝心聚力、事半功倍的效果。河南民办高校全面深化改革，应该善于改进考核激励方式方法，激发全体师生员工的奋斗热情和创造精神。一是坚持目标导向，根据学校办学定位和人才培养定位，明确改革发展目标，并不断进行细化，建立清晰的指标体系，强化目标管理，让学校目标与个体目标紧密联系在一起，实现同频共振、同步发展。二是坚持责任导向，推行目标责任制，尤其是要进一步明确领导干部的目标责任，将学校目标层层分解、责任层层压实，牢牢树立学校改革发展一盘棋的思想和格局，让领导干部身先士卒、以身作则，让每一名师生员工不当改革发展的旁观者，而是争做参与者、建设者、贡献者。三是坚持问题导向，坚持"改革是奔着问题去的"理念，建立常态化调研机制，做好改革发展情况问题分析，提升领导干部发现问题、分析问题和处理问题的能力，鼓励和引导师生积极主动地反映问题和解决问题。四是坚持结果导向，强化干成事才是硬道理的原则，在抓过程管理的同时，更加注重对领导干部工作任务重要性及达成度等方面的考量，摒弃干与不干一个样、干多干少一个样、干大干小一个样、干重

干轻一个样、干难干易一个样、干好干坏一个样，激发领导干部干事创业的拼劲，营造领导干部比、学、赶、帮、超的良好氛围。五是坚持应用导向，紧扣建设一流应用技术型大学和培养高素质应用型人才的定位，对教育教学、科学研究、社会服务等工作的考核，应注重应用性指标的考核比重。六是坚持效益导向，坚持综合多元评价，避免考评激励领导一个人说了算，最终考核激励应根据工作产生的实际效益，包括为学校改革带来的效益、为经济社会发展产生的效益、为工作团队建设创造的效益等，加快推进考评激励的法制化、制度化、规范化和科学化，让考评深入人心、深得人心、激励人心。

（六）积极培育特色大学文化，积蓄改革持久动力

文化的力量虽然看不见，却潜移默化地感染和影响人的思想、行为及习惯，起到凝聚人心、鼓舞士气、激发动力的重要作用，特别是在面临防范化解重大风险、推进重大改革、打好协同攻坚战等任务的时候，先进的文化能够起到催化剂的作用，激发无穷的智慧和力量。从河南民办高校的改革发展实际出发，应立足中原大地，着力培育适合自身发展、独具特色的大学文化，优化大学文化结构。一是不断弘扬中国精神和加强社会主义核心价值观教育。深入开展"把灾难当教材"教育活动，上好抗"疫"思政课，讲好中国战"疫"故事，讲好中国抗击疫情故事以及其中彰显的中国制度优势、蕴含的中国精神力量。二是充分汲取中华优秀传统文化的精华。中华优秀传统文化是"中华民族的基因"、"民族文化血脉"和"中华民族的精神命脉"，民办高校在改革发展中应坚持研究和传承中华优秀传统文化，运用中华优秀传统文化推进治理体系和治理能力现代化建设，让师生感受中华优秀传统文化魅力。三是大力继承发扬黄河文化。习近平总书记在郑州主持召开的黄河流域生态保护和高质量发展座谈会上指出，黄河文化是中华文明的重要组成部分，是中华民族的根和魂。河南民办高校打造特色大学文化，有着"近水楼台先得月"的天然优势，应利用好这座文化宝藏，深入贯彻习近平总书记在黄河流域生态保护和高质量发展座谈会上的重要讲话精神，积极做好黄河文化保护、传承、弘扬工作,将黄河文化融入新时代民办高校大学文化建设中,加大对黄河文化的研究力度,充分彰显黄河文化的精神实质和时代价值。① 四是加强文化管理。坚定文化自信,坚决抵制西方意识形态渗透,反对"崇洋媚外""精日"等现象,推动大学文化建设由数量型向品质型转变,由展示型向参与型转变,由娱乐型向涵育型转变,由品牌型向常态型转变,提升大学文化品位,② 为加快推进一流应用技术型大学建设提供持续动力。

---

① 河南省社会科学院课题组:《做好黄河文化保护传承弘扬这篇大文章》,《河南日报》2019年10月28日,第12版。
② 高翅:《推进大学文化建设"四个转变"》,《中国教育报》2019年4月8日,第5版。

B.20
新文科建设背景下民办高校外语教学改革模式创新与应用研究

韩彩虹 *

摘　要： 2018年10月，教育部决定实施"六卓越一拔尖"计划2.0，中国新文科开始浮出水面。新文科建设重在构建中国特色高等文科人才培养体系，全面提高文科人才培养质量。基于新文科建设开展外语教学改革也是民办职业教育强国的一种积极探索。本文以梳理外语新文科建设理念为立论依据，通过测评外语思辨能力来调研河南省民办高校外语教学改革开展现状为研究问题的切入点，沿着外语学科建设的人文性和工具性两个层面，分别从中国维度、学科维度和技术维度构建民办高校外语教学改革新模式体系并开展应用实践，进而有力助推民办高等教育外语教学服务的强国效应。

关键词： 民办高校　新文科建设　外语教学改革　思辨能力

"新文科"（New Liberal Arts）概念于2017年由美国西拉姆学院率先提出，主要从专业重组的视角来阐释新文科的内涵，提倡不同专业的学习者应该打破专业课程界限，进行综合性的跨学科学习。当然，随着新时代

---

* 韩彩虹，副教授，郑州科技学院外国语学院院长，主要研究方向为应用语言学、外语教学理论与实践。

新技术的发展，新文科这个术语并不是一个新生的概念，而是紧密对接新时代发展的需求，在"守正创新"原则指导下继承传统文科的同时助推新兴学科的交叉与整合。2014年9月24日，在纪念孔子诞辰2565年的讲话中，习近平强调要善于把弘扬优秀传统文化和发展现实文化有机统一，紧密结合，在继承中发展，在发展中继承；要努力实现传统文化的创造性转化、创新性发展。无论是创新性发展当中的研究人才、传承人才，还是创造性转化当中的文创人才、文旅人才，都是新文科要面临的任务，都需要考虑文科的新气象、新要求。2018年5月24日，教育部高教司司长吴岩在"2018年教育部产学合作协同育人项目对接会"上提出全面推进"新工科、新医科、新农科、新文科"等建设的倡议，其主要精神可以概括为"中国特色+世界水平"，建设总的目标是在我国原有学科基础上，通过学科整合，开拓创新，凝练特色，建成反映中国特色理论水平、学术水平和话语水平的世界一流学科，进而创建世界一流大学。2018年10月，教育部决定实施"六卓越一拔尖"计划2.0，中国新文科开始浮出水面。新文科建设重在构建中国特色高等文科人才培养体系，全面提高文科人才培养质量，从而服务于社会主义现代化国家建设中"人的现代化"建设目标的实现。时代的最强音在为民办高校带来发展机遇的同时，也提出了一份育人的担当与使命。

一 外语新文科建设的理论探索

外语新文科，是对外语教学的全方位系统改革，把新技术融入外语语言类课程之中，为学生提供综合性的跨学科学习。关于外语新文科建设方面的研究，国内学者进行了一系列较为可贵的探索。"新文科"紧随着"新工科"建设而日益浮出水面，尤其是自2019年开始，外语与新文科建设的结合问题越来越引起学者的关注和兴趣。为了更加充分地说明外语与新文科结合的研究现状，笔者使用中国知网（CNKI）数据库的"高级检索"，检索条件是："主题或关键词或篇名"都是"关键词=新文科或者keyword=中英文扩展（新文科，中英文对照）"，采用精确匹配方法，时间不限，共检索出137条相关文献。

由图1、图2可以推知：新文科方面的研究在近10年来（2009～2019年）学术关注度逐步高涨，外语语言学方面主题研究倍受关注，研究机构的来源主要集中在公办高校，河南省高校针对该主题的研究处于空白状态。这一现状将成为本研究的立论基础，选择民办高校作为研究对象的主要依据。

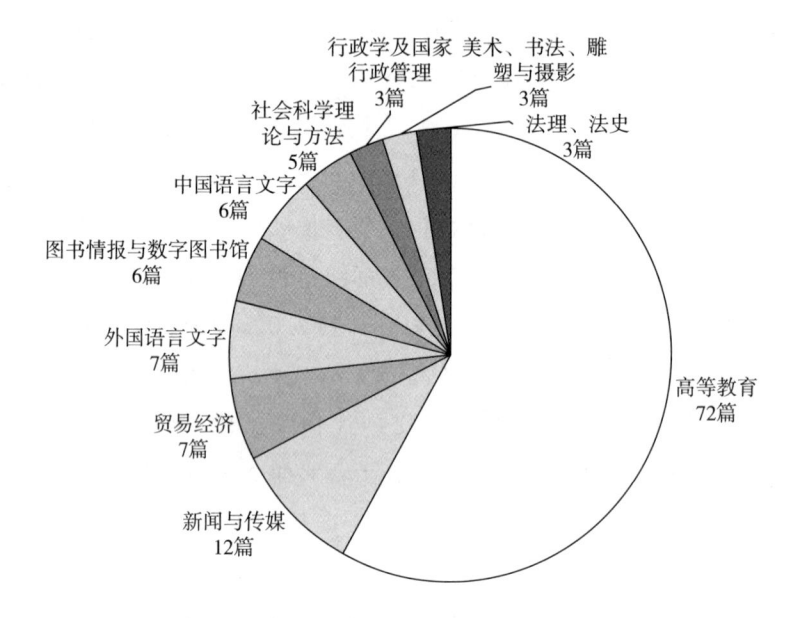

图1 新文科相关研究（发文数）的学科分布情况

另外，为了深入探索外语与新文科建设的结合问题，通过阅读137篇文章，笔者得到11篇与外语新文科建设相关度较高的论文。对11篇论文进行的可视化分析结果如图3所示。

图3显示：外语新文科方面的研究始于2019年并保持了稳定增长的趋势，彰显了新颖度和热度。图4则显示了外语新文科方面的主题研究现状，虽然涉及面较广，但大多集中在新文科、文科建设、外语专业等方面。针对外语新文科如何建设的问题，国内学者主要从以下四个维度进行

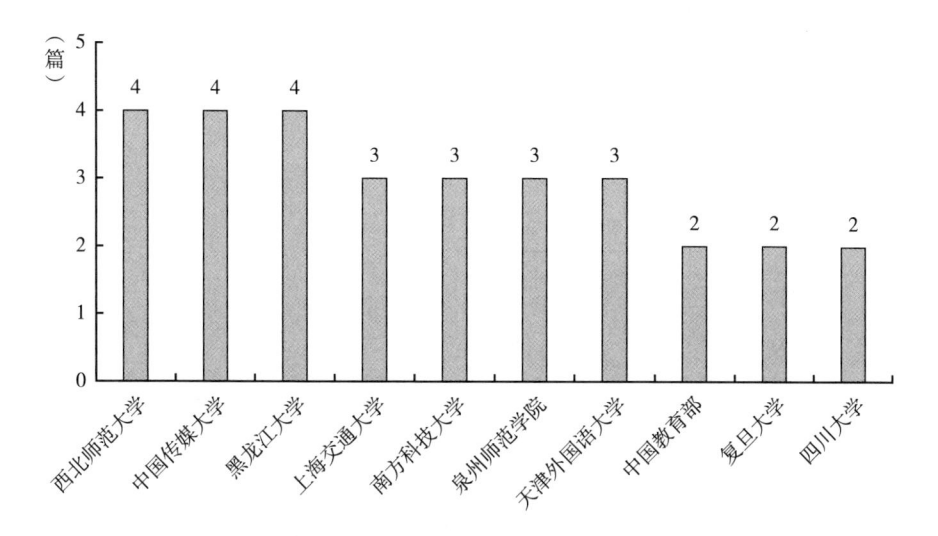

图2 新文科相关研究（发文数）的机构分布情况

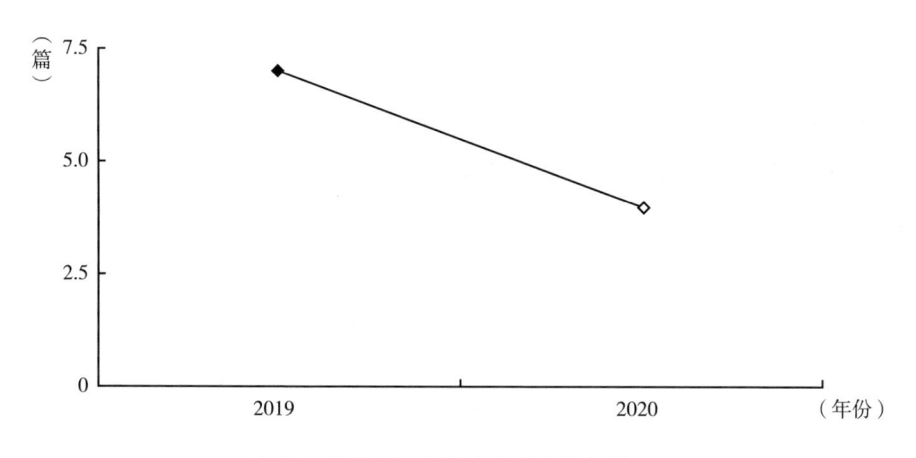

图3 外语新文科研究的总体趋势情况

了相关研究。

一是从外语人才培养的视角研究外语新文科建设问题。学者姜智彬提出新文科背景下外语人才培养的五个战略定位：①培养坚定的"以德为先"政治素养；②培养夯实的"多语种+"人文素养；③打造立体的"国别区域+"综合能力；④发展精湛的"交叉领域+"专业能力；⑤拓

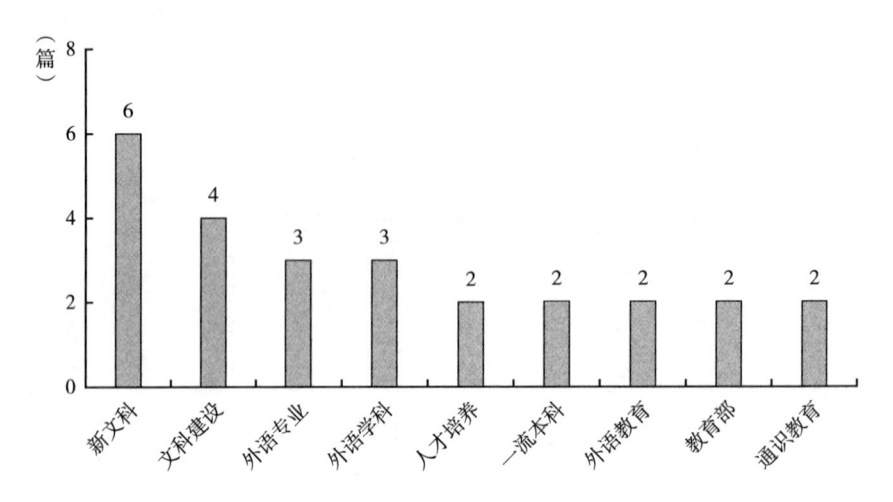

图4　外语新文科研究的相关主题分布情况

展前沿的"语言智能+"科研能力。① 简言之，新文科背景下外语人才培养要以立德树人为核心目标，以"会语言、同国家、精领域"为核心，以语言科技为核心手段，增强外语教学的实效性，从而提升外语人才培养的能力和质量，进而打造新时代外语学科人才培养的中国模式。正如教育部高教司司长吴岩所言，2019年是新文科建设启动年，要应新时代哲学社会科学发展的新要求，建设具有新时代中国特色、中国风格、中国气派的先进文化，培养新时代社会科学家，推进哲学社会科学与新一轮科技革命和产业变革交叉融合，形成哲学社会科学的"中国派"。② 他同时指出：新文科背景下的"多语种+"卓越国际化人才培养就是立足外语学科，提倡学科间的交叉融合，培养"一精多会、一专多能"的国际化复合型人才。学者修伟、田新笑则以"多语种+"卓越国际化人才培养为切入点，提出外语新文科建设的三点启示：①坚持学科交叉融合，培养卓越国际化人才；②围绕外语教育战略，探索学科建设路径；③对接国家战略，

---

① 姜智彬：《新文科背景下外语人才培养的定位》，《社会科学报》2019年4月4日，第5版。
② 吴岩：《新使命　大格局　新文科　大外语》，《外语教育研究前沿》2019年第2期。

规划外语发展。① 学者姜智彬、王会花从战略创新的视角，审视中国外语人才培养是时代赋予中国外语教育的重要命题，并指出：新文科建设的提出和逐步推进为这个命题提供了一个全新的解题思路。②

二是从大外语与新文科之间的关系视角对接外语新文科建设问题。学者郭英剑基于吴岩司长题为"新使命 大格局 新文科 大外语"的报告指出新文科与大外语之间并列关系所蕴含的深意：外语教育肩负着新时代的新使命，既要承担文化输出之责，又要担负培养国家战略英才之责；"新文科"与"大外语"在各自的前进道路上是你中有我、我中有你，因此既要各司其职各尽其责，也要相互支撑并肩前行。③ 学者张秋霞、邱丽君主要从农业院校外语专业发展的视角提出：新文科建设背景下需要依托自身的特色和优势，修订人才培养方案，优化课程结构，创新人才培养模式，逐步实现转型发展。④ 学者王军哲则以外语一流学科专业建设为切入点对接新文科建设问题，主要以西安外国语大学为例，探讨地方性外语类院校如何在人才培养模式改革、人才培养方案创新、教学资源优化和师资队伍建设等方面，突破传统思维惯性和地域限制，努力提升教育教学质量，进而助推一流本科建设。⑤ 学者刘利则从分析新文科建设的必要性入手，阐述在此背景下北京语言大学在传统专业转型"复合化"、新设专业建设"特色化"、培养方案设计"立体化"、课堂教学"智能化"4个方面进行了实践探索。⑥ 学者魏琮则从认知语言学与新文科关系的视角，回

---

① 修伟、田新笑：《聚焦"多语种+"人才培养，探索外语学科发展——新文科背景下的"多语种+"卓越国际化人才培养论坛综述》，《外语界》2019年第6期。
② 姜智彬、王会花：《新文科背景下中国外语人才培养的战略创新——基于上海外国语大学的实践探索》，《外语电化教学》2020年第5期。
③ 郭英剑：《对"新文科、大外语"时代外语教育几个重大问题的思考》，《中国外语》2020年第1期。
④ 张秋霞、邱丽君：《新文科背景下农业院校外语专业发展探讨》，《河南教育学院学报》（哲学社会科学版）2019年第4期。
⑤ 王军哲：《新文科背景下外语类院校一流本科建设探索与实践》，《外语教学》2020年第1期。
⑥ 刘利：《新文科专业建设的思考与实践：以北京语言大学为例》，《云南师范大学学报》（哲学社会科学版）2020年第2期。

答了大外语的发展方向问题，提出新文科视域下应从学科维度、历时维度、技术维度、时代维度、中国维度来观察认知语言学研究，进而构建"五位一体"的融合式语言学研究模式，从而呈现新认知语言学研究的"时代景观"。①

三是从师生通识素养提升的视角对接外语新文科建设问题。学者赵翔主张新文科背景下英语专业教师通识教育素养提升的路径为：①充分应用信息化的教学手段；②将英语专业课程教学与通识教育理念有机结合；③不断学习，提升自身素养；④努力提升自身教学科研能力。② 学者李慧则从提升英语专业学生通识素养方面提出对接新文科建设的路径为：明确英语专业学生通识素养培养目标；将英语专业课程教学与通识教学理念有机结合；充分使用现代化手段；对英语专业通识课程进行优化；提升通识课程教师的教学能力；完善英语专业通识课程考核体系。③

四是从外语教学改革的视角对接外语新文科建设问题。学者向明友基于新文科建设，从外语学科专业和公共外语教学改革两方向入手，提出"在外语人才培养中，引入'5语'理念'3才'规格，强调夯实学生的通识素养，加强外语学生汉语、英语、数学、计算机的技能和素质，解决复合型外语人才的复合专业间的接口问题，变复合为融合。在新学科背景下，公共外语教育要建'大外语'，不仅能帮助青年学生学好先进技术，还有助于将他们塑造成为有文化、具情怀、负责任、敢担当、善创新的科学家、农学家、医师或工程师；教师要转换角色，坚持需求导向，在大学外语教育实践中引入供给侧结构性改革的新理念，树立以学生为中心的思想"。④

---

① 魏琛：《新文科视域下认知语言学研究的五个维度》，《北京科技大学学报》（社会科学版）2020年第1期。

② 赵翔：《新文科背景下英语专业教师通识教育素养提升路径研究》，《智库时代》2019年第45期。

③ 李慧：《新文科背景下英语专业学生通识素养提升路径研究》，《文化创新比较研究》2020年第4期。

④ 向明友：《新学科背景下大学外语教育改革刍议》，《中国外语》2020年第1期。

综上所述，国内学习者顺新文科建设之势，沿着外语新文科的诸多方面进行了较有成效和指导性的积极探索，进一步彰显外语新文科发展过程中的人文性价值与工具性价值的融合统一性。然而，大多数学者的研究倾向于从宏观理论层面的顶层设计出发提出指导性的意见，很少从中观或微观层面与校本结合开展外语新文科建设的实践探索。另外，学者们的研究机构基本上都来源于公办高校，而对于民办高校如何对接外语新文科建设方面的研究少之又少。由此，本研究锁定河南省民办本科高校为研究对象，并对河南省19所民办高校的外语教学改革现状进行现实调研，沿着外语学科建设的人文性和工具性两个层面构建民办高校外语教学改革新模式体系并开展应用实践，进而有力提升民办高等教育外语教学服务的强国效应。

二 河南省民办高校外语教学改革情况调研

新文科建设要求外语语言学研究应与中国的语言实情紧密结合，与汉语的语言现象紧密结合，做到立足中国立场，创建具有中国特色的语言理论体系。至于如何创建具有中国特色的语言理论体系问题则可以从思辨能力中找到解决的方案。《中庸》曰："博学之，审问之，慎思之，明辨之，笃行之。"可以说，文明的诞生正是人类自觉运用思辨能力，不断适应并改造自然环境的结果。那么，在信息时代、知识经济时代和全球化时代，思辨能力对于人类文明整体可持续发展以及对于个体的生存与发展的重要性是不言而喻的，而这一切对于外语人才的思辨能力也提出了前所未有的要求。正如北京外国语大学孙有中教授所说的，"思辨能力的高下将决定一个人学业的优劣、事业的成败乃至一个民族的兴衰"。可见，思辨能力的培养问题应成为新时代高等教育的最强音。当然，作为高等教育重要组成部分的民办高校依然肩负着这份育人的使命和担当。鉴于此，本研究试图通过测评河南省民办高校外语专业学生的思辨能力情况来获悉其外语教学改革的现状。

本文语境下，思辨能力，也被称作批判性思维，是英语 Critical Thinking 的直译，是新时代新文科建设背景下的外语思辨能力，是工具性和人文性的融合体，其主要由两个维度组成，一是工具性层面的用外语沟通和写作能力，主要包括用外语对证据、概念、方法、标准等要素进行阐述、分析、评价、推理与理解；二是人文层面的家国情怀、中国立场，主要包括勤学好问、相信理性、尊重事实、谨慎判断、公正评价、敏于探究、持之以恒等。

依据教发规〔2020〕9号文件，河南省教育厅关于印发2019年河南省教育事业发展统计公报通知显示：2019年度河南省民办普通高等学校有39所，其中本科19所、专科20所。本研究主要以19所民办本科高校为研究对象，在新文科建设背景下，沿着外语人文性与工具性两个层面，通过中国维度、学科维度、技术维度来观察和调研民办高校在对接"新文科、大外语"育人理念方面的现状。

1. 研究方法设计

本研究主要通过调查问卷获取数据。在调查过程中，选用抽样的方式，采用李克特量表（Likert Scale），对省内19所民办高校中部分外语专业学生的思辨能力倾向进行测评，获取具有较高信度和效度的数据。问卷内容主要包括三个部分：第一部分为个人信息，主要收集个人信息，包含年级和性别两个调节变量；第二部分主要调查外语专业学生对思辨能力的认知以及影响其思辨能力的一些外部环境，包括大学生在英语学习中是否需要重视培养"思辨能力"、是否有意愿参加有关思辨能力的课程，以及是否参加过校内外的辩论赛等；第三部分是本问卷的主体部分，本部分结合我国英语界著名学者文秋芳的研究"构建我国外语类大学生思辨能力量具的理论框架"，[1]大学生思辨能力量具应包括好奇（好疑、好问、好学），开放（容忍、尊重不同意见，乐于修正自己的不当观点），自信（相信自己的判断能力、敢于

---

[1] 文秋芳、刘艳萍、王海妹等：《我国外语类大学生思辨能力量具的修订与信效度检验研究》，《外语界》2010年第4期。

挑战权威)、正直(追求真理、主张正义)、坚毅(有决心、毅力,不轻易放弃),针对上述五个情感部分进行问题编制。

除第一部分了解调查对象的基本情况和第二部分了解调查对象的移动学习使用现状,第三部分的问题设计均采用李克特 5 级量表(Likert Scale)。除了调节变量,在考虑到每个变量的信度需要多个题目进行验证的基础上,每个核心变量包含的题目数量均在 3~4 个,共 18 个题项,从而保证测量结果具有一致性。每个调查对象根据自己的实际情况选择"非常不同意、不同意、一般、同意和非常同意"。

2. 研究对象的确定

调查对象全部选取河南省内 19 所民办高校的英语专业部分学生。

3. 数据收集与分析

问卷借助网络问卷星进行调查,老师在课堂上发放的问卷,绝大部分学生做到了据实回答,但还有 18 份问卷选项单一,无分析价值。排除无效问卷,最后共获有效问卷 347 份。

(1) 问卷效度与信度分析

由表 1 的数据可以得知全样本问卷的信度达到了 0.908,说明样本整体信度很高。表 2 中,KMO 值为 0.934,大于 0.7,并且 Bartlett 球形度检验的显著性为 0.000,说明全样本数据整体信效度都很好,适合执行下一步分析。

表 1　全样本量表信度分析

测量变量	Cronbach's Alpha	基于标准化项的 Cronbach's Alpha	项数
好奇	0.758	0.759	3
开放	0.765	0.782	3
自信	0.808	0.808	3
正直	0.784	0.785	3
坚毅	0.721	0.722	3
整体量表	0.908	0.910	15

表2 全样本KMO值和Bartlett球形度检验

KMO取样适切性量数		0.934
Bartlett球形度检验	近似卡方	2119.826
	自由度	55
	显著性	0.000

(2) 问卷的描述性统计

首先针对大学生思辨能力的认知以及影响其思辨能力的一些外部环境，包括大学生在英语学习中是否需要重视培养"思辨能力"、是否有意愿参加有关思辨能力的课程，以及是否参加过校内外的辩论赛等因子进行描述性统计（见表3）。

表3 描述性统计（1）

	个案数	最小值	最大值	平均值	标准差	偏度统计	偏度标准误差	峰度统计	峰度标准误差
你们学校是否有专业的英语辩论队	347	1.00	3.00	2.4121	0.77174	-0.860	0.131	-0.794	0.261
你们学校是否开设与思辨内容相关的必修或选修课程	347	1.00	3.00	2.0490	0.91577	-0.097	0.131	-1.806	0.261
您是否参加过校内或校外的辩论赛	347	1.00	2.00	1.8847	0.31981	-2.420	0.131	3.878	0.261
您是否自认为属于思维活跃的群体中的一员	347	1.00	2.00	1.5418	0.49897	-0.168	0.131	-1.983	0.261
您认为目前大学生的英语学习中需要重视培养"思辨能力"吗？	347	1.00	4.00	1.5937	0.57828	0.531	0.131	0.401	0.261

续表

	个案数	最小值	最大值	平均值	标准差	偏度 统计	偏度 标准误差	峰度 统计	峰度 标准误差
假如在本校开设英语思辨能力相关的选修课程,您的参加意愿是	347	1.00	4.00	1.9481	0.59153	0.265	0.131	0.816	0.261
在平常的英语发言 presentation,写作或口语中,您一般的方式是	347	1.00	4.00	2.5562	1.07474	-0.013	0.131	-1.262	0.261
在一些需要理解和思考的课上,你一般的学习方式是	347	1.00	3.00	2.3285	0.73820	-0.608	0.131	-0.942	0.261
在英语学习的过程中,你一般采取的态度是	347	1.00	4.00	2.5447	0.83986	-0.510	0.131	-0.471	0.261
有效个案数(成列)	347								

对表3的数据进行分析可以发现：半数以上的学生对学校是否有辩论队不清楚，并有88.57%的学生没有参加过辩论活动，表明民办院校应该多建立一些与辩论活动有关的社团，并且加大宣传力度，因为52%的学生认为特别需要培养他们的辩论能力；如果有相关的组织，67.43%的学生愿意尝试辩论活动；这样25.14%的学生在进行有关辩论的活动时，就不会出现"经常语无伦次，脑子一片空白，不知道接下来要说什么"的困窘了；另外，54%的学生表示当学习英语遇到问题的时候，"不太爱找老师了解清楚"，说明教师应该加大和学生的互动力度，充分了解学生的问题，并及时帮学生进行解决。然后，对能反映学生思辨能力的好奇、开放、自信、正直、坚毅五个情感部分进行描述性统计（见表4）。

表4 描述性统计（2）

	个案数	最小值	最大值	平均值	标准差	偏度		峰度	
	统计	统计	统计	统计	统计	统计	标准误差	统计	标准误差
面对问题时，我总能客观分析，并向他人寻求更多的想法	347	1.00	5.00	2.5303	0.77242	-0.556	0.131	0.107	0.261
倘若观看辩论比赛，我会产生自己的观点，并不自觉地对辩手的观点表述意见	347	1.00	5.00	2.5072	0.80233	-0.091	0.131	0.054	0.261
与他人意见不合时，我总会说出尽可能多的论据试图说服对方	347	1.00	5.00	2.5735	0.80259	-0.056	0.131	0.392	0.261
小组讨论话题时，我总是第一个提出新的观点并引导其他组员	347	1.00	5.00	2.9366	0.74996	-0.103	0.131	1.283	0.261
身边的朋友遇到生活方面的难题，会主动寻求我的帮助，因为我能客观地看清问题	347	1.00	5.00	2.6916	0.72925	-0.124	0.131	1.262	0.261
需要思考而非全凭记忆的测试比较适合我	347	1.00	5.00	2.6023	0.75479	-0.331	0.131	0.257	0.261
无论什么话题，我都渴望知道更多的内容来加以分析	347	1.00	5.00	2.5245	0.73426	-0.261	0.131	0.237	0.261

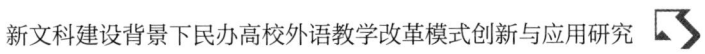

续表

	个案数	最小值	最大值	平均值	标准差	偏度		峰度	
	统计	统计	统计	统计	统计	统计	标准误差	统计	标准误差
在自己的人生规划中和学习目标的制定中,我会比较有逻辑性	347	1.00	5.00	2.5937	0.74435	-0.367	0.131	0.547	0.261
当对所学所闻产生疑问时,我会勇于提出自己的困惑或质疑其准确性	347	1.00	5.00	2.6427	0.68781	-0.524	0.131	0.824	0.261
在一些需要理解和思考的课上,我会深入理解和思考,找到前因后果,分析问题和结果之间的联系	347	1.00	5.00	2.6427	0.68360	-0.554	0.131	0.872	0.261
在英语课堂上,我会主动思考一些问题,有不解或疑问就会提出来	347	1.00	5.00	2.7983	0.70070	-0.510	0.131	1.625	0.261
别人对你的忠告有多大价值完全取决于你自己的判断	347	1.00	5.00	2.4553	0.80471	0.062	0.131	0.214	0.261
对某件事如果有四个理由赞同,而只有一个理由反对,我会选择赞同这件事	347	1.00	5.00	2.7637	0.80573	0.055	0.131	0.385	0.261

续表

	个案数	最小值	最大值	平均值	标准差	偏度		峰度	
	统计	统计	统计	统计	统计	统计	标准误差	统计	标准误差
对不同的世界观（例如进化论、有神论）持开放态度，并不是那么重要	347	1.00	5.00	2.8386	0.83452	0.041	0.131	0.547	0.261
我总会先分析问题的重点所在，然后才解决它	347	1.00	5.00	2.4986	0.71067	-0.335	0.131	0.311	0.261
有效个案数（成列）	347								

从表4中可以看出有效个案总数和样本数（347）相符，没有遗漏值。观察平均数，因为本问卷采用5级量表，问卷题目平均值没有出现4以上或2以下的情况，说明没有哪个题目不合适，产生被调查者回答过于集中在两端极值的情况；再观察偏度和峰度，偏度和峰度为0称为常态，偏度绝对值如果在2以内，峰度在4以内，该变量称为单变量常态。表4中各数据均符合标准，变量至少符合单变量常态。

（3）调节变量的验证

根据独立样本t检验的结果可以看出：年级对于"小组讨论话题时，我总是第一个提出新的观点并引导其他组员""身边的朋友遇到生活方面的难题，会主动寻求我的帮助，我能客观地看清问题"这两项具有显著的差异性，表明年级对移动学习接受意愿具有调节作用。并且从"倘若观看辩论比赛，我会产生自己的观点，并不自觉地对辩手的观点表述意见""与他人意见不合时，我总会说出尽可能多的论据试图说服对方"等题的均差为负值可以看出大二学生相对大三学生，更愿意表达自己的观点，而大三的学生在遇到问题的时候，更愿意保持沉默（见表5）。

表5 年级的调节作用分析

		Levene 方差等同性检验 F	显著性	t	自由度	显著性（双尾）	平均值差值	标准误差差值
CUR1	假定等方差	2.081	0.150	0.681	345	0.496	0.05742	0.08431
	不假定等方差			0.671	288.339	0.503	0.05742	0.08562
OPEN1	假定等方差	0.206	0.650	-1.015	345	0.311	-0.08885	0.08750
	不假定等方差			-1.019	309.559	0.309	-0.08885	0.08719
CON1	假定等方差	0.052	0.819	-2.742	345	0.006	-0.23780	0.08672
	不假定等方差			-2.709	291.977	0.007	-0.23780	0.08779
CON2	假定等方差	10.804	0.001	-0.300	345	0.764	-0.02458	0.08190
	不假定等方差			-0.285	247.418	0.776	-0.02458	0.08617
DTETER1	假定等方差	10.240	0.002	0.883	345	0.378	0.07024	0.07956
	不假定等方差			0.845	255.650	0.399	0.07024	0.08310
OPEN2	假定等方差	1.075	0.301	0.307	345	0.759	0.02533	0.08243
	不假定等方差			0.303	290.320	0.762	0.02533	0.08357
COR2	假定等方差	3.117	0.078	0.743	345	0.458	0.05951	0.08013
	不假定等方差			0.727	281.678	0.468	0.05951	0.08185
INT1	假定等方差	4.805	0.029	1.452	345	0.147	0.11768	0.08105
	不假定等方差			1.422	281.880	0.156	0.11768	0.08277
CUR3	假定等方差	1.441	0.231	0.301	345	0.764	0.02259	0.07511
	不假定等方差			0.296	285.995	0.768	0.02259	0.07644
INT2	假定等方差	3.600	0.059	0.462	345	0.644	0.03449	0.07464
	不假定等方差			0.451	277.933	0.652	0.03449	0.07648
INT3	假定等方差	1.772	0.184	0.490	345	0.624	0.03750	0.07651
	不假定等方差			0.481	284.392	0.631	0.03750	0.07796
DETER2	假定等方差	0.101	0.751	0.151	345	0.880	0.01323	0.08789
	不假定等方差			0.150	300.168	0.881	0.01323	0.08834
DETER3	假定等方差	2.626	0.106	-0.107	345	0.915	-0.00943	0.08800
	不假定等方差			-0.105	278.826	0.917	-0.00943	0.09011
OPEN3	假定等方差	2.477	0.116	-0.010	345	0.992	-0.00093	0.09115
	不假定等方差			-0.010	285.418	0.992	-0.00093	0.09280
CON3	假定等方差	0.223	0.637	-0.261	345	0.794	-0.02029	0.07761
	不假定等方差			-0.259	296.997	0.795	-0.02029	0.07823

从表6中可以看出除了"无论什么话题，我都渴望知道更多的内容来加以分析""当对所学所闻产生疑问时，我会勇于提出自己的困惑或质疑其准确性""在英语课堂上，我会主动思考一些问题，有不解或疑问就会提出来""在一些需要理解或思考的课上，我会深入理解和思考，找到前因后果，分析问题和结果之间的联系""我总会先分析问题的重点所在，然后才解决它"五项的显著性是分别是0.006、0.002、0.001、0.015和0.037，均小于0.05，方差是非齐性的，其余的项的显著性均大于0.05，即方差是齐性的，所以性别对大学生思辨能力的影响不大。另外，通过访谈的方式，主要围绕着"何种外语教学模式对于学生英语学习思辨能力培养更有效"这一开放问题展开讨论，目的是提炼影响学生思辨能力培养的因素信息。

表6 性别的调节作用

		Levene 方差等同性检验		t	自由度	显著性（双尾）	平均值差值	标准误差差值
		F	显著性					
CUR1	假定等方差	0.565	0.453	-1.403	345	0.162	-0.12315	0.08778
	不假定等方差			-1.392	225.455	0.165	-0.12315	0.08850
OPEN1	假定等方差	0.020	0.888	-0.402	345	0.688	-0.03672	0.09141
	不假定等方差			-0.401	228.886	0.689	-0.03672	0.09165
CON1	假定等方差	0.105	0.746	-0.074	345	0.941	-0.00679	0.09146
	不假定等方差			-0.074	226.064	0.941	-0.00679	0.09212
CON2	假定等方差	2.333	0.128	-2.390	345	0.017	-0.20260	0.08477
	不假定等方差			-2.422	238.853	0.016	-0.20260	0.08364
DTETER1	假定等方差	3.582	0.059	-1.600	345	0.111	-0.13248	0.08280
	不假定等方差			-1.569	218.772	0.118	-0.13248	0.08444
OPEN2	假定等方差	1.910	0.168	-1.795	345	0.074	-0.15368	0.08562
	不假定等方差			-1.756	217.321	0.081	-0.15368	0.08753
COR2	假定等方差	0.583	0.445	-0.595	345	0.552	-0.04975	0.08363
	不假定等方差			-0.584	218.993	0.560	-0.04975	0.08525
INT1	假定等方差	7.721	0.006	-2.915	345	0.004	-0.24429	0.08380
	不假定等方差			-2.784	204.240	0.006	-0.24429	0.08776
CUR3	假定等方差	9.790	0.002	-2.255	345	0.025	-0.17544	0.07781
	不假定等方差			-2.129	198.431	0.035	-0.17544	0.08242

续表

		Levene 方差等同性检验						
		F	显著性	t	自由度	显著性（双尾）	平均值差值	标准误差差值
INT2	假定等方差	5.924	0.015	-1.930	345	0.054	-0.14954	0.07749
	不假定等方差			-1.850	206.182	0.066	-0.14954	0.08084
INT3	假定等方差	12.344	0.001	-2.888	345	0.004	-0.22791	0.07890
	不假定等方差			-2.753	203.161	0.006	-0.22791	0.08280
DETER2	假定等方差	0.074	0.786	-0.539	345	0.590	-0.04945	0.09167
	不假定等方差			-0.533	223.109	0.595	-0.04945	0.09279
DETER3	假定等方差	1.131	0.288	-0.083	345	0.934	-0.00761	0.09182
	不假定等方差			-0.080	211.023	0.936	-0.00761	0.09494
OPEN3	假定等方差	1.561	0.212	-0.719	345	0.472	-0.06837	0.09503
	不假定等方差			-0.692	208.318	0.489	-0.06837	0.09875
CON3	假定等方差	4.385	0.037	-1.902	345	0.058	-0.15323	0.08057
	不假定等方差			-1.809	202.323	0.072	-0.15323	0.08468

总而言之，民办高校外语专业学生思辨能力的总体倾向较弱。影响因素较为显著的主要表现为：①教师自身的思辨意识较弱，所教授知识与育人脱节；②学生对于新技术下的混合式学习模式接受度较低；③学生思考能力和综合分析能力明显较低；④低年级学生的思辨意识强于高年级学生；⑤学生的自觉学习动力引擎缺失。由此可以推知：河南省民办高校在外语教学改革方面虽然取得了一定的成绩，然而在对接新文科建设方面依然需要从中国维度、学科维度和技术维度三个方面，补齐自身的短板，围绕外语思辨能力的提升问题不断展开实践探索。

三 基于新文科建设的民办高校外语教学改革创新模式实践

2019 年 4 月，教育部高教司吴岩司长提出，高校要建设新文科、大外语。若从微观教学层面理解，这里的"大外语"主要指向外语教学需要跳出语言与文化教育的小格局，形成培养既有中国情怀又有国际视野的新时代中国特色社会主义建设者，能够服务于国家发展战略的大格局。新文科建设迫切呼唤外语人才培养进行战略性创新，要求高等教育外语专业培养出符合国家战略需求以及未来社会经济发展需要的新型人才。民办高校作为高等教育的重要组成部分，同样肩负着培养中国外语人才的使命。鉴于此，本文分析了郑州科技学院（河南省民办本科高校）在外语教学改革方面的战略创新实践，以期从民办高校的视角构建人才培养创新模式，为新文科背景下的中国外语人才培养提供参考和启示（见图5）。

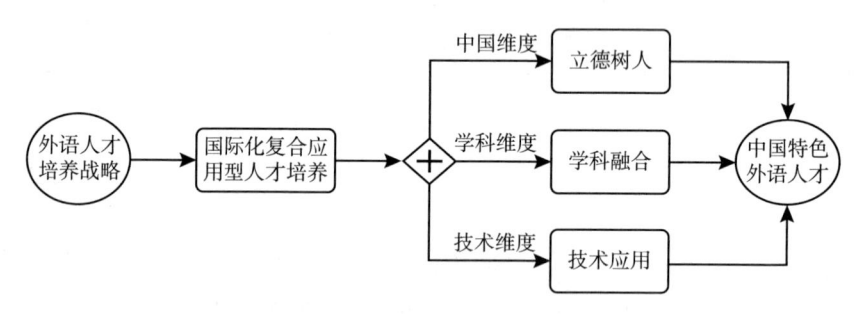

图5 民办高校中国外语人才培养创新模式

（一）中国维度：民办高校外语人才培养的战略定位

新文科建设背景下，外语学科专业人才培养的核心也发生了很大的改变，尤其是思辨能力成为外语人才培养的核心能力之一，成为支撑中国情怀与国际视野同行同向的柱石。为贯彻习近平总书记"参与全球治理需要一大批熟悉党和国家方针政策、了解我国国情、具有全球视野、熟练运用外语、通晓国际规则、精通国际谈判的专业人才"的精神，需要以"思辨能力"培养为切入点，推进外语专业的系统性改革，打造新文科背景下外语专业人才培养的"中国模式"。

新文科背景下的民办高校外语人才培养战略定位必须锚定三个向度：一是立足中国，二是着眼校本，三是面向未来。所谓立足中国，就是用中国特色的外语人才培养创新理念来指导中国外语人才培养的实践运作；所谓着眼校本，主要是指向民办高校自身应用型发展的特征，关注校企合作协同创新育人，关注中小型企业对于应用型人才的诉求；所谓面向未来，就是要以市场未来需求为主导，创新性地开展系统化的外语教学改革，依托优势学科，从本专业核心优势领域扩散到具有关联性、交叉性的专业领域，并以此反哺专业的核心优势，使其得以持续强化和发展。

为此，民办高校外语人才培养也需要随着新时代发展而进行战略性的培养定位，充分利用自身灵活的管理机制重新进行战略定位：一是要对接服务"一带一路"倡议，锁定中国维度的国际化；二是要关注学科融合发展的复合型；三是要结合校本实情的应用型。由此，国际化复合应用型外语人才培养是民办高校顺应新文科发展的创新战略定位，是中国维度的内涵体现。郑州科技学院外国语学院近两年来率先提出了国际化复合应用型外语人才培养的战略，主要依托学校理工科优势，服务于"新工科"建设的国际化发展，开展"外语＋专业"的"新文科"范式，助推新工科与外语教育的深度融合，形成以推行"就业项目驱动、分类培养"为特色的"1＋1＞2"培养模式，围绕英语思辨能力核心素养，与企业、行业协同创新育人，开展以就业岗位为目标实现的课程体系，即英语＋专业＋人文素养，突出"应用"、"复合"及"专业"，实现对学生师资型、商务型、管理型、翻译型四类跨学科创新人才的分类培养特色。

（二）学科维度：多学科融合发展的培养路径

新文科背景下的外语教育研究应强调跨学科或超学科层面上的交叉融合，强调学科间的互鉴互补、研究方法的多元化以及"技术＋"对外语人才培养质量的影响。当然，提高人才培养的质量最终要落实到教育教学改革上。"国际化复合应用型"人才培养的战略定位，需要通过一系列系统化的教学改革作为战略支柱。郑州科技学院外国语学院在践行外语新文科建设过程中进行了如下富有成效的实践探索。

1. 新文科、大外语之语言与思政融合的实践

大学英语教学不仅应注重知识传授与能力培养，更应注重价值塑造，提升学生的政治素质和品德修养，使他们树立社会主义核心价值观，以"三位一体"的"立德树人"育人理念开展教学。新文科、大外语的实现路径是将思政元素融入大学英语教学，使之与思想政治理论课同行同向，进而形成协同效应。在大学英语课程教学实践中，外语与思政融合点的设计思路主要遵循由表及里的方式。这里的"表"主要是指语言学习的主题内容，"及"的意思是"发掘""引导""评论"，"里"则是由知识传授到价值引领的转化，是语言学习的拓展与升华。基于大学英语教学单元主题的思政元素挖掘需要寻求自然联系点。学生学习一篇课文会首先关注到课文主题，他们急迫地想知道这篇文章是讲什么的。而这些主题的思政联系必须有的放矢，以教材为主体并辅助其他思政素材，比如图书、音像、网络资源等各种呈现形式。书籍包括《习近平谈治国理政》《中国传统文化关键词》《中国古代经典名句英译》《用英语介绍中国》等，音像主要是纪录片，近年来主要有《习近平治国方略》《中国这五年》《鸟瞰中国》《中国故事》等，网络资源比如 China Daily、CGTN、新华社、学习强国和英语点津等。

2. 推行基于"新文科"建设的"学分制"人才培养改革新模式

主要打破以往单一文科的专业壁垒，推进教育内容的变革，在原有的英语语言文学学科基础上融合翻译学、管理学、经济学、教育学、法学及工学方面的知识，旨在培养超越现有专业局限与学科局限，专业素养高、实践能力强，有国际视野和中国情怀的应用型外语人才。基于"思辨能力训练"项目驱动，外语专业大学生专业实习实践由国内逐步延伸到海外。为更好执行人才培养的实践教学环节，在国内搭建了68家与专业相关的稳定实习基地，在国外搭建了以"海外专业实习""微留学""国际邮轮"为主的多样化实践学习平台共计5家。近三年，外语专业学生主动参加"海外实习项目""国际邮轮项目""微留学项目"的人数日益增长。

3. 基于市场需求与应用型人才培养定位的课程体系设计

针对校企合作协同创新育人模式，英语专业主要从知识、能力、职业素

养、创新实践四个维度构建课程体系，包括英语语言课程、国际视野课程、职业技能课程、职业创新实践课程等课程板块，以此形成培养学生专业能力、实践能力和职业素养等的动态课程体系。基于以赛促学的动力引擎，学生参加各类学科竞赛成绩斐然。据统计，三年来，英语专业学生参加学科竞赛获得省级以上荣誉的有50多人次，并在全国大学生英语口语大赛和学术英语大赛中有了"冠军奖"的新突破。另外，国际化复合应用型人才培养课程设计助推了外语学子的就业竞争力，促使"就业明星"辈出，优秀学员的就业范围涵盖德意志银行（美国）、芬兰教育机构，还培养出了中国汇德力钢绳有限公司CEO、北京杰克快捷教育科技有限公司的创始人、美克创课教育的创始人等。

（三）技术维度：新技术与外语的融合

信息技术、人工智能、神经成像技术带给外语教育的影响日益深远且逐步形成了深度融合的趋势。在新文科建设的大背景下，人工智能（AI）与外语深度融合发展的实践路径也日益彰显。因此，外语学科人才培养需要构建数据科学与语言科学的文理交叉，整合信息技术的优势，在人工智能等领域加以创新。人工智能时代为外语人才培养的升级提供了技术支持上的可能，信息技术与教育教学的深度融合能够大大提升教学质量和教学成效，成为外语人才培养战略创新的加速器。为此，郑州科技学院外国语学院提出创建信息化智慧外语课程教学平台的实施方案：第一步，以专业核心课程建设为抓手，精心打造精锐授课团队，打造多维互动的慕课学习平台；第二步，深化信息化教学模式改革，通过微信公众号、蓝墨课堂、雷课堂、雨课堂、朗文交互英语学习平台等途径，发布外语教学资源，利用"碎片化学习"管理，培养学生自主学习能力英语实践应用能力，提升品牌专业优质教育资源的影响力。

四 总结

国际化复合应用型外语人才培养是新时代赋予民办高校外语教育的使

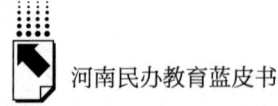

命。外语新文科建设的提出和逐步推进正是回应该命题的全新路径。新文科背景下的外语教学改革必须坚守中国维度、学科维度和技术维度，以立德树人为外语新文科建设的战略核心目标，以学科融合和技术应用为战略支柱的"三位一体"教学改革创新模式，是外语学科人文性和工具性融合发展的彰显，更是民办高校教育强国的一种积极探索，便于在国际语言学大语境中实现学术自觉、文化自信、理论自信、制度自信和话语自信，构建中国特色的语言理论体系。

市县篇

Cities and Countries

B.21
焦作市民办教育发展报告

平 奇 段海山*

摘 要： 焦作位于河南省西北部，北依太行山，南临黄河。在中国社会科学院发布的2018年中国城市竞争力排名中，焦作经济竞争力位居河南第三，入围全国百强。多年来，焦作市委、市政府重视教育，支持民办教育发展，通过政策扶持、兑现奖励资金、选派公办教师、补贴学费、补贴课本费等措施助推民办教育健康发展。市教育局根据焦作实际，贯彻民办教育"积极鼓励，大力支持，正确引导，依法管理"的方针，出台了一系列支持措施。在支持发展的同时严管规范管理，2019年排查校外培训机构1239所，取缔662所，整改合格重新引导办证机构34所。各民办学校坚持教育的社会主义方向，发

---

* 平奇，河南省教育厅民办教育处副处长，主要研究方向为民办教育管理服务；段海山，焦作市教育局安全管理科科长，主要研究方向为市县民办学校管理服务。

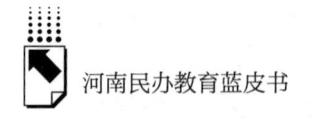

挥自身的优势，实现了又好又快发展。

关键词： 民办教育　依法管理　焦作

2019年，焦作全市共有民办中小学81所，中等职业学校5所，幼儿园672所。民办幼儿园离园30867人，入园30699人，在园107963人；民办小学毕业7376人，招生9034人，在校生54275人；民办普通初中毕业6822人，招生7750人，在校生22109人；民办普通高中毕业9049人，招生8575人，在校生25770人；民办中等职业学校毕业1756人，招生1716人，在校生5119人。

2019年河南省常住人口10952万人。2019年全省民办幼儿园在园幼儿297.85万人，每万人中民办幼儿园在园幼儿272人；民办小学在校生177.89万人，每万人中民办小学在校生162人；民办普通初中在校生98.79万人，每万人中民办普通初中在校生90人；民办普通高中在校生46.42万人，每万人中民办高中在校生42人；民办中等职业学校在校生28.80万人，每万人中民办中等职业学校在校生26人。

2019年焦作市常住人口353.4万人。2019年全市民办幼儿园在园幼儿10.8万人，每万人中民办幼儿园在园幼儿306人，高于全省平均数；民办小学在校生5.43万人，每万人中民办小学在校生154人，低于全省平均数；民办普通初中在校生2.21万人，每万人中民办普通初中在校生63人，低于全省平均数；民办普通高中在校生2.58万人，每万人中民办普通高中在校生73人，远远高于全省平均数；民办中等职业学校在校生0.51万人，每万人中民办中等职业学校在校生14人，低于全省平均数。

一　民办学校整体呈增长趋势

从数据看，焦作市的民办小学、民办普通初中、民办中等职业学校的在校生数都低于全省平均数,而民办幼儿园和民办普通高中在校生规模却远远超过了全省平均数。2010~2019年10年间,全市民办学校数整体呈增长趋势。民办中等职业学校由2011年的2所增长到2019年的5所;民办普通高中由2010年的6所增长到2019年的16所;民办普通初中由2010年的32所增长到2019年的37所;民办小学由2010年的23所增长到2019年的28所;民办幼儿园由2010年的472所增长到2019年的672所(见表1)。10年间,增长幅度最大的是民办普通高中,增幅达167%;其次是民办中等职业学校,增长了150%。增长最多的是民办幼儿园,增加了200所;其次是民办普通高中。其他层次的民办学校虽然增幅不大,但都实现了增长。

表1 2010~2019年焦作市各级民办学校数与全省的比较

单位:所

年份		2010	2011	2012	2013	2014	2015	2016	2017	2018	2019
中等职业学校	全省		254	234	213	215	205	190	186	170	157
	焦作		2	4	4	5	5	5	6	5	5
普通高中	全省	170	174	196	196	208	219	242	263	299	336
	焦作	6	7	9	11	14	14	15	17	17	16
普通初中	全省	529	572	584	627	693	716	758	801	819	887
	焦作	32	31	31	32	32	34	35	37	35	37
小学	全省	1177	1242	1344	1429	1550	1652	1748	1807	1865	1894
	焦作	23	22	24	29	28	27	26	23	28	28
幼儿园	全省	6208	8222	10285	11686	12585	13824	14743	16183	17293	18061
	焦作	472	484	473	474	485	496	536	568	619	672

数据来源:历年《河南省教育统计提要》。

二 整体教育指标

从焦作全市教育情况看,中等职业学校和普通高中每万人中在校生数在一些年份超过了全省平均数,但是近年来出现下降(见表2)。

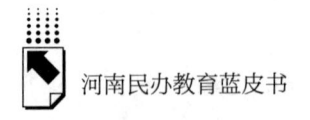

表2 2010~2019年焦作市每万人中各级学校在校生数与全省的比较

单位：人

年份		2010	2011	2012	2013	2014	2015	2016	2017	2018	2019
中等职业学校	全省	164	167	155	127	117	110	107	111	111	126
	焦作	148	157	158	126	119	113	109	108	107	88
普通高中	全省	193	201	205	201	201	206	209	215	214	197
	焦作	196	196	202	202	205	210	212	216	215	210
普通初中	全省	471	488	483	409	424	429	436	449	447	428
	焦作	450	440	436	413	419	403	375	344	341	329
小学	全省	1074	1162	1150	999	986	993	1013	1027	1022	924
	焦作	871	843	818	739	714	710	707	725	719	781
幼儿园	全省	197	300	341	369	392	417	429	445	442	393
	焦作	233	257	229	311	345	356	367	383	380	419

数据来源：历年《河南省教育统计提要》。

2019年，河南省民办普通高中在校生为46.42万人，占到全省普通高中在校生总数215.88万人的21.50%；全省民办中等职业学校在校生为28.80万人，占到全省中等职业学校在校生总数137.87万人的20.89%；全省民办普通初中在校生数为98.79万人，占到全省普通初中在校生总数468.48万人的21.09%；全省民办小学在校生数为177.89万人，占到全省普通小学在校生总数1012.48万人的17.57%；全省民办幼儿园在园幼儿为297.85万人，占到全省幼儿园在园幼儿总数430.87万人的69.13%。

2019年，焦作市民办普通高中在校生为2.58万人，占到全市普通高中在校生总数7.44万人的34.64%，远远高于全省平均水平；全市民办中等职业学校在校生为0.51万人，占到全市中等职业学校在校生总数3.12万人的16.41%，低于全省平均水平；全市民办普通初中在校生数为2.21万人，占到全市普通初中在校生总数11.63万人的19.02%，低于全省平均水平；全市民办普通小学在校生数为5.43万人，占到全市普通小学在校生总数27.60万人的19.66%，高于全省平均水平；全市民办幼儿园在园幼儿为10.80万人，占到全市幼儿园在园幼儿总数14.79万人的72.99%，高于全省平均水平。

2019年，焦作市民办幼儿园、民办普通小学和民办普通高中在校生在全市同层次学校在校生总数中的占比超过了全省平均水平。

三 支持发展

早在2006年10月1日，焦作市就颁布了《实施〈民办教育促进法〉办法（试行）》，开河南省省辖市民办教育发展之先河。该办法共分七章四十条，对民办教育的设置与审批、收费与管理、风险防范、法律责任等做了详细规定，还特别制定了十项扶持措施，强力扶持全市民办教育发展。其中包括对靠滚动发展或一次性投资达到1000万元以上的民办学校，市级和县级财政部门按照相应标准拨付一定比例的教师工资，连续扶持10年。在经费扶持方面，焦作市起步也比较早。2010年，焦作市财政为市直民办学校拨付扶持资金120.1万元，较2009年增长7万元。各县（市、区）也通过兑现奖励资金、选派公办教师、补贴学费等形式，鼓励和支持民办学校的发展。据统计，2010年全市财政累计为民办学校拨付扶持资金590万元，比2009年的430万元增长160万元。2011年，焦作市财政为市直民办学校拨付扶持资金150万余元，较2010年增加30万元。各县（市、区）通过兑现奖励资金、选派公办教师、补贴学费、补贴课本费等形式，鼓励和支持民办学校的发展，全市财政累计为民办学校拨付扶持资金740万余元，比2010年增加150万元。这些措施，有力地推动了全市民办教育发展。

2019年，焦作市认真贯彻落实《中共中央办公厅印发〈关于加强民办学校党的建设工作的意见（试行）〉的通知》（中办发〔2016〕78号）精神，加大民办学校（教育机构）党组织组建力度，实现党组织和党的工作全面覆盖，做到哪里有党员，哪里就有党组织，哪里就有党组织和党员作用的充分发挥。截至2019年，全市81所民办中小学全部建立党组织。全市民办幼儿园、教育机构挂靠或成立联合党组织186家，促进了民办学校（教育机构）党组织建设。由于党建工作做的扎实有效，得到了省教育厅民办处的肯定。

2019年1~12月份，市教育局民办教育科接待来人来电来访20人次，反映的山阳区龙池漫实验学校退费等问题，全部得到了有效解决，得到了学生家长的高度评价。全年妥善处理网络舆情等批示4件，得到了网民的称赞。认真答复政协委员提案3件，协助答复政协提案2件，满意度达到100%。为更好地服务学校和学生，积极推进行政审批制度改革。第一，梳理权责，编制部门权力清单。大力简政放权，厘清权力界限，对教育行政审批和服务事项进行全面摸底、清查，凡法律法规无明确规定的一律取消，同时，进一步规范保留事项的工作流程，取消缺乏法律依据的审批环节和前置条件，核减相关不必要的环节程序，并对内容相近、重复设置的环节予以合并，切实简化工作流程，提高审批效能，群众满意度得到提升。加强保留审批项目管理，防止和纠正变相审批，确保行政审批制度改革落实到位。2019年，行政职权中14项申请职权在河南省政务服务平台实现统一办理。第二，规范流程，压缩审批办理时限。严格按照市行政审批"三集中、三直接"的要求，归并行政审批职能，实现教育行政审批事项一个窗口受理、一站式办结。简化审批程序，优化办理流程，压缩审批时限，做到简单事项"即收即办"，一般事项"一审一核"、受理办结不超过5个工作日，重要审批事项受理办结不超过30个工作日。第三，转变作风，切实提高服务质量。建立健全各项规章制度，全面推行落实首问负责制、限时办结制、AB岗位制和责任追究制等工作制度，切实转变工作作风，耐心、细致地接待来访学校和基层群众，及时快捷地为服务对象解难事、做好事、办实事；特别是对窗口工作中存在的"不会为、不敢为、不想为"问题，进行集中教育整治，牢固树立窗口人员大局意识、政治意识、责任意识，全面提高窗口工作效率和服务质量。第四，一网通办，真正让群众跑一次。严格执行国家、省、市、县"四级十同"网上一体化政务服务项目，大力实施政务服务项目一网通办，让数据多跑路，让群众少跑路，强力推进网上政务服务大厅建设。细化政务服务项目、时间节点、办理流程。开展精准服务，为来窗口办理政务服务事项的办事群众提供上网服务、上门服务和技术保障，使办事群众享受优质、快捷的政务服务。科学制定民办教育评选方案，有效创新工作机制，确保民办教育奖励资金的激励功效。根据《焦作市教育局关于推选2019年度民办教育先进单位和先进个人的通知》要求，自2019年11月9日起，市局组织市财政、市政府督学，县（市、区）民办教育专家组成评估组，对全市推选的12所民办学校、11所幼儿园、6家先进管理单位进行实地评估。评估组采用查阅档案、实地查看、与部分教师和学生座谈等形式，本着实事求是、公平、公正的评比原则，就县（市、区）对民办教育扶持政策落实、依法管理、发展成果及民办学校、幼儿园的管理水平、办学条件、办学效益等进行评估认定。为确保评选过程的公开、公正，市局特邀市政协派驻市教育局民主监督员全程参与，并由市教育局纪检部门全程监督，得到了领导和基层学校的认可。

与此同时，积极鼓励和吸引民间资本大力发展民办教育，一是积极推进河南永威教育发展有限公司投入资金600万元，在焦作市城乡一体化示范区建设焦作永威幼儿园项目。二是服务指导投资1.2亿元。三是大力推进郑焦融合发展，积极支持河南太极学院（温县校区）、郑州澍清医学高等专科学校（修武校区）建设，促进教育资源共享，加快推进郑焦教育资源深度融合发展。

四 严格规范

一是全面排查治理校外培训机构违规招生。2019年3月依据《焦作市教育局治理跨地区违规招生实施方案》，出台了《校外培训机构办学行为十不准》，重拳出击，有效治理了外地市来焦作跨地区违规招生。全市3~9月份累计出动人员400余人次，动用车辆600余台次，排查培训机构126家，存在违规招生的培训机构12家，劝返郑州市来焦作违规招生的3所学校，校外培训机构违规招生得到了有效治理。二是开展全市校外培训机构专项治理工作，在市教育局党组的高度重视下，按照教育部、省教育厅的有关精神和要求，各县（市、区）政府牵头，教育、民政、人社、工商、公安、城管、食药监、消防等八部门通力配合，迅速行动，提高认识，加强领导，认真组织，深排细查，狠抓问题整改落实，取得了阶段性成效。截至2019年12月，已完成了全市校外培训机构培训摸底排查整改任务，共计排查校外培训机构1239所，其中，无问题校外培训机构577所，无证无照或有照无证机构662所，已取缔机构628所，整改合格重新引导办证机构34所，整改率达100%。全国校外培训机构管理服务平台现已录入611所校外培训机构，录入率100%，已发布611家，发布率100%。治理成效得到了省教育厅和省政府督导组的高度评价。

五　民办教育发展呈现新亮点

民办学校信息化达标建设和应用工作达标。2013年焦作市被国家教育部首批确定为信息化达标建设和应用实验区，焦作民办学校以此为契机，积极整合民办教育资源。2019年全市民办学校加大资金投入，改善办学条件，有38所民办学校按照信息化达标建设标准积极进行改造，累计投入1000余万元，为满足师生的正常教育教学需求，进一步提升了教育教学质量，促进民办学校信息化达标建设。

民办学校的教育质量得到了新提升。2019年民办普通高中高考再创新佳绩。全市民办高中高考本科上线率大幅度提升。5366人参加高考，一本上线477人，二本上线2710人。焦作宇华实验学校有3名学生考入清华大学、北京大学，经过宇华实验学校6年初高中培养的鲁方裕同学，以702分的优异成绩夺得河南省理科状元。

民办学校的安全稳定工作得到了新巩固。2019年，民办学校按照上级的统一部署，认真开展民办学校安全大排查、大整治活动6次，整改各类安全隐患320处，学校安全工作得到了进一步巩固，为师生创造了良好的教育教学环境。截至2019年，全市已有77所民办中小学校共投入安保资金860余万元，按照上级要求配足、配齐安保人员和设备，人防、物防和技防得到加强，确保民办学校安全稳定发展。

民办教育的服务能力得到了新提高。2019年，民办教育管理部门和民办学校按照"不忘初心、牢记使命"主题教育活动的要求,以依法行政、政务公开、提高办事效率等内容为重点,进一步明确工作目标,狠抓措施落实,积极转变工作作风,服务效率和服务能力得到了有效保证。

六 存在问题和应对策略

民办教育存在主要问题如下。一是发展不平衡。焦作市的民办教育在全省民办教育发展的大盘子里整体处于中游水平。民办幼儿园、民办普通小学和民办普通高中发展较快,占比超出了全省的平均水平,其他层次和类别的民办学校占比低于全省平均水平。二是有特色的民办学校不多。三是个别县(市、区)扶持民办教育的资金和政策落实不到位。四是个别民办学校和校外培训机构还存在办学不规范,收退费不按国家有关政策和规定办理,有待进一步加强治理和规范。五是个别校外培训机构仍然存在"超纲培训""应试培训"等,还有个别无证培训机构出现反弹现象,需要建立健全长效机制,持续开展校外培训机构治理工作。

为解决这些问题,需要市委、市政府、社会和民办学校共同努力,重点从以下方面发力。

1. 围绕中心、抓党建

认真贯彻落实《中共中央办公厅印发〈关于加强民办学校党的建设工作的意见(试行)〉的通知》(中办发〔2016〕78号)精神,加大民办学校(教育机构)党组织组建力度,实现党组织和党的工作全面覆盖,积极推进民办幼儿园、教育机构党组织建设。

2. 贯彻方针、抓发展

认真贯彻民办教育"积极鼓励,大力支持,正确引导,依法管理"的方针,认真落实《焦作市促进民办教育发展办法》,进一步促进民办教育健康、快速发展。注意扶持民办小学、民办初中、民办中等职业学校发展。

3. 围绕主线、抓提高

围绕一条主线:"一保、二促、三提高"。即确保学校安全稳定;促进

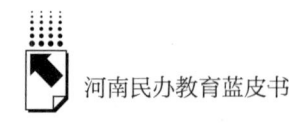

学校规范化办学、促进学校创新改革发展；提高学校的综合管理水平、提高教师队伍的综合素质、提高学校的教育教学质量。

4. 强化三项、抓创建

重规范抓基础；重队伍抓创建；重合作抓质量。即重规范化管理，抓基础性建设（人防、物防、技防）；重师资队伍培养，抓品牌学校创建；重视对外开放、招商引资及合作办学，创建一流教育质量。

5. 两化并进、抓普及

教育教学信息化、校园安全智能化。2020年重点推进20所民办中小学校"信息化达标建设和应用升级换代工作"，积极推动10所民办中小学校投资安装科技含量高的校园安全设施设备，确保校园安全无缝对接，实现校园安全网络智能化。

6. 破解难题、抓落实

一是督促各县（市、区）加大学习宣力度，认真贯彻落实好2017年9月1日修订的《民办教育促进法》，进一步推动县（市、区）配套出台扶持民办教育新政策。二是2020年，加大力度督促县（市、区）贯彻落实《国务院关于进一步完善城乡义务教育经费保障机制的通知》（国发〔2015〕67号），对城乡义务教育学校（含民办学校）按照不低于中央确定的生均公用经费基准定额的标准补助公用经费，并适当提高寄宿制学校、规模较小学校和北方取暖地区学校补助水平。

7. 培育亮点、抓带动

继续打造培育焦作市宇华实验学校、沁阳永威学校和焦作龙源湖实验小学等亮点，辐射带动全市民办教育快速、健康发展。

8. 引进资本、抓开放

2020年，加大教育开放，积极鼓励吸引社会资本举办教育，中心城区力争引进1所优质民办中小学校。各县（市、区）结合实际情况，力争各引进一所优质民办中小学校、幼儿园。

9. 凝心聚力，抓创新

认真开展"走出去，请进来"开阔眼界，创新思维活动。做到"三个创新",即学校管理机制创新、教育教学模式创新、教育科研创新。持续提升教育质量,打造民办教育新品牌。

10. 创新载体,抓宣传

利用好各种媒体,创新宣传方法,宣传好新修订的《民办教育促进法》《民办教育促进法实施条例》及全市民办教育新风尚、新举措、新亮点、新成就。认真开展好"六个一"活动:开辟一个民办教育专栏;每半个月发布一次民办学校规范管理工作信息;一个月发表一篇民办学校理论调研文章;一季度开展一次重点学校信访安全联系点回访;每半年开展一次民办学校"双随机一公开"活动;每年度开展一次民办教育调研座谈会。

附 录
Appendix

B.22
2019～2020年河南民办教育大事记

2019年

5月10日 广州日报数据和数字化研究院（GDI智库）发布"2019广州日报应用大学排行榜"，对公办高校、民办高校使用同一评价体系，以应用指数、学术指数、声誉指数、二次评估指数四个一级指标建构综合指数，科学评价国内891所本科院校（非博士培养单位），推出"2019广州日报应用大学排行榜——TOP800"及四个子榜单，黄河科技学院在全国891所参评本科高校中位居第89名，连续三年在民办本科高校中排名第一。

5月27日 教育部正式公布14所职业学院更名的消息，周口科技职业学院更名为河南科技职业大学。

7月12日 郑州澍青医专获批的河南省健康养老护理教育培训基地在修武实训基地多功能厅举行揭牌启用仪式。河南省教育厅职成教处副处长张家成，修武县委常委、宣传部部长、民生小组组长刘群生，河南省卫健委家庭发展处副处长徐玉玲，河南省人社厅职业能力建设处主任张耘康，河南省残疾人联合会康复部部长吴明生，河南省老科协副会长、焦作市老科协会长、焦作市人大常委会原副主任宫素清，河南省社区教育服务指导中心办公室主任周小川，修武县副县长柴荃青，焦作市民政局副局长仝国良，财政部河南监管局业务二处杨建辉等和来自修武县、河南省残联医学会、部分兄弟院校、合作医院和校企合作单位有关领导出席揭牌仪式。郑州澍青医专全体校领导和部分教师代表参加仪式。

7月23日 中央统战部六局调研组一行，到郑州考察调研新的社会阶层人士统战工作实践创新基地重点项目建设情况。河南省委统战部、郑州市委统战部、新郑市委领导陪同并参加调研。郑州升达经贸管理学院作为新的社会阶层人士实践创新基地示范点之一，迎接了各级领导的调研考察。

7月26日 郑州市金水区社会组织党建论坛在晨钟社会组织党建学院举行。来自全区的200余名社会组织党组织书记、党务工作者参加论坛。

本月，河南省副省长武国定对7月25日《河南日报》（理论版）发表的《乡村治理有效的成功实践——官渡镇实施"三项制度"创新基层社会治理的调查与思考》做出重要批示。文章由黄河科技学院中国（河南）创新发展研究院课题组完成。

8月1日 河南省委常委、郑州市委书记徐立毅调研全市教育工作。郑州市委副书记、组织部长焦豫汝，郑州市人民政府副市长孙晓红，郑州市教育局党组书记、局长王中立等陪同调研。徐立毅一行先后到郑州市中原区第二实验幼儿园、郑州市二七区陇西小学、黄河科技学院、河南郑州建业外国语中学、郑州职业技术学院、郑州外国语学校等，实地查看全市各级各类教育工作及产学研结合工作开展情况，并与相关单位负责同志进行座谈，研究谋划郑州市教育高质量发展。

8月5日 郑州市召开"郑州市第二届享受政府特殊津贴专家颁证仪式"，市委常委、副市长谷保中等领导出席会议。黄河科技学院杨雪梅院长获得由国务院颁发的政府特殊津贴证书。据悉，2018年郑州市共有11人享受国务院政府特殊津贴，杨雪梅院长作为教育系统的杰出代表获此殊荣。

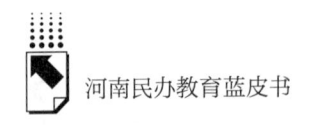

8月6日 郸城县教体局举办2019年暑期民办教育管理干部培训班。

8月22~23日 由黄河科技学院主办、黄河科技学院中华文化传承发展研究院承办、淮阳县太昊陵管理处协办的"第八届全国国学院长高层论坛暨传统文化教育学术研讨会"在黄河科技学院召开。黄河科技学院董事长胡大白、河南省社科联主席李庚香、河南省教育厅社语处处长王亚洲和来自全国10余个省份的50多位专家学者，以及中华文化传承发展研究院的全体研究员、马克思主义学院的全体教师共同出席了此次会议。

8月23日 省政府新闻办组织举办了"壮丽70年·奋斗新时代"教育主题新闻发布会。省教育厅党组书记、厅长郑邦山做主题发布，省教育厅党组成员、副厅长刁玉华，省教育厅党组成员、副厅长毛杰，省教育厅党组成员、副厅长陈垠亭，分别介绍了河南省教育事业70年来的发展成就。

8月30日 民权九九高中召开"不忘初心、牢记使命"主题教育动员会。

9月2日 河南省教育厅对新中国成立70周年"河南省突出贡献教育人物"宣传推介活动评选结果进行公示。黄河科技学院董事长胡大白、郑州西亚斯学院董事长陈肖纯当选新中国成立70周年"河南省突出贡献教育人物"。郑州升达经贸管理学院原董事长王广亚获新中国成立70周年"河南省突出贡献教育人物"特别奖。

9月2日 武书连2019中国民办大学综合实力排行榜发布，黄河科技学院以4.462分蝉联第一，总得分超出亚军57.50%，优势明显。在理学、工学、农学、医学4个学科门类组合的自然科学排名中，黄河科技学院蝉联第一。

9月7日 新中国成立70周年河南省第35个教师节表彰大会在郑州召开。省委书记王国生、省长陈润儿会前接见了优秀教师代表。省委副书记、省委教育工作领导小组组长喻红秋出席会议并讲话。

9月18日 省人大常委会副主任徐济超带领驻豫第十三届全国人大代表，深入黄河科技学院调研职业教育改革发展情况，该校领导胡大白、杨雪梅、贾正国等陪同调研。

9月20日 郑州升达经贸管理学院召开"不忘初心　凝聚共识"党外

知识分子专题座谈会，广泛听取新的社会阶层人士的意见和建议。

9月29日 商丘学院声乐专业教师、学生一行30余人，在商丘市高铁站候车厅开展了歌唱《我和我的祖国》红色快闪活动。

10月9日 河南师范大学新联学院与苏中建设集团校企合作揭牌仪式举行。

10月10日 黄河科技学院电子信息工程教研室、毛泽东思想和中国特色社会主义理论体系概论教研室，郑州科技学院物流管理教研室、英语教研室，郑州工业应用技术学院旅游管理教研室、机械工程教研室，商丘工学院土木工程教研室、计算机科学与技术教研室，郑州商学院思想政治理论课教学团队，郑州升达经贸管理学院国际贸易教研室、体育舞蹈教研室，郑州财经学院财务管理教研室，黄河交通学院物流管理教研室，信阳学院中国古代文学教研室，安阳学院环境设计教研室，郑州工商学院土木教研室，郑州西亚斯学院国际经济与贸易教研室，河南大学民生学院视觉传达设计教研室，河南师范大学新联学院英语语言学与文学教研室，新乡医学院三全学院遗传学教学组，中原工学院信息商务学院财务管理专业教研室等21个民办高校基层教学单位被批准成为2019年度河南省高等学校优秀基层教学组织立项建设单位。

商丘学院与河南东麓电子科技有限公司举行共建行业学院揭牌仪式。

10月11日 郑州科技学院党委组织支部书记、支部委员赴郑州市廉政教育基地学习参观。安阳学院党委理论学习中心组（扩大）学习成员前往红旗渠纪念馆参观学习。郑州澍青医学高等专科学校"不忘初心、牢记使命"党性教育培训班在林州市委党校开班。

10月12日 郑州理工职业学院班子成员、党委委员、各部门党政主要负责人共34人赴红色基地——宝丰县参观学习。

10月14日 郑州商贸旅游职业学院与河南八六三软件股份有限公司合作的企业新型学徒制培训班开班。

10月16日 郑州科技学院召开中层干部会，对"四项工程"建设进行动员部署。党委委员和中层党员领导干部参加了会议。

10月21日 由中国民办教育协会主办，江苏省民办教育协会、无锡太湖学院承办的全国民办学校党建工作研讨会暨"不忘初心、牢记使命"主题教育在无锡太湖学院举行。中国民办教育协会会长王佐书到会讲话，并作了十九大精神和中国特色社会主义理论辅导报告。此次会议增补了中国民办教育协会民办学校党建工作委员会副主任和委员。河南省民办教育协会副会长王建庄、郑州晨钟教育集团党委书记段立建分别当选中国民办教育协会党建工作委员会副主任和委员。

10月25日 2019年信阳学院民办高等教育研究课题立项名单予以公示。河南省民办教育协会副会长、河南民办教育研究院执行院长王建庄主持申报的"河南省民办高校内涵式发展研究"获批重大招标课题，资助经费3万元。

10月26日 第二届中国·河南招才引智创新发展大会和中国·河南开放创新暨跨国技术转移大会在郑州开幕。开幕式上，省委书记王国生为黄河科技学院院长杨雪梅等10位第十批河南省优秀专家颁发证书。

10月28日 河南省政协副主席、民建省委主委、河南中华职业教育社主任龚立群等一行10人到黄河科技学院，就"稳就业"政策措施开展调研。

11月15日 新蔡县人民政府办公室印发《新蔡县城镇小区配套幼儿园和无证幼儿园专项治理工作方案》。

11月21~22日 中国民办教育协会党支部书记、党建工作委员会主任刘军一行到河南调研民办学校党建工作。中国民办教育协会党建工作委员会副主任、河南省民办教育协会副会长、河南民办教育研究院执行院长王建庄陪同调研。

11月21~22日 2019年河南省学前教育政策法规讲座暨园长培训会在信阳市举行。河南省教育厅政策法规处副处长平奇，信阳市教体局党组成员、副局长高君行以及来自全省各地的近300名民办幼儿园园长参加此次培训活动。

11月21日 来自全国各地的千余名课改专家和基础教育界同仁齐聚河

南黄河迎宾馆会议中心，共同交流研讨课堂改革十余年来的经验成果，以真实的课堂场景和主题对话等回应基础领域对于课改工作未来趋势的关注和瞭望。会议由中国教师报和中国教育发展战略学会教师发展专业委员会主办，郑州陈中实验学校承办。中国教育报刊社党委副书记、纪委书记连保军，郑州教育局党委委员张少亮，山东文艺出版社副总编辑杨智，杭州师范大学教授蒋永贵，上海师范大学教育学院副教授，华东师范大学教育学博士陈静静，成都大学教授陈大伟等，以及一批全国中小学课改领域知名专家、校长应邀出席。

11月25日 河南省高校智库联盟理事单位成果发布会在郑州市黄河科技学院召开。来自郑州大学、河南大学、河南师范大学、河南工业大学、河南财经政法大学、河南理工大学、黄河科技学院等32所高校的43个智库提交展示成果132项。河南省委办公厅、省委组织部、省委宣传部等33个省直单位应邀参会，近200位专家学者参加了发布会。共有41位智库专家作了发言交流。

同月，郑州市教育局下发《关于规范全市民办高中审批工作的通知》，通知指出，为进一步厘清审批管理权限，有力推动全市民办教育与公办教育协调发展，拟对民办高中审批权限归属进行调整。

12月8日 "金课"背景下大学英语教学改革研讨会在黄河科技学院艺术中心国际会议室召开。河南省教育厅高教处副处长闫治国，黄河科技学院董事长胡大白、副校长杨保成、外国语学院领导、教师代表及来自上海震旦职业技术学院、广西外国语大学、南阳师范学院、中原工学院等全国各地38所高校教师代表共120余人参加会议。

12月12日 驻马店市在正阳县第一实验学校举行民办中小学教育教学管理及教育信息化改革培训会。本次培训由驻马店市教育局主办。市教育局魏继河副局长、史法泉科长、王清海副科长，民办教育协会孟庆杰会长，县教育局局直工委肖立峰书记，各中小学校长、分管教学副校长、教务主任、教研室主任约400人参会。

12月13日 郑州商学院在众创空间牛顿路演厅召开"我与校领导面对

面"学生座谈会。该校校长吴泽强、党委书记张树军、副校长师求恩、党委副书记裴晓涛、校长助理李刚及相关部门主管与28名学生代表参加了座谈会。

12月14日 河南医药发展论坛暨黄河科技学院河南医药研究院成立大会在黄河科技学院召开。本次大会由黄河科技学院新药研发中心和河南省小分子新药研发国际联合实验室主办，河南省生物工程学会等单位协办。出席大会的有黄河科技学院董事长胡大白，中国科学院上海药物所国家杰出青年科学基金获得者刘景根教授，知名药物研究专家安浩云教授，郑州大学副校长、河南省生物工程学会理事长屈凌波教授，河南省生物工程学会副理事长兼秘书长刘仲敏教授，河南省抗癌协会秘书长常贵生教授，河南省化工学会秘书长任保增教授，清华大学北京信息科学与技术国家研究中心高军涛教授，复旦大学雷新胜教授，河南中帅医药科技股份公司董事长孙卫东先生，黄河科技学院副校长杨保成教授、校长助理李喜强教授、教务科研处处长李高申教授、新药研发中心吕志俭教授、医学院院长黄涛教授、分党委书记张伟教授及来自中国科学院、清华大学、复旦大学、郑州大学等省内外高校、相关科研机构的专家、学者，以及国药集团、天方药业、上海格林生物、上海现代哈森药业、郑州拓康科技等企业相关负责人，附属医院的相关科室专家等80余人，大会由黄河科技学院附属医院院长李玉东主持。研讨会主要围绕新药研发、药物制剂和中药等领域专题进行了深入交流，交流形式包括邀请报告和专题讨论等。

12月19日 黄河科技学院社会科学界联合会成立大会暨首次代表会议召开。黄河科技学院党委副书记、董事长胡大白，副校长于向东以及有关管理机构负责人、文科科研机构各单位机构负责人、文科院系科研工作负责人等出席会议。

12月26日 在毛泽东诞辰126周年之际，信阳学院思想政治理论课教学实践基地揭牌仪式在信阳市鄂豫皖革命纪念馆隆重举行。信阳市委宣传部常务副部长钱长琨、鄂豫皖革命纪念馆馆长吴世儒、信阳学院党委书记郑先明等出席揭牌仪式。信阳学院党办、教务处、宣传部、学生处、团委等单位负责同志以及马克思主义学院领导班子成员、思政课教师代表、学生代表共同参加了揭牌仪式。

12月26日 《中国民办教育通史》（三卷本）、《河南民办教育发展报告（2019）》（蓝皮书）新书发布会暨民办教育发展研讨会在黄河科技学院举行。来自河南省社科联、中共河南省委高等学校工作委员会、省教育厅、市教育局的领导以及该校领导，哲学社科类研究院所和研究中心的代表，兄弟院校的科研管理人员等50余人共同见证了《中国民办教育通史》（三卷本）新书发布、《河南民办教育发展报告（2019）》（蓝皮书）发布以及黄河科技学院社会科学界联合会揭牌。河南省民办教育协会会长、《中国民办教育通史》主编胡大白作《中国民办教育通史》新书发布报告；河南省民办教育协会副会长、河南民办教育研究院执行院长、《河南民办教育发展报告（2019）》（蓝皮书）副主编王建庄作《河南民办教育发展报告（2019）》（蓝皮书）发布报告。仪式上还为2018年度河南民办教育发展报告研创优秀成果奖的代表、获得庆祝新中国成立70周年河南民办教育研究优秀成果奖的代表进行了表彰。

2020年

2月1日 河南省民办教育协会向各工作委员会、各市（县、区）民办教育协会和各会员单位，发出《关于加强新型冠状病毒感染的肺炎疫情防控工作的通知》，要求全省民办教育系统服从大局，听从指挥，迅速投入抗击疫情工作，坚决做到守土有责，积极开展线上教学。

2月7日 全省教育系统新冠肺炎疫情防控工作专班电视电话会议召开，传达省疫情防控指挥部1号会议纪要精神，分析研判新冠肺炎疫情防控形势，对下一阶段工作进行安排部署。省委常委、宣传部长江凌出席并讲话。副省长霍金花主持。

2月12日 郑州市教育局发出通知，全市各类民办学校要确保新冠肺炎疫情防控物料充足，保障教师员工福利待遇，确保师生员工身心健康。

2月13日 郑州市教育局党组成员、副调研员张少亮带领民办教育管理处相关负责同志，对新郑市民办学校开学前新冠肺炎疫情防控工作准备情况进行现场督查。

2月18日 晨钟教育集团在郑州市文化路集团总部举行抗疫物资捐赠仪式。集团党委组织部长、总裁朱玉峰，金水区文化路街道党工委书记王麟乐，文化路街道办事处副主任吴颖，晨钟教育集团执行总裁张正彪，副总裁陈金龙、赵生强等出席捐赠仪式。

2月26日 黄河交通学院黄河文化研究工作会议召开。

3月2日 河南省省长尹弘到黄河科技学院调研检查新冠肺炎疫情防控及开学前准备工作。河南省副省长霍金花、省政府秘书长朱焕然、省教育厅厅长郑邦山、省卫生健康委主任阚全程陪同。

3月8日 河南省教育厅在郑州澍青医学高等专科学校召开民办专科学校新冠肺炎疫情防控工作座谈会。河南省委高校工委专职委员高治军、组干处正处级调研员杨宗辉以及郑州电子信息职业技术学院、嵩山少林武术职业技术学院、郑州城市职业学院等民办高校党委书记参加座谈会。

3月13日 河南省人民政府印发《河南省人民政府关于设立河南女子职业技术学院等10所高校的通知》（豫政〔2020〕21号），同意设立河南女子职业学院、林州建筑职业技术学院、南阳科技职业学院、河南对外经济贸易职业学院、濮阳石油化工职业技术学院、郑州电子商务职业学院、郑州轨道工程职业学院、郑州体育职业学院、兰考三农职业学院、汝州职业技术学院。其中，林州建筑职业技术学院、郑州电子商务职业学院、郑州轨道工程职业学院、郑州体育职业学院为民办非营利性专科层次普通高校。

3月24日 新郑市教育体育局党组副书记张宏亮带领相关科室及民办中学负责人，到郑州剑桥中学等学校观摩毕业年级复学准备工作。

3月31日 河南省教育厅政策法规处（民办教育处）副处长平奇一行，到郑州黄河护理职业学院检查指导新冠肺炎疫情防控工作。

本月，河南省政府办公厅印发《关于进一步推进城镇小区配套幼儿园治理工作的实施意见》，推进城镇小区配套幼儿园治理工作。该意见要求，4月底前完成复核摸排工作并建立台账，同时对规划、建设、移交、使用不到位等问题，开展有序分类治理。

4月2日 许昌市人民政府与河南师范大学新联学院举行战略合作协议签约仪式，拟在许昌建设新校区。许昌市人民政府市长史根治、河南师范大学新联学院理事长李香枝等参加签约仪式。

4月20日 黄河科技学院召开发展规划编制工作领导小组会议，研究学校"十四五"发展规划。

4月23日 河南省教育厅副厅长陈垠亭督查河南师范大学新联学院返校复学准备工作，并召开驻郑民办高校返校复学准备工作座谈会。驻郑各民办高校疫情防控工作领导小组组长对河南师范大学新联学院学生返校复学准备工作进行实地观摩，并参加座谈会。

4月24～25日 郑州市郑东新区教文体局分批次对56所民办幼儿园和49所校外培训机构进行年检档案管理专项培训。全区各民办学校负责人、档案管理员300余人在钉钉平台参与线上培训活动。

4月26日 陈中实验学校网校揭牌剪彩仪式在花园路校区报告厅举行，晨钟教育集团总裁班子领导、陈中实验学校总校班子领导、学校教学研究室全体人员、各校区主任及以上人员均参加此次仪式。

4月28日 省委统战部副部长梁险峰，省委高校工委专职委员高治军等一行8人，到黄河科技学院调研指导民办高校统战工作。

4月30日 河南省民办教育高质量发展研讨会在黄河科技学院信息大楼一楼会议室举行。会议由黄河科技学院院长杨雪梅主持，河南省政协副主席、九三学社河南省委主委张亚忠，九三学社河南省委专职副主委陈志民，九三学社河南省委秘书长王志华，九三学社河南省委副巡视员王清彬，许昌市政协副主席、许昌学院副院长郑直，中原工学院材料与化工学院院长米立伟等九三学社相关人员，黄河科技学院董事长胡大白，总顾问程宏，黄河科技学院专家委员会主任、原郑州轻工业大学校长赵卫东，黄

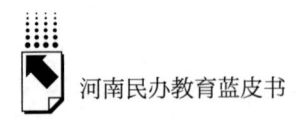

河科技学院副院长杨保成，中国（河南）创新发展研究院院长喻新安参加会议。

本月，中共河南省委、河南省人民政府发布《关于学前教育深化改革规范发展的实施意见》。

本月，河南多所高校领导班子调整，涉及的民办高校分别是郑州工业应用技术学院、安阳学院、商丘学院。

Abstract

This book is compiled by the Henan Association of Private Education and Huanghe Science and Technology College. It scans, combs, and summarizes the scale of the current status of Henan private education in the 2018 - 2019 school year. This book analyzes the internal and external environment and subjective and objective factors of the current development of private education in Henan and puts forward countermeasures and suggestions for future development.

In the 2019—2020 school year, Henan's private education continues to maintain the momentum of scale development. There are 21429 private schools at all levels in the province, with 7097500 students and 591200 faculty members. In Henan Province, there are 18061 private kindergartens with 2978500 children, 1894 private primary schools with 1778900 students, 887 private junior high schools with 987900 students, 336 private high schools with 464200 students, 157 secondary vocational schools with 288800 students and 39 private colleges and universities (19 undergraduate colleges and 20 vocational colleges). In the province, there are 594700 students in general junior colleges, of whom 345500 are undergraduates and 249200 junior colleges, accounting for 25.64% of the total number of undergraduates in general junior colleges in Henan. The number of students in private education in the province accounted for 26.51% of the total number of students at all levels of education in the province, 26771000 students, accounting for more than 1/4. At the same time, significant achievements have been made in connotation construction and talent training quality improvement.

The general report believes that under the condition of confusion and uncertain environment, the overall scale of Henan private education continues to expand, showing the strong development potential of Henan private education; private education has its own endogenous power, which promotes its continuous reform and chooses the most A good way of survival and development. While expanding in scale, Henan's private education has continuously strengthened the pursuit of quality; the Henan phenomenon of private education has attracted widespread attention. In an economically less developed inland province with a large population, the achievements of private education in Henan have not only attracted the attention of peers across the country, but also been recognized by educational administrative departments and authoritative evaluation institutions. In the first half of 2020, the COVID-19 caused heavy losses to private education in Henan, but it was precisely in the process of responding to the epidemic that Henan private education took timely measures after experiencing the test of major public emergencies. The accumulated successful experience and the lessons of mistakes; the complete education system and categories that have been formed, party construction work that is being fully rolled out, accumulated education and teaching experience and discipline construction, curriculum construction, professional construction experience, the already distinctive teachers and ideological and political work teams, the modern university system and internal management that have been initially established, the splendid characteristic education with great influence in the whole country, the abundant educational resources accumulated through rolling development and the social trust system that has been initially established make the private education in Henan have the ability to resist certain risks; in the new era under the background, the main opportunity for Henan private education is to stabilize the scale, concentrate on maintaining its own quality, and continuously improve the quality of talent training.

The general report made a basic judgment on the development environment and development trend of the next stage of private education in Henan province: the national private education policy will focus on "standardized management". Private education will enter a period of connotative construction centered on improving the quality of talent training. After completing the tasks of the "basic supplement of public education" in the first stage and the "important part of education" in the second stage, private education in contemporary China is entering the third stage of development: To become "an important force in

China's education reform and development".

Keywords: Henan; Private Education; Talent Cultivation; Featured Education

Contents

I General Report

B. 1 From Economies of Scale to Comparative Advantages

—The Current Situation and Development Prospect of Private

Education in Henan in 2019—2020 Academic Year

Research Group of the Henan Association of Private Education / 001

Abstract: Private education in Henan continued to grow on a large scale in 2019. Henan private education association of private education explores the annual development characteristics, analyzes the causes and predicts development for the purpose, through data and investigation research materials for the development of private education in the province a year for empirical research, thinks the 2019 - 2020 school year Henan non-government education, not only continue to implement the scale expansion, and in the connotation construction and talent training quality improvement has also made significant achievements. In the critical period of transformation and development, the COVID -19 epidemic has caused certain losses to private education in Henan. Faced with changes and difficulties, Henan's private education has stabilized its position and placed itself in the context of the economic and social development of the province and the country. It has made strategic layout while responding to the epidemic. It redefined "education" with big data and artificial intelligence, expanded the space for the healthy development of private education, and focused on solving the major problems restricting the development of private schools, such as fund guarantee, unreasonable structure of teachers and lack of stability and achieved excellent results in the context of strategic transformation and the impact of the epidemic. In the future, in the context of standardized development, quality improvement is still an important subject of private education in Henan province.

Keywords: Private Education; Higher Education; Vocational Education; Private School; Henan

II Segment Education

B.2 The Status Quo and Forecast of Henan Private Higher Education in 2019—2020 Academic Year　　　　　*Ruan Cailing* / 027

Abstract: Based on the statistical data from 2012 to 2019, the research was carried out by combining qualitative analysis with quantitative analysis, normative analysis with empirical analysis. The number of private colleges and universities in Henan is increasing on the whole; school hardware resources have been greatly improved; teachers have been significantly strengthened. In the new era, private education in Henan is facing the pressure brought by the rapid development of public universities, the new requirements brought by the popularization of higher education and the challenge of artificial intelligence. In terms of the internal environment of the development of private higher education in Henan and the advantages and disadvantages of private colleges, private education in Henan has a broader space for running schools, richer connotations, more diversified forms, more autonomy and more sound supervision mechanism.

Keywords: Private Education; Higher Education; Henan

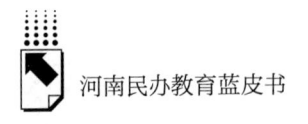

B. 3　Report on Henan Private Vocational Education Development in 2019—2020 academic year　　*Wang Gongbo* / 050

Abstract: After nearly 40 years of development, private higher vocational education in Henan has taken up a third of the province's higher vocational education, private secondary vocational education has accounted for a quarter of the share, and has become an important part of Henan vocational education section. With the development of economy and society, the demand for applied talents is increasing, and the requirement for vocational education talents training is also becoming higher and higher. Such demands and requirements directly point to the improvement of the quantity and quality of vocational education. However, due to the incomplete views, weak foundation, outdated ideas and homogenization of private vocational education, the development of private vocational education lacks momentum. The schools should concentrate the endogenous power, and the government should strengthen the support.

Keywords: Private Education; Vocational EDucation; Henan

B. 4　The Status Quo and Development Strategies of Henan Private Junior High School Education in 2019—2020 Academic Year
　　Zhi Pengrui / 064

Abstract: The development of private education has made remarkable achievements, thanks to the implementation of relevant national policies and the support of local governments at all levels. Under the background of compulsory education, private junior high school has gradually become an important part of China's education. By 2019, the number of private junior high schools in Henan province accounted for 19.27% of the total number of junior high schools in Henan Province. With the number of schools and the number of students increasing year by year, the responsibility of education is more important. However, the public do not know enough about the private schools, lack of identity; the education administrative departments have a certain degree of discrimination against private schools; some private schools have imperfect internal management mechanism, and the quality of education is not high; there are also problems in the teaching staff, educational ideas, funds and other aspects. Only by optimizing the internal and external environment, improving policy support and strengthening the construction of teaching staff can we promote the healthy and sustainable development of private education and make greater contributions to China's education.

Keywords: Private Education; Junior High School Education; Henan

B.5 The Turning Point of the Development of Private Preschool Education in Henan in 2019—2020 academic year

Wang Yanli / 074

Abstract: In 2018, the scale of preschool children in private kindergartens in Henan accounted for more than 40% of the total scale of students in private schools in Henan province, and it has maintained the momentum of scale growth in the past 30 years. In 2019, the scale of private preschool education in kindergartens declined for the first time. Through the visit to some private kindergartens in the province and the private preschool education data analysis, facing with the increase of government investment in public kindergartens, the enrollment problem caused by the decrease of births and the severe impact of COVID-19 epidemic on private kindergartens, this paper conducts an empirical study on how to adapt to the new environment and realize good and rapid development of private preschool education, which are private preschool education founders, participants, researchers generally concerned about. This paper argues that the inflection point of private preschool education from scale growth to connotation development has come, the government should increase support for private kindergarten, private kindergartens should in the training plan, garden tube theory, parents service, quality of care and education, teachers and other aspects of the construction of good internal skills.

Keywords: Private Education; Preschool Education; Endogenous Power; Henan

Ⅲ Special Report

B.6 Analysis and Research on Influencing Factors of Nonprofit Choice of Private Colleges and Universities in Classified Management Reform　　　　　　　　　　　*Wang Xinqi* / 085

Abstract: Private higher education in China's higher education is increasingly prominent, but at the same time, the private higher education is also facing many bottlenecks in its development, such as the ownership of property rights, lack of development funds, lack of human resources and other issues, which have become obstacles to the development of private higher education. The implementation of classified management of private education has broken many bottlenecks in the development of private higher education to a certain extent. Using qualitative and quantitative research methods, this paper explores the influencing factors of non-profit making choice in the classified management reform of private colleges and universities, clarifies the influencing factors of non-profit making choice of private colleges and universities, puts forward the focal points to guide the construction of non-profit making choice policy of private colleges and universities, and helps the classified management of private colleges and universities to advance steadily. The classified management of private colleges and universities expands the development space of private colleges and universities, but the sponsors of private colleges and universities are still in the transitional period of non-profit and for-profit selection, and the emotion and benefit factors are the main factors affecting the non-profit selection of the sponsors of private colleges and universities. Policies play a key role in promoting the development of private colleges and universities. The organizers are both "moral people" and "economic people", guiding the non-profit selection of private colleges and universities, and local policy construction should reflect the inclusiveness and humanization of policies.

Keywords: Private Colleges and Universities; Private Education; Higher Education

B. 7 Further Observation on Enrollment Expansion of Higher Vocational Education

—*From the Perspective of the Rule of Law*　　　　Yue Ming / 098

Abstract: On March 5, 2019, Premier Li Keqiang proposed in the "Government Work Report" that the enrollment of higher vocational colleges will increase by 1 million in 2019. Since the Third Plenary Session of the Eleventh Central Committee of the Communist Party of China, the construction of rule of law in China's higher vocational education can be divided into three stages: policy support, legislative guarantee and comprehensive administration of education according to law, gradually forming a legal system for the development of China's higher vocational education. Using the methods of historical research and visiting investigation, this paper examines and studies the enrollment expansion of vocational education from the perspective of rule of law. Under the requirements of comprehensively administering the country and teaching according to law, there are still some problems in higher vocational education, such as imperfect supporting policies, inadequate implementation of laws, and the failure to form the legal thinking and the ability to handle affairs according to law. Therefore, we should strengthen legislation, form a legal policy system suitable for comprehensively administering education according to law, enhance the legal thinking and ability of running schools according to law, form a school management system suitable for running schools according to law, pay attention to the publicity of running schools according to law, form a strong atmosphere of running schools according to law, etc., and strengthen the construction of comprehensively administering education according to law in higher vocational education, thus providing a strong legal guarantee for the quality-oriented enrollment expansion of higher vocational education.

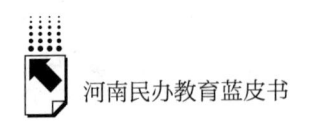

Keywords: Higher Vocational Education; Enrollment Expansion; Managing Education by Law

B.8　Progress and Effect of the Construction of Teaching Staff in Henan Non-private Schools　　*Wang Xinzhuang* / 107

Abstract: Centennial plan, education-oriented; education plan, teacher-oriented. As a province with a large population and a large province of education, in the process of the transformation from a large province of education to a strong province of education, private education, as an important part of national education, is the main growth point of educational development and the backbone of promoting educational reform. In the development of private education in Henan, the success or failure of the construction of teachers is the key point that determines the success or failure of private schools, and is the cornerstone of all development of private schools.

Keywords: Teaching Staff; Private School; Henan

B.9　Research on the Phenomenon of Teacher Turnover and Backflow in Private Schools　　*Ruan Jiagang, Chen Jing* / 116

Abstract: This paper takes teachers leaving their jobs in private schools as the research object. Based on relevant research literature, a questionnaire is developed. Meanwhile, combining SPASS20 software, reliability, validity and descriptive statistical analysis are carried out on the reasons for teachers' leaving their jobs in private schools in Henan Province, and then the important factors that lead to teachers' turnover in private schools are obtained: the society has certain prejudice against teachers in private schools, the salary and treatment in private schools is unfair, and teachers in private schools lack a sense of security. Based on the analysis of the influencing factors of dimission, this paper puts forward some optimization suggestions to reduce the dimission rate of teachers in private schools: correcting social prejudice, attaching importance to the construction of teachers' team in private schools, and improving teachers' job satisfaction.

Keywords: Private School; Teaching Quality; Teachers' Turnover; Backflow

B.10 Research on the Synergetic Development of Private University Think Tank Construction and Local Economy *Hou Yaru* / 128

Abstract: The construction of private university think tanks and the coordinated development of local economy will help improve the local economic decision-making consultation service system. The research on the coordinated development of private university think tank construction and local economy can well promote the modernization of local economic management mechanism and management means, which is also the goal and power of domestic private university think tank construction in the new stage. In this paper, by consulting literature, collecting relevant information, taking private colleges and universities in Henan Province as research cases, and conducting investigation by means of interview, we found that at present domestic private colleges construction and the coordinated development of regional economic think-tank, has many problems and difficulties in the process, finally, this paper from the "market", construct scientific mechanism of coordination with economic think-tank, based on "innovation drive", change think-tank, serving local economic system, based on the "decision" practice, ensure think-tank docking services local economic development needs, based on the tenet "skills", introduction of science-based think-tank researchers from four aspects, The strategy of synergetic development between private university think tank construction and local economy is put forward.

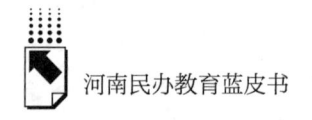

Keywords: Private School; Think Tank Construction; Local Economy

B. 11 Research on Public Finance Supporting Policy of Private Higher Education Development *Song Jie* / 135

Abstract: The development of private higher education concerns the overall development of domestic higher education, but the lack of running funds is always one of the important factors hindering the development of private higher education. According to the theory of educational equity and the theory of educational cost sharing, private higher education should be supported by public finance. At present, the fragmentation and holdout of the public financial support policies for private higher education and the interruption and precision of financial input, which is one of the main factors that cause the difficulties of running the school. Only by realizing the systematization and standardization of the public financial support policy for private higher education, the fixed frequency, amount or proportion of financial investment, and constantly increasing the subsidy amount, can private higher education be promoted to enter the healthy road of connotative development.

Keywords: Private School; Higher Education; Public Finance; Financial Support

B. 12　An Analysis of the Status and Comprehensive Strength of Henan Private Colleges in China Based on University Evaluation

Fan Jixuan, Fu Rao / 146

Abstract: The essence of university ranking is university evaluation. Based on the analysis of the scale and rank of private colleges and universities in Henan Province, the general situation of Henan private colleges in the field of higher education in Henan Province, the ranking of various domestic universities and the ranking of private universities in university evaluation system, this paper demonstrates and analyzes the status and comprehensive strength of Henan private colleges and universities in China, so as to guide the strategic development of all kinds of private colleges and universities and governments at all levels The healthy development of private higher education provides decision-making reference. In the ranking of private colleges and universities in Henan province in the evaluation system of five types of Universities, Huanghe Science and Technology College ranks first in four provinces and two in China, which reflects the comprehensive strength of Huanghe Science and Technology College in the forefront of domestic private colleges; Sanquan College of Xinxiang Medical College ranks first in four independent colleges in the province. As an independent college of a local university which is not a 211 university, its comprehensive strength in the independent colleges in China has emerged. Using the weighted average method, Henan private colleges and universities in the number and scale of running a school in the forefront of the country, Henan private colleges and universities in the domestic private colleges and universities comprehensive strength ranking in the upper and middle reaches.

Keywords: University Evaluation; Private School; Henan; Comprehensive Strength

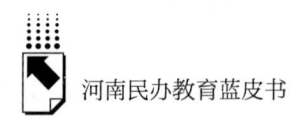

Ⅳ Special Attention

B. 13 Report on the Scale Growth of Private Education in Henan
Province　　　　　　　　　　　　　　　　*Zhang Lin* / 195

Abstract: The private education in Henan province has developed from the birth to the growth, and gradually moved from the backward to the forefront of the country. It has experienced the period of necessary supplement of public education and an important part of provincial education, and it is entering the stage of education reform and development as an important force. It is generally believed that the development of private education in Henan mainly comes from population advantage, which is actually an incomplete and unscientific judgment. The data show the growth of private education in Henan from the proportion of private education in the whole country and the proportion of private education in Henan province. The scale of private education in Henan is increasing, but it still needs to make great efforts in connotation construction. The data also show that the private education in Henan province still has some problems, such as unbalanced development, lack of distinct characteristics, unclear direction of individual schools, and incomplete overall transformation.

Keywords: Private Education; Scale of Education; Henan

B. 14 Henan Training and Education Industry Development
Report (2020)　　　　　　*Zhu Yufeng*, *Zheng Xuechun* / 209

Abstract: The effect of industry standard rectification is obvious, and under the influence of the new crown epidemic situation, it will move forward with heavy load. This is the overall situation of Henan training and education industry in 2019 - 2020. According to statistics, as of the first quarter of 2019, a total of 24,

924 out-of-school training institutions in Henan Province have been rectified, and 21,336 schools with problems have been rectified, with a rectification completion rate of 100%. Through governance and rectification, the province banned a total of 4904 out-of-school training institutions, temporarily suspended 5657 rectifications, and achieved 10775 rectifications through rectification. 2,427 new school permits were issued. This indicates that the standardization of Henan training and education industry has achieved periodic results. In January 2020, after the outbreak of the new coronary pneumonia epidemic nationwide, the normal teaching plan and order of training and education institutions were broken. Starting from the Spring Festival, in accordance with the requirements of epidemic prevention and control, the training and education institutions closed their schools and suspended classes until the beginning of June. During this period, epidemic prevention and control and online teaching have become the focus of the industry. Most institutions quickly made up for the shortcomings of online education, innovated and organized online teaching, and achieved the win-win goal of "prevention and control of epidemic situation and online teaching" and "non-stop of classes and non-stop growth". Looking at the situation throughout the year, the entire industry has been under heavy load under the severe impact of the epidemic, and normal teaching operations have been greatly affected. Training and education institutions should work hard to improve the quality of education. The government should increase the policy support for the training and education industry.

Keywords: Training and Education; Standard Regulation; Henan

B.15 Review of Private Education Policy and Observation on Education Capital Market in 2019

Wang Daoxun, He Kuang / 217

Abstract: After an extraordinary year, private education is developing in twists and turns. The state and local governments have issued a lot of policies to regulate and support the development of private education, which directly affects the choice and development of private schools. The investment and merger in the education market has cooled down, but it is still developing on the whole. "New policy of preschool education", "Synchronized enrollment in public schools and private schools" and the adjustment of online education affect the hearts of all parties and cause strong concern. Only by returning to the essence of education can private education be standardized in support and developed in standardization.

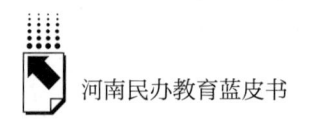

Keywords: Private Education; Investment in Education Market; Online Education

V Higher Education Reform

B. 16 The College English Teaching Reform of Huanghe Science and Technology College in the Context of Digital Transformation

Research Group of Digital Transformation of Foreign Languages
School of Huanghe Science and Technology College / 238

Abstract: For a long time, college English teaching in universities has been operating inefficiently in the state of rigidity and chaos, which has been criticized by many parties. Due to some disadvantages that the advanced teaching ideas can not be put into practice, the curriculum system can not serve the personnel training well, the teaching mode is out of date, the teaching method is divorced from the reality of the students and so on, college English teaching gets half results with double efforts, resulting in time-consuming and inefficient teaching mode, teachers' poor teaching and students' poor learning. In order to bring new vigor and vitality into college English teaching which is now in the "swamp", Huanghe Science and Technology College started to push forward the digital transformation with the all-round promotion of college English teaching reform as the starting point. By designing a graded English learning system based on knowledge and ability training according to the rules that Chinese learn English and by digital technology and means to provide students with ubiquitous learning space, all-round teaching resources, personalized learning methods, more frequent teaching interaction, integrated management tools, and diversified teaching evaluation, teachers give the initiative of learning back to the students, which breaks the students' inherent learning style and enables the students to achieve the goal of practical use of language in interaction and cooperation. In the promotion of macro reform, from the aspects of teaching materials, classroom teaching and evaluation, the original training plan, teaching mode, teaching method and evaluation means are decomposed and recombined, and then the education and teaching system centered on students' development are built. All of this activates the endogenous power, forms a strong development force, innovates and reforms on the basis of abiding the rules of education, and gets the results which exceed the expectation.

Keywords: College English Teaching; Graded Learning; English Learning System; Blended Teaching Mode

B.17 Report on the Transformation Development of Huanghe Traffic College

Henan Private Education Research Institute Research Group / 255

Abstract: In 1995, Huanghe Traffic College was established under the background that the state encourages the development of private education. Over the past 25 years, the college has overcome one difficulty after another and gradually developed into a private undergraduate college with certain influence in the province. After the effective scale expansion, the transformation from scale expansion to talent training quality improvement was realized in time. In the construction of application-oriented professional groups, the implementation of production and education integration, school-enterprise cooperation, collaborative education training mode, adapt to the talent training supply-side structural reform and full staff management, some beneficial exploration has been made.

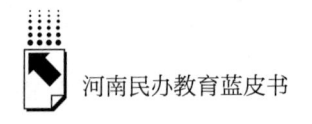

Keywords: Integration of Production and Education; Application-oriented Professional Group; Full-time Education; Huanghe Traffic College

B.18 Practice and Reflection on the Reform of Internal Management System in Private Colleges and Universities *Shen Dingjun / 272*

Abstract: China's higher education has entered the stage of mass education from elite education, and moved from focusing on scale education to a new stage of high quality education. However, with the rapid development of market economy and social transformation, the internal management system of private colleges and universities also faces many challenges. The development of private colleges and universities is restricted by unclear orientation of running schools, imperfect leadership mechanism, low efficiency of teaching management mechanism, insufficient innovation of personnel management system, and imperfect democratic management and supervision mechanism. Private colleges and universities should firmly grasp the historical position of the new era, strengthen top-level design, improve the internal management mechanism, improve the principal responsibility system under the leadership of the board of directors, give full play to the political leading role of party organizations in the internal management system of colleges and universities, improve democratic management and supervision mechanisms such as the teachers' congress, the students' congress and the academic Committee, and promote private colleges and universities to manage their education and schools in accordance with the law.

Keywords: Private School; Internal Governance Structure ; Running Schools According to Law

B. 19　Deep Internal Endogenous Power

　　　—Reform Process of Private Colleges and Universities
　　　in Henan Province in 2019　　　　　　　　Li Chuxue / 285

Abstract: From the outside, the strong guidance and support of national and local laws and policy systems, the urgent need for economic and social development and scientific and technological progress, the severe pressure of employment and competition for students, and the strong stimulus of public opinion prejudice and identity discrimination are all influencing and stimulating the endogenous driving force for the reform and development of private colleges and universities. From internal view, understanding and mastering the private colleges reform deep endogenous power should focus on seven aspects: Beginner's mind and mission of the founder, system mechanism and flexible advantage, market oriented educational concept, the keen awareness of seizing development opportunities, the natural genes of innovation and entrepreneurship, the unique campus culture and spiritual tradition, and the urgent need for teachers and staff to pursue fair and high-quality development and so on. In 2019, private colleges and universities in Henan Province have made remarkable achievements in vigorously promoting the high-quality development of party construction and ideological and political work, coordinating and promoting the construction of technology-based universities, and continuously improving their social service capabilities. But there are also some problems, such as relatively backward construction of first-class undergraduate major, outstanding short board of high-level talents, weak ability of discipline competition between teachers and students, incomplete participatory governance system and unreasonable assessment and incentive system. In this regard, private colleges and universities in Henan Province should continue to improve the modern university system, constantly innovate the school system and mechanism, gradually build a pattern of multiple participation, thoroughly implement the concept of innovative development, vigorously improve the assessment and incentive methods, actively cultivate the characteristic university culture, release the endogenous driving force of reform furtherly, and achieve high-quality development.

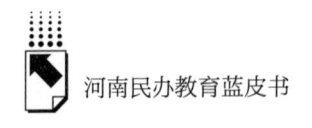

Keywords: Private School; Endogenous Power; Reform of Colleges and Universities

B. 20　Research on Innovation and Application of Foreign Language Teaching Reform Mode in Private Colleges Under the Background of New Liberal Arts Construction

Han Caihong / 312

Abstract: In October 2018, the Ministry of Education decided to implement the "Six Excellence and One Top-Notch" plan 2.0, and the new liberal arts in China began to emerge. The construction of new liberal arts focuses on the establishment of a higher liberal arts personnel training system with Chinese characteristics, comprehensively improving the quality of liberal arts personnel training. Foreign language teaching reform based on the construction of new liberal arts is also an active exploration into private vocational education in China. On the basis of sorting out the construction concepts of new liberal arts in foreign languages, the article takes from the present situation of the foreign language teaching reform in private colleges and universities in Henan province, which was carried out through the evaluation of foreign language ability, as the breakthrough point of the research questions. Besides, the aim of the article is to construct the new mode system of foreign language teaching reform in private colleges and practice from two aspects of foreign language subject construction, the Humanism and instrumentality, and three dimensions, China dimension, subject dimension and technical dimension. It will vigorously promote the powerful effect of foreign language teaching services in private higher education.

Keywords: Private School; Construction of New Liberal Arts; Foreign Language Teaching Reform; Critical Thinking Skills

VI Cities and Countries

B.21 Report on Private Education development in Jiaozuo City

Ping Qi, Duan Haishan / 335

Abstract: Jiaozuo is located in the northwest of Henan Province, with Taihang Mount to the north and Yellow River to the south. In the 2018 China City Competitiveness Ranking released by the Chinese Academy of Social Sciences, Jiaozuo ranked the third in economic competitiveness of Henan province and was listed in the top 100 nationwide. Over the years, Jiaozuo Municipal Party Committee and government have attached great importance to education, supported the development of private education, and promoted the healthy development of private education through policy support, cash reward funds, selecting public teachers, subsidize tuition fees, textbook fees and other measures. According to the actual situation of Jiaozuo, the municipal Education Bureau implemented the policy of "actively encouraging, strongly supporting, correctly guiding and legally managing" of private education, and issued a series of supporting measures. While supporting development, it strictly controls and standardizes management. In 2019, a total of 1,239 off-campus training institutions were inspected, 662 were closed, and 34 certificate issuing institutions were redirected after rectification. All private schools adhere to the socialist direction of education, give play to their own advantages, and achieve good and rapid development.

Keywords: Private Education; Management by Law; Jiaozuo

VIII Appendix

B.22 Chronicle of Henan Private Education in 2019—2020 Academic Year   / 346

社会科学文献出版社

皮 书
智库报告的主要形式
同一主题智库报告的聚合

❖ 皮书定义 ❖

皮书是对中国与世界发展状况和热点问题进行年度监测，以专业的角度、专家的视野和实证研究方法，针对某一领域或区域现状与发展态势展开分析和预测，具备前沿性、原创性、实证性、连续性、时效性等特点的公开出版物，由一系列权威研究报告组成。

❖ 皮书作者 ❖

皮书系列报告作者以国内外一流研究机构、知名高校等重点智库的研究人员为主，多为相关领域一流专家学者，他们的观点代表了当下学界对中国与世界的现实和未来最高水平的解读与分析。截至2020年，皮书研创机构有近千家，报告作者累计超过7万人。

❖ 皮书荣誉 ❖

皮书系列已成为社会科学文献出版社的著名图书品牌和中国社会科学院的知名学术品牌。2016年皮书系列正式列入"十三五"国家重点出版规划项目；2013~2020年，重点皮书列入中国社会科学院承担的国家哲学社会科学创新工程项目。

权威报告·一手数据·特色资源

皮书数据库
ANNUAL REPORT(YEARBOOK) DATABASE

分析解读当下中国发展变迁的高端智库平台

所获荣誉

- 2019年，入围国家新闻出版署数字出版精品遴选推荐计划项目
- 2016年，入选"'十三五'国家重点电子出版物出版规划骨干工程"
- 2015年，荣获"搜索中国正能量 点赞2015""创新中国科技创新奖"
- 2013年，荣获"中国出版政府奖·网络出版物奖"提名奖
- 连续多年荣获中国数字出版博览会"数字出版·优秀品牌"奖

成为会员

通过网址www.pishu.com.cn访问皮书数据库网站或下载皮书数据库APP，进行手机号码验证或邮箱验证即可成为皮书数据库会员。

会员福利

- 已注册用户购书后可免费获赠100元皮书数据库充值卡。刮开充值卡涂层获取充值密码，登录并进入"会员中心"—"在线充值"—"充值卡充值"，充值成功即可购买和查看数据库内容。
- 会员福利最终解释权归社会科学文献出版社所有。

数据库服务热线：400-008-6695
数据库服务QQ：2475522410
数据库服务邮箱：database@ssap.cn
图书销售热线：010-59367070/7028
图书服务QQ：1265056568
图书服务邮箱：duzhe@ssap.cn

卡号：441835352722
密码：

S 基本子库
SUB DATABASE

中国社会发展数据库（下设 12 个子库）

整合国内外中国社会发展研究成果，汇聚独家统计数据、深度分析报告，涉及社会、人口、政治、教育、法律等 12 个领域，为了解中国社会发展动态、跟踪社会核心热点、分析社会发展趋势提供一站式资源搜索和数据服务。

中国经济发展数据库（下设 12 个子库）

围绕国内外中国经济发展主题研究报告、学术资讯、基础数据等资料构建，内容涵盖宏观经济、农业经济、工业经济、产业经济等 12 个重点经济领域，为实时掌控经济运行态势、把握经济发展规律、洞察经济形势、进行经济决策提供参考和依据。

中国行业发展数据库（下设 17 个子库）

以中国国民经济行业分类为依据，覆盖金融业、旅游、医疗卫生、交通运输、能源矿产等 100 多个行业，跟踪分析国民经济相关行业市场运行状况和政策导向，汇集行业发展前沿资讯，为投资、从业及各种经济决策提供理论基础和实践指导。

中国区域发展数据库（下设 6 个子库）

对中国特定区域内的经济、社会、文化等领域现状与发展情况进行深度分析和预测，研究层级至县及县以下行政区，涉及地区、区域经济体、城市、农村等不同维度，为地方经济社会宏观态势研究、发展经验研究、案例分析提供数据服务。

中国文化传媒数据库（下设 18 个子库）

汇聚文化传媒领域专家观点、热点资讯，梳理国内外中国文化发展相关学术研究成果、一手统计数据，涵盖文化产业、新闻传播、电影娱乐、文学艺术、群众文化等 18 个重点研究领域。为文化传媒研究提供相关数据、研究报告和综合分析服务。

世界经济与国际关系数据库（下设 6 个子库）

立足"皮书系列"世界经济、国际关系相关学术资源，整合世界经济、国际政治、世界文化与科技、全球性问题、国际组织与国际法、区域研究 6 大领域研究成果，为世界经济与国际关系研究提供全方位数据分析，为决策和形势研判提供参考。

法律声明

"皮书系列"(含蓝皮书、绿皮书、黄皮书)之品牌由社会科学文献出版社最早使用并持续至今,现已被中国图书市场所熟知。"皮书系列"的相关商标已在中华人民共和国国家工商行政管理总局商标局注册,如LOGO( )、皮书、Pishu、经济蓝皮书、社会蓝皮书等。"皮书系列"图书的注册商标专用权及封面设计、版式设计的著作权均为社会科学文献出版社所有。未经社会科学文献出版社书面授权许可,任何使用与"皮书系列"图书注册商标、封面设计、版式设计相同或者近似的文字、图形或其组合的行为均系侵权行为。

经作者授权,本书的专有出版权及信息网络传播权等为社会科学文献出版社享有。未经社会科学文献出版社书面授权许可,任何就本书内容的复制、发行或以数字形式进行网络传播的行为均系侵权行为。

社会科学文献出版社将通过法律途径追究上述侵权行为的法律责任,维护自身合法权益。

欢迎社会各界人士对侵犯社会科学文献出版社上述权利的侵权行为进行举报。电话:010-59367121,电子邮箱:fawubu@ssap.cn。

社会科学文献出版社